高等院校数字艺术精品课程系列教材

Cinema 4D
电商视觉设计案例教程

全彩慕课版

胡宁 沈琳 杨晓平 主编／沈宁 王淑华 姚汝 副主编

人民邮电出版社

北 京

图书在版编目（CIP）数据

Cinema 4D电商视觉设计案例教程：全彩慕课版 /
胡宁，沈琳，杨晓平主编. -- 北京：人民邮电出版社，
2024.6
高等院校数字艺术精品课程系列教材
ISBN 978-7-115-64137-3

Ⅰ．①C… Ⅱ．①胡… ②沈… ③杨… Ⅲ．①电子商
务－视觉设计－三维动画软件－高等学校－教材 Ⅳ.
①F713.36②TP391.414

中国国家版本馆CIP数据核字(2024)第068023号

内 容 提 要

本书全面、系统地介绍 Cinema 4D 电商视觉设计的相关知识和基本设计技巧，包括初识电商视觉设计、Cinema 4D 的基础知识、电商视觉设计场景搭建、电商视觉设计元素创建、营销推广图设计、商品详情页海报设计、店铺首页海报设计和活动专题页海报设计等。

本书主要章的内容介绍以相关知识讲解加案例制作为主线，相关知识讲解部分使读者能够系统地了解电商视觉设计中的各类基础知识及设计规范，案例制作部分可以使读者快速掌握电商视觉设计思路并能完成案例制作。本书主要章的最后还安排课堂练习和课后习题，可以提升读者对电商视觉设计知识的实际应用能力。

本书可作为高等院校数字媒体艺术类专业相关课程的教材，也可供初学者自学参考。

- ◆ 主　　编　胡　宁　沈　琳　杨晓平
　　副 主 编　沈　宁　王淑华　姚　汝
　　责任编辑　马　媛
　　责任印制　王　郁　焦志炜
- ◆ 人民邮电出版社出版发行　　北京市丰台区成寿寺路 11 号
　　邮编　100164　　电子邮件　315@ptpress.com.cn
　　网址　https://www.ptpress.com.cn
　　临西县阅读时光印刷有限公司印刷
- ◆ 开本：787×1092　1/16
　　印张：15.75　　　　　　　　　2024 年 6 月第 1 版
　　字数：400 千字　　　　　　　2024 年 6 月河北第 1 次印刷

定价：79.80 元

读者服务热线：**(010)81055256**　印装质量热线：**(010)81055316**
反盗版热线：**(010)81055315**
广告经营许可证：京东市监广登字 20170147 号

前 言

Cinema 4D 简介

Cinema 4D（简称 C4D）是由德国 Maxon Computer 公司开发的一款可以进行建模、动画制作、模拟以及渲染的专业软件。它在平面设计、包装设计、电商视觉设计、UI 设计、工业设计、游戏设计、建筑设计、动画设计、栏目包装、影视特效设计等领域都有广泛的应用。Cinema 4D 功能强大、高效灵活，深受 3D 建模、渲染爱好者和 3D 设计人员的喜爱，已经成为相关领域非常流行的软件之一。

如何使用本书

Step1　精选基础知识，使读者快速了解 Cinema 4D 电商视觉设计。

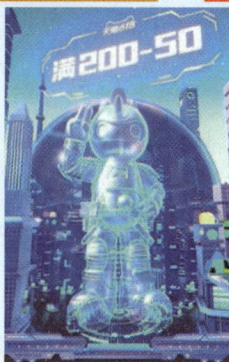

Photoshop　　Illustrator　　Cinema 4D

常用软件

Step2 知识解析＋课堂案例，使读者熟悉设计思路，掌握制作方法。

5.1 主图设计

主图包含消费者能够接触到的店铺商品的首要信息。作为传递商品信息的核心，主图需要具有较强的吸引力，才能促使消费者浏览商品信息，因此主图视觉效果的好坏在很大程度上影响点击率。下面分别从主图的基本概念、设计尺寸和设计方法3个方面进行主图的讲解，帮助电商视觉设计师掌握主图的设计方法。

深入学习 Cinema 4D 电商视觉设计的相关知识

5.1.1 主图的基本概念

主图即商品的展示图，是用于体现商品特色的视觉设计图。商品主图最多可以有5张，最少必须有1张。主图通常位于详情页，而第一张主图还会位于搜索页，因此需要进行重点设计，如图5-1所示。

图 5-1

5.1.4 课堂案例——制作电动牙刷主图

了解学习目标及知识要点

【案例学习目标】综合使用参数化工具、变形器工具、材质工具及渲染工具制作电动牙刷主图。

【案例知识要点】使用"合并项目"命令合并已制作完的模型；使用"立方体"和"倒角"工具制作包装盒；使用"材质"窗口创建材质并设置材质参数；使用"渲染到图像查看器"按钮渲染图像，最终效果如图5-6所示。

【效果文件所在位置】云盘\Ch05\制作电动牙刷主图\工程文件.c4d。

图 5-6

精选典型商业案例

前言

1. 建模

（1）选择"文件 > 打开项目"命令，在弹出的"打开文件"对话框中，选择"Ch04 > 制作牙刷 > 工程文件"，单击"打开"按钮，打开文件。选择"文件 > 合并项目"命令，在弹出的"打开文件"对话框中，选择"Ch03 > 搭建水面场景 > 工程文件"，单击"打开"按钮，打开文件，"对象"窗口如图 5-7 所示。

（2）展开"牙刷"对象组，选中"牙刷 1"对象组，将其拖曳到"场景"对象组的上方。按住 Ctrl 键的同时，选中不需要的对象，如图 5-8 所示，按 Delete 键将其删除。

（3）单击"编辑渲染设置"按钮 █，弹出"渲染设置"窗口。在"输出"选项卡中设置"宽度"为 800 像素，"高度"为 800 像素，单击"关闭"按钮，关闭窗口。单击"摄像机"对象右侧的按钮 █，进入摄像机视图，视图窗口中的效果如图 5-9 所示。

步骤详解

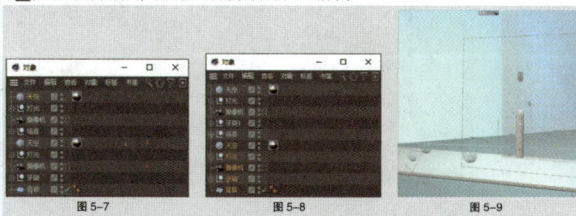

图 5-7   图 5-8   图 5-9

Step3 课堂练习 + 课后习题，提升读者的实际应用能力。

5.4 课堂练习——制作榨汁机主图

【练习知识要点】使用"平面"工具制作背景；使用"立方体"工具制作桌子；使用"圆柱体""缩放"和"细分曲面"工具、"倒角""循环选择"和"内部挤压"命令制作榨汁机底部；使用"圆盘""圆柱体""立方体"和"克隆"工具、"循环 / 路径切割"和"反转法线"命令制作刀片和榨汁机盖；使用"圆柱体"工具、"挤压""内部挤压"和"循环 / 路径切割"命令制作杯子和盘子；使用"摄像机"工具控制视图的显示效果；使用"区域光"工具制作灯光效果；使用"材质"窗口创建材质并设置材质参数；使用"物理天空"工具创建环境效果；使用"编辑渲染设置"按钮和"渲染到图像查看器"按钮渲染图像，最终效果如图 5-105 所示。

【效果文件所在位置】云盘 \Ch05\ 制作榨汁机主图 \ 工程文件 .c4d。

图 5-105

更多商业案例

5.5 课后习题——制作美味茶饮直通车图

巩固本章所学知识

【习题知识要点】使用"打开项目"命令打开已制作完的模型；使用"圆柱体""缩放"和"细分曲面"工具、"循环 / 路径切割""内部挤压""挤压"和"倒角"命令制作瓶身；使用"圆盘""对称"和"细分曲面"工具、"循环 / 路径切割""内部挤压""挤压"和"滑动"命令制作盖子；使用"圆盘""布料曲面"和"细分曲面"工具、"循环 / 路径切割""内部挤压"和"挤压"命令制作拉环；使用"分裂"和"挤压"命令制作瓶贴；使用"材质"窗口创建材质并设置材质参数；使用"渲染到图像查看器"按钮渲染图像，最终效果如图 5-106 所示。

【效果文件所在位置】云盘 \Ch05\ 制作美味茶饮直通车图 \ 工程文件 .c4d。

图 5-106

Step4 循序渐进，演练真实商业项目制作过程。

电商视觉设计场景搭建

电商视觉设计元素创建

营销推广图设计

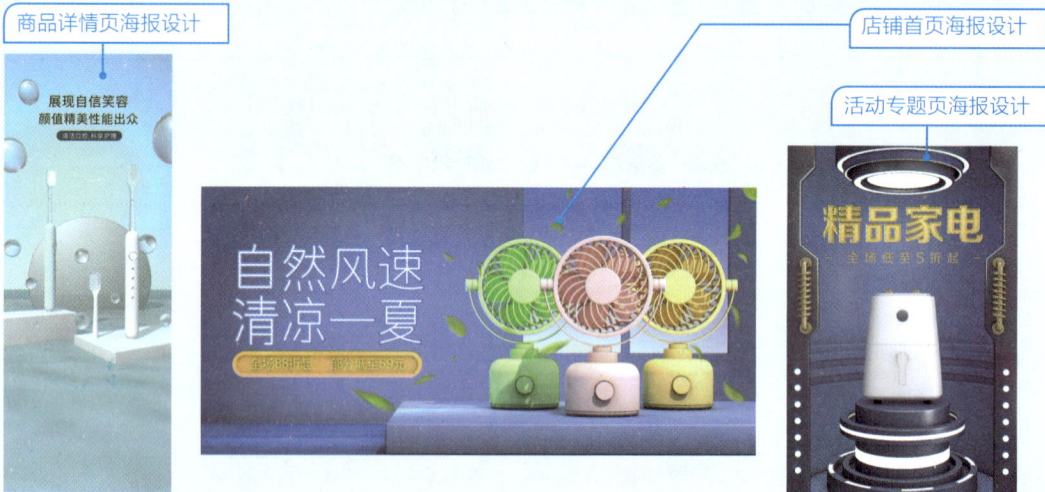

商品详情页海报设计

店铺首页海报设计

活动专题页海报设计

配套资源及获取方式

- 本书所有案例的素材及最终效果文件。
- 本书慕课视频。打开人邮学院网站（www.rymooc.com）或扫描封面上的二维码，使用手机号码完成注册，在首页右上角单击"学习卡"，输入封底刮刮卡中的激活码，即可在线观看慕课视频。也可以使用手机扫描书中二维码来观看慕课视频。
- 扩展案例。扫描书中二维码，即可查看扩展案例的操作步骤。
- 本书各章的 PPT 课件。
- 课程标准。

课程介绍

前 言

- 课程计划。
- 教学教案。
- 详尽的课堂练习和课后习题的操作步骤。

任课教师可登录人邮教育社区（www.ryjiaoyu.com），在本书页面中免费下载以上配套资源。

教学指导

本书的参考学时为 64 学时，其中实训环节为 36 学时，各章的参考学时参见下面的学时分配表。

章	课程内容	学时分配	
		讲授	实训
第 1 章	初识电商视觉设计	2	—
第 2 章	Cinema 4D 的基础知识	2	2
第 3 章	电商视觉设计场景搭建	2	4
第 4 章	电商视觉设计元素创建	6	8
第 5 章	营销推广图设计	4	4
第 6 章	商品详情页海报设计	4	4
第 7 章	店铺首页海报设计	4	8
第 8 章	活动专题页海报设计	4	6
	学时总计	28	36

本书约定

本书案例效果文件所在位置：云盘 \ 章号 \ 案例名 \ 效果文件名，如云盘 \Ch05\ 制作电动牙刷主图 \ 工程文件 .c4d。

由于编者水平有限，书中难免存在不妥之处，敬请广大读者批评指正。

编 者

2024 年 3 月

扩展知识扫码阅读

设计基础

 ✔认识形体
 ✔透视原理

 ✔认识设计
 ✔认识构成

 ✔形式美法则
 ✔点线面

 ✔基本型与骨骼
 ✔认识色彩

 ✔认识图案
 ✔图形创意

 ✔版式设计
 ✔字体设计

>>>
>>>
>>>

设计应用

 ✔创意绘画
 ✔图标设计

 ✔装饰设计
 ✔VI设计

 ✔UI设计
 ✔UI动效设计

 ✔标志设计
 ✔包装设计

 ✔广告设计
 ✔文创设计

 ✔网页设计
 ✔H5页面设计

 ✔电商设计
 ✔MG动画设计

 ✔网店美工设计
 ✔新媒体美工设计

Cinema 4D

CONTENTS —————————— 目 录

Cinema 4D

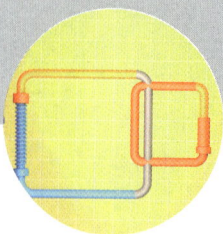

─ 04 ─

第4章 电商视觉设计元素创建

─ 05 ─

第5章 营销推广图设计

CONTENTS ———————————— 目录

Cinema 4D

—08—

第 8 章 活动专题页海报设计

01

第1章

初识电商视觉设计

▶ 本章介绍

　　随着移动互联网的发展以及消费结构的升级，电子商务行业趋向成熟，同时该行业对于电商视觉设计从业人员的要求也产生了变化，因此想要从事电商视觉设计工作的人员需要系统地学习与更新自己的知识体系。本章对电商视觉设计的基本概念、工作内容、常用软件以及发展趋势进行系统讲解。通过对本章的学习，读者可以对电商视觉设计有基本的认识，以高效、便利地进行后续的电商视觉设计学习。

学习引导

学习目标	知识目标	能力目标	素质目标
	1. 掌握电商视觉设计的基本概念。 2. 了解电商视觉设计的工作内容	1. 快速熟悉电商视觉设计的常用软件。 2. 掌握并预测电商视觉设计的发展趋势	1. 培养读者在电商视觉设计学习中不断提高兴趣和热情的能力。 2. 培养读者获取电商视觉设计新知识、新技能、新方法的基本能力。 3. 培养读者不断增强文化自信、职业自信的能力

1.1　电商视觉设计的基本概念

电商是电子商务的简称，电商视觉设计是在网页设计和平面设计结合的基础之上，加入用户体验和人机交互，通过互联网来传播，进行商品销售的设计，如图1-1所示。

图1-1

1.2　电商视觉设计的工作内容

电商视觉设计的工作内容非常具有针对性，主要围绕自身服务的网店开展相关工作。与传统平面设计相比，对电商视觉设计的工作内容要求普遍较高，下面对电商视觉设计的工作内容进行详细介绍。

1. 设计促销活动相关页面

电商平台会不定期举行各种促销活动，这就需要电商视觉设计师能够根据活动主题，完成促销期间店铺首页或平台活动专题页的设计。电商视觉设计师通过设计各个页面，令消费者充分了解活动内容和促销力度，从而促使消费者积极地参与活动，提升商品销量，如图1-2所示。

2. 设计详情页

电商视觉设计师除了需要进行商品的图片处理，还需要设计对应商品的详情页。在设计商品详情页时，需要根据消费者的需求，突出商品的卖点，以促使消费者购买商品，如图1-3所示。

3. 运营推广商品

商家只有进行积极有效的推广，才能够令自己的网店从众多网店中脱颖而出，电商视觉设计师在商品的运营推广中发挥着重要的作用。电商视觉设计师需要站在消费者的角度，深入挖掘消费者的浏览习惯和购物需求，根据商品的上架情况和促销信息设计主图、直通车图、海报等促销广告，如图1-4所示。

图1-2　　　　图1-3　　　　图1-4

1.3　电商视觉设计的常用软件

电商视觉设计的常用软件包括视觉设计软件和 3D 渲染软件这两类。针对视觉设计软件,建议电商视觉设计师先掌握 Photoshop(简称 PS),再掌握 Illustrator(简称 AI)。针对 3D 渲染软件,电商视觉设计师则需要掌握 Cinema 4D (简称 C4D),如图 1-5 所示。

图 1-5

1.4　电商视觉设计的发展趋势

电商视觉设计的发展主要趋向于扁平化、立体化以及插画风这 3 种风格,这 3 种风格在视觉表达上都各有优势。

1. 扁平化

扁平化的电商视觉设计页面通过运用字体、图形和色彩等不同方面的元素打造出清晰的视觉层次,使得页面具有较强的可读性,示例如图 1-6 所示。

2. 立体化

立体化的电商视觉设计页面通过运用 Cinema 4D 与 Octane Rende 进行建模、渲染,进而呈现出别具一格的画面效果,使得页面立体生动,示例如图 1-7 所示。

3. 插画风

插画风的电商视觉设计页面通过运用手绘笔触绘制出各种富有个性的形象,使得页面丰富有趣,示例如图 1-8 所示。

图 1-6

图 1-7

图 1-8

第 2 章

Cinema 4D 的基础知识

▶ 本章介绍

想快速上手学好 Cinema 4D 软件，熟练掌握 Cinema 4D 的基础工具和基本操作是必要的。本章分别对 Cinema 4D 的工作界面以及文件操作进行系统讲解。通过对本章的学习，读者可以对 Cinema 4D 软件操作有全面的认识，为之后的深入学习打下坚实的基础。

学习引导

	知识目标	能力目标	素质目标
学习目标	1. 熟悉 Cinema 4D 的工作界面。 2. 认识 Cinema 4D 的文件操作。 3. 了解 Cinema 4D 的工作流程	1. 掌握 Cinema 4D 中新建文件的方法。 2. 掌握 Cinema 4D 中打开文件的方法。 3. 掌握 Cinema 4D 中合并文件的方法。 4. 掌握 Cinema 4D 中保存文件的方法。 5. 掌握 Cinema 4D 中保存工程文件的方法。 6. 掌握 Cinema 4D 中导出文件的方法	1. 培养读者收集 Cinema 4D 基础知识和信息的能力。 2. 培养读者对 Cinema 4D 软件持续学习、独立思考的能力。 3. 培养读者将 Cinema 4D 软件理论知识联系实际操作的能力

2.1 Cinema 4D 的工作界面

Cinema 4D 的工作界面分为 10 个部分，分别是标题栏、菜单栏、工具栏、模式工具栏、视图窗口、"对象"面板、"属性"面板、"时间线"面板、"材质"面板和"坐标"面板，如图 2-1 所示。

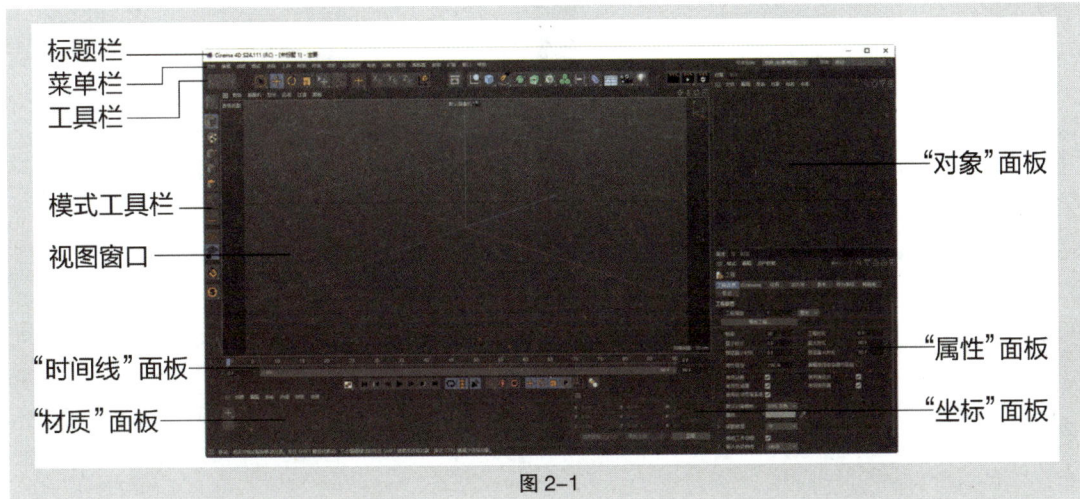

图 2-1

2.1.1 标题栏

Cinema 4D 标题栏位于工作界面顶端，用于显示软件版本信息和当前工程文件名称，如图 2-2 所示。

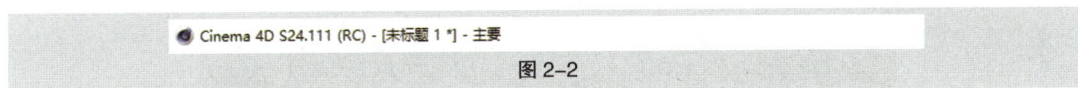

Cinema 4D S24.111 (RC) - [未标题 1 *] - 主要

图 2-2

2.1.2 菜单栏

Cinema 4D 菜单栏位于工作界面上方，包含 Cinema 4D 的大部分工具和命令，可以完成很多操作，如图 2-3 所示。

图 2-3

2.1.3 工具栏

Cinema 4D 工具栏位于工作界面上方，包含 Cinema 4D 菜单栏中使用频率很高的工具和命令的分类集合，如图 2-4 所示。

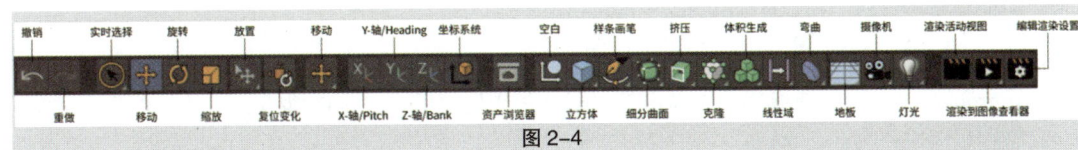

图 2-4

2.1.4　模式工具栏

　　Cinema 4D 模式工具栏位于工作界面左侧，具有切换模型点线面等功能，其中的工具与 Cinema 4D 工具栏中的部分工具相同，是一些常用工具和命令的快捷方式，如图 2-5 所示。

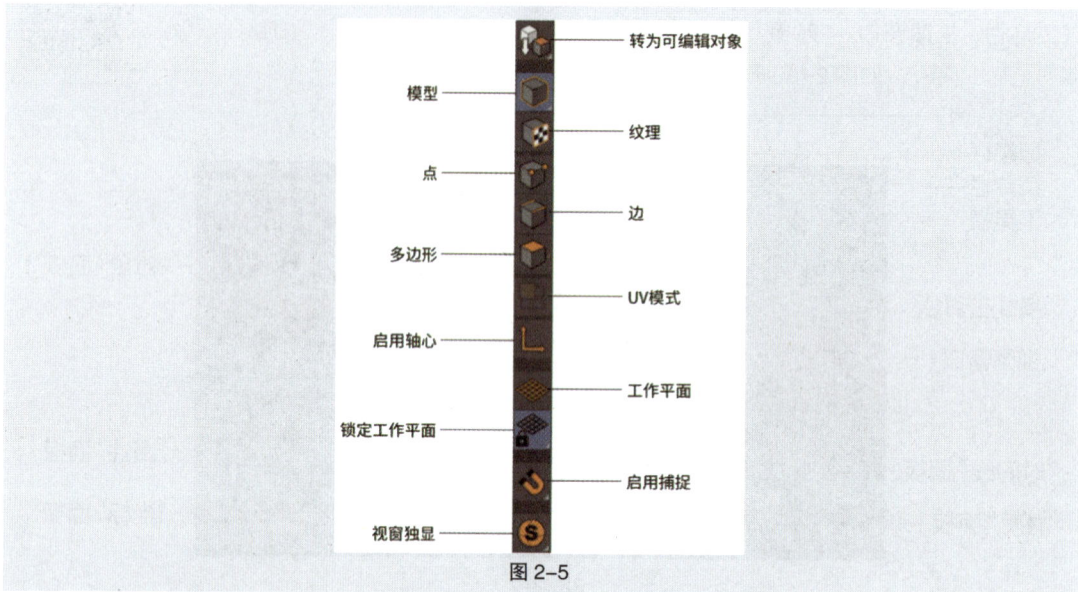

图 2-5

2.1.5　视图窗口

　　Cinema 4D 视图窗口位于工作界面中间，用于模型的编辑与观察，默认为透视视图，如图 2-6 所示。

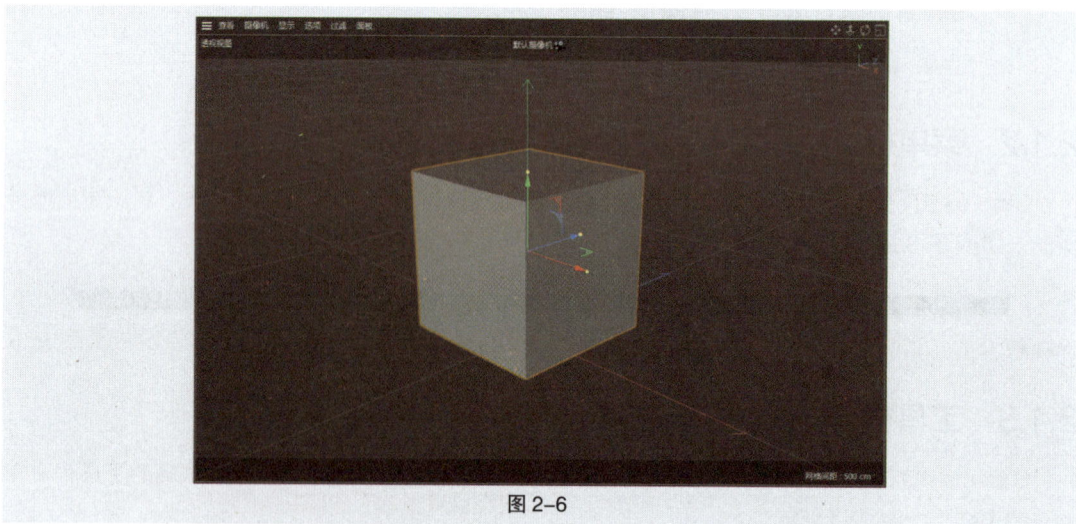

图 2-6

2.1.6　"对象"面板

　　Cinema 4D "对象"面板位于工作界面右侧上方，用于显示所有的对象和对象之间的层级关系，解锁后弹出"对象"窗口，如图 2-7 所示。

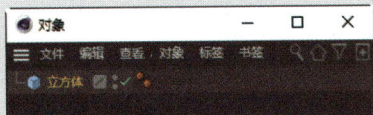

图 2-7

2.1.7 "属性"面板

Cinema 4D"属性"面板位于工作界面右侧下方,用于调整所有对象、工具和命令的参数,解锁后弹出"属性"窗口,如图 2-8 所示。

图 2-8

2.1.8 "时间线"面板

Cinema 4D"时间线"面板位于视图窗口的下方,用于调整动画效果,如图 2-9 所示。

图 2-9

2.1.9 "材质"面板

Cinema 4D"材质"面板位于工作界面左侧底部,用于管理场景材质球,双击面板的空白区域,可以创建材质球,解锁后弹出"材质"窗口,如图 2-10 所示。双击材质球,弹出"材质编辑器"窗口,在窗口中可以调整材质的属性,如图 2-11 所示。

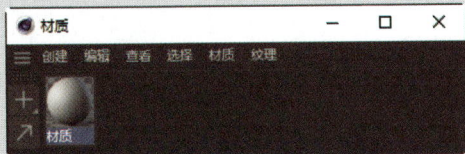

图 2-10

图 2-11

2.1.10 "坐标"面板

Cinema 4D "坐标"面板位于"材质"面板的右侧，用于调整所有模型在三维空间中的坐标、尺寸和旋转角度参数，解锁后弹出"坐标"窗口，如图 2-12 所示。

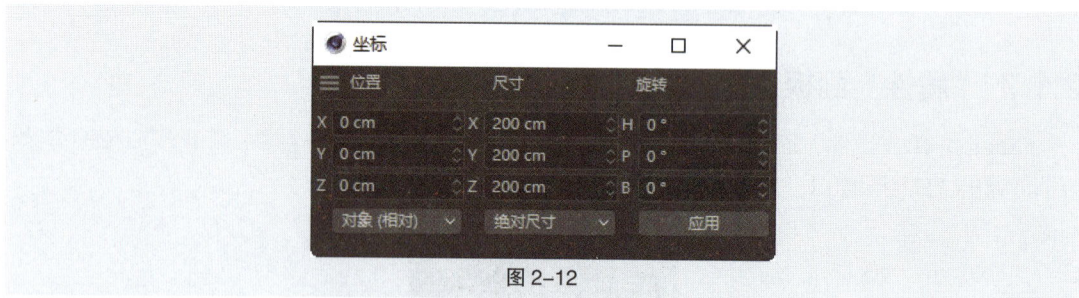

图 2-12

2.2 Cinema 4D 的文件操作

在 Cinema 4D 中，经常使用的文件操作命令基本集中于"文件"菜单，如图 2-13 所示。下面将具体介绍几种常用的文件操作。

图 2-13

2.2.1 新建文件

新建文件是 Cinema 4D 软件中常用的文件操作之一，是进行设计的第一步。选择"文件 > 新建项目"命令，或按 Ctrl+N 组合键，即可新建文件，默认文件名为"未标题 1"。

2.2.2 打开文件

如果要对文件进行修改，就要在 Cinema 4D 中打开需要的文件。

选择"文件 > 打开项目"命令，或按 Ctrl+O 组合键，弹出"打开文件"对话框，在对话框中选择文件，确认文件类型和名称，如图 2-14 所示，单击"打开"按钮，或直接双击文件，即可打开指定的文件。

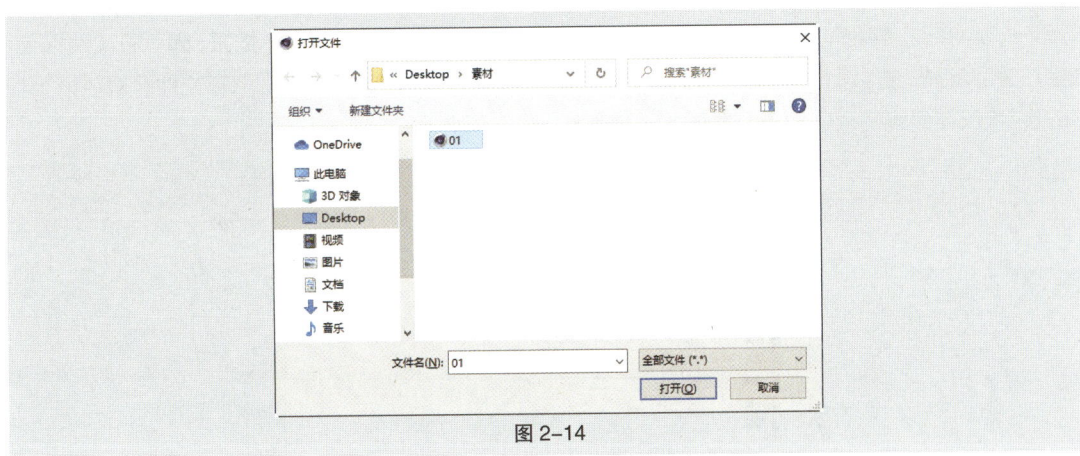

图 2-14

2.2.3 合并文件

在 Cinema 4D 的工作界面中只能显示单个文件，因此当打开多个文件时，要浏览其他文件则需要在"窗口"菜单的底端进行切换，如图 2-15 所示。

选择"文件 > 合并项目"命令，或按 Ctrl+Shift+O 组合键，弹出"打开文件"对话框，在对话框中选择需要合并的文件，单击"打开"按钮，即可将所选文件合并到当前的场景中，如图 2-16 所示。

图 2-15

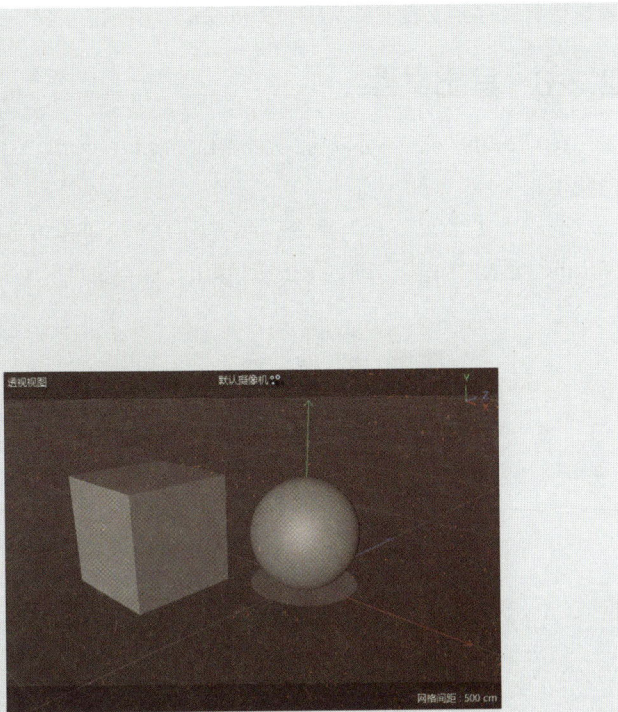

图 2-16

2.2.4　保存文件

将文件编辑完成后，需要将文件保存，以便于下次打开继续操作。

选择"文件 > 保存项目"命令，或按 Ctrl+S 组合键，可以保存文件。当对编辑完成的文件进行第一次保存时，弹出"保存文件"对话框，如图 2-17 所示，单击"保存"按钮，即可将文件保存。当对已经保存的文件进行编辑操作后，选择"保存项目"命令，将不弹出"保存文件"对话框，计算机直接保存最终确认的结果，并覆盖原始文件。

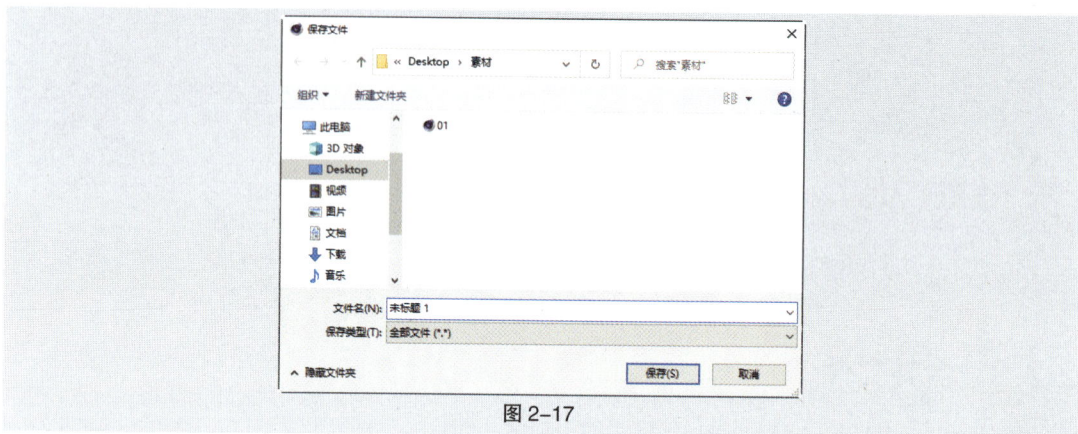

图 2-17

2.2.5　保存工程文件

将包含贴图素材的文件编辑完成后，需要保存工程文件，避免贴图素材丢失。

选择"文件 > 保存工程（包含资源）"命令，可以将文件保存为工程文件，文件中用到的贴图素材也将保存到工程文件夹中，如图 2-18 所示。

2.2.6　导出文件

在 Cinema 4D 中可以将文件导出为 .3ds、.xml、.dxf、.obj 等多种格式，便于与其他软件结合使用。

选择"文件 > 导出"命令，在弹出的下拉菜单中选择需要的文件格式，如图 2-19 所示。在弹出的对话框中单击"确定"按钮，弹出"保存文件"对话框，单击"保存"按钮，即可将文件导出。

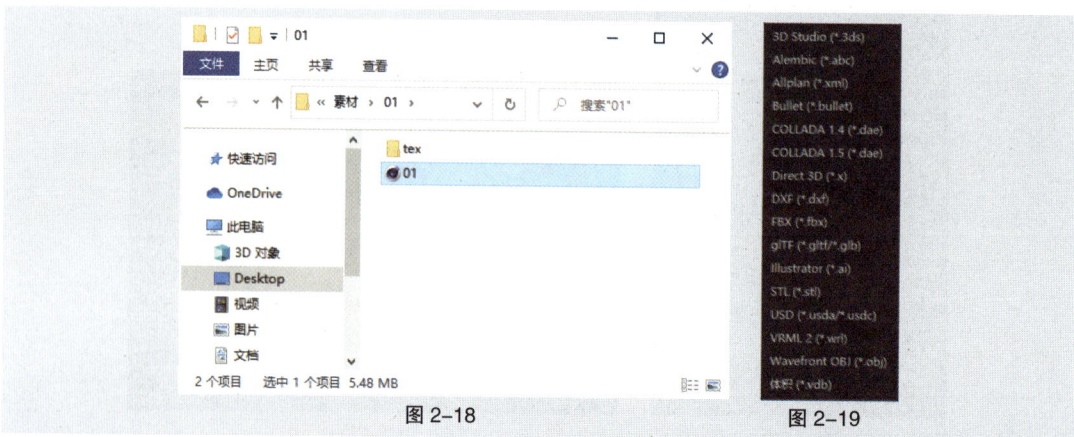

图 2-18

图 2-19

2.3 Cinema 4D 的工作流程

Cinema 4D 的工作流程为建立模型、设置摄像机、设置灯光、赋予材质、制作动画、渲染输出这六大步骤，如图 2-20 所示。

1. 建立模型

运用 Cinema 4D 进行设计时，先要建立模型。在 Cinema 4D 中，可以通过参数化对象、生成器以及变形器进行基础建模，同时还可以通过多边形建模、体积建模以及雕刻建模创建复杂模型。

2. 设置摄像机

在 Cinema 4D 中建立模型后，需要设置摄像机，以固定好拍摄模型的角度与位置，便于渲染出合适的效果，使用 Cinema 4D 中的摄像机也可以制作一些基础动画。

3. 设置灯光

Cinema 4D 拥有强大的照明系统，具备丰富的灯光和阴影功能。同时通过调整 Cinema 4D 中灯光和阴影的属性，能够为模型制作贴近现实的照明效果，满足众多复杂场景的渲染需求。

4. 赋予材质

设置灯光后，需要为模型赋予材质。在 Cinema 4D 中，在"材质"面板中创建材质球后，通过"材质编辑器"窗口，选择相关通道，即可对材质球进行调整，为模型赋予不同的材质。

5. 制作动画

不需要动画的项目可以直接渲染输出，而需要动画的项目，则需要运用 Cinema 4D 对设置好材质的模型制作动画。在 Cinema 4D 中，既可以制作基础动画，也可以制作高级的角色动画。

6. 渲染输出

最后一步，将制作完成的项目在 Cinema 4D 中进行渲染输出，以查看最终的效果。在渲染输出之前，还可以根据渲染要求添加地板、天空或物理天空等要素和环境。

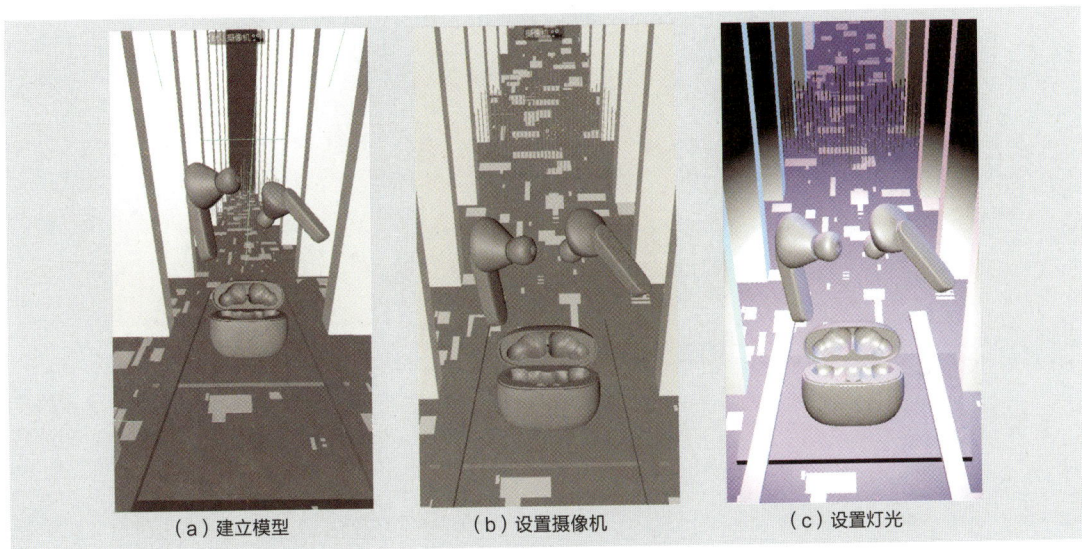

(a) 建立模型   (b) 设置摄像机   (c) 设置灯光

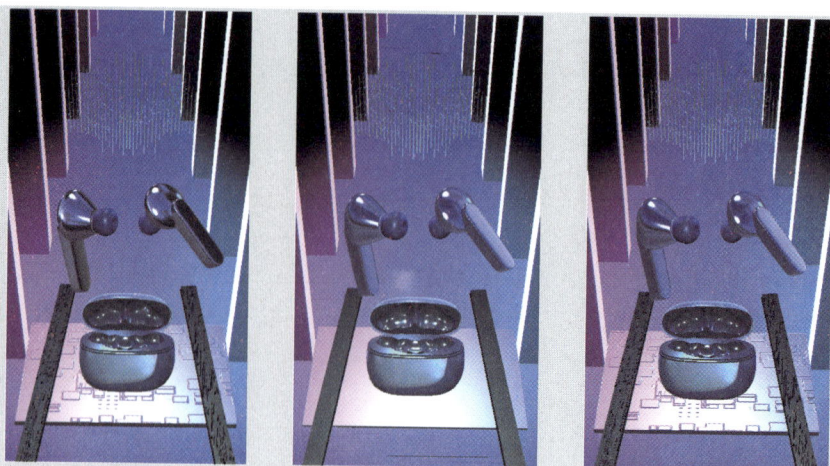

（d）赋予材质　　　　　　　（e）制作动画　　　　　　　（f）渲染输出

图 2-20

03

第 3 章
电商视觉设计场景搭建

▶ 本章介绍

　　电商视觉设计场景搭建是电商视觉设计师完成工作任务的基础与关键，电商视觉设计场景通常可以细分成简洁背景场景、几何形展台场景、水面场景以及实景合成场景。精心设计的电商视觉设计场景，可以更好地展示商品。本章对简洁背景场景、几何形展台场景、水面场景以及实景合成场景的搭建进行系统讲解。通过对本章的学习，读者可以对电商视觉设计场景的搭建有系统的认识，并快速掌握电商视觉设计场景的设计思路和制作方法，为完成接下来的各类设计任务打下基础。

学习引导

	知识目标	能力目标	素质目标
学习目标	1. 了解简洁背景场景的表现形式。 2. 掌握几何形展台场景的表现形式。 3. 熟悉水面场景的表现形式。 4. 掌握实景合成场景的表现形式	1. 熟悉电商视觉设计场景的设计思路。 2. 掌握电商视觉设计场景的制作方法	1. 培养读者良好的电商视觉设计场景设计习惯。 2. 培养读者对电商视觉设计场景的鉴赏能力。 3. 培养读者对电商视觉设计场景的设计能力

3.1 搭建简洁背景场景

运用 Cinema 4D 软件为电商视觉设计搭建简洁背景场景，能够快速高效地增强商品展示效果。简洁背景场景并不复杂，确保了用户注意力的集中。

3.1.1 简洁背景场景的表现形式

简洁背景场景的搭建并不复杂，其表现形式可以划分为带有缝隙、具有空间感的背景场景和无缝的背景场景，如图 3-1 所示。

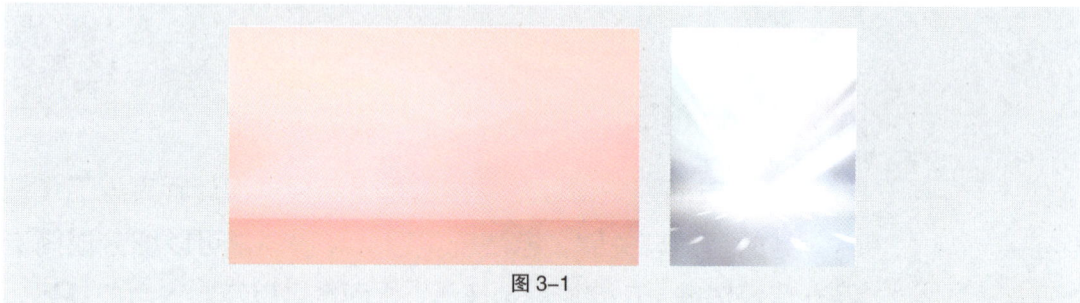

图 3-1

3.1.2 课堂案例——搭建纯色背景场景

【案例学习目标】学习使用参数化工具搭建纯色背景场景。

【案例知识要点】使用"平面"工具制作地面和背景；使用"摄像机"工具控制视图的显示效果；使用"区域光"工具制作灯光效果；使用"材质"面板创建材质并设置材质参数；使用"物理天空"工具创建环境效果；使用"编辑渲染设置"按钮和"渲染到图像查看器"按钮渲染图像，最终效果如图 3-2 所示。

图 3-2

【效果文件所在位置】云盘 \Ch03\ 搭建纯色背景场景 \ 工程文件 .c4d。

1. 建模

（1）启动 Cinema 4D 软件。选择"渲染 > 编辑渲染设置"命令，弹出"渲染设置"窗口。在"输出"选项卡中设置"宽度"为 1920 像素，"高度"为 800 像素，单击"关闭"按钮，关闭窗口。

（2）选择"平面"工具，在"对象"窗口中生成一个"平面"对象，将其重命名为"地面"，如图 3-3 所示。在"属性"窗口的"对象"选项卡中，设置"宽度"为 1500cm，"高度"为 850cm，如图 3-4 所示。

（3）在"对象"窗口中选中"地面"对象，按住 Ctrl 键的同时，按住鼠标左键并向上拖曳，鼠标指针变为箭头时，松开鼠标复制对象，自动生成一个"地面 .1"对象，将其重命名为"背景"，

如图 3-5 所示。

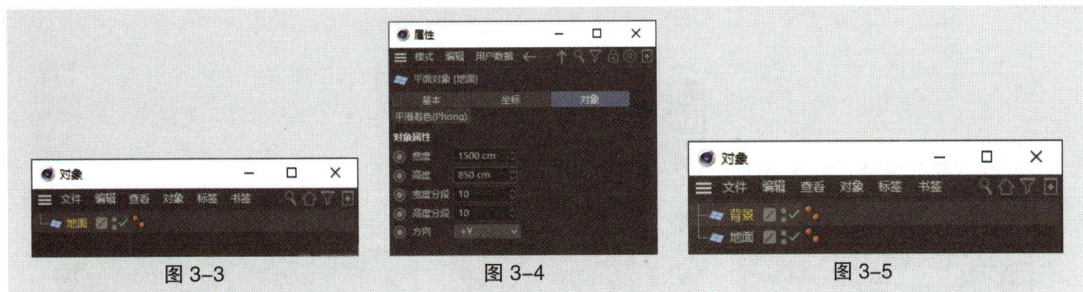

图 3-3　　　　　　　　　图 3-4　　　　　　　　　图 3-5

（4）在"坐标"窗口的"位置"选项组中，设置"Z"为 381cm，在"旋转"选项组中，设置"P"为 -90°，如图 3-6 所示，单击"应用"按钮。

（5）在视图窗口中，切换至透视视图，将画面旋转到适当的角度，如图 3-7 所示。在"对象"窗口中框选所有的对象，按 Alt+G 组合键，将选中的对象编组，并将其重命名为"场景"，如图 3-8 所示。

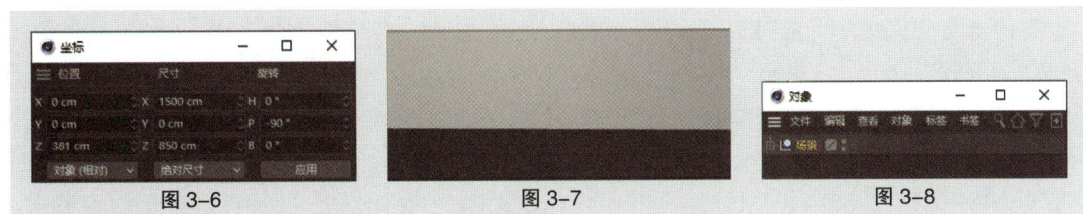

图 3-6　　　　　　　　　图 3-7　　　　　　　　　图 3-8

（6）选择"摄像机"工具 ，在"对象"窗口中生成一个"摄像机"对象。单击"摄像机"对象右侧的按钮 ，进入摄像机视图，如图 3-9 所示。

（7）在"属性"窗口的"对象"选项卡中，设置"焦距"为 50，如图 3-10 所示。在"坐标"窗口的"位置"选项组中，设置"X"为 -26cm，"Y"为 208cm，"Z"为 -1311cm；在"旋转"选项组中，设置"H"为 -2.5°，"P"为 -4.5°，"B"为 0°，如图 3-11 所示，单击"应用"按钮。

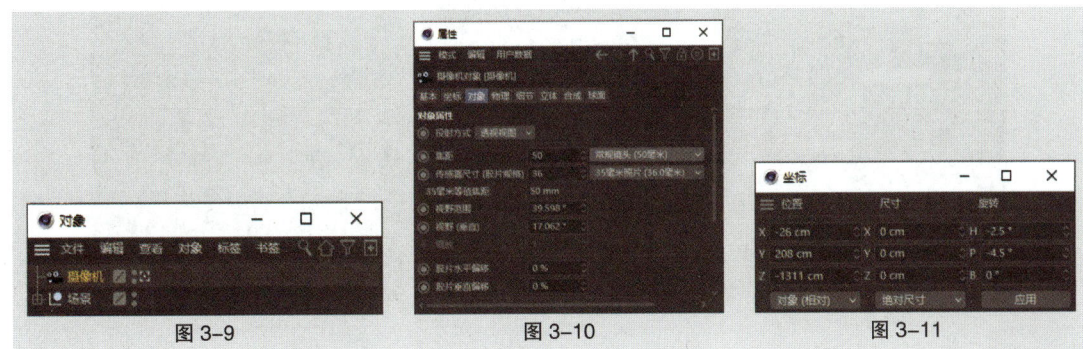

图 3-9　　　　　　　　　图 3-10　　　　　　　　　图 3-11

2. 灯光

（1）选择"区域光"工具 ，在"对象"窗口中生成一个"灯光"对象，将"灯光"对象重命名为"主光源"。

（2）在"属性"窗口的"常规"选项卡中，设置"强度"为 50%，如图 3-12 所示。在"细节"选项卡中，设置"外部半径"为 343cm，"水平尺寸"为 686cm，"垂直尺寸"为 362cm，"衰减"为"平方倒数（物理精度）"，"半径衰减"为 400cm，如图 3-13 所示。在"坐

灯光

标"选项卡中，设置"P.X"为 −252cm，"P.Y"为 227cm，"P.Z"为 −533cm，"R.H"为 −8°，"R.P"为 −52°，"R.B"为 0°，如图 3-14 所示。

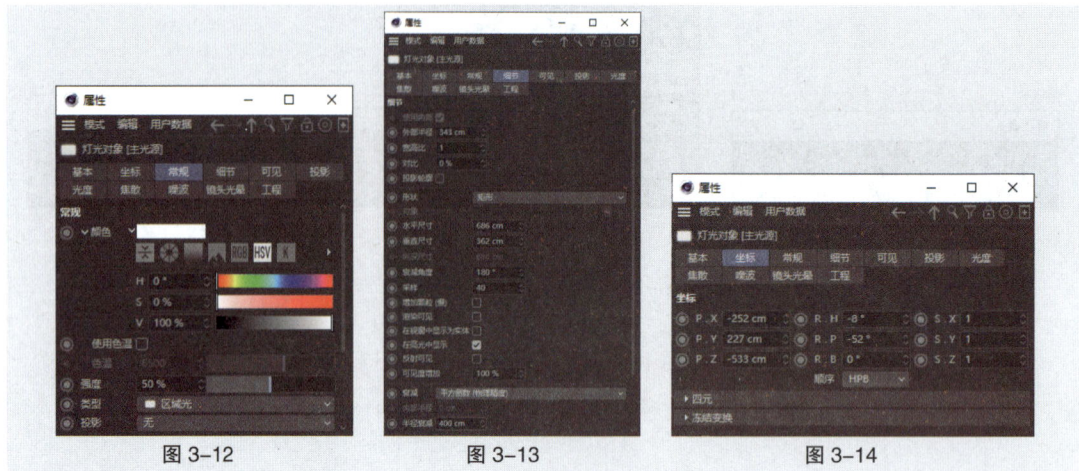

图 3-12　　　　　　　　　　　图 3-13　　　　　　　　　　　图 3-14

（3）选择"区域光"工具▣，在"对象"窗口中生成一个"灯光"对象，将"灯光"对象重命名为"辅光源"。

（4）在"属性"窗口的"常规"选项卡中，设置"强度"为 45%，如图 3-15 所示。在"细节"选项卡中，设置"外部半径"为 203cm，"水平尺寸"为 406cm，"垂直尺寸"为 304cm，"衰减"为"平方倒数（物理精度）"，"半径衰减"为 300cm，如图 3-16 所示。在"投影"选项卡中，设置"投影"为"阴影贴图（软阴影）"，"密度"为 600%，如图 3-17 所示。

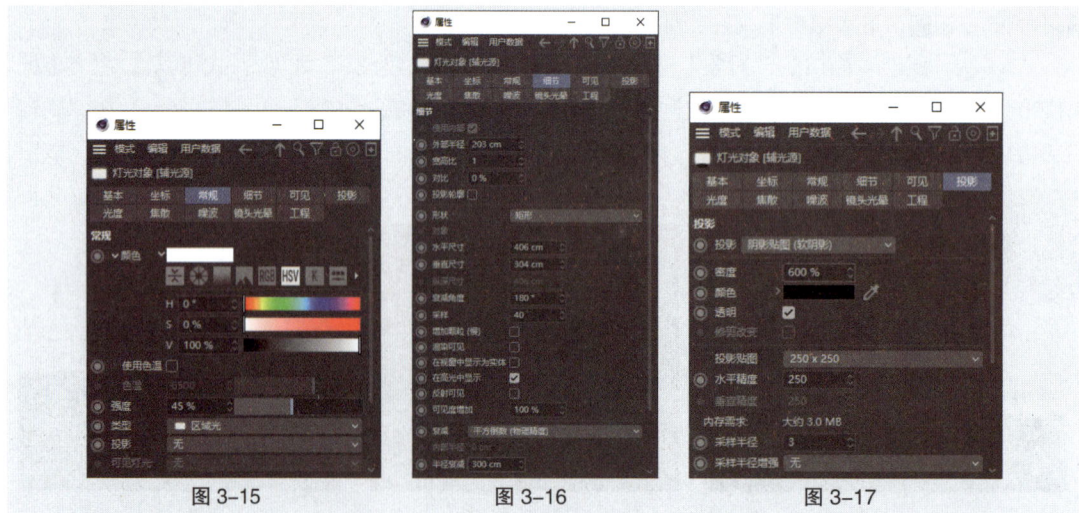

图 3-15　　　　　　　　　　　图 3-16　　　　　　　　　　　图 3-17

（5）在"坐标"选项卡中，设置"P.X"为 315cm，"P.Y"为 196cm，"P.Z"为 −636cm，"R.H"为 34°，"R.P"为 −52°，"R.B"为 0°，如图 3-18 所示。

（6）选择"区域光"工具▣，在"对象"窗口中生成一个"灯光"对象，将"灯光"对象重命名为"背光源"，如图 3-19 所示。在"属性"窗口的"常规"选项卡中，设置"强度"为 30%，如图 3-20 所示。

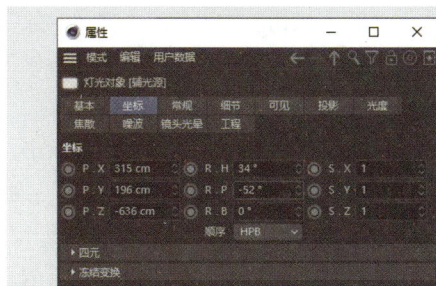

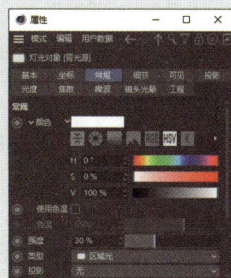

图 3-18 图 3-19 图 3-20

（7）在"细节"选项卡中，设置"外部半径"为163cm，"形状"为"圆盘"，"水平尺寸"为326cm，"垂直尺寸"为238cm，如图3-21所示。在"坐标"选项卡中，设置"P.X"为35cm，"P.Y"为170cm，"P.Z"为0cm，如图3-22所示。

（8）在"对象"窗口中，用框选的方法选中所有灯光对象，按 Alt+G 组合键，将其编组，并重命名为"灯光"，如图3-23所示。

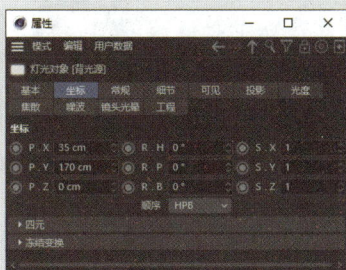

图 3-21 图 3-22 图 3-23

3. 材质

（1）在"材质"窗口中双击，添加一个材质球，并将其命名为"背景"。在添加的材质球上双击，弹出"材质编辑器"窗口。在左侧列表中选择"颜色"选项，切换到相应的选项卡，设置"纹理"为"渐变"，单击"渐变预览框"按钮 ，切换到相应的选项卡，如图3-24所示。

材质

（2）双击"渐变"下方左侧的"色标.1"按钮 ，弹出"渐变色标设置"对话框，设置"H"为41°，"S"为64%，"V"为98%，如图3-25所示，单击"确定"按钮，返回"材质编辑器"窗口。双击"渐变"下方右侧的"色标.2"按钮 ，弹出"渐变色标设置"对话框，设置"H"为40°，"S"为43%，"V"为93%，如图3-26所示，单击"确定"按钮，返回"材质编辑器"窗口。

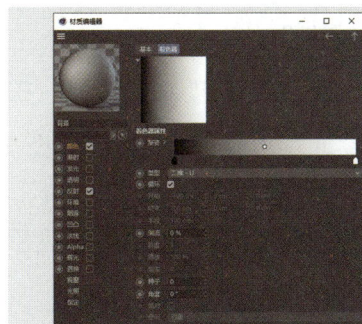
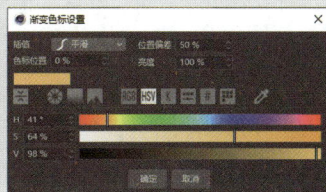
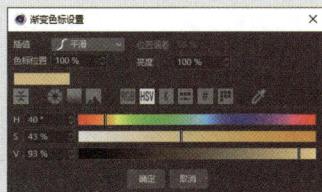

图 3-24 图 3-25 图 3-26

（3）设置"类型"为"二维 -V"，如图 3-27 所示，单击"关闭"按钮，关闭窗口。在"对象"窗口中展开"场景"对象组，将"材质"窗口中的"背景"材质球拖曳到"对象"窗口中的"背景"对象上。

（4）在"材质"窗口中双击，添加一个材质球，并将其命名为"地面"。在添加的材质球上双击，弹出"材质编辑器"窗口。在左侧列表中选择"颜色"选项，切换到相应的选项卡，设置"H"为 23°，"S"为 34%，"V"为 99%，其他选项的设置如图 3-28 所示。单击"关闭"按钮，关闭窗口。将"材质"窗口中的"地面"材质球拖曳到"对象"窗口中的"地面"对象上，如图 3-29 所示。折叠"场景"对象组。

Cinema 4D 电商视觉设计案例教程（全彩慕课版）

18

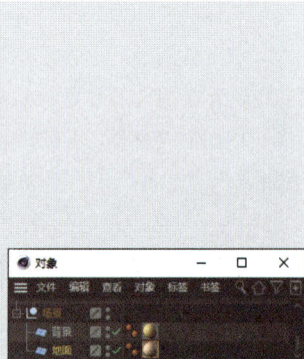

图 3-27 　　　　　　　　　　　图 3-28 　　　　　　　　　　　图 3-29

4. 渲染

（1）选择"物理天空"工具 ，在"对象"窗口中生成一个"物理天空"对象，如图 3-30 所示。视图窗口中的效果如图 3-31 所示。（注："物理天空"对象会根据不同的地理位置和时间，显示出不同的效果，可根据实际需要在"时间与区域"选项卡中进行调整。如果没有对"物理天空"对象进行特别设置，则会自动根据制作时的地理位置和时间进行设置。）

渲染

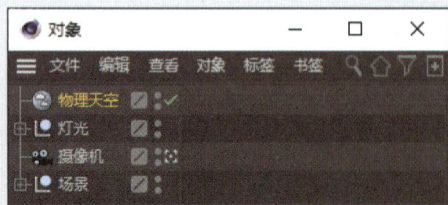
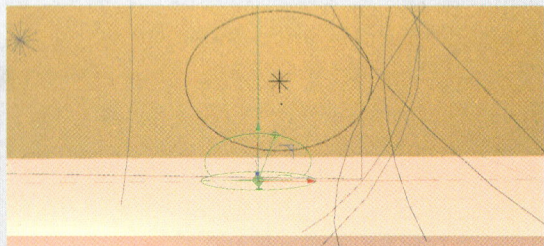

图 3-30 　　　　　　　　　　　　　　图 3-31

（2）单击"编辑渲染设置"按钮 ，弹出"渲染设置"窗口，设置"渲染器"为"物理"，在左侧列表中选择"保存"选项，切换到相应的选项卡，设置"格式"为"PNG"，如图 3-32 所示。在左侧列表中选择"物理"选项，切换到相应的选项卡，设置"采样品质"为"中"，如图 3-33 所示。

（3）单击"效果"按钮，在弹出的下拉菜单中选择"全局光照"命令，在左侧列表中添加"全局光照"，如图 3-34 所示。单击"效果"按钮，在弹出的下拉菜单中选择"环境吸收"命令，在左侧列表中添加"环境吸收"，如图 3-35 所示。单击"关闭"按钮，关闭窗口。

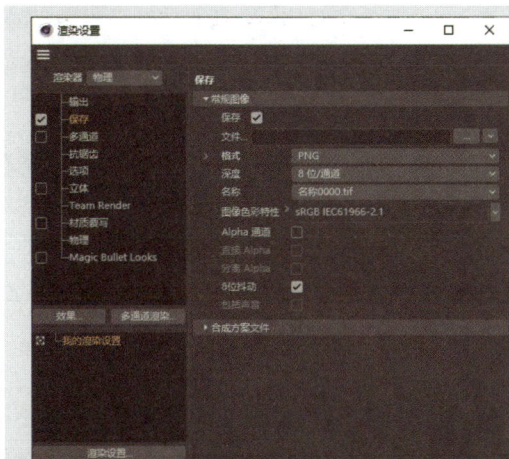

图 3-32

图 3-33

图 3-34

图 3-35

（4）单击"渲染到图像查看器"按钮![],弹出"图像查看器"窗口,如图 3-36 所示。渲染完成后,单击窗口中的"将图像另存为"按钮![],弹出"保存"对话框,如图 3-37 所示。

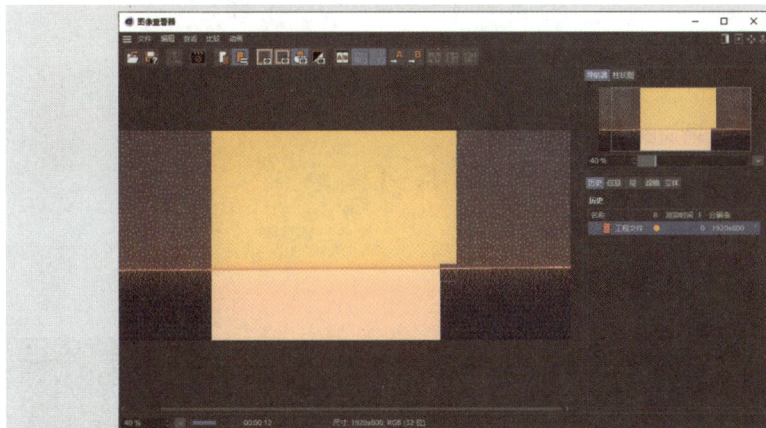

图 3-36

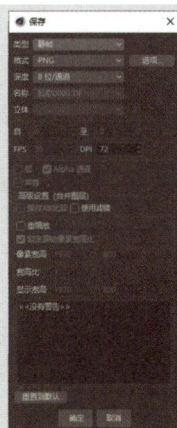

图 3-37

（5）单击"保存"对话框中的"确定"按钮，弹出"保存对话"对话框，在对话框中选择要保存文件的位置，并在"文件名"文本框中输入名称，设置完成后，单击"保存"按钮，保存图像。搭建纯色背景场景完成。

3.2 搭建几何形展台场景

运用 Cinema 4D 软件为电商视觉设计搭建几何形展台场景，可以模拟商品在真实环境中的摆放效果。几何形展台场景也是最受电商视觉设计师青睐的视觉表达方式之一。

3.2.1 几何形展台场景的表现形式

几何形展台场景的表现形式丰富多样，可以划分为圆形展台场景、方形展台场景、多边形展台场景、楼梯形展台场景以及不规则形展台场景，部分表现形式如图 3-38 所示。

图 3-38

3.2.2 课堂案例——搭建圆形展台场景

【案例学习目标】学习使用参数化工具搭建圆形展台场景。

【案例知识要点】使用"平面"工具制作背景；使用"圆柱体"工具制作台子；使用"球体"工具制作装饰球；使用"摄像机"工具控制视图的显示效果；使用"区域光"工具制作灯光效果；使用"材质"窗口创建材质并设置材质参数；使用"物理天空"工具创建环境效果；使用"编辑渲染设置"按钮和"渲染到图像查看器"按钮渲染图像，最终效果如图 3-39 所示。

【效果文件所在位置】云盘 \Ch03\ 搭建圆形展台场景 \ 工程文件 .c4d。

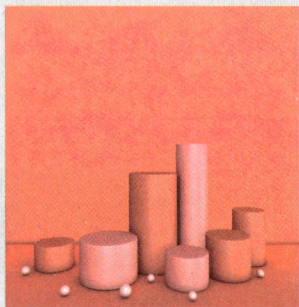

图 3-39

1. 建模

（1）启动 Cinema 4D 软件。选择"渲染 > 编辑渲染设置"命令，弹出"渲染设置"窗口。在"输出"选项卡中设置"宽度"为 800 像素，"高度"为 800 像素，单击"关闭"按钮，关闭窗口。

（2）选择"平面"工具，在"对象"窗口中生成一个"平面"对象，将其

建模

重命名为"地面"。在"属性"窗口的"对象"选项卡中，设置"宽度"为1400cm，"高度"为1400cm，如图3-40所示。

（3）选择"平面"工具 ，在"对象"窗口中生成一个"平面"对象，将其重命名为"背景"。在"属性"窗口的"对象"选项卡中，设置"宽度"为1400cm，"高度"为1400cm，"方向"为"+Z"，如图3-41所示。

（4）选择"空白"工具 ，在"对象"窗口中生成一个"空白"对象，将其重命名为"地面背景"。将"地面"对象和"背景"对象拖曳到"地面背景"对象中，如图3-42所示。折叠"地面背景"对象组。

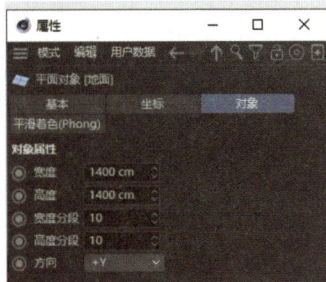

图 3-40

图 3-41

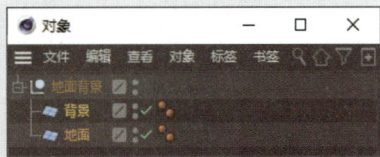

图 3-42

（5）选择"圆柱体"工具 ，在"对象"窗口中生成一个"圆柱体"对象。在"属性"窗口的"对象"选项卡中，设置"半径"为35cm，"高度"为250cm，"旋转分段"为32，如图3-43所示。在"封顶"选项卡中，勾选"圆角"复选框，设置"半径"为2cm，如图3-44所示。

图 3-43

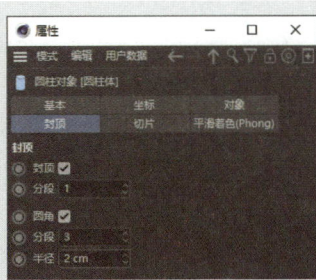

图 3-44

（6）在"坐标"窗口的"位置"选项组中，设置"X"为90cm，"Y"为125cm，"Z"为-138cm，如图3-45所示，单击"应用"按钮。视图窗口中的效果如图3-46所示。

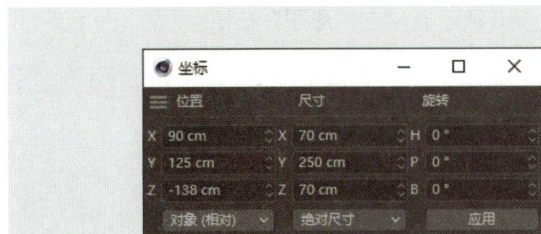

图 3-45

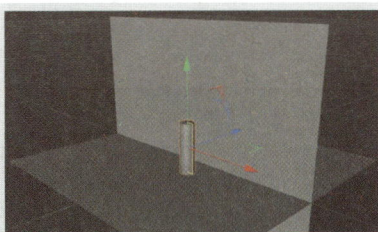

图 3-46

（7）使用相同的方法再创建6个圆柱体对象。设置"圆柱体 .1"对象的"半径"为50cm，"高度"为190cm，"旋转分段"为32。在"封顶"选项卡中，勾选"圆角"复选框，设置"半径"

为 2cm。在"坐标"窗口的"位置"选项组中，设置"X"为 5cm，"Y"为 95cm，"Z"为 –164cm，单击"应用"按钮。

（8）设置"圆柱体.2"对象的"半径"为 54cm，"高度"为 75cm，"旋转分段"为 32。在"封顶"选项卡中，勾选"圆角"复选框，设置"半径"为 2cm。在"坐标"窗口的"位置"选项组中，设置"X"为 –78cm，"Y"为 38cm，"Z"为 –225cm，单击"应用"按钮。

（9）设置"圆柱体.3"对象的"半径"为 40cm，"高度"为 56cm，"旋转分段"为 32。在"封顶"选项卡中，勾选"圆角"复选框，设置"半径"为 2cm。在"坐标"窗口的"位置"选项组中，设置"X"为 66cm，"Y"为 28cm，"Z"为 –246cm，单击"应用"按钮。

（10）设置"圆柱体.4"对象的"半径"为 44cm，"高度"为 76cm，"旋转分段"为 32。在"封顶"选项卡中，勾选"圆角"复选框，设置"半径"为 2cm。在"坐标"窗口的"位置"选项组中，设置"X"为 152cm，"Y"为 38cm，"Z"为 –204cm，单击"应用"按钮。

（11）设置"圆柱体.5"对象的"半径"为 35cm，"高度"为 111cm，"旋转分段"为 32。在"封顶"选项卡中，勾选"圆角"复选框，设置"半径"为 2cm。在"坐标"窗口的"位置"选项组中，设置"X"为 215cm，"Y"为 56cm，"Z"为 –136cm，单击"应用"按钮。

（12）设置"圆柱体.6"对象的"半径"为 40cm，"高度"为 50cm，"旋转分段"为 32。在"封顶"选项卡中，勾选"圆角"复选框，设置"半径"为 2cm。在"坐标"窗口的"位置"选项组中，设置"X"为 –200cm，"Y"为 25cm，"Z"为 –164cm，单击"应用"按钮。视图窗口中的效果如图 3–47 所示。

（13）选择"空白"工具 ，在"对象"窗口中生成一个"空白"对象，将其重命名为"底座"。框选需要的对象，将选中的对象拖曳到"底座"对象的下方，如图 3–48 所示。折叠"底座"对象组。

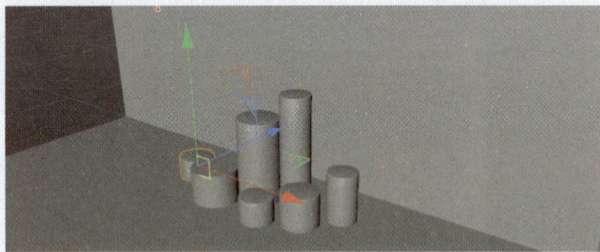

图 3–47

图 3–48

（14）选择"球体"工具 ，在"对象"窗口中生成一个"球体"对象。在"属性"窗口的"对象"选项卡中，设置"半径"为 7cm，如图 3–49 所示。在"坐标"窗口的"位置"选项组中，设置"X"为 68cm，"Y"为 7cm，"Z"为 –311cm，如图 3–50 所示，单击"应用"按钮。

图 3–49

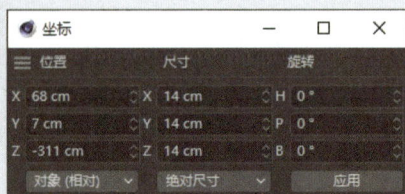

图 3–50

（15）使用相同的方法再创建 5 个球体对象。设置"球体.1"对象的"半径"为 7cm；在"坐标"窗口的"位置"选项组中，设置"X"为1cm，"Y"为7cm，"Z"为−243cm，单击"应用"按钮。设置"球体.2"对象的"半径"为10cm；在"坐标"窗口的"位置"选项组中，设置"X"为−40cm，"Y"为10cm，"Z"为−300cm，单击"应用"按钮。设置"球体.3"对象的"半径"为7cm；在"坐标"窗口的"位置"选项组中，设置"X"为210cm，"Y"为7cm，"Z"为−220cm，单击"应用"按钮。

（16）设置"球体.4"对象的"半径"为8cm；在"坐标"窗口的"位置"选项组中，设置"X"为−140cm，"Y"为8cm，"Z"为−295cm，单击"应用"按钮。设置"球体.5"对象的"半径"为8cm；在"坐标"窗口的"位置"选项组中，设置"X"为−241cm，"Y"为8cm，"Z"为−210cm，单击"应用"按钮。

（17）选择"空白"工具 ，在"对象"窗口中生成一个"空白"对象，将其重命名为"装饰球"。框选需要的对象，将选中的对象拖曳到"装饰球"对象的下方，如图3-51所示。折叠"装饰球"对象组。选择"空白"工具 ，在"对象"窗口中生成一个"空白"对象，将其重命名为"场景"。框选所有对象组，将选中的对象组拖曳到"场景"对象的下方，如图3-52所示。折叠"场景"对象组。

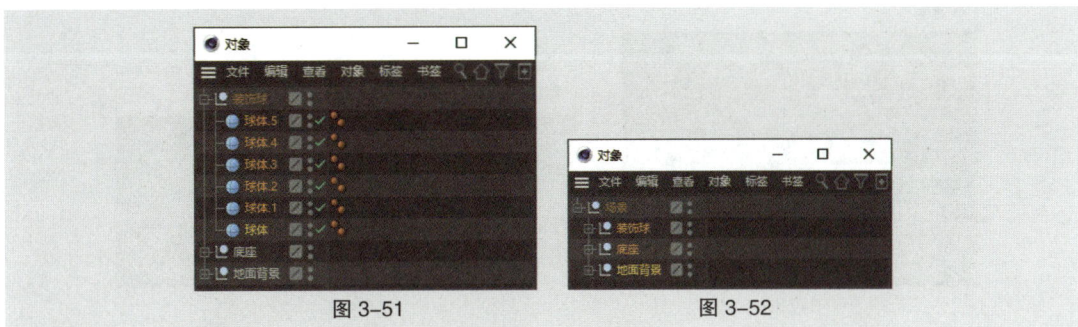

图 3-51　　　　　　　　　　图 3-52

（18）选择"摄像机"工具 ，在"对象"窗口中生成一个"摄像机"对象。单击"摄像机"对象右侧的按钮 ，进入摄像机视图，如图3-53所示。在"属性"窗口的"坐标"选项卡中，设置"P.X"为6cm，"P.Y"为222.5cm，"P.Z"为−780.5cm，如图3-54所示。

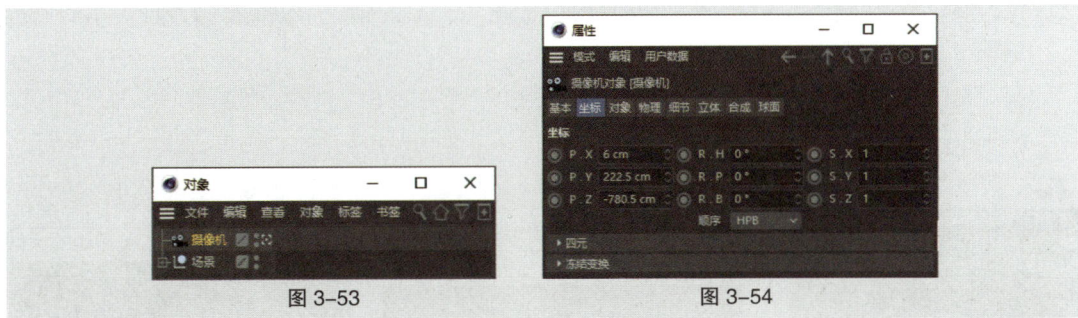

图 3-53　　　　　　　　　　图 3-54

2. 灯光

（1）选择"区域光"工具 ，在"对象"窗口中生成一个"灯光"对象，将其重命名为"主光源"，如图3-55所示。

（2）在"属性"窗口的"常规"选项卡中，设置"强度"为50%，"投影"为"阴影贴图（软阴影）"，如图3-56所示。在"坐标"窗口的"位置"选项组中，设置"X"为155cm，"Y"为1580cm，"Z"为−2055cm；在"旋转"选项组中，设置"P"为−30°，如图3-57所示，单击"应用"按钮。

灯光

图 3-55

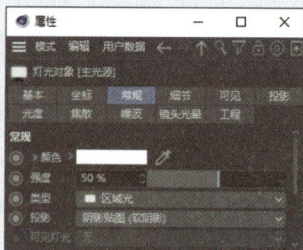
图 3-56

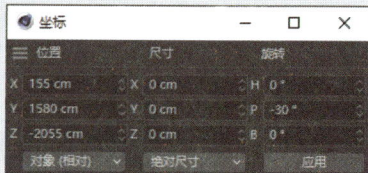
图 3-57

（3）选择"区域光"工具■，在"对象"窗口中生成一个"灯光"对象，将"灯光"对象重命名为"辅光源1"。在"属性"窗口的"常规"选项卡中，设置"强度"为70%，如图3-58所示。选中"辅光源1"对象，在"坐标"窗口的"位置"选项组中，设置"X"为0cm，"Y"为0cm，"Z"为-3940cm，如图3-59所示，单击"应用"按钮。

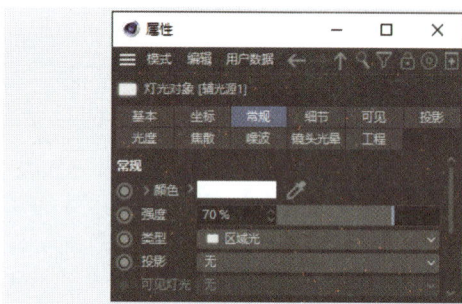
图 3-58

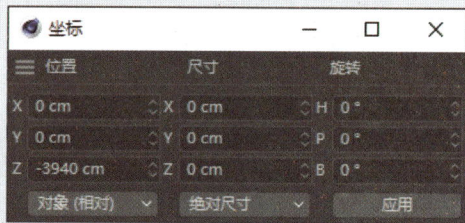
图 3-59

（4）选择"区域光"工具■，在"对象"窗口中生成一个"灯光"对象，将"灯光"对象重命名为"辅光源2"。在"属性"窗口的"常规"选项卡中，设置"强度"为70%，如图3-60所示。选中"辅光源2"对象，在"坐标"窗口的"位置"选项组中，设置"X"为2680cm，"Y"为0cm，"Z"为-780cm；在"旋转"选项组中，设置"H"为90°，如图3-61所示，单击"应用"按钮。

（5）选择"空白"工具■，在"对象"窗口中生成一个"空白"对象，将其重命名为"灯光"。框选需要的灯光对象，将其拖曳到"灯光"对象的下方，如图3-62所示。折叠"灯光"对象组。

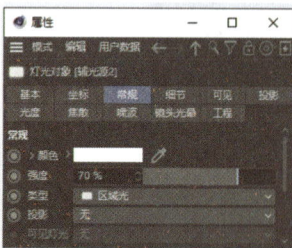
图 3-60

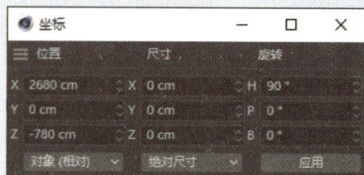
图 3-61

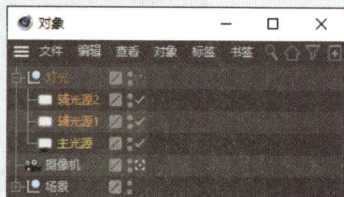
图 3-62

3. 材质

（1）在"材质"窗口中双击，添加一个材质球，并将其命名为"背景"。在添加的材质球上双击，弹出"材质编辑器"窗口。在左侧列表中取消勾选"反射"复选框，选择"颜色"选项，切换到相应的选项卡，设置"H"为5°，"S"为56%，"V"

材质

为 92%，其他选项的设置如图 3-63 所示，单击"关闭"按钮，关闭窗口。

（2）在"对象"窗口中展开"场景"对象组，将"材质"窗口中的"背景"材质球拖曳到"对象"窗口中的"地面背景"对象组上，如图 3-64 所示。

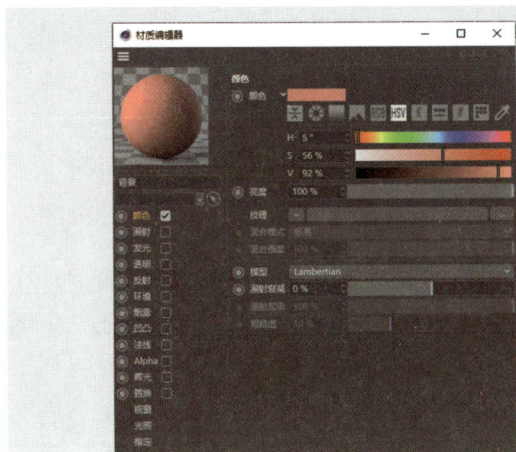

图 3-63

图 3-64

（3）在"材质"窗口中双击，添加一个材质球，并将其命名为"底座 1"。在添加的材质球上双击，弹出"材质编辑器"窗口。在左侧列表中选择"颜色"选项，切换到相应的选项卡，设置"H"为 355°，"S"为 44%，"V"为 88%，其他选项的设置如图 3-65 所示。

（4）在左侧列表中选择"反射"选项，切换到相应的选项卡，设置"类型"为"GGX"，"粗糙度"为 62%，"高光强度"为 13%，其他选项的设置如图 3-66 所示，单击"关闭"按钮，关闭窗口。

（5）在"对象"窗口中展开"场景 > 底座"对象组，将"材质"窗口中的"底座 1"材质球分别拖曳到"对象"窗口中的"圆柱体""圆柱体 .2"和"圆柱体 .3"对象上，如图 3-67 所示。

图 3-65

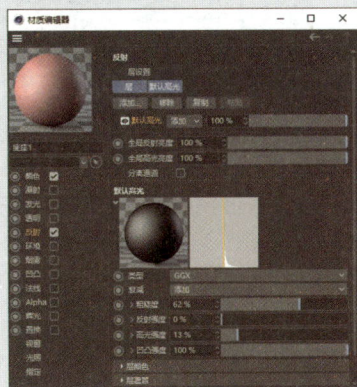

图 3-66

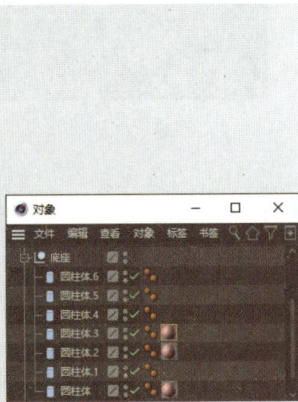

图 3-67

（6）在"材质"窗口中双击，添加一个材质球，并将其命名为"底座 2"。在添加的材质球上双击，弹出"材质编辑器"窗口。在左侧列表中选择"颜色"选项，切换到相应的选项卡，设置"H"为 7°，"S"为 59%，"V"为 80%，其他选项的设置如图 3-68 所示，单击"关闭"按钮，关闭窗口。

（7）将"材质"窗口中的"底座 2"材质球分别拖曳到"对象"窗口中的"圆柱体 .1""圆柱体 .4""圆柱体 .5"和"圆柱体 .6"对象上，如图 3-69 所示。

图 3-68

图 3-69

（8）在"材质"窗口中双击,添加一个材质球,并将其命名为"装饰球"。在添加的材质球上双击,弹出"材质编辑器"窗口。在左侧列表中选择"颜色"选项,切换到相应的选项卡,设置"纹理"为"渐变",单击"渐变预览框"按钮,切换到相应的选项卡,如图 3-70 所示。

（9）双击"渐变"下方左侧的"色标.1"按钮,弹出"渐变色标设置"对话框,设置"H"为44°,"S"为 56%,"V"为 97%,如图 3-71 所示,单击"确定"按钮,返回"材质编辑器"窗口。双击"渐变"下方右侧的"色标.2"按钮,弹出"渐变色标设置"对话框,设置"H"为 343°,"S"为 28%,"V"为 95%,如图 3-72 所示,单击"确定"按钮,返回"材质编辑器"窗口。

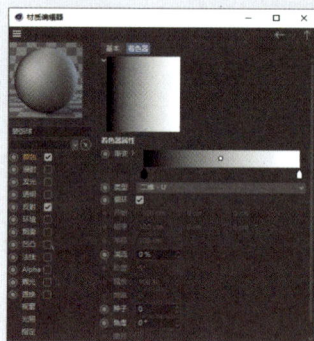

图 3-70

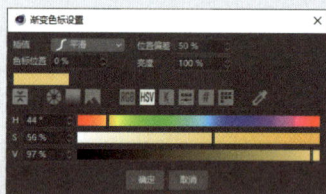

图 3-71

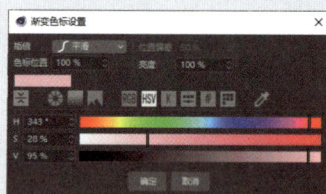

图 3-72

（10）在左侧列表中选择"反射"选项,切换到相应的选项卡,设置"类型"为"GGX","粗糙度"为 50%,"高光强度"为 12%,其他选项的设置如图 3-73 所示,单击"关闭"按钮,关闭窗口。

（11）将"材质"窗口中的"装饰球"材质球拖曳到"对象"窗口中的"装饰球"对象组上,并折叠"底座"对象组,如图 3-74 所示。

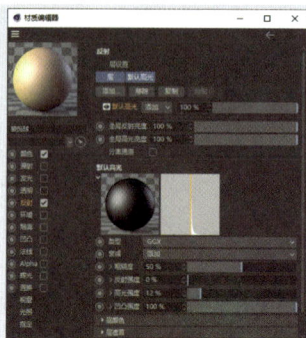

图 3-73

图 3-74

4. 渲染

（1）选择"物理天空"工具 ，在"对象"窗口中生成一个"物理天空"对象。在"属性"窗口的"太阳"选项卡中，设置"强度"为50%。展开"投影"选项，设置"类型"为"无"，如图3-75所示。视图窗口中的效果如图3-76所示。

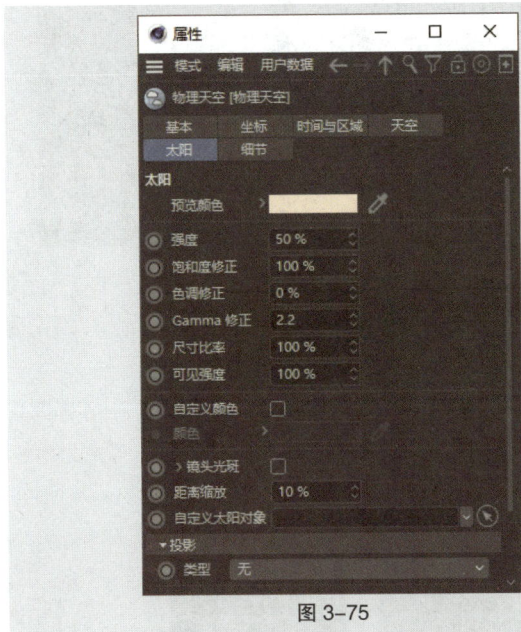

图3-75

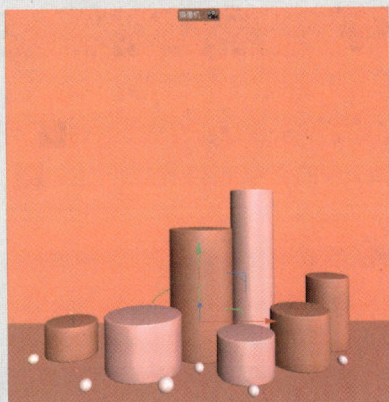

图3-76

（2）单击"编辑渲染设置"按钮 ⚙️，弹出"渲染设置"窗口，设置"渲染器"为"物理"，在左侧列表中选择"保存"选项，切换到相应的选项卡，设置"格式"为"PNG"，如图3-77所示，单击"效果"按钮，在弹出的下拉菜单中选择"全局光照"命令，在左侧列表中添加"全局光照"，设置"主算法"为"准蒙特卡罗（QMC）"，"次级算法"为"准蒙特卡罗（QMC）"，如图3-78所示。

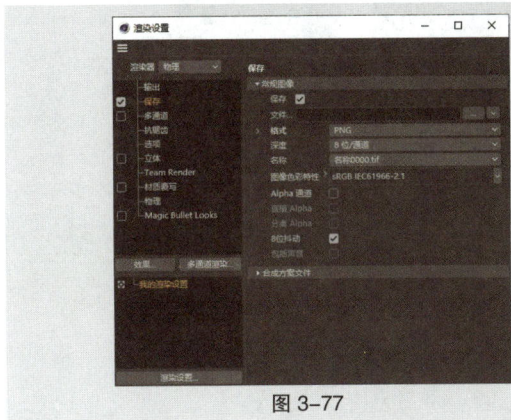

图3-77

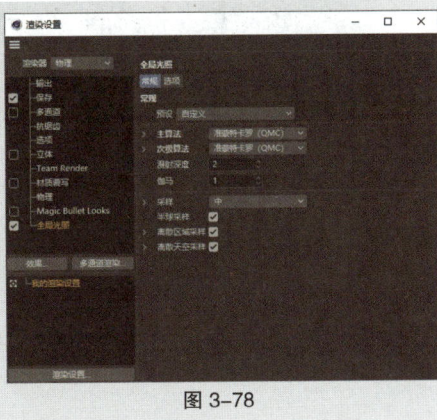

图3-78

（3）单击"效果"按钮，在弹出的下拉菜单中选择"环境吸收"命令，在左侧列表中添加"环境吸收"，设置"最大光线长度"为50cm，勾选"评估透明度"复选框，如图3-79所示。单击"效果"按钮，在弹出的下拉菜单中选择"降噪器"命令，在左侧列表中添加"降噪器"，如图3-80所示。

| 图 3-79 | 图 3-80 |

（4）单击"渲染到图像查看器"按钮 ■，弹出"图像查看器"窗口，如图 3-81 所示。渲染完成后，单击窗口中的"将图像另存为"按钮 ■，弹出"保存"对话框，如图 3-82 所示。

（5）单击"保存"对话框中的"确定"按钮，弹出"保存对话"对话框，在对话框中选择要保存文件的位置，并在"文件名"文本框中输入名称，设置完成后，单击"保存"按钮，保存图像。搭建圆形展台场景完成。

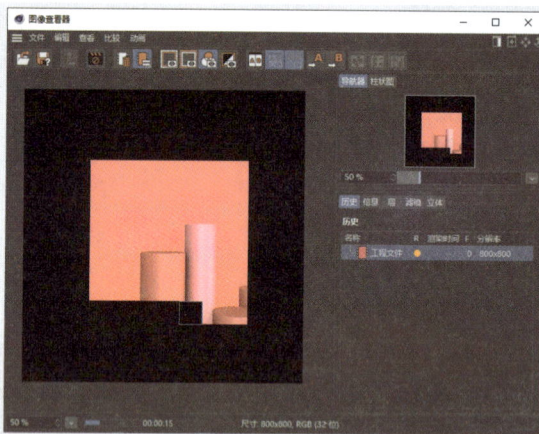
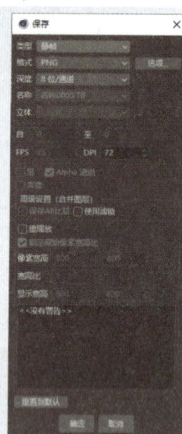

| 图 3-81 | 图 3-82 |

3.3 搭建水面场景

运用 Cinema 4D 软件为电商视觉设计搭建水面场景，能够使商品表现得更加灵动。但需要注意的是，水面场景的使用应与商品、品牌形象相符，不然会分散用户的注意力。

3.3.1 水面场景的表现形式

虽然水面场景的表现形式不如几何形展台场景的丰富，但是可以将水面场景与几何形展台场景共同组合进行表现，如图 3-83 所示。

图 3-83

3.3.2　课堂案例——搭建水面场景

【案例学习目标】学习使用参数化工具搭建水面场景。

【案例知识要点】使用"平面"工具制作背景；使用"立方体"工具制作台子和玻璃；使用"球体"工具制作装饰球；使用"摄像机"工具控制视图的显示效果；使用"无限光"和"区域光"工具制作灯光效果；使用"材质"窗口创建材质并设置材质参数；使用"天空"工具创建环境效果；使用"编辑渲染设置"按钮和"渲染到图像查看器"按钮渲染图像，最终效果如图 3-84 所示。

【效果文件所在位置】云盘 \Ch03\ 搭建水面场景 \ 工程文件 .c4d。

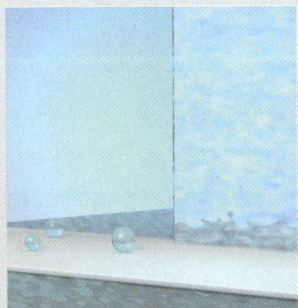

图 3-84

1. 建模

（1）启动 Cinema 4D 软件。选择"渲染 > 编辑渲染设置"命令，弹出"渲染设置"窗口。在"输出"选项卡中设置"宽度"为 800 像素，"高度"为 800 像素，单击"关闭"按钮，关闭窗口。

建模

（2）选择"平面"工具 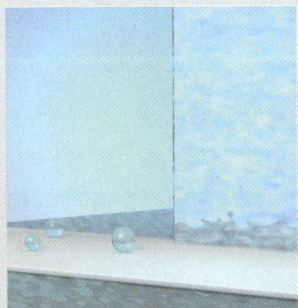，在"对象"窗口中生成一个"平面"对象，并将其重命名为"水面"，如图 3-85 所示。在"属性"窗口的"对象"选项卡中，设置"宽度"为 2179cm，"高度"为 3730cm，如图 3-86 所示。在"坐标"选项卡中，设置"P.X"为 153cm，"R.H"为 -62°，如图 3-87 所示。

图 3-85

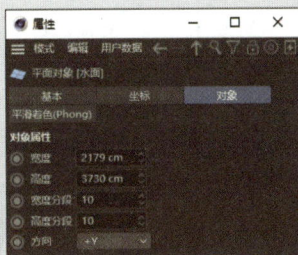

图 3-86

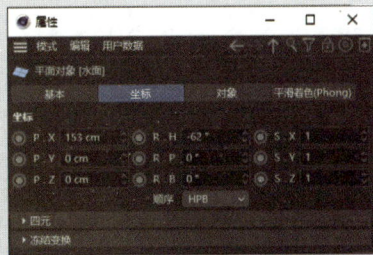

图 3-87

（3）选择"平面"工具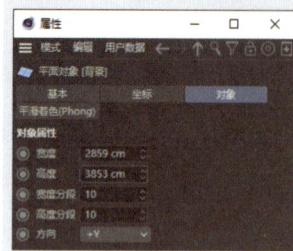，在"对象"窗口中生成一个"平面"对象，并将其重命名为"背景"。在"属性"窗口的"对象"选项卡中，设置"宽度"为2859cm，"高度"为3853cm，如图3-88所示。

（4）在"坐标"选项卡中，设置"P.X"为−366cm，"P.Y"为0cm，"P.Z"为1003cm，"R.H"为−62°，"R.P"为0°，"R.B"为90°，如图3-89所示。视图窗口中的效果如图3-90所示。

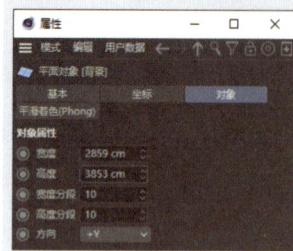

图 3-88　　　　　图 3-89　　　　　图 3-90

（5）选择"立方体"工具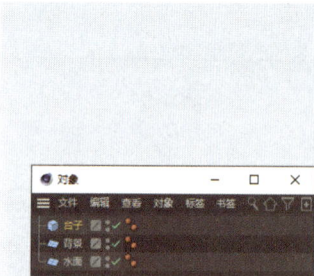，在"对象"窗口中生成一个"立方体"对象，并将其重命名为"台子"，如图3-91所示。

（6）在"属性"窗口的"对象"选项卡中，设置"尺寸.X"为2049cm，"尺寸.Y"为28cm，"尺寸.Z"为704cm，勾选"圆角"复选框，设置"圆角半径"为6cm，"圆角细分"为3，如图3-92所示。在"坐标"选项卡中，设置"P.X"为−223cm，"P.Y"为23cm，"P.Z"为−245cm，"R.H"为−14°，如图3-93所示。

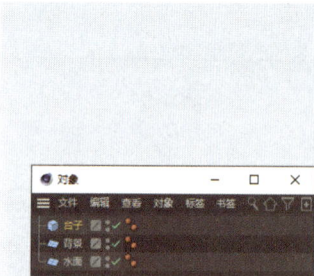

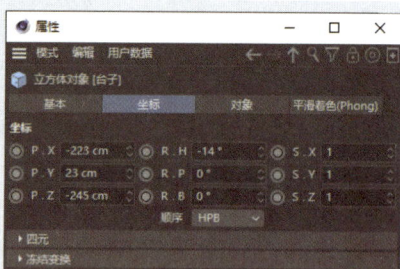

图 3-91　　　　　图 3-92　　　　　图 3-93

（7）选择"立方体"工具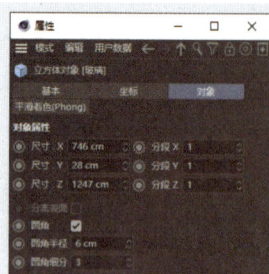，在"对象"窗口中生成一个"立方体"对象，并将其重命名为"玻璃"。在"属性"窗口的"对象"选项卡中，设置"尺寸.X"为746cm，"尺寸.Y"为28cm，"尺寸.Z"为1247cm，勾选"圆角"复选框，设置"圆角半径"为6cm，"圆角细分"为3，如图3-94所示。在"坐标"选项卡中，设置"P.X"为338cm，"P.Y"为655cm，"P.Z"为−119cm，"R.H"为0°，"R.P"为90°，"R.B"为−15°，如图3-95所示。视图窗口中的效果如图3-96所示。

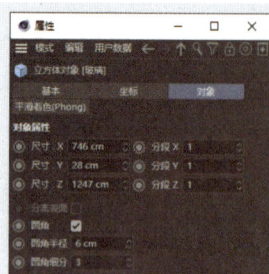
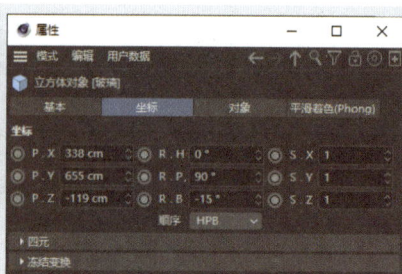
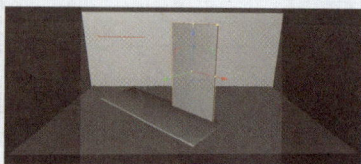

图 3-94　　　　　图 3-95　　　　　图 3-96

（8）选择"球体"工具 ⬤，在"对象"窗口中生成一个"球体"对象。在"属性"窗口的"对象"选项卡中，设置"半径"为58cm，"分段"为40，如图3-97所示。在"坐标"选项卡中，设置"P.X"为 –203cm，"P.Y"为92cm，"P.Z"为 –215cm，如图3-98所示。

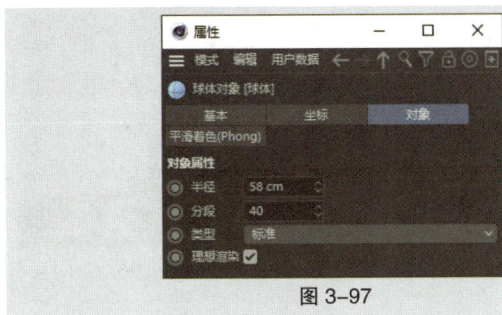
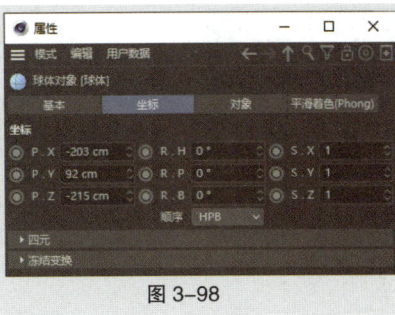

图 3-97 　　　　　　　　　　　图 3-98

（9）选择"球体"工具 ⬤，在"对象"窗口中生成一个"球体.1"对象。在"属性"窗口的"对象"选项卡中，设置"半径"为40cm，"分段"为40，如图3-99所示。在"坐标"选项卡中，设置"P.X"为 –646cm，"P.Y"为76cm，"P.Z"为 –215cm，如图3-100所示。

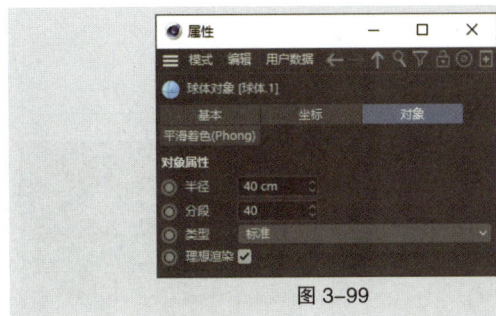
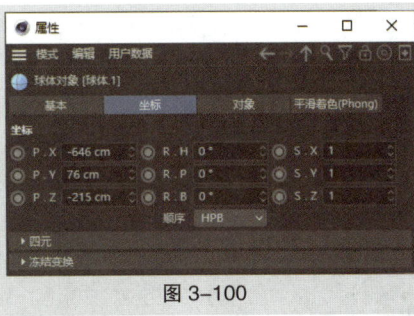

图 3-99 　　　　　　　　　　　图 3-100

（10）选择"球体"工具 ⬤，在"对象"窗口中生成一个"球体.2"对象。在"属性"窗口的"对象"选项卡中，设置"半径"为50cm，"分段"为40，如图3-101所示。在"坐标"选项卡中，设置"P.X"为 –606cm，"P.Y"为84cm，"P.Z"为77cm，如图3-102所示。

（11）在"对象"窗口中框选所有的对象，按 Alt+G 组合键，将选中的对象编组，并将其重命名为"场景"，如图3-103所示。

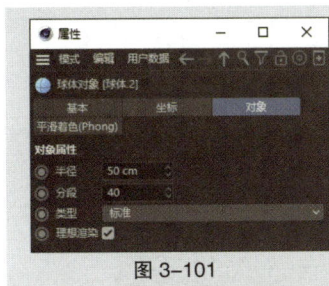
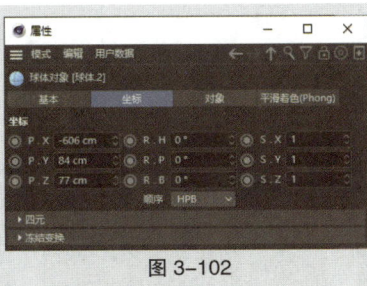
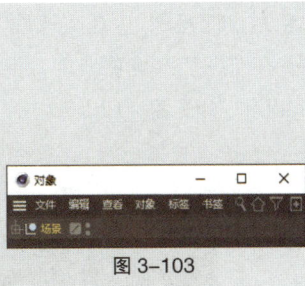

图 3-101 　　　　　　　图 3-102 　　　　　　　图 3-103

（12）选择"摄像机"工具 ⚏，在"对象"窗口中生成一个"摄像机"对象。单击"摄像机"对象右侧的按钮 ▣，进入摄像机视图。在"属性"窗口的"对象"选项卡中，设置"焦距"为80，如图3-104所示。

（13）在"坐标"窗口的"位置"选项组中，设置"X"为178cm，"Y"为785cm，"Z"为 –3251cm。

在"旋转"选项组中,设置"H"为4.5°,"P"为–5.8°,"B"为0°,如图3–105所示,单击"应用"按钮。视图窗口中的效果如图3–106所示。

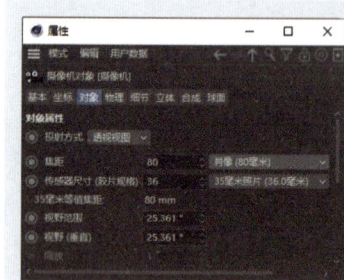
图3–104

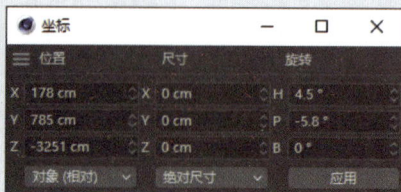
图3–105

图3–106

2. 灯光

（1）选择"无限光"工具,在"对象"窗口中生成一个"灯光"对象,将"灯光"对象重命名为"主光源",如图3–107所示。在"属性"窗口的"坐标"选项卡中,设置"P.X"为–537cm,"P.Y"为169cm,"P.Z"为–828cm,"R.H"为–33°,"R.P"为–42°,"R.B"为0°,如图3–108所示。在"常规"选项卡中,设置"强度"为85%,"投影"为"区域",如图3–109所示。

灯光

图3–107

图3–108

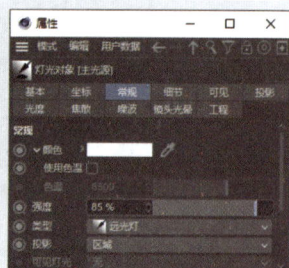
图3–109

（2）在"投影"选项卡中,设置"投影"为"区域",设置"颜色"选项组中的"H"为197°,"S"为28%,"V"为73%,如图3–110所示。

（3）选择"区域光"工具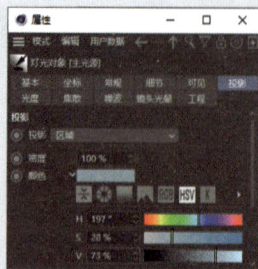,在"对象"窗口中生成一个"灯光"对象,将"灯光"对象重命名为"辅光源"。在"属性"窗口的"常规"选项卡中,设置"强度"为51%,如图3–111所示。在"细节"选项卡中,设置"外部半径"为394cm,"水平尺寸"为788cm,"垂直尺寸"为884cm,如图3–112所示。

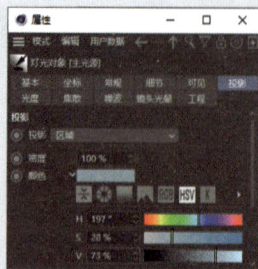
图3–110

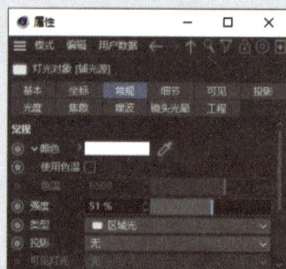
图3–111

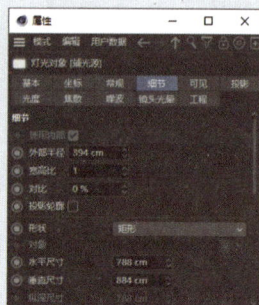
图3–112

（4）在"坐标"选项卡中，设置"P.X"为235cm，"P.Y"为542cm，"P.Z"为–864cm，"R.H"为–19°，"R.P"为–5°，"R.B"为89°，如图3-113所示。视图窗口中的效果如图3-114所示。

（5）选择"区域光"工具▣，在"对象"窗口中生成一个"灯光"对象，将"灯光"对象重命名为"背景光"。在"属性"窗口的"坐标"选项卡中，设置"P.X"为360cm，"P.Y"为708cm，"P.Z"为30cm，"R.H"为–5°，如图3-115所示。

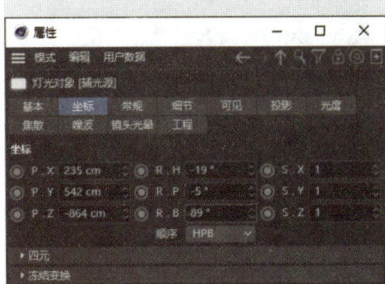
图3-113

图3-114

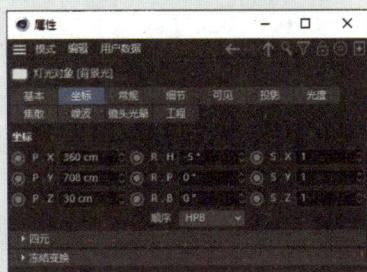
图3-115

（6）在"常规"选项卡中，设置"颜色"选项组中的"H"为184°，"S"为25%，"V"为100%，如图3-116所示。在"细节"选项卡中，设置"外部半径"为1192cm，"水平尺寸"为2384cm，"垂直尺寸"为1208cm，如图3-117所示。

（7）在"对象"窗口中，用框选的方法选中需要的灯光对象，按Alt+G组合键将其编组，并重命名为"灯光"，如图3-118所示。

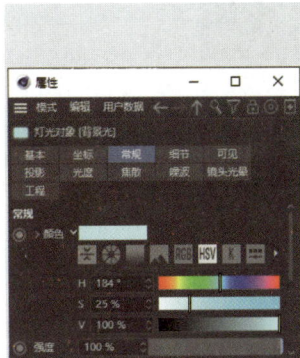
图3-116

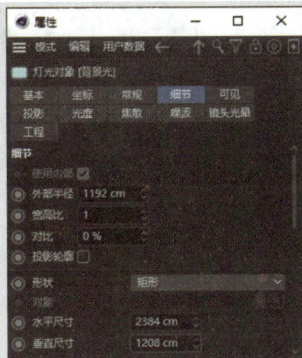
图3-117

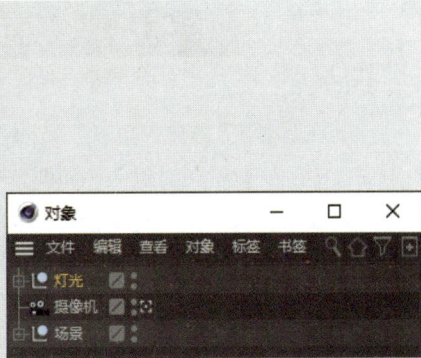
图3-118

3．材质

（1）在"材质"窗口中双击，添加一个材质球，并将其命名为"背景"。在添加的材质球上双击，弹出"材质编辑器"窗口。在左侧列表中选择"颜色"选项，切换到相应的选项卡，设置"纹理"为"渐变"，单击"渐变预览框"按钮，切换到相应的选项卡，如图3-119所示。

材质

（2）双击"渐变"下方左侧的"色标.1"按钮，弹出"渐变色标设置"对话框，设置"H"为195°，"S"为4%，"V"为91%，如图3-120所示，单击"确定"按钮，返回"材质编辑器"窗口。双击"渐变"下方右侧的"色标.2"按钮，弹出"渐变色标设置"对话框，设置"H"为202°，"S"为45%，"V"为85%，如图3-121所示，单击"确定"按钮，返回"材质编辑器"窗口。

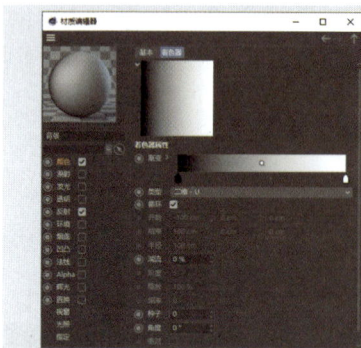

图 3-119

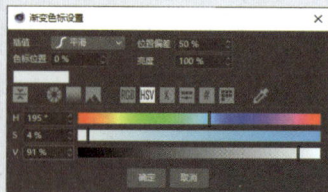

图 3-120

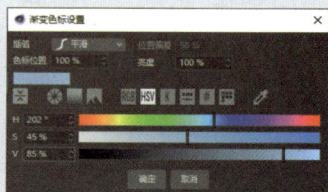

图 3-121

（3）设置"类型"为"二维 -V"，"角度"为 45°，如图 3-122 所示。在左侧列表中选择"发光"选项，切换到相应的选项卡，勾选"发光"复选框，设置"H"为 0°，"S"为 0%，"V"为 68%，"亮度"为 51%，其他选项的设置如图 3-123 所示。单击"关闭"按钮，关闭窗口。

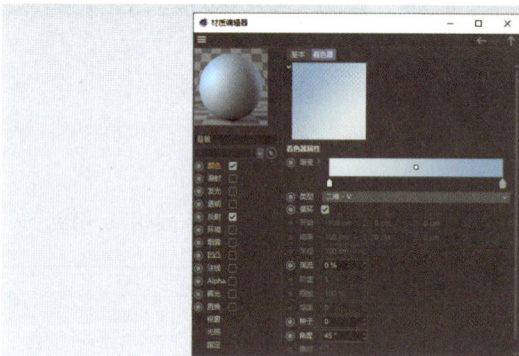

图 3-122

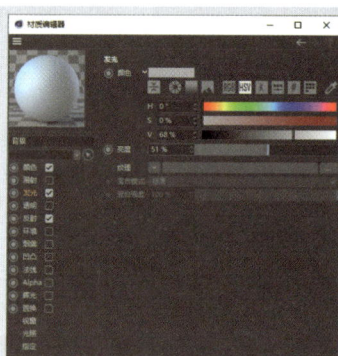

图 3-123

（4）在"对象"窗口中展开"场景"对象组，将"材质"窗口中的"背景"材质球拖曳到"对象"窗口中的"背景"对象上，如图 3-124 所示。

（5）在"材质"窗口中双击，添加一个材质球，并将其命名为"水面"。在添加的材质球上双击，弹出"材质编辑器"窗口。在左侧列表中选择"颜色"选项，切换到相应的选项卡，设置"H"为 192°，"S"为 23%，"V"为 70%，其他选项的设置如图 3-125 所示。在左侧列表中选择"透明"选项，切换到相应的选项卡，勾选"透明"复选框，设置"H"为 191°，"S"为 49%，"V"为 56%，"折射率预设"为"水"，其他选项的设置如图 3-126 所示。

图 3-124

图 3-125

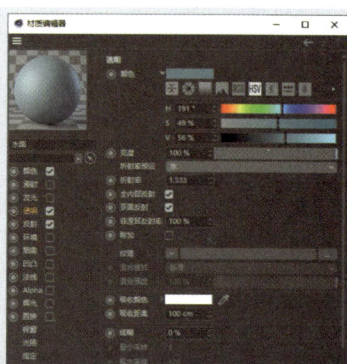

图 3-126

（6）选择"反射"选项，切换到相应的选项卡，设置"衰减"为 -21%，其他选项的设置如图 3-127 所示。单击"层设置"下方的"* 透明度 *"按钮，切换到相应的选项卡，设置"粗糙度"为 15%，"凹凸强度"为 30%，如图 3-128 所示。

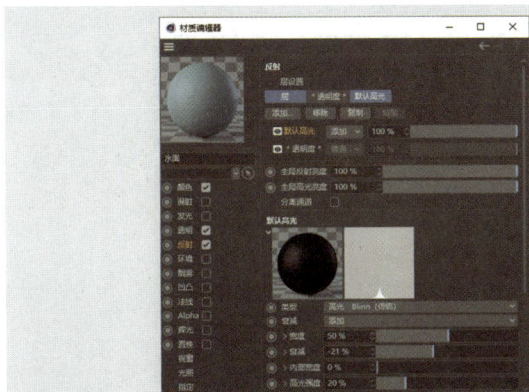

图 3-127

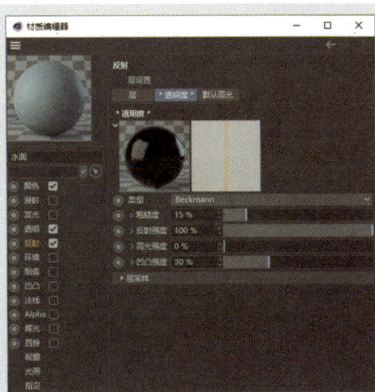

图 3-128

（7）在左侧列表中选择"凹凸"选项，切换到相应的选项卡，勾选"凹凸"复选框，单击"纹理"选项右侧的按钮■，在弹出的下拉菜单中选择"噪波"命令。单击"纹理"选项下方的预览框区域，切换到相应的选项卡，设置"全局缩放"为 200%，"相对比例"为 500%、30%、300%，其他选项的设置如图 3-129 所示，单击"关闭"按钮，关闭窗口。将"材质"窗口中的"水面"材质球拖曳到"对象"窗口中的"水面"对象上。

（8）在"材质"窗口中双击，添加一个材质球，并将其命名为"台子"。在添加的材质球上双击，弹出"材质编辑器"窗口。在左侧列表中选择"颜色"选项，切换到相应的选项卡，设置"H"为 192°，"S"为 0%，"V"为 87%，其他选项的设置如图 3-130 所示。单击"关闭"按钮，关闭窗口。将"材质"窗口中的"台子"材质球拖曳到"对象"窗口中的"台子"对象上。

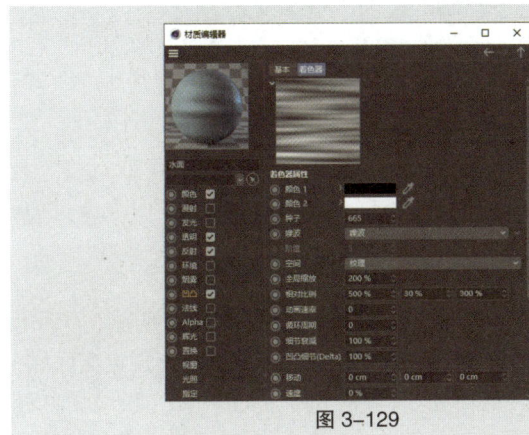

图 3-129

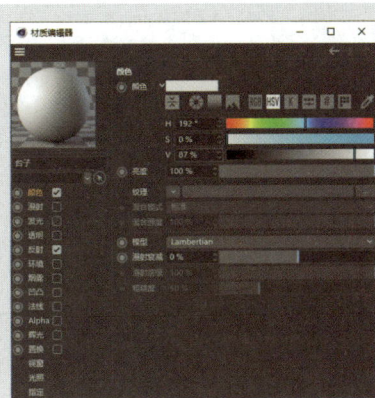

图 3-130

（9）在"材质"窗口中双击，添加一个材质球，并将其命名为"玻璃"。在添加的材质球上双击，弹出"材质编辑器"窗口。在左侧列表中选择"颜色"选项，切换到相应的选项卡，单击"纹理"选项右侧的按钮■，在弹出的下拉菜单中选择"噪波"命令。单击选项下方的预览框区域。切换到相应的选项卡，设置"全局缩放"为 300%，"相对比例"为 200%、300%、100%，其他选项的设置如图 3-131 所示。

（10）在左侧列表中选择"透明"选项，切换到相应的选项卡，勾选"透明"复选框，设置"H"为185°，"S"为4%，"V"为92%，"折射率预设"为"有机玻璃"，其他选项的设置如图3-132所示。

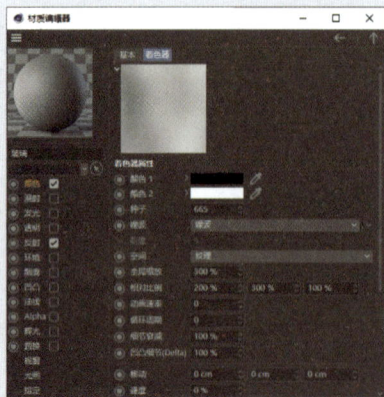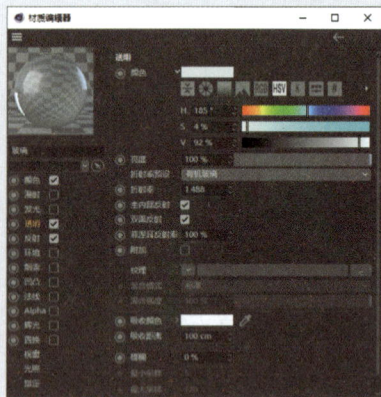

图 3-131   图 3-132

（11）选择"反射"选项，切换到相应的选项卡，设置"宽度"为57%，"衰减"为-37%，"内部宽度"为0%，"高光强度"为60%，如图3-133所示。

（12）单击"层设置"下方的"添加"按钮，在弹出的下拉菜单中选择"Phong"命令，添加一个层。设置"层1"为40%，"粗糙度"为64%，"反射强度"为5%，其他选项的设置如图3-134所示。

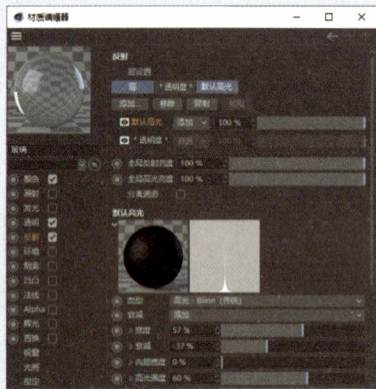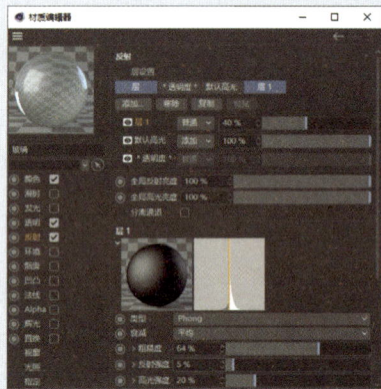

图 3-133   图 3-134

（13）在左侧列表中选择"凹凸"选项，切换到相应的选项卡，单击"纹理"选项右侧的按钮 ■，在弹出的下拉菜单中选择"噪波"命令，设置"强度"为5%。单击选项下方的预览框区域，切换到相应的选项卡，设置"全局缩放"为300%，"相对比例"为200%、100%、100%，其他选项的设置如图3-135所示。单击"关闭"按钮，关闭窗口。将"材质"窗口中的"玻璃"材质球拖曳到"对象"窗口中的"玻璃"对象上，如图3-136所示。

（14）在"材质"窗口中双击，添加一个材质球，并将其命名为"小球"。在添加的材质球上双击，弹出"材质编辑器"窗口。在左侧列表中选择"颜色"选项，切换到相应的选项卡，设置"H"为195°，"S"为24%，"V"为78%，其他选项的设置如图3-137所示。

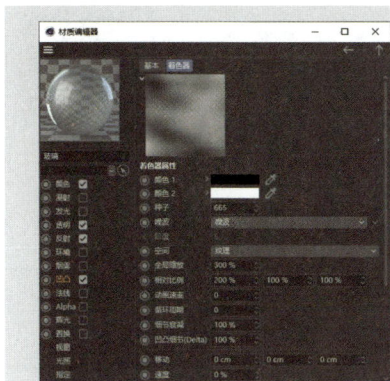

图 3-135

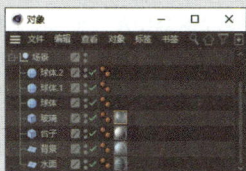

图 3-136

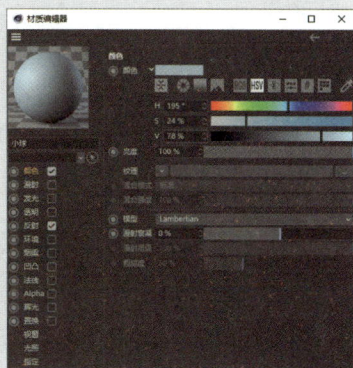

图 3-137

（15）在左侧列表中选择"透明"选项，切换到相应的选项卡，勾选"透明"复选框，设置"H"为 185°，"S"为 11%，"V"为 97%，"折射率预设"为"水"，其他选项的设置如图 3-138 所示。选择"反射"选项，切换到相应的选项卡，设置"宽度"为 50%，"衰减"为 −20%，"内部宽度"为 3%，"高光强度"为 89%，如图 3-139 所示。

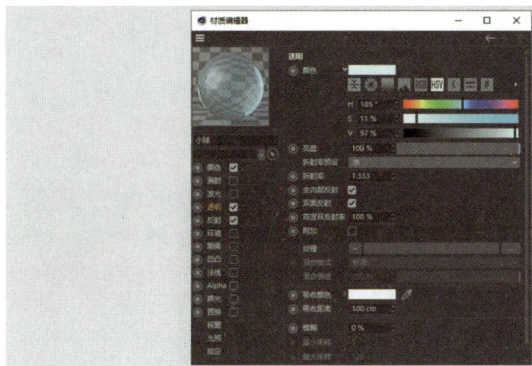

图 3-138

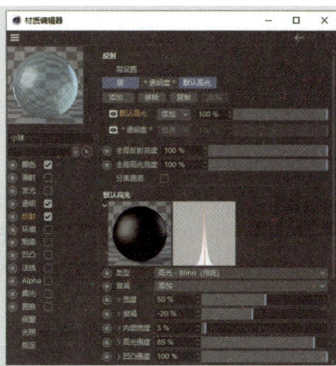

图 3-139

（16）单击"层设置"下方的"* 透明度 *"按钮，切换到相应的选项卡中，设置"粗糙度"为 0%，如图 3-140 所示。单击"关闭"按钮，关闭窗口。

（17）将"材质"窗口中的"小球"材质球拖曳到"对象"窗口中的"球体""球体 .1"和"球体 .2"对象上，如图 3-141 所示。视图窗口中的效果如图 3-142 所示。折叠"场景"对象组。

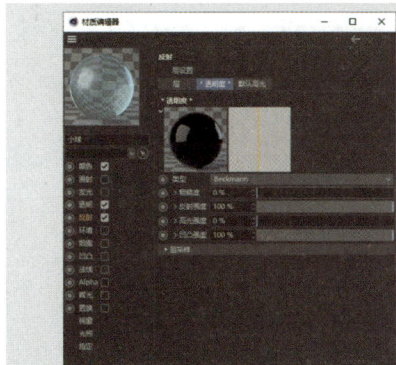

图 3-140

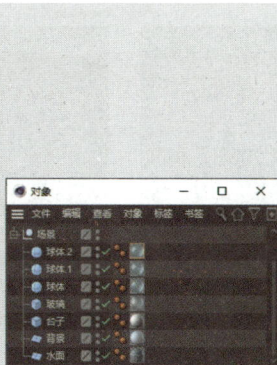

图 3-141

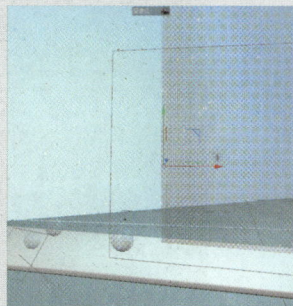

图 3-142

4. 渲染

（1）选择"天空"工具，在"对象"窗口中生成一个"天空"对象。在"材质"窗口中双击，添加一个材质球，并将其命名为"天空"，如图 3-143 所示。将"材质"窗口中的"天空"材质球拖曳到"对象"窗口中的"天空"对象上，如图 3-144 所示。

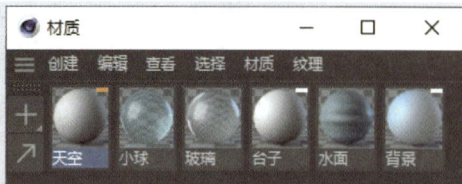

图 3-143

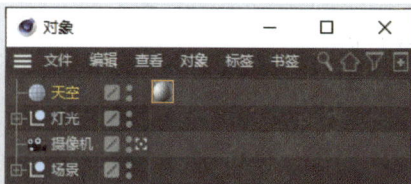

图 3-144

（2）在添加的"天空"材质球上双击，弹出"材质编辑器"窗口。在左侧列表中选择"颜色"选项，切换到相应的选项卡，单击"纹理"选项右侧的按钮，弹出"打开文件"对话框，选择"Ch03 > 搭建水面场景 > tex > 02"文件，单击"打开"按钮，打开文件，并在左侧列表中取消勾选"反射"复选框，如图 3-145 所示。单击"关闭"按钮，关闭窗口。

（3）在"对象"窗口中选中"天空"对象，在"属性"窗口的"坐标"选项卡中，设置"R.P"为 90°，"R.B"为 -8°，如图 3-146 所示。

图 3-145

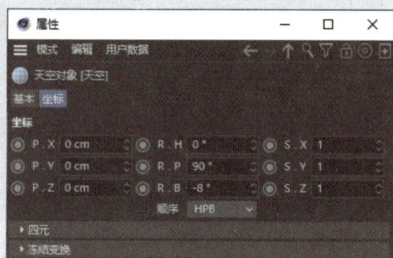

图 3-146

（4）单击"编辑渲染设置"按钮，弹出"渲染设置"窗口，在左侧列表中选择"保存"选项，切换到相应的选项卡，设置"格式"为"PNG"，如图 3-147 所示，单击"效果"按钮，在弹出的下拉菜单中选择"全局光照"命令，在左侧列表中添加"全局光照"，如图 3-148 所示。

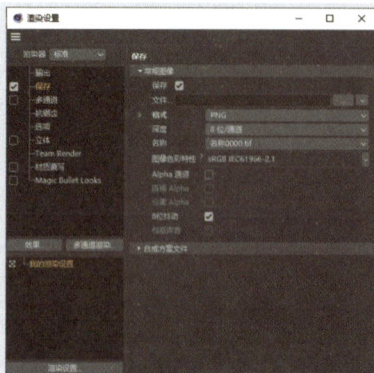

图 3-147

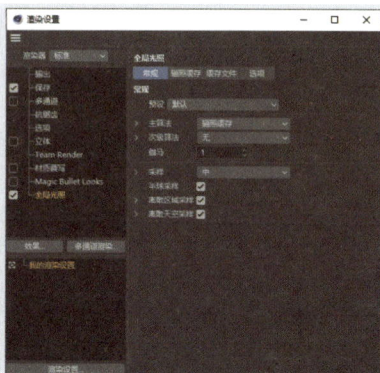

图 3-148

（5）单击"渲染到图像查看器"按钮▶，弹出"图像查看器"窗口，如图3-149所示。渲染完成后，单击窗口中的"将图像另存为"按钮，弹出"保存"对话框，如图3-150所示。

（6）单击"保存"对话框中的"确定"按钮，弹出"保存对话"对话框，在对话框中选择要保存文件的位置，并在"文件名"文本框中输入名称，设置完成后，单击"保存"按钮，保存图像。搭建水面场景完成。

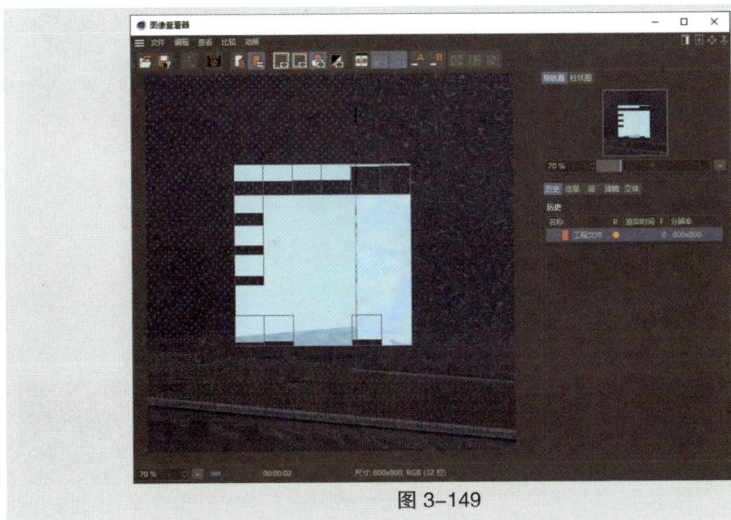

图 3-149

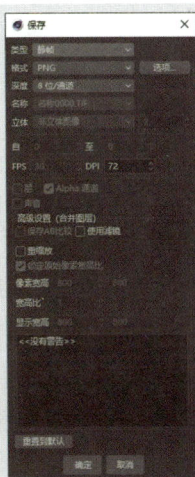

图 3-150

3.4 搭建实景合成场景

运用 Cinema 4D 软件为电商视觉设计搭建实景合成场景，能够为商品提供现实世界的环境背景，使用户更容易想象商品在实际使用情景中的样子，提升商品的吸引力和可信度。

3.4.1 实景合成场景的表现形式

实景合成场景是将虚拟元素融入现实世界场景的一种创意设计形式，其表现形式可以根据空间限制划分为室内实景合成场景以及室外实景合成场景，如图3-151所示。

图 3-151

3.4.2 课堂案例——搭建室内实景合成场景

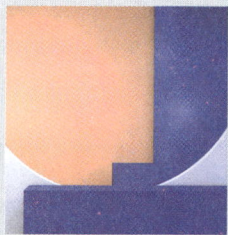

【**案例学习目标**】学习使用参数化工具和生成器工具搭建室内实景合成场景。

【**案例知识要点**】使用"平面"工具制作背景；使用"立方体"工具制作台子；使用"圆环""矩形""样条布尔"和"挤压"工具制作边框；使用"摄像机"工具控制视图的显示效果；使用"区域光"工具制作灯光效果；使用"材质"窗口创建材质并设置材质参数；使用"天空"工具创建环境效果；使用"编辑渲染设置"按钮和"渲染到图像查看器"按钮渲染图像，最终效果如图 3-152 所示。

图 3-152

【**效果文件所在位置**】云盘 \Ch03\ 搭建室内实景合成场景 \ 工程文件 .c4d。

1. 建模

（1）启动 Cinema 4D 软件。选择"渲染 > 编辑渲染设置"命令，弹出"渲染设置"窗口。在"输出"选项卡中设置"宽度"为 800 像素，"高度"为 800 像素，单击"关闭"按钮，关闭窗口。选择"平面"工具 ，在"对象"窗口中生成一个"平面"对象，并将其重命名为"背景 1"。

建模

（2）在"属性"窗口的"对象"选项卡中，设置"宽度"为 1969cm，"高度"为 1754cm，如图 3-153 所示。在"坐标"选项卡中，设置"P.X"为 −73cm，"P.Y"为 910cm，"P.Z"为 716cm，"R.P"为 90°，如图 3-154 所示。

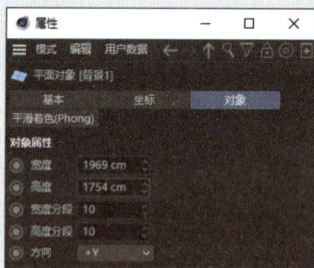

图 3-153

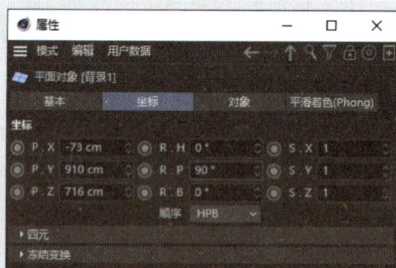

图 3-154

（3）在"对象"窗口中选中"背景 1"对象，按住 Ctrl 键的同时，按住鼠标左键并向上拖曳，鼠标指针变为箭头时，松开鼠标复制对象，自动生成一个"背景 1.1"对象，并将其重命名为"背景 2"，如图 3-155 所示。在"坐标"选项卡中，设置"P.X"为 1235cm，"P.Y"为 910cm，"P.Z"为 660cm，"R.P"为 90°，如图 3-156 所示。视图窗口中的效果如图 3-157 所示。

图 3-155

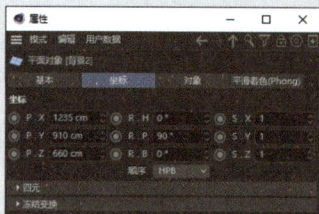

图 3-156

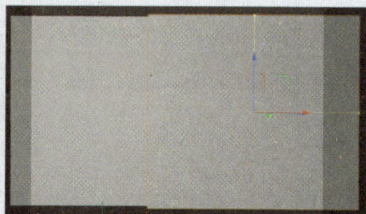

图 3-157

（4）选择"圆环"工具，在"对象"窗口中生成一个"圆环"对象。在"属性"窗口的"对象"选项卡中，设置"半径"为700cm，"点插值方式"为"统一"，"数量"为20，如图3-158所示。在"坐标"选项卡中，设置"P.X"为0cm，"P.Y"为988cm，"P.Z"为200cm，如图3-159所示。

图3-158

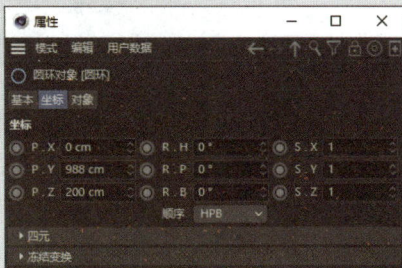
图3-159

（5）选择"矩形"工具，在"对象"窗口中生成一个"矩形"对象。在"属性"窗口的"对象"选项卡中，设置"宽度"为1500cm，"高度"为2000cm，"点插值方式"为"统一"，"数量"为20，如图3-160所示。在"坐标"选项卡中，设置"P.X"为0cm，"P.Y"为988cm，"P.Z"为200cm，如图3-161所示。

图3-160

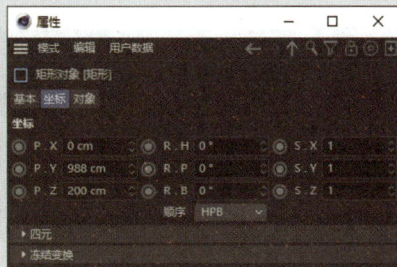
图3-161

（6）选择"样条布尔"工具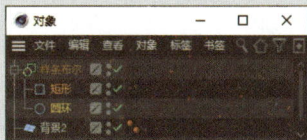，在"对象"窗口中生成一个"样条布尔"对象。将"圆环"和"矩形"对象拖曳到"样条布尔"对象的下方，如图3-162所示。选中"样条布尔"对象组，在"属性"窗口的"对象"选项卡中，设置"模式"为"A减B"，"轴向"为"XY（沿着Z）"，如图3-163所示。

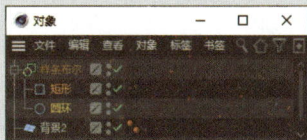
图3-162

图3-163

（7）选择"挤压"工具，在"对象"窗口中生成一个"挤压"对象，并将其命名为"挡板"。将"样条布尔"对象组拖曳到"挡板"对象的下方，如图3-164所示。选中"挡板"对象组，在"属性"窗口的"对象"选项卡中，设置"偏移"为15cm，如图3-165所示。视图窗口中的效果如图3-166所示。折叠"挡板"对象组。

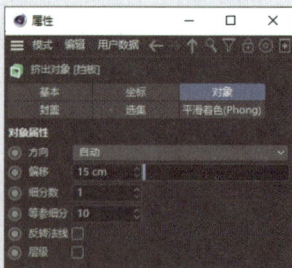
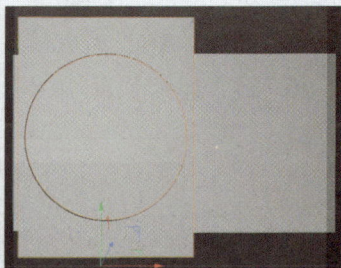

| 图 3-164 | 图 3-165 | 图 3-166 |

（8）选择"立方体"工具，在"对象"窗口中生成一个"立方体"对象。在"属性"窗口的"对象"选项卡中，设置"尺寸.X"为 1000cm，"尺寸.Y"为 200cm，"尺寸.Z"为 325cm，如图 3-167 所示。在"坐标"选项卡中，设置"P.X"为 100cm，"P.Y"为 225cm，"P.Z"为 13cm，如图 3-168 所示。

（9）在"对象"窗口中选中"立方体"对象，按住 Ctrl 键的同时，按住鼠标左键并向上拖曳，鼠标指针变为箭头时，松开鼠标复制对象，自动生成一个"立方体.1"对象。在"属性"窗口的"坐标"选项卡中，设置"P.X"为 517cm，"P.Y"为 323cm，"P.Z"为 399cm，如图 3-169 所示。

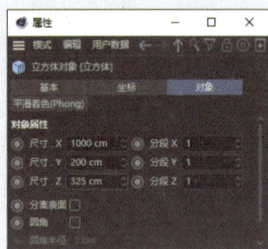
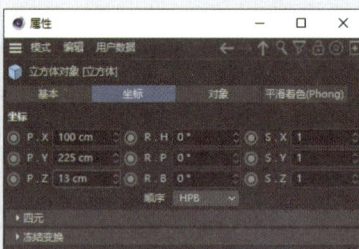
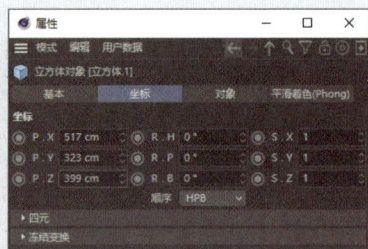

| 图 3-167 | 图 3-168 | 图 3-169 |

（10）在"对象"窗口中框选所有的对象，按 Alt+G 组合键，将选中的对象编组，并将其重命名为"场景"。

（11）选择"摄像机"工具，在"对象"窗口中生成一个"摄像机"对象。单击"摄像机"对象右侧的按钮，进入摄像机视图。在"属性"窗口的"对象"选项卡中，设置"焦距"为 135，如图 3-170 所示。

（12）在"坐标"窗口的"位置"选项组中，设置"X"为 -66cm，"Y"为 638cm，"Z"为 -3973cm；在"旋转"选项组中，设置"H"为 -1.4°，如图 3-171 所示，单击"应用"按钮。视图窗口中的效果如图 3-172 所示。

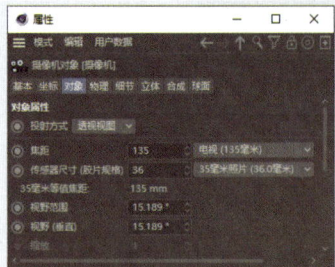

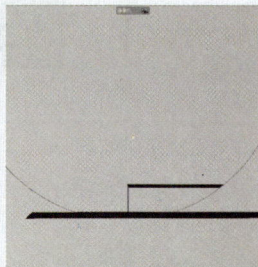

| 图 3-170 | 图 3-171 | 图 3-172 |

2. 灯光

（1）选择"区域光"工具 ，在"对象"窗口中生成一个"灯光"对象，并将其重命名为"主光源"，如图 3-173 所示。

（2）在"属性"窗口的"常规"选项卡中，设置"强度"为 59%，如图 3-174 所示。在"细节"选项卡中，设置"外部半径"为 284cm，"衰减"为"平方倒数（物理精度）"，"半径衰减"为 1421cm，如图 3-175 所示。

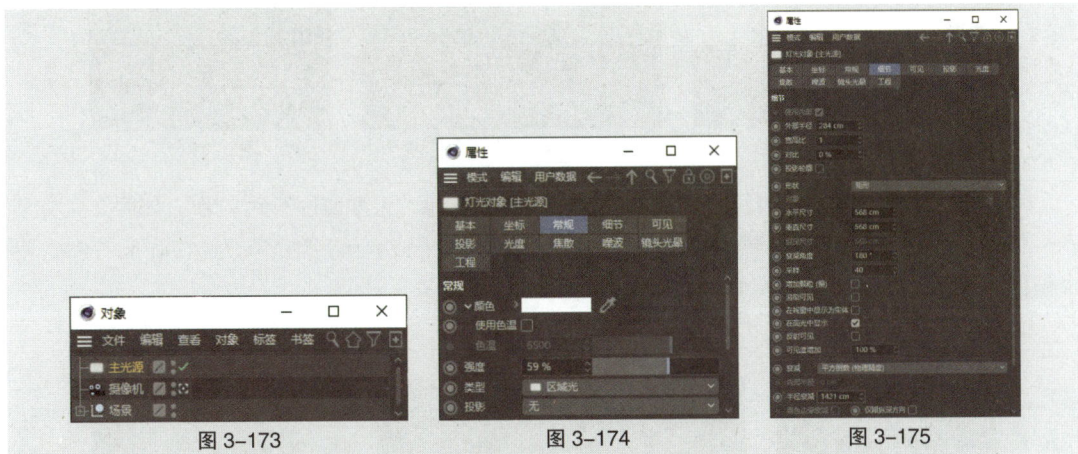

图 3-173　　　　　　　　　图 3-174　　　　　　　　　图 3-175

（3）在"可见"选项卡中，设置"外部距离"为 1421cm，"采样属性"为 71cm，如图 3-176 所示。在"属性"窗口的"坐标"选项卡中，设置"P.X"为 -795cm，"P.Y"为 1049cm，"P.Z"为 -191cm，"R.H"为 -49°，"R.P"为 -29°，"R.B"为 0°，如图 3-177 所示。视图窗口中的效果如图 3-178 所示。

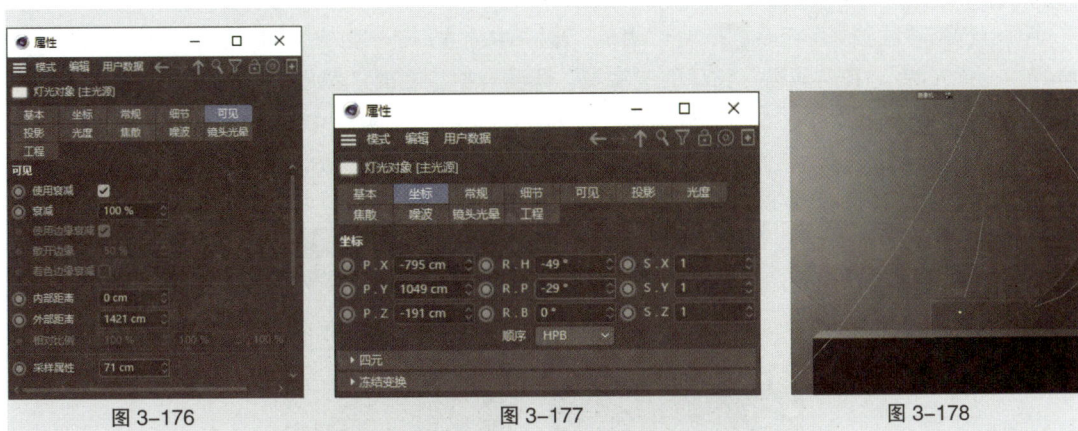

图 3-176　　　　　　　　　图 3-177　　　　　　　　　图 3-178

（4）选择"区域光"工具 ，在"对象"窗口中生成一个"灯光"对象，将"灯光"对象重命名为"辅光源"，如图 3-179 所示。在"属性"窗口的"常规"选项卡中，设置"强度"为 16%，如图 3-180 所示。在"细节"选项卡中，设置"外部半径"为 76cm，"水平尺寸"为 152cm，"垂直尺寸"为 1232cm，"衰减"为"平方倒数（物理精度）"，"半径衰减"为 1421cm，如图 3-181 所示。

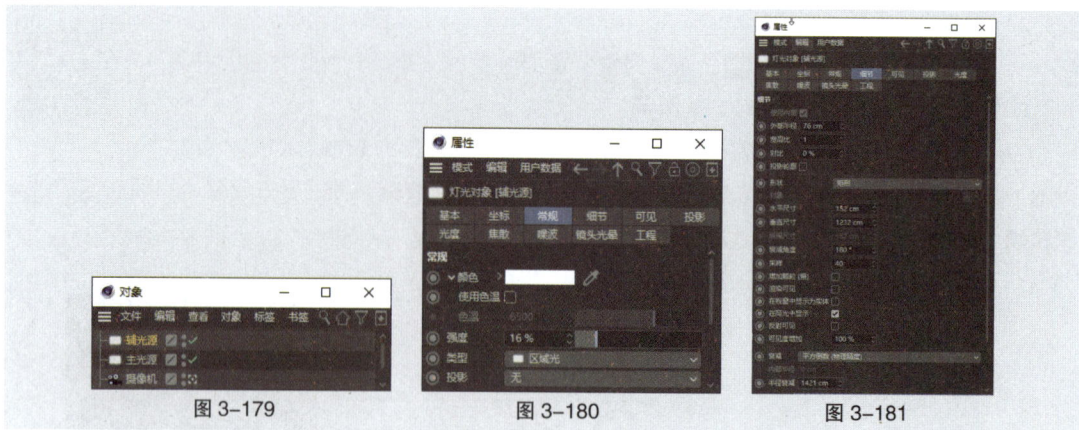

图 3-179

图 3-180

图 3-181

（5）在"可见"选项卡中，设置"外部距离"为 1421cm，"采样属性"为 71cm，如图 3-182 所示。在"属性"窗口的"坐标"选项卡中，设置"P.X"为 174cm，"P.Y"为 709cm，"P.Z"为 6cm，如图 3-183 所示。视图窗口中的效果如图 3-184 所示。

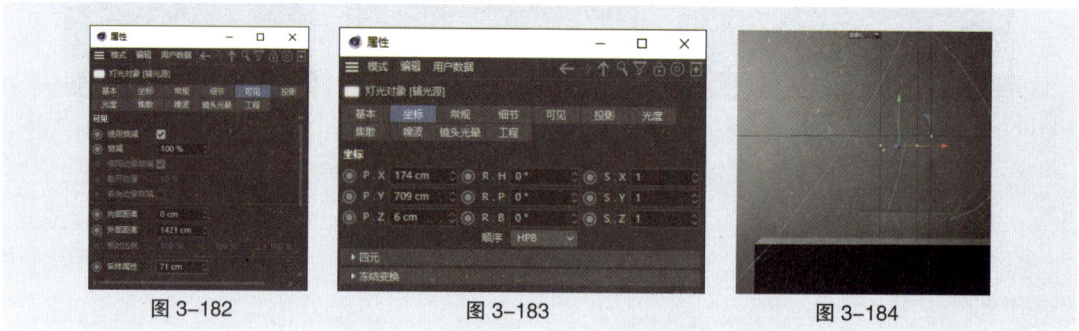

图 3-182

图 3-183

图 3-184

（6）选择"区域光"工具 ，在"对象"窗口中生成一个"灯光"对象，将"灯光"对象重命名为"背光源"。在"属性"窗口的"常规"选项卡中，设置"强度"为 36%，如图 3-185 所示。在"细节"选项卡中，设置"外部半径"为 1198cm，"水平尺寸"为 2396cm，"垂直尺寸"为 1968cm，"衰减"为"平方倒数（物理精度）"，"半径衰减"为 2260cm，如图 3-186 所示。

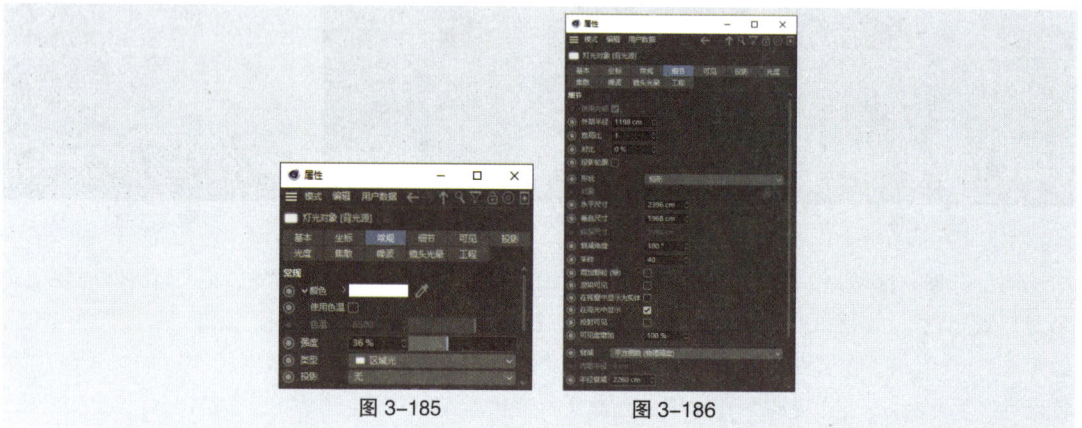

图 3-185

图 3-186

（7）在"可见"选项卡中，设置"外部距离"为 2260cm，"采样属性"为 113cm，如图 3-187 所示。在"属性"窗口的"坐标"选项卡中，设置"P.X"为 −517cm，"P.Y"为 709cm，"P.Z"

为 541cm，"R.H"为 –180°，如图 3–188 所示。

（8）在"对象"窗口中，用框选的方法选中需要的灯光对象，按 Alt+G 组合键将其编组，并重命名为"灯光"，如图 3–189 所示。

图 3–187

图 3–188

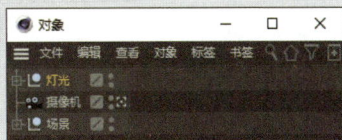
图 3–189

3. 材质

（1）在"材质"窗口中双击，添加一个材质球，并将其命名为"背景 1"。在添加的材质球上双击，弹出"材质编辑器"窗口。在左侧列表中选择"颜色"选项，切换到相应的选项卡，设置"H"为 21°，"S"为 37%，"V"为 93%，其他选项的设置如图 3–190 所示。单击"关闭"按钮,关闭窗口。展开"对象"窗口中的"场景"对象组，将"材质"窗口中的"背景 1"材质球拖曳到"对象"窗口中的"背景 1"对象上。

材质

（2）在"材质"窗口中双击,添加一个材质球,并将其命名为"背景 2"。在添加的材质球上双击，弹出"材质编辑器"窗口。在左侧列表中选择"颜色"选项，切换到相应的选项卡，设置"H"为 230°，"S"为 50%，"V"为 73%，其他选项的设置如图 3–191 所示。单击"关闭"按钮，关闭窗口。将"材质"窗口中的"背景 2"材质球分别拖曳到"对象"窗口中的"背景 2""立方体"和"立方体 .1"对象上。

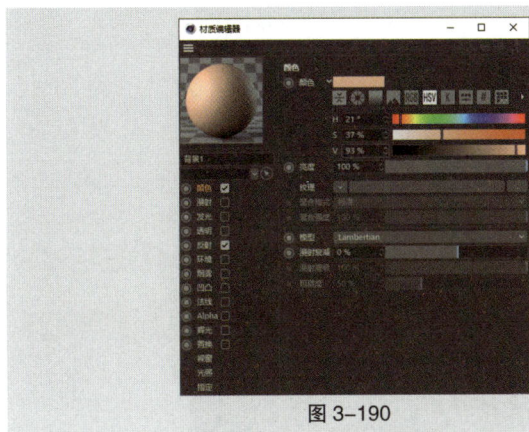
图 3–190

图 3–191

（3）在"材质"窗口中双击,添加一个材质球,并将其命名为"挡板"。在添加的材质球上双击，弹出"材质编辑器"窗口。在左侧列表中选择"颜色"选项，切换到相应的选项卡，设置"H"为 230°，"S"为 0%，"V"为 89%，其他选项的设置如图 3–192 所示。单击"关闭"按钮,关闭窗口。将"材质"窗口中的"挡板"材质球拖曳到"对象"窗口中的"挡板"对象组上。视图窗口中的效果如图 3–193 所示。折叠"场景"对象组。

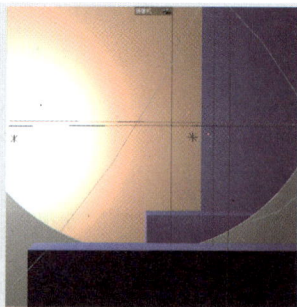

图 3-192   图 3-193

4. 渲染

（1）选择"天空"工具 🌐，在"对象"窗口中生成一个"天空"对象。在"材质"窗口中双击，添加一个材质球，并将其命名为"天空"，如图 3-194 所示。将"材质"窗口中的"天空"材质球拖曳到"对象"窗口中的"天空"对象上，如图 3-195 所示。

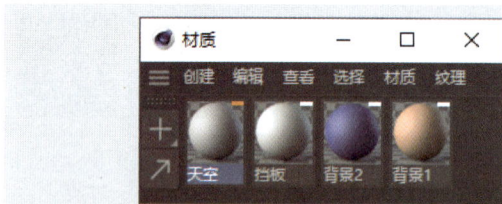
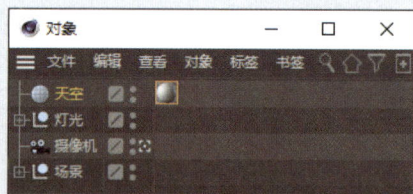

图 3-194   图 3-195

（2）在添加的"天空"材质球上双击，弹出"材质编辑器"窗口。在左侧列表中选择"颜色"选项，切换到相应的选项卡，单击"纹理"选项右侧的按钮 ___，弹出"打开文件"对话框，选择"Ch03 > 搭建室内实景合成场景 > tex > 01"文件，单击"打开"按钮，打开文件，如图 3-196 所示。单击"关闭"按钮，关闭窗口。

（3）单击"编辑渲染设置"按钮 ⚙，弹出"渲染设置"窗口，在左侧列表中选择"保存"选项，切换到相应的选项卡，设置"格式"为"PNG"，如图 3-197 所示。

图 3-196   图 3-197

（4）单击"效果"按钮，在弹出的下拉菜单中选择"全局光照"命令，在左侧列表中添加"全局光照"，设置"预设"为"内部－高（小光源）"，"采样"为"中"，如图 3-198 所示。单击"效果"按钮，在弹出的下拉菜单中选择"环境吸收"命令，在左侧列表中添加"环境吸收"，如图 3-199 所示。单击"关闭"按钮，关闭窗口。

渲染

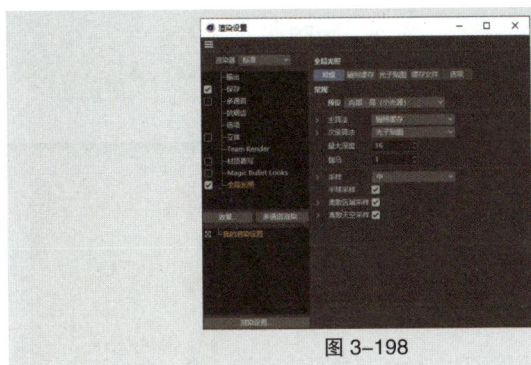
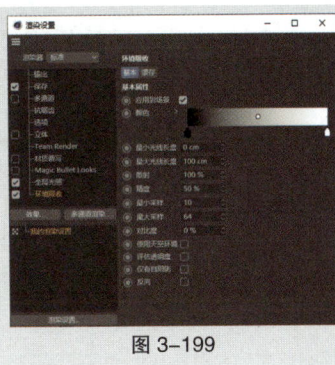

图 3-198　　　　　　　　　　图 3-199

（5）单击"渲染到图像查看器"按钮![btn]，弹出"图像查看器"窗口，如图 3-200 所示。渲染完成后，单击窗口中的"将图像另存为"按钮![btn]，弹出"保存"对话框，如图 3-201 所示。

（6）单击"保存"对话框中的"确定"按钮，弹出"保存对话"对话框，在对话框中选择要保存文件的位置，并在"文件名"文本框中输入名称，设置完成后，单击"保存"按钮，保存图像。搭建室内实景合成场景完成。

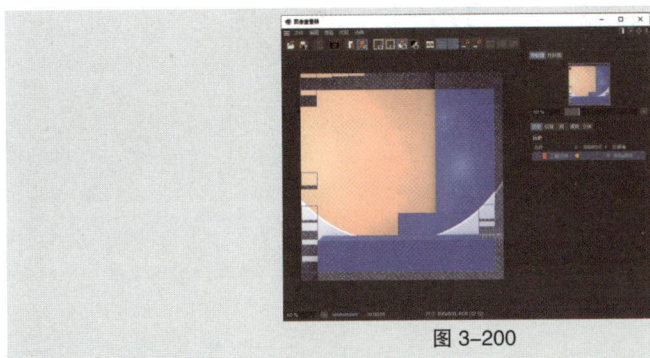

图 3-200　　　　　　　　　　图 3-201

3.5　课堂练习——搭建楼梯形展台场景

【练习知识要点】 使用"平面"工具制作背景；使用"立方体"和"克隆"工具制作楼梯；使用"样条画笔""圆环"和"扫描"工具制作线条；使用"球体"和"融球"工具制作云朵；使用"摄像机"工具控制视图的显示效果；使用"区域光"工具制作灯光效果；使用"材质"窗口创建材质并设置材质参数；使用"物理天空"工具创建环境效果；使用"编辑渲染设置"按钮和"渲染到图像查看器"按钮渲染图像，最终效果如图 3-202 所示。

图 3-202

【效果文件所在位置】 云盘 \Ch03\ 搭建楼梯形展台场景 \ 工程文件 .c4d。

建模　　　　　灯光　　　　　材质　　　　　渲染

3.6 课后习题——搭建无缝背景场景

【习题知识要点】使用"平面"和"晶格"工具制作背景；使用"矩形""圆环""螺旋线"和"扫描"工具制作管子；使用"摄像机"工具控制视图的显示效果；使用"区域光"工具制作灯光效果；使用"材质"窗口创建材质并设置材质参数；使用"天空"工具创建环境效果；使用"编辑渲染设置"按钮和"渲染到图像查看器"按钮渲染图像，最终效果如图 3-203 所示。

【效果文件所在位置】云盘 \Ch03\ 搭建无缝背景场景 \ 工程文件 .c4d。

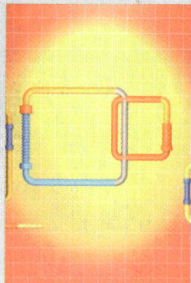

图 3-203

建模

灯光

材质

渲染

第4章

电商视觉设计元素创建

▶ 本章介绍

　　电商视觉设计元素的创建与电商视觉设计场景的搭建一样，是电商视觉设计师完成工作任务的基础与关键。精心设计的电商视觉设计元素，可以更好地衬托商品。本章对装饰元素、文字元素以及商品元素进行系统讲解。通过对本章的学习，读者可以对电商视觉设计元素的创建有系统的认识，并快速掌握电商视觉设计元素的设计思路和制作方法，为接下来的各类设计任务打下基础。

学习引导

	知识目标	能力目标	素质目标
学习目标	1. 熟悉装饰元素的主要内容。 2. 熟悉文字元素的表现形式。 3. 熟悉商品元素的主要类型	1. 熟悉电商视觉设计元素的设计思路。 2. 掌握电商视觉设计元素的制作方法	1. 培养读者良好的电商视觉设计元素设计习惯。 2. 培养读者对电商视觉设计元素的鉴赏能力。 3. 培养读者对电商视觉设计元素的设计能力

4.1 装饰元素设计

装饰元素是电商视觉设计中常见的元素，可以让用户感受到促销氛围。它是衬托商品、提升美感的关键元素。

4.1.1 装饰元素的主要内容

电商视觉设计中的装饰元素丰富、繁多，如装饰树、气球、礼物盒、纽带等，部分装饰元素如图 4-1 所示。

图 4-1

4.1.2 课堂案例——制作装饰树

【案例学习目标】学习使用参数化工具制作装饰树。

【案例知识要点】使用"圆柱体"和"圆锥体"工具制作装饰树；使用"摄像机"工具控制视图的显示效果；使用"区域光"工具制作灯光效果；使用"材质"窗口创建材质并设置材质参数；使用"物理天空"工具创建环境效果；使用"编辑渲染设置"按钮和"渲染到图像查看器"按钮渲染图像，最终效果如图 4-2 所示。

图 4-2

【效果文件所在位置】云盘 \Ch04\ 制作装饰树 \ 工程文件 .c4d。

1．建模

（1）启动 Cinema 4D 软件。选择"渲染 > 编辑渲染设置"命令，弹出"渲染设置"窗口。在"输出"选项卡中设置"宽度"为 1920 像素，"高度"为 900 像素，如图 4-3 所示，单击"关闭"按钮，关闭窗口。

建模

（2）选择"圆柱体"工具，在"对象"窗口中生成一个"圆柱体"对象，并将其重命名为"树干"。在"属性"窗口的"对象"选项卡中，设置"半径"为 2cm，"高度"为 9cm，"高度分段"为 4，"旋转分段"为 16，如图 4-4 所示。在"坐标"窗口的"位置"选项组中，设置"X"为 50cm，"Y"为 1cm，"Z"为 –42cm，如图 4-5 所示，单击"应用"按钮。

图 4-3

图 4-4

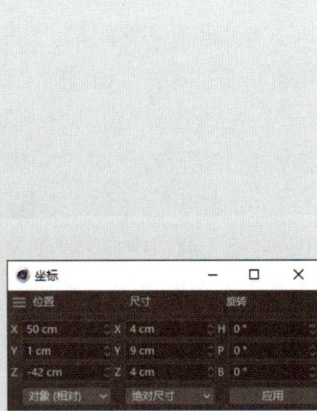
图 4-5

（3）选择"圆锥体"工具，在"对象"窗口中生成一个"圆锥体"对象，并将其重命名为"下树冠"，如图 4-6 所示。在"属性"窗口的"对象"选项卡中，设置"底部半径"为 7cm，"高度"为 14cm，如图 4-7 所示。在"坐标"窗口的"位置"选项组中，设置"X"为 50cm，"Y"为 11cm，"Z"为 –42cm，如图 4-8 所示，单击"应用"按钮。

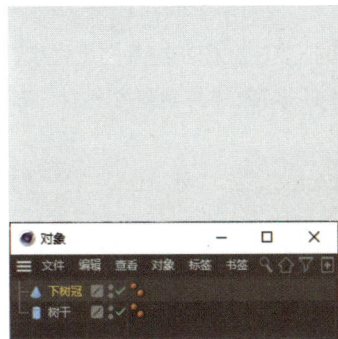
图 4-6

图 4-7

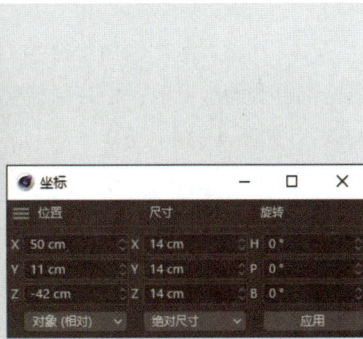
图 4-8

（4）选择"圆锥体"工具，在"对象"窗口中生成一个"圆锥体"对象，并将其重命名为"中树冠"。在"属性"窗口的"对象"选项卡中，设置"底部半径"为 6cm，"高度"为 11cm，如图 4-9 所示。在"坐标"窗口的"位置"选项组中，设置"X"为 50cm，"Y"为 17cm，"Z"为 –42cm，如图 4-10 所示，单击"应用"按钮。

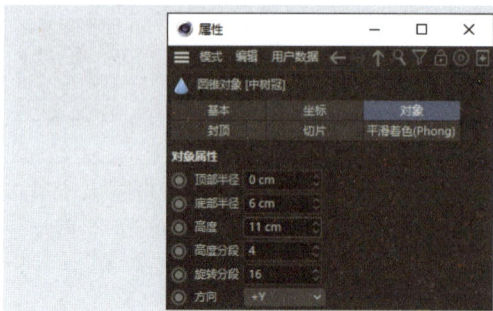
图 4-9

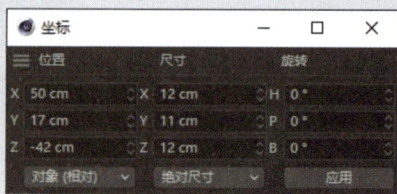
图 4-10

（5）选择"圆锥体"工具 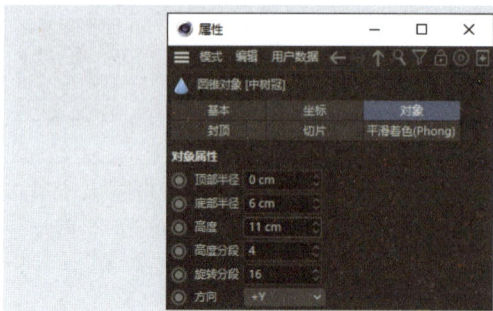，在"对象"窗口中生成一个"圆锥体"对象，并将其重命名为"上树冠"。在"属性"窗口的"对象"选项卡中，设置"底部半径"为5cm，"高度"为9cm，如图 4-11 所示。在"坐标"窗口的"位置"选项卡中，设置"X"为50cm，"Y"为23cm，"Z"为 -42cm，如图 4-12 所示，单击"应用"按钮。

（6）选择"空白"工具 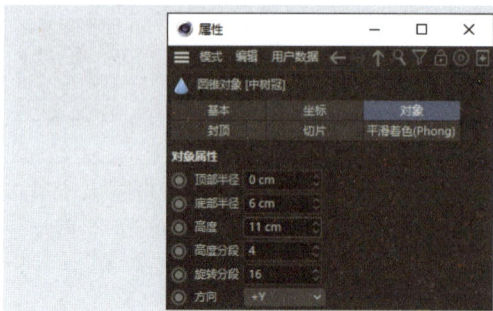，在"对象"窗口中生成一个"空白"对象，并将其重命名为"左松树"。在"对象"窗口中框选所有其他对象，将其拖曳到"左松树"对象的下方，如图 4-13 所示。折叠"左松树"对象组。

图 4-11

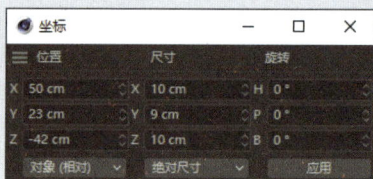
图 4-12

图 4-13

（7）在"对象"窗口中选中"左松树"对象组，按住 Ctrl 键的同时，按住鼠标左键并向上拖曳，鼠标指针变为箭头时，松开鼠标复制对象组，自动生成一个"左松树.1"对象并将其重命名为"右松树"，如图 4-14 所示。

（8）在"坐标"窗口的"位置"选项卡中，设置"X"为37cm，"Y"为0cm，"Z"为 222cm，如图 4-15 所示，单击"应用"按钮。

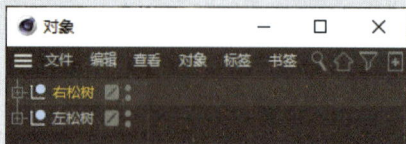
图 4-14

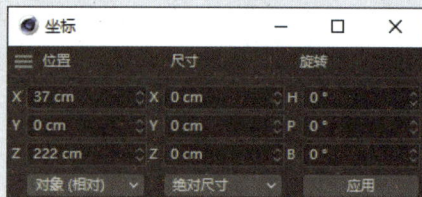
图 4-15

（9）选择"摄像机"工具 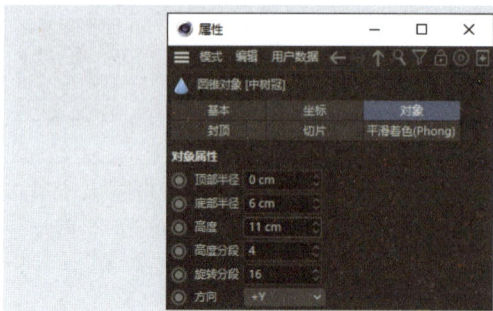，在"对象"窗口中生成一个"摄像机"对象。单击"摄像机"对象右侧的按钮 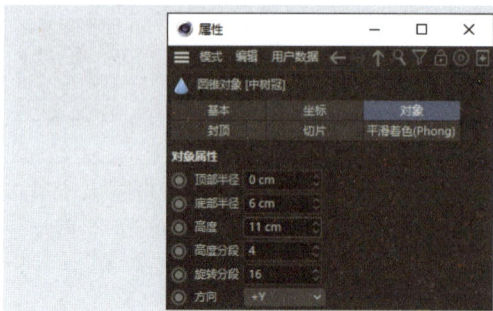，进入摄像机视图，如图 4-16 所示。

（10）在"坐标"窗口的"位置"选项组中，设置"X"为431cm，"Y"为55cm，"Z"为

50cm；在"旋转"选项组中，设置"H"为90°，如图4-17所示，单击"应用"按钮视图窗口中的效果如图4-18所示。

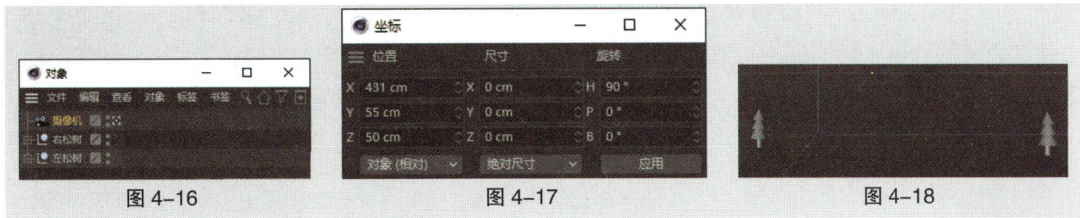

图 4-16　　　　　　图 4-17　　　　　　图 4-18

2. 灯光

（1）选择"区域光"工具，在"对象"窗口中生成一个"灯光"对象，并将其重命名为"主光源"。

（2）在"属性"窗口的"常规"选项卡中，设置"强度"为80%，如图4-19所示。在"细节"选项卡中，设置"衰减"为"平方倒数（物理精度）"，"半径衰减"为600cm，如图4-20所示。

（3）在"坐标"窗口的"位置"选项组中，设置"X"为760cm，"Y"为340cm，"Z"为-528cm，在"旋转"选项组中，设置"H"为30°，"P"为-15°，如图4-21所示，单击"应用"按钮。

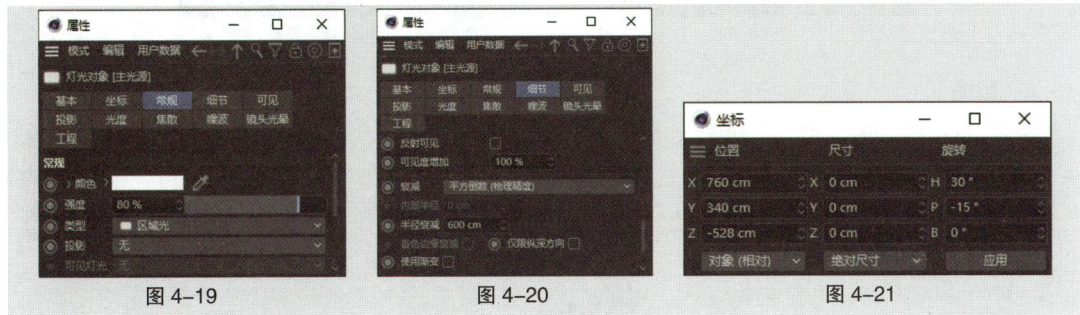

图 4-19　　　　　　图 4-20　　　　　　图 4-21

（4）选择"区域光"工具，在"对象"窗口中生成一个"灯光"对象，并将其重命名为"辅光源"。

（5）在"属性"窗口的"常规"选项卡中，设置"强度"为40%，如图4-22所示。选中"辅光源"对象，在"坐标"窗口的"位置"选项组中，设置"X"为723cm，"Y"为85cm，"Z"为117cm，在"旋转"选项组中，设置"H"为113°，"P"为-2°，"B"为15°，如图4-23所示，单击"应用"按钮。

（6）选择"空白"工具，在"对象"窗口中生成一个"空白"对象，并将其重命名为"灯光"。框选需要的对象，将其拖曳到"灯光"对象的下方，如图4-24所示。折叠"灯光"对象组。

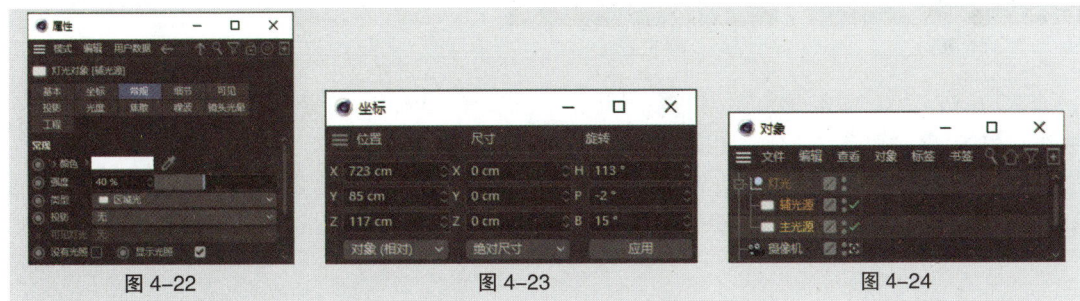

图 4-22　　　　　　图 4-23　　　　　　图 4-24

3. 材质

（1）在"材质"窗口中双击，添加一个材质球，并将其命名为"松树"。在添加的材质球上双击，弹出"材质编辑器"窗口。在左侧列表中取消勾选"反射"复选框，选择"颜色"选项，切换到相应的选项卡，设置"H"为121°，"S"为0%，"V"为90%，其他选项的设置如图4-25所示，单击"关闭"按钮，关闭窗口。

材质

（2）将"材质"窗口中的"松树"材质球拖曳到"对象"窗口中的"左松树"对象组和"右松树"对象组上，如图4-26所示。

图4-25

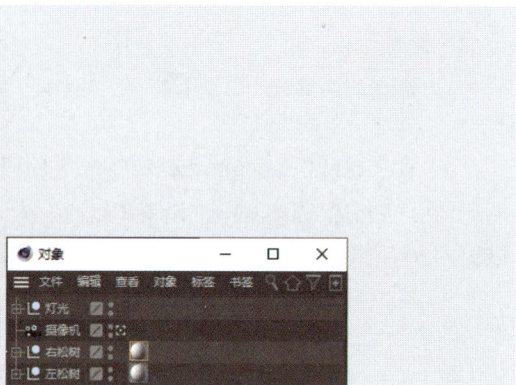

图4-26

4. 渲染

（1）选择"物理天空"工具，在"对象"窗口中生成一个"物理天空"对象。在"属性"窗口的"天空"选项卡中，设置"强度"为20%，其他选项的设置如图4-27所示。在"太阳"选项卡中，勾选"自定义颜色"复选框，展开"颜色"选项组，设置"H"为65°，"S"为10%，"V"为98%，展开"投影"选项组，设置"类型"为"无"，如图4-28所示。视图窗口中的效果如图4-29所示。

渲染

图4-27

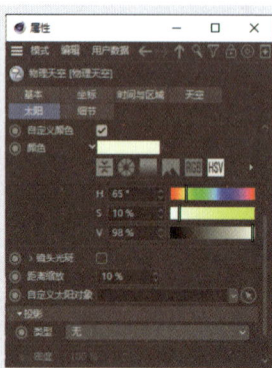

图4-28

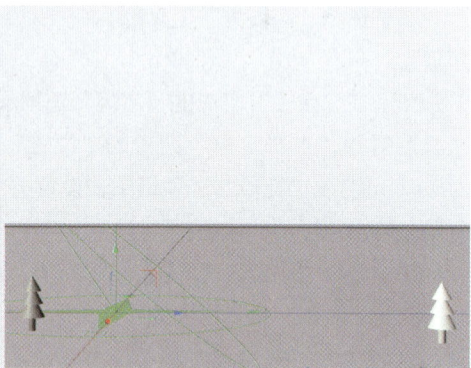

图4-29

（2）单击"编辑渲染设置"按钮，弹出"渲染设置"窗口，设置"渲染器"为"物理"，在左侧列表中选择"保存"选项，切换到相应的选项卡，设置"格式"为"PNG"，如图4-30所示。单击"效果"按钮，在弹出的下拉菜单中选择"全局光照"命令，在左侧列表中添加"全局光照"，切换到相应的选项卡，设置"预设"为"内部-高（小光源）"，如图4-31所示。

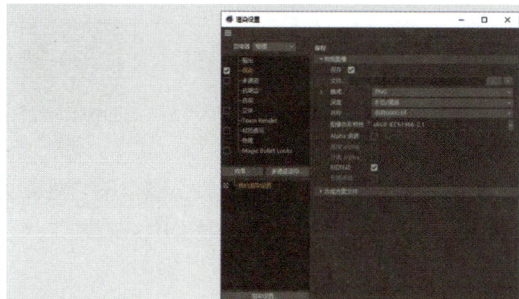

图 4-30

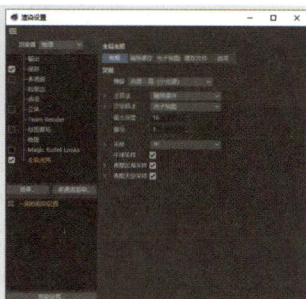

图 4-31

（3）单击"效果"按钮，在弹出的下拉菜单中选择"环境吸收"命令，在左侧列表中添加"环境吸收"，如图 4-32 所示。单击"关闭"按钮，关闭窗口。

（4）单击"摄像机"对象右侧的按钮，退出摄像机视图，并调整到合适的角度。单击"渲染到图像查看器"按钮，弹出"图像查看器"窗口，如图 4-33 所示。渲染完成后，单击窗口中的"将图像另存为"按钮，弹出"保存"对话框，如图 4-34 所示。

（5）单击"保存"对话框中的"确定"按钮，弹出"保存对话"对话框，在对话框中选择要保存文件的位置，并在"文件名"文本框中输入名称，设置完成后，单击"保存"按钮，保存图像。装饰树制作完成。

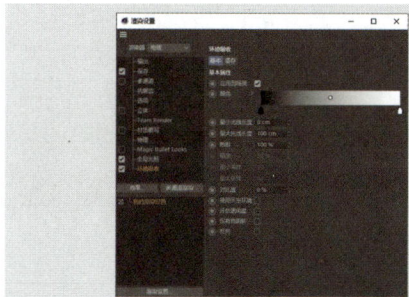

图 4-32

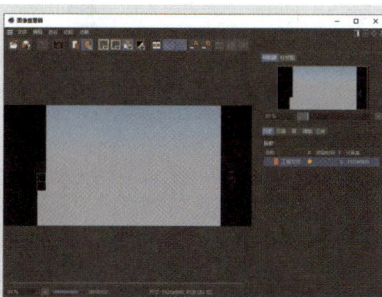

图 4-33

图 4-34

4.1.3 课堂案例——制作气球

【案例学习目标】学习使用参数化工具、生成器工具和变形器工具制作气球。

【案例知识要点】使用"球体""锥化"和"圆环面"工具制作气球；使用"样条画笔""圆环"和"扫描"工具制作绳子；使用"摄像机"工具控制视图的显示效果；使用"区域光"工具制作灯光效果；使用"材质"窗口创建材质并设置材质参数；使用"物理天空"工具创建环境效果；使用"编辑渲染设置"按钮和"渲染到图像查看器"按钮渲染图像，最终效果如图 4-35 所示。

图 4-35

【效果文件所在位置】云盘 \Ch04\ 制作气球 \ 工程文件 .c4d。

1. 建模

（1）启动 Cinema 4D 软件。选择"渲染 > 编辑渲染设置"命令，弹出"渲染设置"窗口。在"输出"选项卡中设置"宽度"为 800 像素，"高度"为 800 像素，如图 4-36 所示，单击"关闭"按钮，关闭窗口。

建模

（2）选择"球体"工具 ，在"对象"窗口中生成一个"球体"对象。在"属性"窗口的"对象"选项卡中，设置"半径"为 17cm，"分段"为 50，如图 4-37 所示。在"坐标"选项卡中，设置"P.X"为 -140cm，"P.Y"为 280cm，"P.Z"为 -329.5cm，如图 4-38 所示。

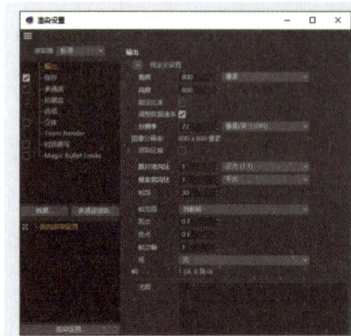
图 4-36

图 4-37

图 4-38

（3）按住 Shift 键的同时，选择"锥化"工具 ，为"球体"对象添加锥化效果，如图 4-39 所示。在"对象"窗口中，选中"锥化"对象，在"属性"窗口的"对象"选项卡中，设置"强度"为 11%，如图 4-40 所示。

图 4-39

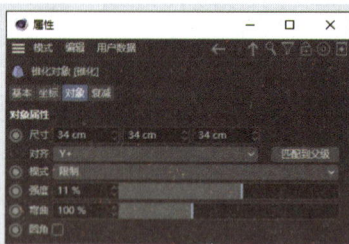
图 4-40

（4）在"坐标"窗口的"旋转"选项组中，设置"P"为 180°，如图 4-41 所示，单击"应用"按钮。视图窗口中的效果如图 4-42 所示。

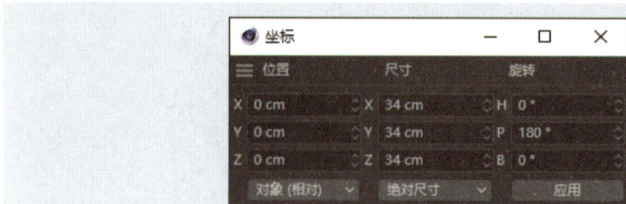
图 4-41

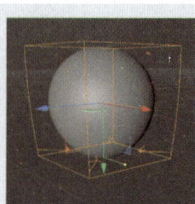
图 4-42

（5）选择"圆环面"工具 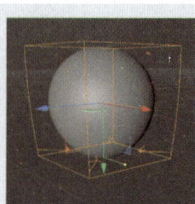，在"对象"窗口中生成一个"圆环面"对象。在"属性"窗口的"对象"选项卡中，设置"圆环半径"为 1.4cm，"导管半径"为 0.7cm，如图 4-43 所示。在"坐标"选项卡中，设置"P.X"为 -140cm，"P.Y"为 262.5cm，"P.Z"为 -329.5cm，如图 4-44 所示。

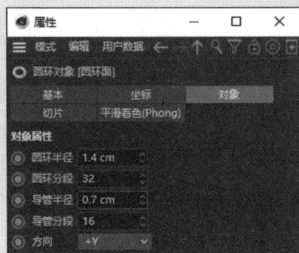

图 4-43

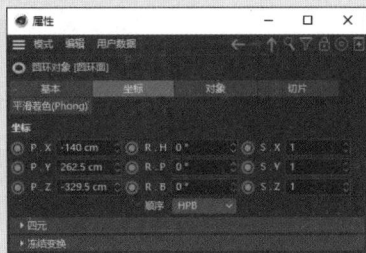

图 4-44

（6）选择"圆环面"工具 ◯，在"对象"窗口中生成一个"圆环面 .1"对象。在"属性"窗口的"对象"选项卡中，设置"圆环半径"为 2cm，"导管半径"为 0.7cm，如图 4-45 所示。在"坐标"选项卡中，设置"P.X"为 –140cm，"P.Y"为 262cm，"P.Z"为 –329.5cm，如图 4-46 所示。

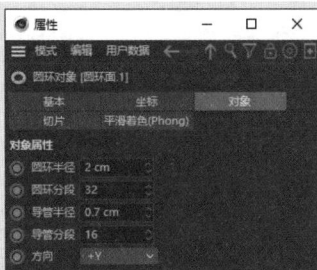

图 4-45

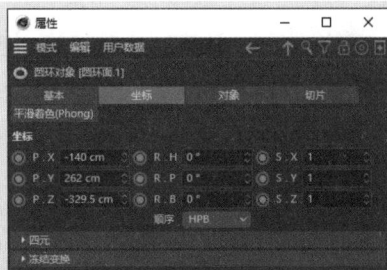

图 4-46

（7）按 F4 键，切换至正视图。选择"样条画笔"工具 ✎，在视图窗口中绘制出图 4-47 所示的效果。按 F1 键，切换至透视视图。单击"模型"按钮 ▦，切换为模型模式。选中"样条"对象，在"属性"窗口的"坐标"选项卡中，设置"P.X"为 –140cm，"P.Y"为 248cm，"P.Z"为 –329.5cm，如图 4-48 所示。视图窗口中的效果如图 4-49 所示。

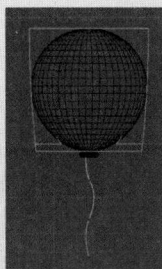

图 4-47

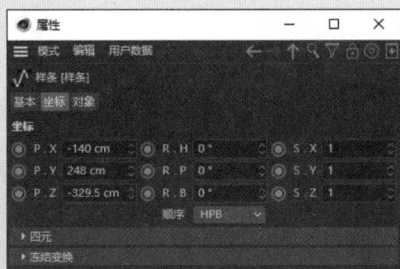

图 4-48

图 4-49

（8）选择"圆环"工具 ◯，在"对象"窗口中生成一个"圆环"对象。在"属性"窗口的"对象"选项卡中，设置"半径"为 0.35cm，如图 4-50 所示。选择"扫描"工具 ✎，在"对象"窗口中生成一个"扫描"对象。

（9）选中"圆环"对象和"样条"对象，并将其拖曳到"扫描"对象的下方，如图 4-51 所示。折叠"扫描"对象组。

（10）选择"空白"工具 ▣，在"对象"窗口中生成一个"空白"对象，并将其重命名为"气球"。框选所有的对象及对象组，将其拖曳到"气球"对象的下方，如图 4-52 所示。折叠"气球"对象组。

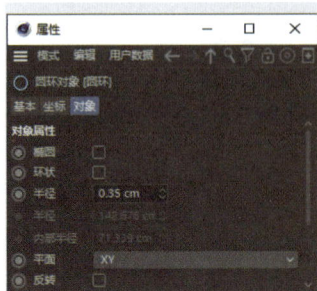

图 4-50　　　　　图 4-51　　　　　图 4-52

（11）在"属性"窗口的"坐标"选项卡中，设置"P.X"为 12cm，"P.Y"为 –75cm，"P.Z"为 24cm，如图 4-53 所示。使用上述的方法，再制作 3 个气球，在"对象"窗口中生成"气球 .1""气球 .2"和"气球 .3"对象组，如图 4-54 所示。选择"空白"工具 ，在"对象"窗口中生成一个"空白"对象，并将其重命名为"装饰气球"。框选所有的对象组，将其拖曳到"装饰气球"对象的下方，并折叠"装饰气球"对象组。

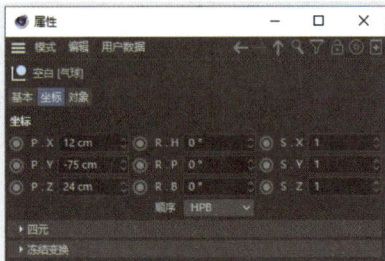

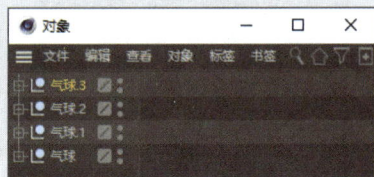

图 4-53　　　　　　　　　　图 4-54

（12）选择"摄像机"工具 ，在"对象"窗口中生成一个"摄像机"对象。单击"摄像机"对象右侧的按钮 ，进入摄像机视图，如图 4-55 所示。

（13）在"属性"窗口的"坐标"选项卡中，设置"P.X"为 6cm，"P.Y"为 222.5cm，"P.Z"为 –780.5cm，如图 4-56 所示。

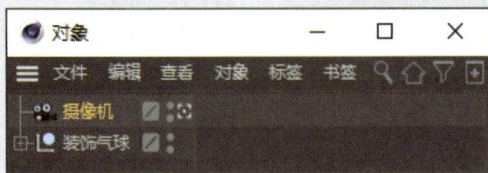

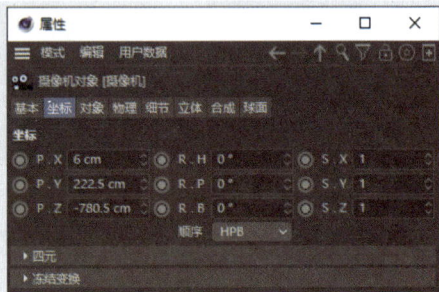

图 4-55　　　　　　　　　　图 4-56

2．灯光

与"3.2.2 课堂案例——搭建圆形展台场景"中"灯光"的步骤一致，这里不赘述。

3．材质

（1）在"材质"窗口中双击，添加一个材质球，并将其命名为"气

灯光

材质

球 1"。在添加的材质球上双击，弹出"材质编辑器"窗口。在左侧列表中选择"颜色"选项，切换到相应的选项卡，设置"H"为 27°，"S"为 36%，"V"为 96%，其他选项的设置如图 4-57 所示。

（2）在左侧列表中选择"反射"选项，切换到相应的选项卡，设置"类型"为"GGX"，"粗糙度"为 50%，"高光强度"为 10%，其他选项的设置如图 4-58 所示。

图 4-57

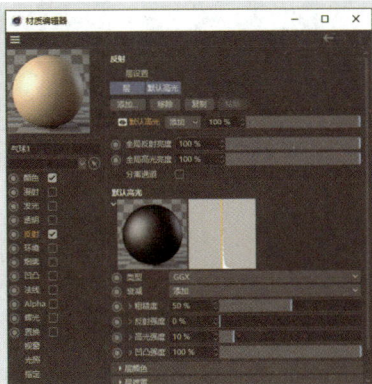

图 4-58

（3）在窗口中单击"层"按钮，切换到相应的选项卡，单击"添加"按钮，在弹出的下拉菜单中选择"Phong"命令，添加一个层。单击"层 1"按钮，设置"粗糙度"为 10%，"反射强度"为 56%，"高光强度"为 9%，如图 4-59 所示。单击"层"按钮，设置"层 1"为 12%，如图 4-60 所示，单击"关闭"按钮，关闭窗口。

（4）在"对象"窗口中展开"装饰气球"对象组，将"材质"窗口中的"气球 1"材质球拖曳到"对象"窗口中的"气球 .1"和"气球 .2"对象上，如图 4-61 所示。

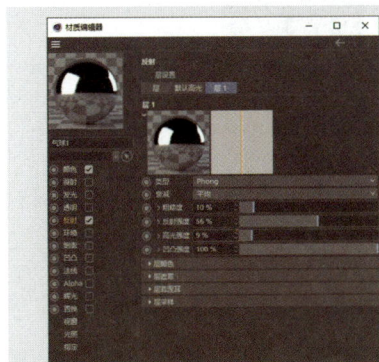

图 4-59

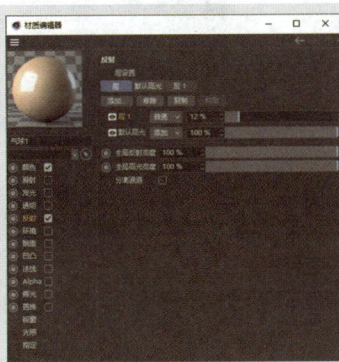

图 4-60

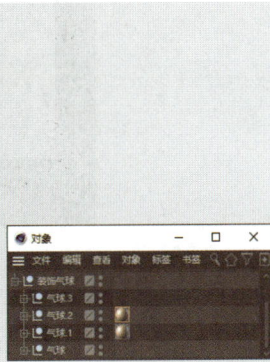

图 4-61

（5）在"材质"窗口中双击，添加一个材质球，并将其命名为"气球 2"。在添加的材质球上双击，弹出"材质编辑器"窗口。在左侧列表中选择"颜色"选项，切换到相应的选项卡，设置"H"为 50°，"S"为 47%，"V"为 67%，其他选项的设置如图 4-62 所示。

（6）在左侧列表中选择"反射"选项，切换到相应的选项卡，设置"类型"为"GGX"，"粗糙度"为 50%，"高光强度"为 20%，其他选项的设置如图 4-63 所示，单击"关闭"按钮，关闭窗口。

（7）将"材质"窗口中的"气球 2"材质球拖曳到"对象"窗口中的"气球"和"气球 .3"对象上，如图 4-64 所示。折叠"装饰气球"对象组。

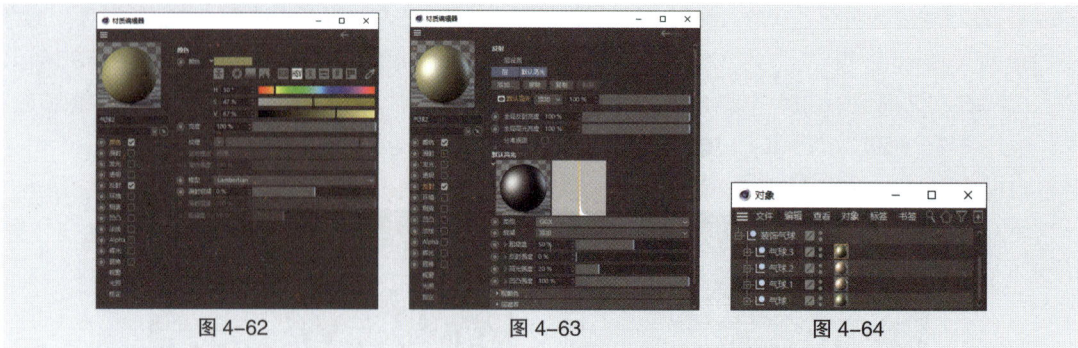

图 4-62　　　　　　　　图 4-63　　　　　　　　图 4-64

4. 渲染

（1）前 3 个步骤与"3.2.2 课堂案例——搭建圆形展台场景"中"渲染"的前 3 个步骤类似，这里不赘述。

（2）单击"摄像机"对象右侧的按钮 ，退出摄像机视图，并调整到合适的角度。单击"渲染到图像查看器"按钮 ，弹出"图像查看器"窗口，如图 4-65 所示。渲染完成后，单击窗口中的"将图像另存为"按钮 ，弹出"保存"对话框，如图 4-66 所示。

（3）单击"保存"对话框中的"确定"按钮，弹出"保存对话"对话框，在对话框中选择要保存文件的位置，并在"文件名"文本框中输入名称，设置完成后，单击"保存"按钮，保存图像。气球制作完成。

图 4-65　　　　　　　　　　　　图 4-66

4.1.4　课堂案例——制作礼物盒

【案例学习目标】学习使用参数化工具和生成器工具制作礼物盒。

【案例知识要点】使用"立方体"工具制作盒子；使用"矩形""样条画笔"和"扫描"工具制作带子；使用"摄像机"工具控制视图的显示效果；使用"区域光"工具制作灯光效果；使用"材质"窗口创建材质并设置材质参数；使用"物理天空"工具创建环境效果；使用"编辑渲染设置"按钮和"渲染到图像查看器"按钮渲染图像，最终效果如图 4-67 所示。

图 4-67

【效果文件所在位置】云盘 \Ch04\ 制作礼物盒 \ 工程文件 .c4d。

渲染

1. 建模

（1）启动 Cinema 4D 软件。单击"编辑渲染设置"按钮 ，弹出"渲染设置"窗口，在"输出"选项卡中设置"宽度"为 800 像素，"高度"为 800 像素，单击"关闭"按钮，关闭窗口。

（2）选择"立方体"工具 ，在"对象"窗口中生成一个"立方体"对象。在"属性"窗口的"对象"选项卡中，设置"尺寸.X"为 28cm，"尺寸.Y"为 28cm，"尺寸.Z"为 28cm，如图 4-68 所示。

（3）选择"立方体"工具 ，在"对象"窗口中生成一个"立方体.1"对象。在"属性"窗口的"对象"选项卡中，设置"尺寸.X"为 30cm，"尺寸.Y"为 6cm，"尺寸.Z"为 30cm，如图 4-69 所示。

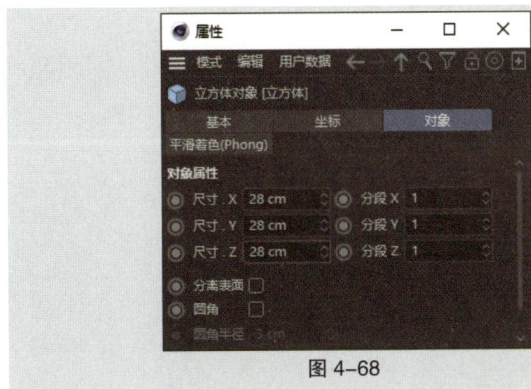

图 4-68

图 4-69

（4）在"坐标"窗口的"位置"选项组中设置"对象（相对）"为"世界坐标"，"X"为 0cm，"Y"为 12cm，"Z"为 0cm，如图 4-70 所示，单击"应用"按钮。视图窗口中的效果如图 4-71 所示。

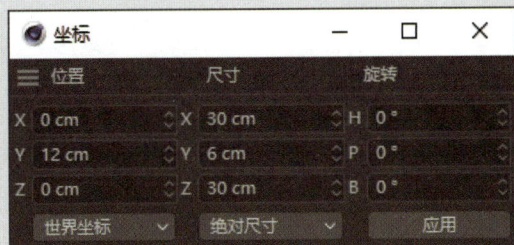

图 4-70

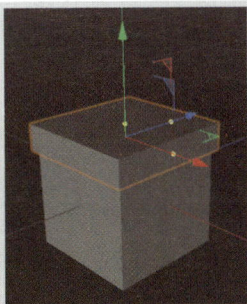

图 4-71

（5）选择"矩形"工具 ，在"对象"窗口中生成一个"矩形"对象。在"属性"窗口的"对象"选项卡中，设置"宽度"为 30cm，"高度"为 31cm，如图 4-72 所示。在"对象"窗口中，在"矩形"对象上单击鼠标右键，在弹出的菜单中选择"转为可编辑对象"命令，将其转为可编辑对象。

（6）单击"点"按钮 ，切换为点模式。选择"移动"工具 ，按住 Shift 键的同时，选中需要的点，如图 4-73 所示。在"坐标"面板"位置"选项组中，设置"X"为 0cm，"Y"为 -14.3cm，"Z"为 0cm。在"尺寸"选项组中，设置"X"为 29cm，"Y"为 0cm，"Z"为 0cm，如图 4-74 所示，单击"应用"按钮。

图 4-72

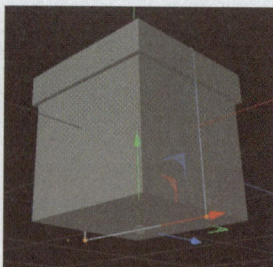
图 4-73

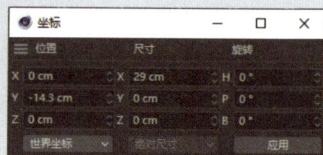
图 4-74

（7）按住 Shift 键的同时，选中需要的点，如图 4-75 所示。在"坐标"窗口的"位置"选项组中，设置"X"为 0cm，"Y"为 15.6cm，"Z"为 0cm。在"尺寸"选项组中，设置"X"为 31cm，"Y"为 0cm，"Z"为 0cm，如图 4-76 所示，单击"应用"按钮。

图 4-75

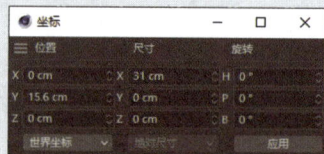
图 4-76

（8）选择"矩形"工具■，在"对象"窗口中生成一个"矩形 .1"对象。在"属性"窗口的"对象"选项卡中，设置"宽度"为 0.2cm，"高度"为 3.5cm，如图 4-77 所示。选择"扫描"工具✏，在"对象"窗口中生成一个"扫描"对象，并将其重命名为"带子 1"。

（9）按住 Shift 键的同时，选中"矩形"对象和"矩形 .1"对象，将选中的对象拖曳到"带子 1"对象的下方，如图 4-78 所示。折叠"带子 1"对象组。

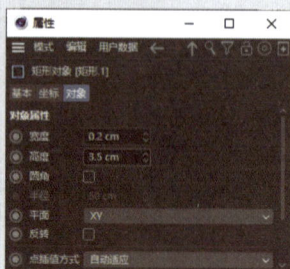
图 4-77

图 4-78

（10）选中"带子 1"对象组，按住 Ctrl 键的同时，按住鼠标左键并向上拖曳，鼠标指针变为箭头时，松开鼠标复制对象，自动生成一个"带子 1.1"对象并将其重命名为"带子 2"，如图 4-79 所示。

（11）单击"模型"按钮，切换为模型模式。选中"带子 2"对象组，在"坐标"窗口的"旋转"选项组中，设置"H"为 90°，如图 4-80 所示，单击"应用"按钮。视图窗口中的效果如图 4-81 所示。

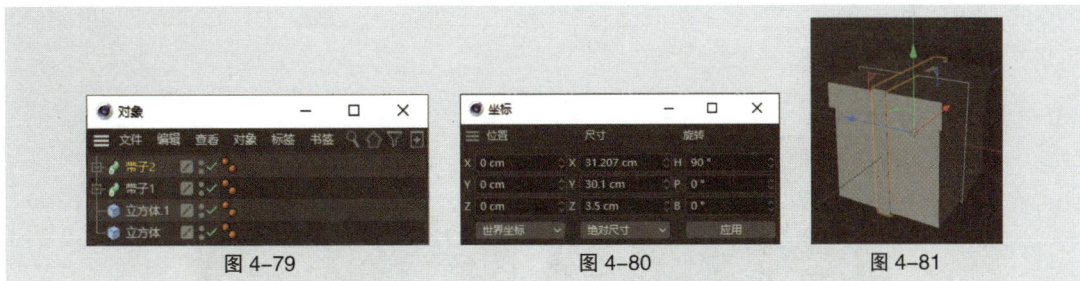

图 4-79

图 4-80

图 4-81

（12）按 F3 键，切换为右视图，选择"样条画笔"工具 ✐，在视图窗口中绘制出图 4-82 所示的效果。按 F1 键，切换至透视视图。选择"矩形"工具 ▢，在"对象"窗口中生成一个"矩形"对象。在"属性"窗口的"对象"选项卡中，设置"宽度"为 0.2cm，"高度"为 1.7cm，如图 4-83 所示。

（13）选择"扫描"工具 ✐，在"对象"窗口中生成一个"扫描"对象，并将其命名为"带子 3"。按住 Shift 键的同时，选中"矩形"对象和"样条"对象。将选中的对象拖曳到"带子 3"对象的下方，如图 4-84 所示。

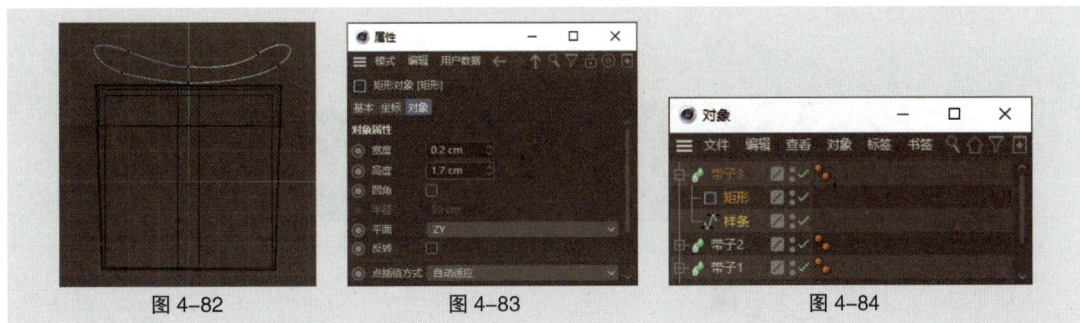

图 4-82

图 4-83

图 4-84

（14）单击"模型"按钮 ▣，切换为模型模式。选中"带子 3"对象组，在"坐标"窗口的"位置"选项组中设置"世界坐标"为"对象（相对）"，在"旋转"选项组中，设置"H"为 45°，如图 4-85 所示，单击"应用"按钮，并折叠"带子 3"对象组。

（15）选中"带子 3"对象组，按住 Ctrl 键的同时，按住鼠标左键并向上拖曳，鼠标指针变为箭头时，松开鼠标复制对象组，自动生成"带子 3.1"对象并将其重命名为"带子 4"，如图 4-86 所示。在"坐标"面板"旋转"选项组中，设置"H"为 135°，如图 4-87 所示，单击"应用"按钮。

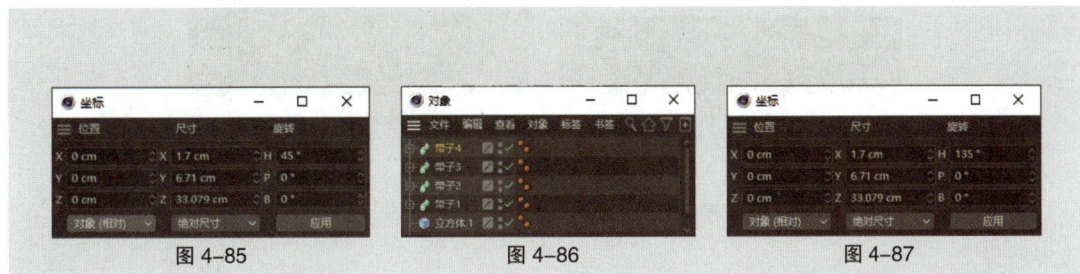

图 4-85

图 4-86

图 4-87

（16）选择"空白"工具 ▣，在"对象"窗口中生成一个"空白"对象，并将其重命名为"右礼物盒"。框选所有其他对象及对象组，将其拖曳到"右礼物盒"对象的下方，如图 4-88 所示。折叠"右礼物盒"对象组。选中"右礼物盒"对象组，在"坐标"窗口的"位置"选项组中，设置"X"为

176cm，"Y"为15cm，"Z"为-270cm。在"旋转"选项组中，设置"H"为45°，如图4-89所示，单击"应用"按钮。

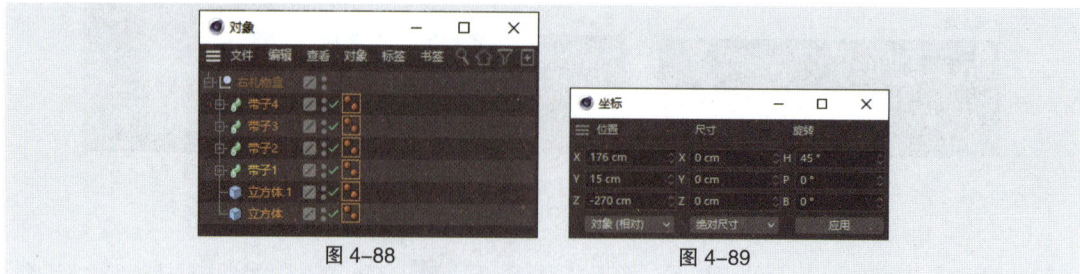

图 4-88

图 4-89

（17）在"对象"窗口中复制"右礼物盒"对象组，并将其重命名为"左礼物盒"。在"坐标"窗口的"位置"选项组中，设置"X"为-154cm，"Y"为15cm，"Z"为-235cm。在"旋转"选项组中，设置"H"为45°，"B"为-90°，如图4-90所示，单击"应用"按钮。

（18）选择"空白"工具 ，在"对象"窗口中生成一个"空白"对象，并将其重命名为"礼物盒"。将"左礼物盒"对象组和"右礼物盒"对象组选中，并拖曳到"礼物盒"对象的下方，如图4-91所示。折叠"礼物盒"对象组。

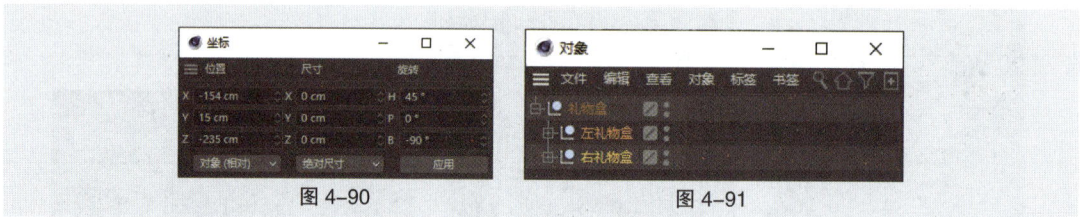

图 4-90

图 4-91

（19）选择"摄像机"工具 ，在"对象"窗口中生成一个"摄像机"对象。单击"摄像机"对象右侧的按钮 ，进入摄像机视图，如图4-92所示。

（20）在"属性"窗口的"坐标"选项卡中，设置"P.X"为6cm，"P.Y"为222.5cm，"P.Z"为-780.5cm，如图4-93所示。

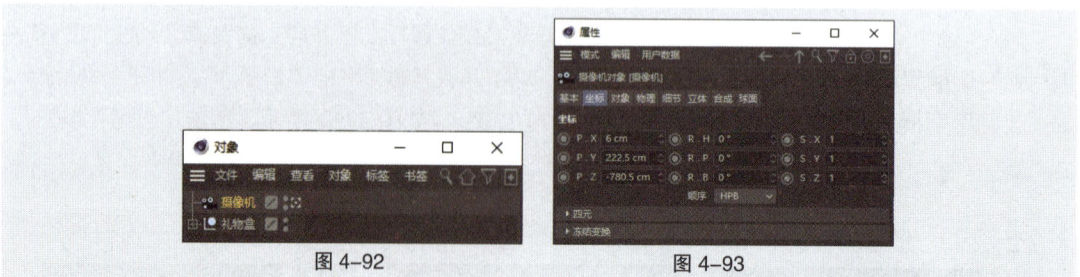

图 4-92

图 4-93

2．灯光

与"3.2.2 课堂案例——搭建圆形展台场景"中"灯光"的步骤一致，这里不赘述。

灯光　材质

3．材质

（1）在"材质"窗口中双击，添加一个材质球，并将其命名为"盒子"。在添加的材质球上双击，弹出"材质编辑器"窗口。在左侧列表中选择"颜色"选项，切换到相应的选项卡，设置"H"为10°，"S"为80%，"V"为85%，其他选项的设置如图4-94所示。单击"关闭"按钮，关闭窗口。

Cinema 4D 电商视觉设计案例教程（全彩慕课版）

（2）在"对象"窗口中展开"礼物盒 > 左礼物盒"和"礼物盒 > 右礼物盒"对象组，将"材质"窗口中的"盒子"材质球拖曳到"对象"窗口中的"立方体"和"立方体.1"对象上。

（3）在"材质"窗口中双击，添加一个材质球，并将其命名为"带子"。在添加的材质球上双击，弹出"材质编辑器"窗口。在左侧列表中选择"颜色"选项，切换到相应的选项卡，设置"H"为 33°，"S"为 51%，"V"为 97%，其他选项的设置如图 4-95 所示。单击"关闭"按钮，关闭窗口。

（4）将"材质"窗口中的"带子"材质球拖曳到"对象"窗口中的"带子 1""带子 2""带子 3"和"带子 4"对象上，如图 4-96 所示。折叠对象组。

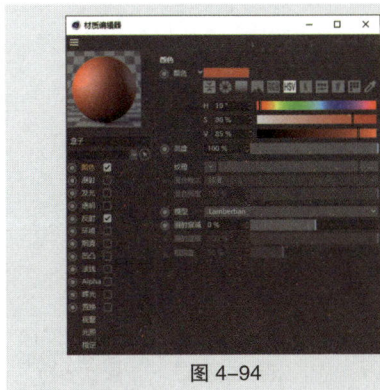
图 4-94

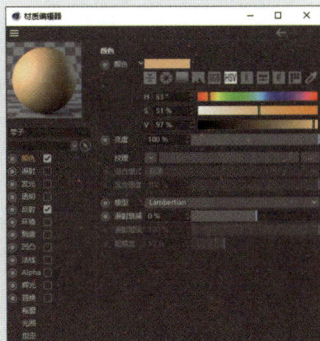
图 4-95

图 4-96

4. 渲染

（1）前 3 个步骤与"3.2.2 课堂案例——搭建圆形展台场景"中"渲染"的前 3 个步骤类似，这里不赘述。

（2）单击"摄像机"对象右侧的按钮 ，退出摄像机视图，并调整到合适的角度。单击"渲染到图像查看器"按钮 ，弹出"图像查看器"窗口，如图 4-97 所示。渲染完成后，单击窗口中的"将图像另存为"按钮 ，弹出"保存"对话框，如图 4-98 所示。

（3）单击"保存"对话框中的"确定"按钮，弹出"保存对话"对话框，在对话框中选择要保存文件的位置，并在"文件名"文本框中输入名称，设置完成后，单击"保存"按钮，保存图像。礼物盒制作完成。

渲染

图 4-97

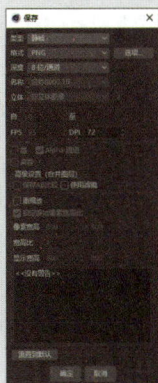
图 4-98

4.1.5　课堂案例——制作纽带

图 4-99

1. 建模

（1）启动 Cinema 4D 软件。单击"编辑渲染设置"按钮 ，弹出"渲染设置"窗口，在"输出"选项卡中设置"宽度"为 1920 像素，"高度"为 800 像素，单击"关闭"按钮，关闭窗口。

建模

（2）选择"螺旋线"工具，在"对象"窗口中生成一个"螺旋线"对象。在"属性"窗口的"对象"选项卡中，设置"起始半径"为 37cm，"开始角度"为 -140°，"终点半径"为 87cm，"结束角度"为 676°，"半径偏移"为 50%，"高度"为 207cm，如图 4-100 所示。在"对象"窗口中，在"螺旋线"对象上单击鼠标右键，在弹出的菜单中选择"转为可编辑对象"命令，将其转为可编辑对象。

（3）在"坐标"窗口的"位置"选项组中设置"X"为 -266cm，"Y"为 240cm，"Z"为 304cm。在"尺寸"选项组中设置"X"为 215cm，"Y"为 156cm，"Z"为 216cm。在"旋转"选项组中设置"H"为 0°，"P"为 90°，"B"为 18°，如图 4-101 所示，单击"应用"按钮。视图窗口中的效果如图 4-102 所示。

图 4-100

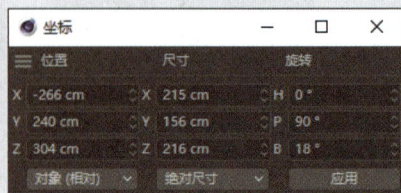
图 4-101

图 4-102

（4）选择"矩形"工具，在"对象"窗口中生成一个"矩形"对象。在"属性"窗口的"对象"选项卡中，设置"宽度"为 2.2cm，"高度"为 21cm，如图 4-103 所示。

（5）选择"扫描"工具 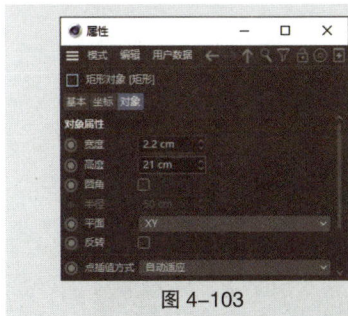，在"对象"窗口中生成一个"扫描"对象。按住 Shift 键的同时，选中"螺旋线"对象和"矩形"对象，将选中的对象拖曳到"扫描"对象的下方，如图 4-104 所示。选中"扫描"对象，在"属性"窗口的"对象"选项卡中，展开"细节"选项组，拖曳曲线上的点到适当的位置，如图 4-105 所示。

图 4-103　　　　　　　　　图 4-104　　　　　　　　　图 4-105

（6）选择"细分曲面"工具 ，在"对象"窗口中生成一个"细分曲面"对象，并将其重命名为"纽带"。将"扫描"对象组拖曳到"纽带"对象的下方，如图 4-106 所示。视图窗口中的效果如图 4-107 所示。折叠"纽带"对象组。

（7）选择"摄像机"工具 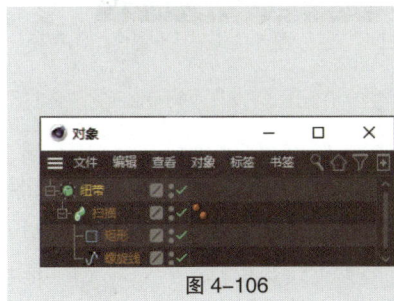，在"对象"窗口中生成一个"摄像机"对象。单击"摄像机"对象右侧的按钮 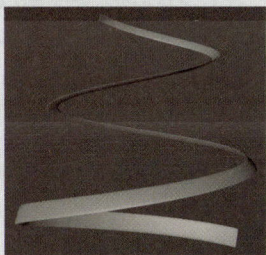，进入摄像机视图，如图 4-108 所示。

图 4-106　　　　　　　　　图 4-107　　　　　　　　　图 4-108

（8）在"属性"窗口的"对象"选项卡中，设置"焦距"为 80，其他选项的设置如图 4-109 所示。在"坐标"选项卡中，设置"P.X"为 55cm，"P.Y"为 201cm，"P.Z"为 -911cm，"R.H"为 10.1°，"R.P"为 -4.1°，"R.B"为 0°，如图 4-110 所示。

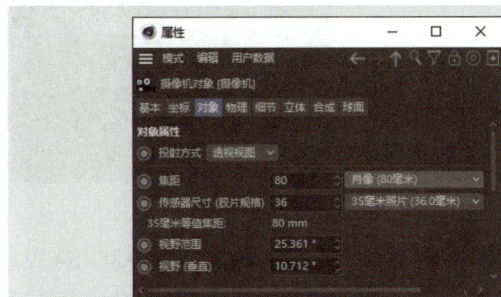

图 4-109　　　　　　　　　　　　　　　图 4-110

2. 灯光

（1）选择"区域光"工具 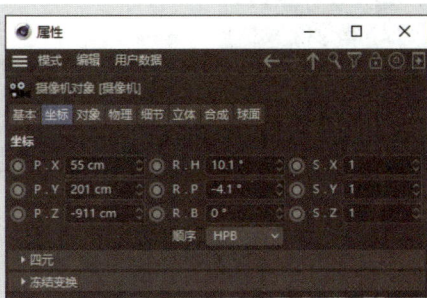，在"对象"窗口中生成一个"灯光"对象，将"灯光"对象重

命名为"主光源 1"。在"属性"窗口的"常规"选项卡中，设置"颜色"选项组中的"H"为 42°，"S"为 18%，"V"为 100%，"强度"为 52%，如图 4-111 所示。在"细节"选项卡中，设置"外部半径"为 104cm，"衰减"为"平方倒数（物理精度）"，"半径衰减"为 520cm，如图 4-112 所示。在"可见"选项卡中，设置"外部距离"为 519cm，"采样属性"为 26cm，如图 4-113 所示。

灯光

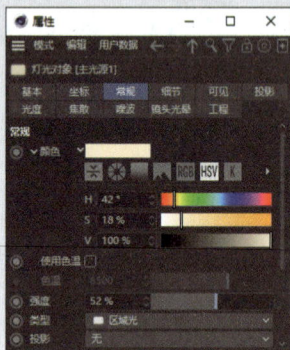
图 4-111

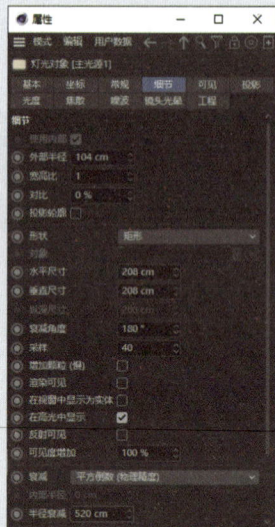
图 4-112

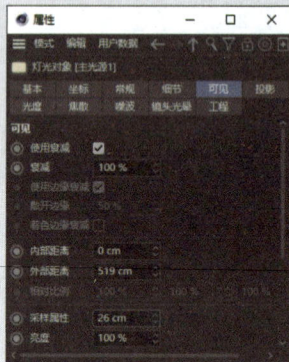
图 4-113

（2）在"坐标"选项卡中，设置"P.X"为 -220cm，"P.Y"为 200cm，"P.Z"为 -86cm，"R.H"为 -28°，"R.P"为 -34°，"R.B"为 -29°，如图 4-114 所示。

（3）在"对象"窗口中选中"主光源 1"对象，按住 Ctrl 键的同时，按住鼠标左键并向上拖曳，鼠标指针变为箭头时，松开鼠标复制对象，自动生成一个"主光源 1.1"对象，并将其重命名为"主光源 2"，如图 4-115 所示。在"属性"窗口的"坐标"选项卡中，设置"P.X"为 30cm，"P.Y"为 173cm，"P.Z"为 -2cm，"R.H"为 65°，"R.P"为 -32°，"R.B"为 31°，如图 4-116 所示。

图 4-114

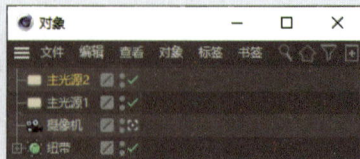
图 4-115

图 4-116

（4）在"对象"窗口中选中"主光源 2"对象，按住 Ctrl 键的同时，按住鼠标左键并向上拖曳，鼠标指针变为箭头时，松开鼠标复制对象，自动生成一个"主光源 2.1"对象，并将其重命名为"补光"，如图 4-117 所示。在"属性"窗口的"常规"选项卡中，设置"强度"为 44%，如图 4-118 所示。在"细节"选项卡中，设置"外部半径"为 67cm，"衰减"为"平方倒数（物理精度）"，"半径衰减"为 337.5cm，如图 4-119 所示。

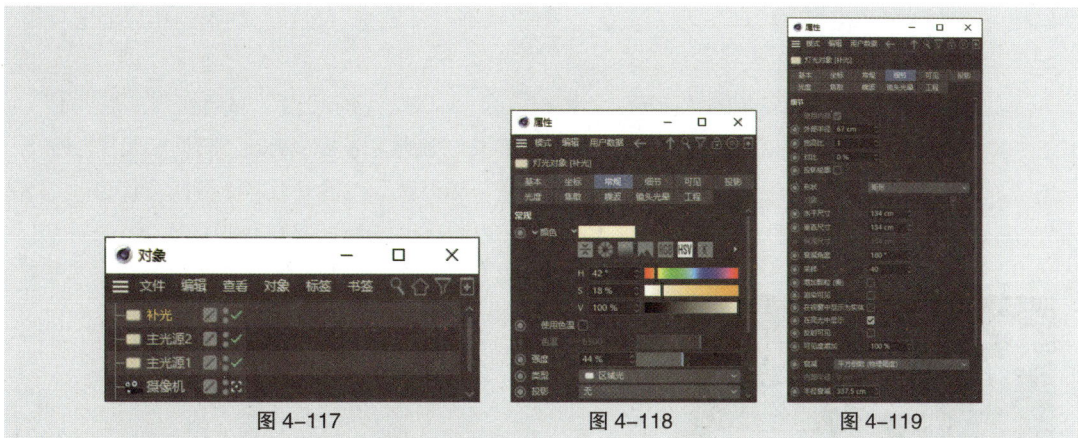

图 4-117   图 4-118   图 4-119

（5）在"可见"选项卡中，设置"外部距离"为 337cm，"采样属性"为 17cm，如图 4-120 所示。在"坐标"选项卡中，设置"P.X"为 -86cm，"P.Y"为 337cm，"P.Z"为 25cm，"R.H"为 66°，"R.P"为 -31°，"R.B"为 3°，如图 4-121 所示。

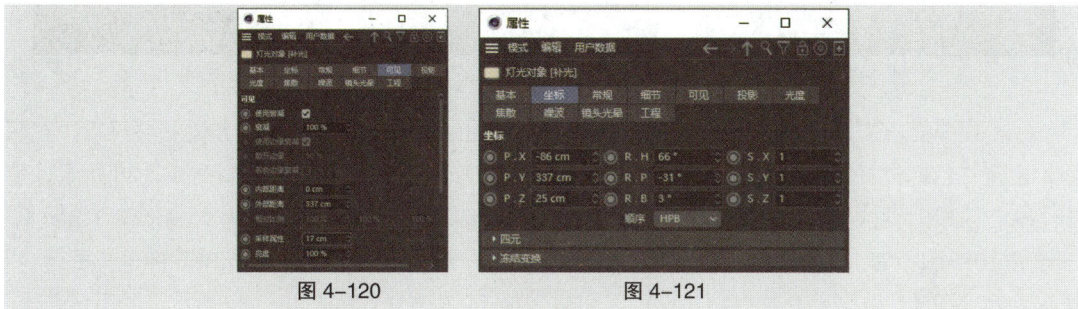

图 4-120   图 4-121

（6）选择"区域光"工具，在"对象"窗口中生成一个"灯光"对象，将"灯光"对象重命名为"背光源"。在"属性"窗口的"常规"选项卡中，设置"颜色"选项组中的"H"为 42°，"S"为 18%，"V"为 100%，"强度"为 22%，如图 4-122 所示。在"坐标"选项卡中，设置"P.X"为 -99cm，"P.Y"为 178cm，"P.Z"为 508cm，"R.H"为 180°，如图 4-123 所示。

（7）在"对象"窗口中，用框选的方法选中所有灯光对象，按 Alt+G 组合键，将其编组，并重命名为"灯光"，如图 4-124 所示。

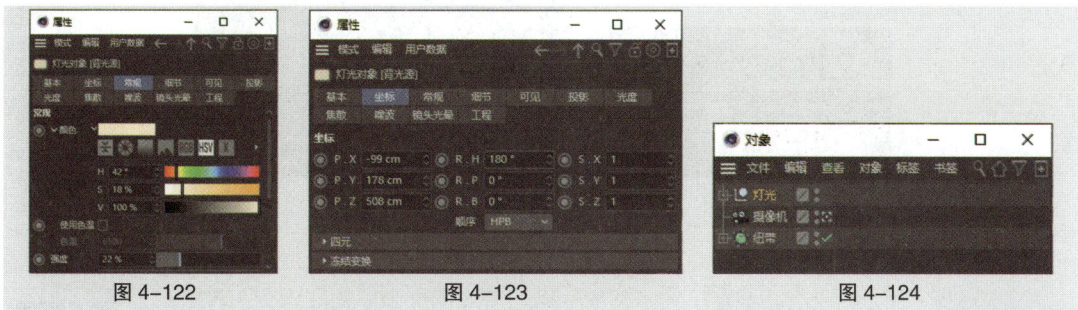

图 4-122   图 4-123   图 4-124

3. 材质

（1）在"材质"窗口中双击，添加一个材质球，并将其命名为"纽带"。在添加的材质球上双击，弹出"材质编辑器"窗口。在左侧列表中选择"颜色"选项，切

材质

换到相应的选项卡，设置"纹理"为"渐变"。单击"渐变预览框"按钮，切换到相应的选项卡，如图 4-125 所示。

（2）双击"渐变"下方左侧的"色标.1"按钮，弹出"渐变色标设置"对话框，设置"H"为 3°，"S"为 90%，"V"为 73%，如图 4-126 所示，单击"确定"按钮，返回"材质编辑器"窗口。双击"渐变"下方右侧的"色标.2"按钮，弹出"渐变色标设置"对话框，设置"H"为 358°，"S"为 85%，"V"为 87%，如图 4-127 所示，单击"确定"按钮，返回"材质编辑器"窗口。

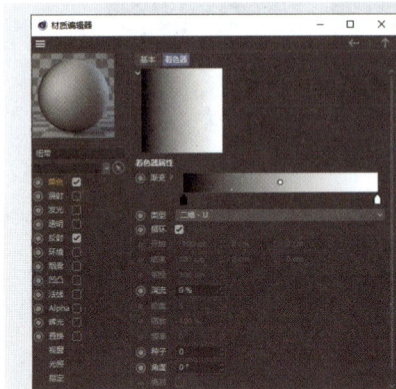

图 4-125

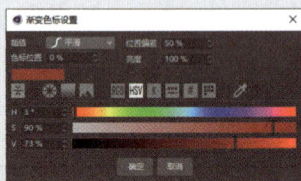

图 4-126

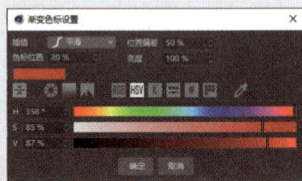

图 4-127

（3）在渐变色条下方单击，增加一个"色标.3"按钮，双击该按钮弹出"渐变色标设置"对话框，设置"色标位置"为 40%，"H"为 3°，"S"为 90%，"V"为 66%，如图 4-128 所示，单击"确定"按钮，返回"材质编辑器"窗口。按住 Ctrl 键的同时，按住鼠标左键并分别拖曳"色标.2"按钮到 20% 和 60% 的位置，复制色标按钮。按住 Ctrl 键的同时，按住鼠标左键并拖曳"色标.3"按钮到 80% 的位置，复制色标按钮。设置"类型"为"二维-V"，如图 4-129 所示。单击"关闭"按钮，关闭窗口。

图 4-128

图 4-129

4. 渲染

（1）选择"物理天空"工具 ，在"对象"窗口中生成一个"物理天空"对象，如图 4-130 所示。在"属性"窗口的"天空"选项卡中，设置"强度"为 20%，如图 4-131 所示。在"太阳"选项卡中，勾选"自定义颜色"复选框，设置"颜色"选项组中的"H"为 205°，"S"为 8%，"V"为 94%，如图 4-132 所示。视图窗口中的效果如图 4-133 所示。

渲染

图 4-130   图 4-131   图 4-132   图 4-133

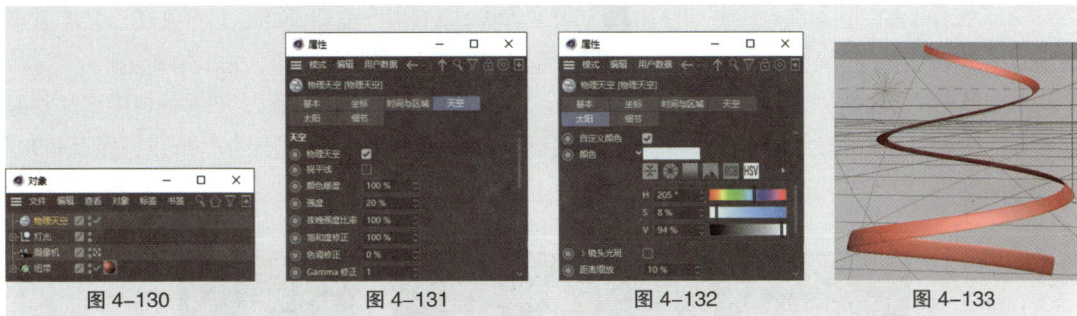

（2）单击"编辑渲染设置"按钮 ，弹出"渲染设置"窗口，设置"渲染器"为"物理"，在左侧列表中选择"保存"选项，切换到相应的选项卡，设置"格式"为"PNG"，如图 4-134 所示。在左侧列表中选择"物理"选项，切换到相应的选项卡，设置"采样品质"为"中"，如图 4-135 所示。

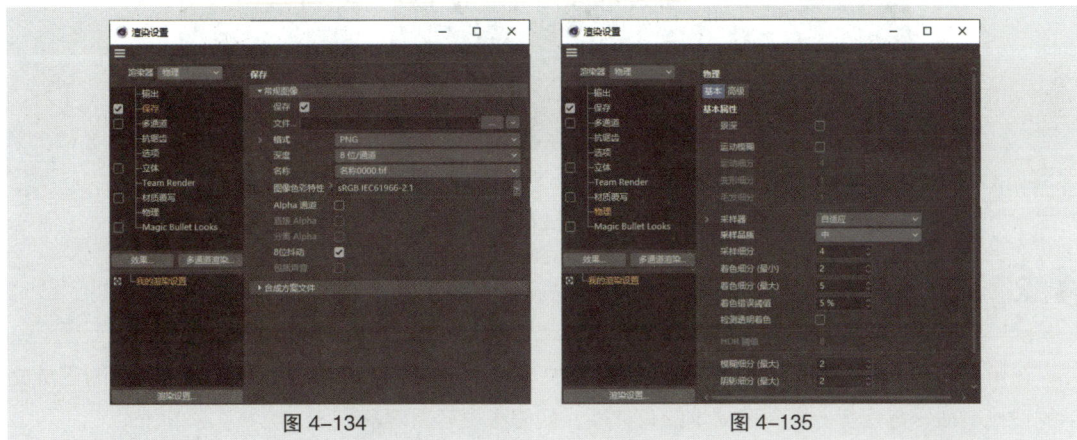

图 4-134   图 4-135

（3）单击"效果"按钮，在弹出的下拉菜单中选择"全局光照"命令，在左侧列表中添加"全局光照"，设置"预设"为"内部－高（小光源）"，"采样"为"中"，如图 4-136 所示。单击"效果"按钮，在弹出的下拉菜单中选择"环境吸收"命令，在左侧列表中添加"环境吸收"，如图 4-137 所示。

图 4-136   图 4-137

（4）单击"渲染到图像查看器"按钮 ![img]，弹出"图像查看器"窗口，如图4-138所示。渲染完成后，单击窗口中的"将图像另存为"按钮 ![img]，弹出"保存"对话框，如图4-139所示。

（5）单击"保存"对话框中的"确定"按钮，弹出"保存对话"对话框，在对话框中选择要保存文件的位置，并在"文件名"文本框中输入名称，设置完成后，单击"保存"按钮，保存图像。纽带制作完成。

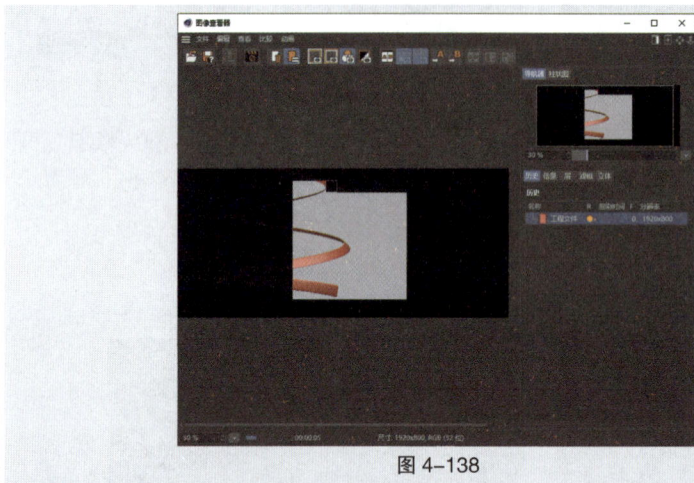

图 4-138

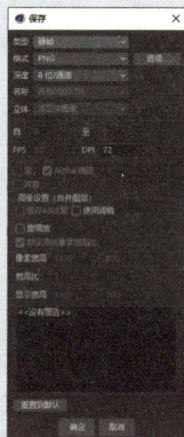

图 4-139

4.2　文字元素设计

运用 Cinema 4D 软件为电商视觉设计制作文字元素，能够创造视觉上的独特性，同时三维文字的设计也在一定程度上提高了文本的可读性，使信息更容易理解。

4.2.1　文字元素的表现形式

文字元素的表现形式多种多样，可以划分为灯管文字、气球立体字、金属立体字、毛绒立体字以及油漆立体字等，部分表现形式如图4-140所示。

图 4-140

4.2.2　课堂案例——制作灯管文字

【**案例学习目标**】学习使用参数化工具和生成器工具制作灯管文字。

【**案例知识要点**】使用"挤压""圆环"和"扫描"工具制作标题文字；使用"矩形""挤压"和"文本"工具制作辅助文字；使用"摄像机"工具控制视图的显示效果；使用"区域光"和"目标聚光灯"工具制作灯光效果；使用"材质"窗口创建材质并设置材质参数；使用"物理天空"工具创建环境效果；使用"编辑渲染设置"按钮和"渲染到图像查看器"按钮渲染图像，最终效果如图 4–141 所示。

图 4–141

【**效果文件所在位置**】云盘 \Ch04\ 制作灯管文字 \ 工程文件 .c4d。

1.　建模

（1）启动 Cinema 4D 软件。单击"编辑渲染设置"按钮 ，弹出"渲染设置"窗口。在"输出"选项卡中设置"宽度"为 1920 像素，"高度"为 900 像素，单击"关闭"按钮，关闭窗口。

（2）选择"文件 > 合并项目"命令，在弹出的"打开文件"对话框中，选择云盘中的"Ch04 > 制作灯管文字 > 素材 > 01"文件，单击"打开"按钮，将选中的文件导入，"对象"窗口如图 4–142 所示。视图窗口中的效果如图 4–143 所示。

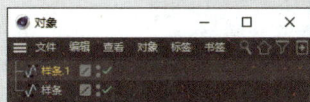

图 4–142　　　　　　　　　　图 4–143

（3）选择"挤压"工具 ，在"对象"窗口中生成一个"挤压"对象，并将其重命名为"底层"。选中"样条"对象，将其拖曳到"底层"对象的下方，如图 4–144 所示。选中"底层"对象，在"属性"窗口的"对象"选项卡中，设置"偏移"为 1cm，如图 4–145 所示。视图窗口中的效果如图 4–146 所示。

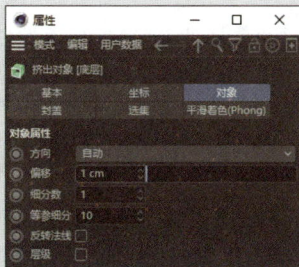

图 4–144　　　　　　　　　图 4–145　　　　　　　　　图 4–146

建模

（4）选择"圆环"工具 ⚪，在"对象"窗口中生成一个"圆环"对象。在"属性"窗口的"对象"选项卡中，设置"半径"为0.5cm，如图4-147所示。

（5）选择"扫描"工具 ✐，在"对象"窗口中生成一个"扫描"对象，并将其重命名为"灯管字"。按住Shift键的同时，选中"样条.1"对象和"圆环"对象，将选中的对象拖曳到"灯管字"对象的下方，如图4-148所示。视图窗口中的效果如图4-149所示。

（6）在"对象"窗口中框选所有的对象，按Alt+G组合键，将选中的对象编组，并将其重命名为"标题文字"。

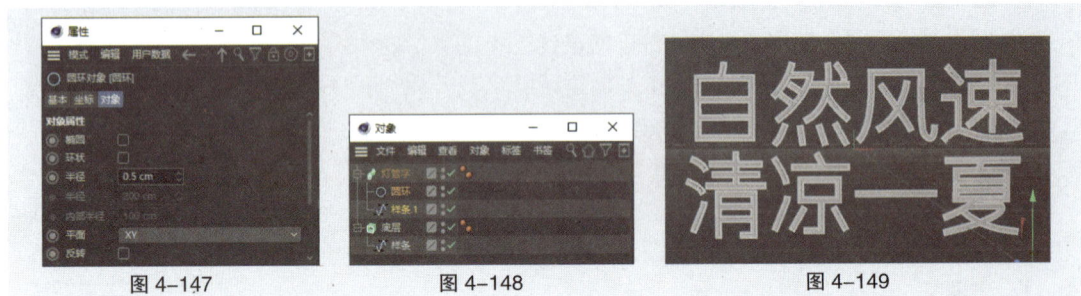

| 图 4-147 | 图 4-148 | 图 4-149 |

（7）选择"矩形"工具 ☐，在"对象"窗口中生成一个"矩形"对象。在"属性"窗口的"对象"选项卡中，设置"宽度"为156cm，"高度"为20cm，勾选"圆角"复选框，设置"半径"为10cm，如图4-150所示。在"坐标"选项卡中，设置"P.X"为-168cm，"P.Y"为58cm，"P.Z"为0cm，如图4-151所示。

（8）选择"挤压"工具 🔲，在"对象"窗口中生成一个"挤压"对象，并将其重命名为"外框"。选中"矩形"对象，将其拖曳到"外框"对象的下方，如图4-152所示。

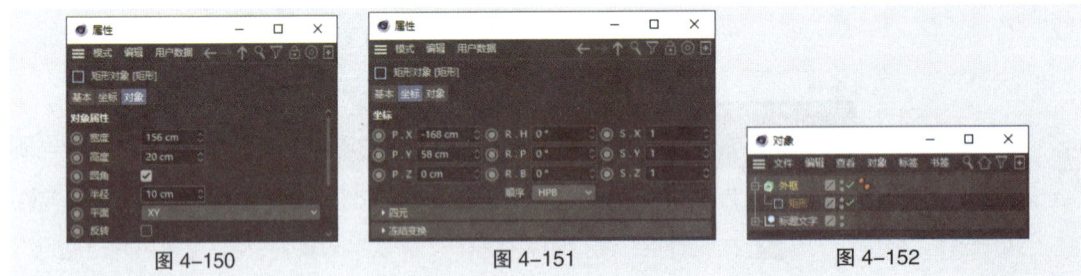

| 图 4-150 | 图 4-151 | 图 4-152 |

（9）在"属性"窗口的"对象"选项卡中，设置"偏移"为10cm，如图4-153所示。在"封盖"选项卡中，单击"载入预设"按钮，在弹出的下拉菜单中选择需要的预设，如图4-154所示，设置"尺寸"为3cm，"高度"为-8cm，如图4-155所示。

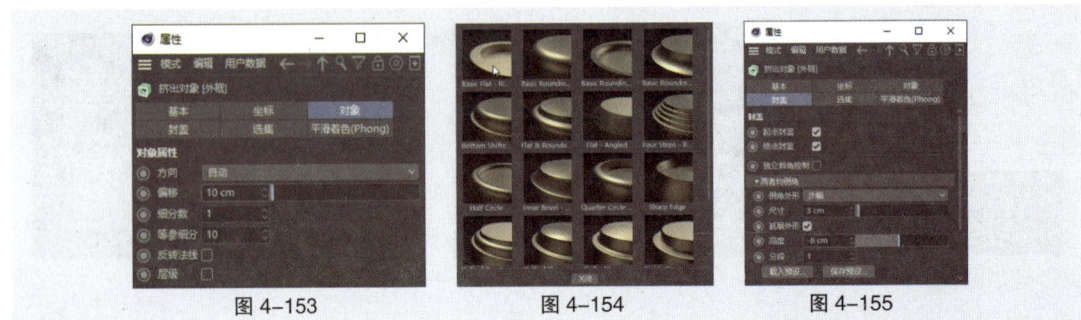

| 图 4-153 | 图 4-154 | 图 4-155 |

Cinema 4D 电商视觉设计案例教程（全彩慕课版）

（10）选择"文本"工具 T，在"对象"窗口中生成一个"文本"对象。在"属性"窗口的"对象"选项卡中，在"文本样条"文本框中输入"全场88折起 部分低至59元"，设置"深度"为1cm，"对齐"为"中对齐"，"高度"为10cm，如图4-156所示。在"坐标"选项卡中，设置"P.X"为−168cm，"P.Y"为55cm，"P.Z"为0.8cm，如图4-157所示。视图窗口中的效果如图4-158所示。

（11）在"对象"窗口中，按住Shift键的同时，单击"外框"对象组，选中需要的对象，按Alt+G组合键，将选中的对象编组，并将其重命名为"辅助文字"。

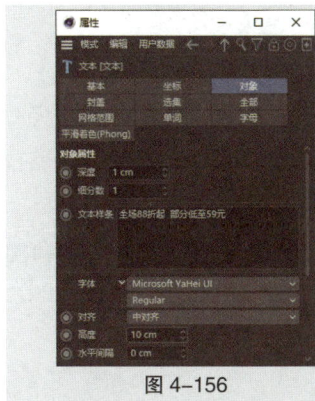
图 4-156

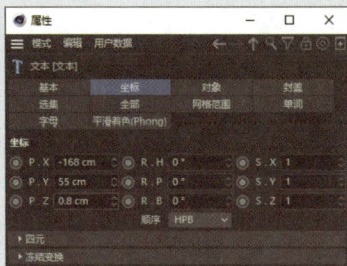
图 4-157

图 4-158

（12）选择"摄像机"工具，在"对象"窗口中生成一个"摄像机"对象。单击"摄像机"对象右侧的按钮，进入摄像机视图，如图4-159所示。

（13）在"属性"窗口的"对象"选项卡中，设置"焦距"为135，其他选项的设置如图4-160所示。在"坐标"选项卡中，设置"P.X"为−37cm，"P.Y"为116cm，"P.Z"为−1695cm，"R.H"为0.3°，"R.P"为−0.8°，"R.B"为0°，如图4-161所示。

图 4-159

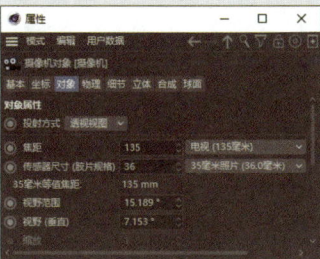
图 4-160

图 4-161

2. 灯光

（1）选择"区域光"工具，在"对象"窗口中生成一个"灯光"对象，将"灯光"对象重命名为"主光源1"。

灯光

（2）在"属性"窗口的"细节"选项卡中，设置"外部半径"为95cm，"水平尺寸"为190cm，"垂直尺寸"为111cm，"衰减"为"平方倒数（物理精度）"，"半径衰减"为251.5cm，如图4-162所示。在"可见"选项卡中，设置"外部距离"为251.5cm，"采样属性"为12.5cm，如图4-163所示。在"工程"选项卡中，设置"模式"为"包括"，拖曳"对象"窗口中的"标题文字"对象组到"对象"选项框中，如图4-164所示。

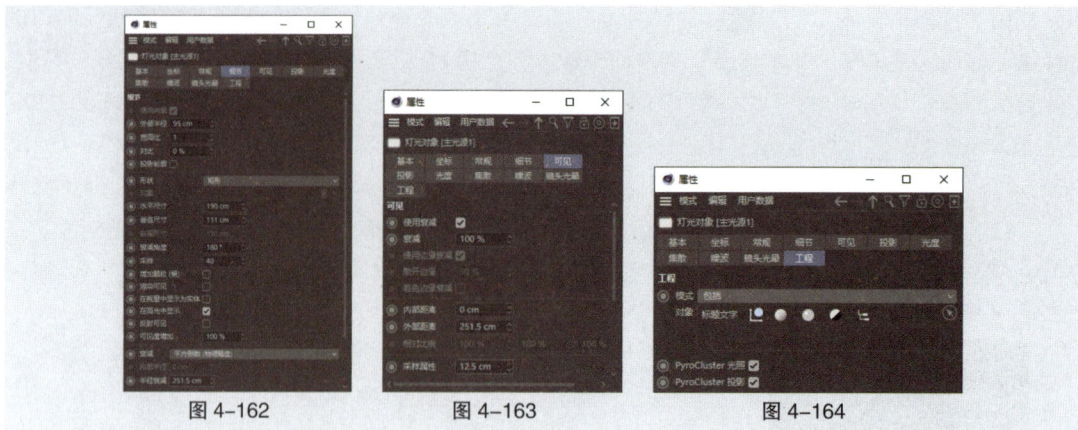

图 4-162	图 4-163	图 4-164

（3）在"坐标"选项卡中，设置"P.X"为 -246cm，"P.Y"为 118cm，"P.Z"为 -167cm，"R.H"为 -38°，如图 4-165 所示。

（4）选择"区域光"工具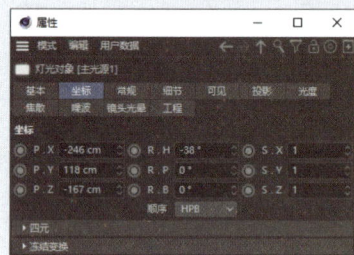，在"对象"窗口中生成一个"灯光"对象，将"灯光"对象重命名为"主光源2"，如图 4-166 所示。在"属性"窗口的"常规"选项卡中，设置"强度"为 40%，如图 4-167 所示。

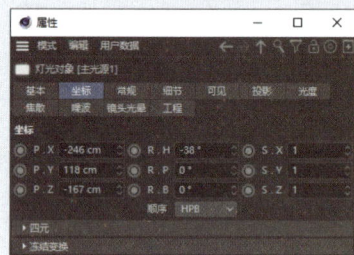
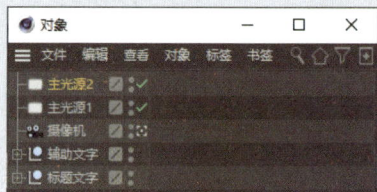
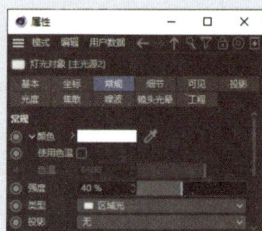

图 4-165	图 4-166	图 4-167

（5）在"属性"窗口的"细节"选项卡中，设置"外部半径"为 52cm，"水平尺寸"为 104cm，"垂直尺寸"为 75cm，"衰减"为"平方倒数（物理精度）"，"半径衰减"为 236cm，如图 4-168 所示。在"可见"选项卡中，设置"外部距离"为 202cm，"采样属性"为 10cm，如图 4-169 所示。在"坐标"选项卡中，设置"P.X"为 204cm，"P.Y"为 148cm，"P.Z"为 -102cm，"R.H"为 86°，"R.P"为 -23°，"R.B"为 16°，如图 4-170 所示。

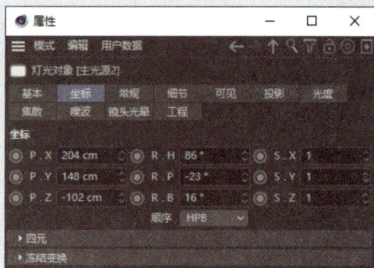

图 4-168	图 4-169	图 4-170

（6）选择"区域光"工具 ▣ ，在"对象"窗口中生成一个"灯光"对象，将"灯光"对象重命名为"背光源"。在"属性"窗口的"细节"选项卡中，设置"外部半径"为188cm，"水平尺寸"为376cm，"垂直尺寸"为219cm，如图4-171所示。在"坐标"选项卡中，设置"P.X"为64cm，"P.Y"为89cm，"P.Z"为366cm，"R.H"为180°，如图4-172所示。

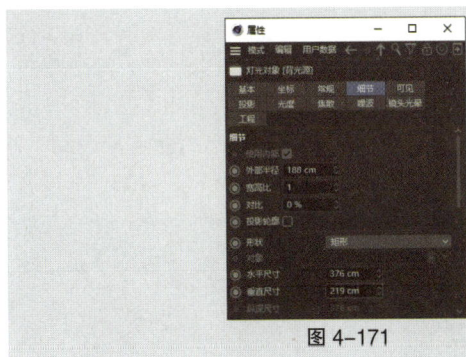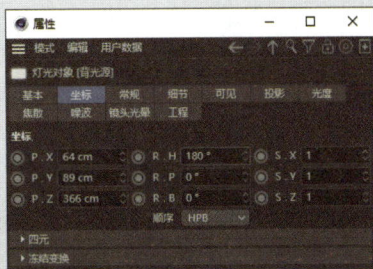

图 4-171　　　　　　　　图 4-172

（7）选择"目标聚光灯"工具 ▣ ，在"对象"窗口中分别生成"灯光.1"和"灯光.目标.1"对象，选中"灯光.1"对象，如图4-173所示。

（8）在"属性"窗口的"目标"选项卡中，拖曳"对象"窗口中的"标题文字"对象组到"目标对象"选项框中，如图4-174所示。在"工程"选项卡中，设置"模式"为"排除"，拖曳"对象"窗口中的"辅助文字"对象组到"对象"选项框中，如图4-175所示。

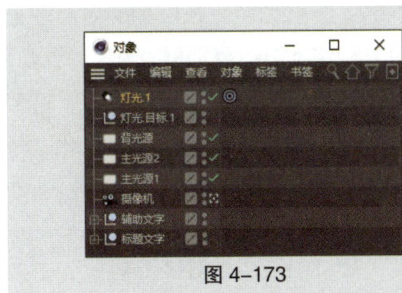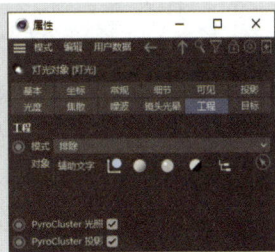

图 4-173　　　　　　图 4-174　　　　　　图 4-175

（9）在"对象"窗口中，用框选的方法选中所有灯光对象，按Alt+G组合键，将其编组，并重命名为"灯光"，如图4-176所示。

（10）在"对象"窗口中，选中"标题文字"对象组，单击鼠标右键，在弹出的菜单中选择"渲染标签 > 合成"命令。在"属性"窗口的"标签"选项卡中，取消勾选"投射投影"复选框，如图4-177所示。使用相同的方法，为"辅助文字"对象组添加同样的标签，如图4-178所示。

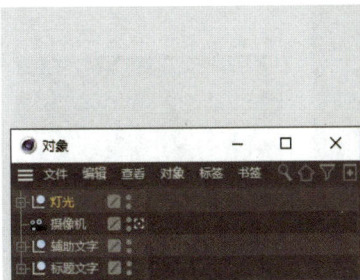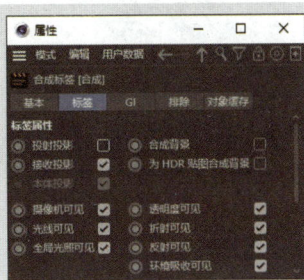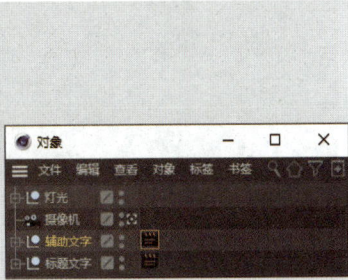

图 4-176　　　　　　图 4-177　　　　　　图 4-178

3．材质

（1）在"材质"窗口中双击，添加一个材质球，并将其命名为"底层"。在添加的材质球上双击，弹出"材质编辑器"窗口。在左侧列表中选择"颜色"选项，切换到相应的选项卡，设置"H"为214°，"S"为73%，"V"为33%，其他选项的设置如图4-179所示。

材质

（2）在左侧列表中选择"反射"选项，切换到相应的选项卡，设置"宽度"为35%，"高光强度"为10%，其他选项的设置如图4-180所示，单击"关闭"按钮，关闭窗口。

（3）在"对象"窗口中展开"标题文字"对象组，将"材质"窗口中的"底层"材质球拖曳到"对象"窗口中的"底层"对象上，如图4-181所示。

图 4-179

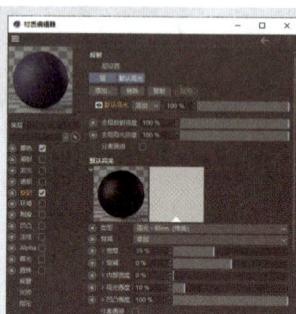
图 4-180

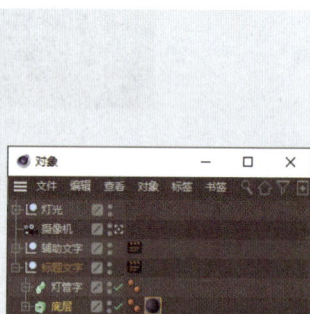
图 4-181

（4）在"材质"窗口中双击，添加一个材质球，并将其命名为"灯管字"。在添加的材质球上双击，弹出"材质编辑器"窗口。在左侧列表中取消勾选"颜色"和"反射"复选框，选择"发光"选项，切换到相应的选项卡，勾选"发光"复选框，设置"亮度"为500%，其他选项的设置如图4-182所示。选择"辉光"选项，切换到相应的选项卡，勾选"辉光"复选框，取消勾选"材质颜色"复选框，展开"颜色"选项组，设置"H"为216°，"S"为77%，"V"为50%，"外部强度"为100%，"半径"为1cm，其他选项的设置如图4-183所示。

（5）将"材质"窗口中的"灯管字"材质球拖曳到"对象"窗口中的"灯管字"对象上，如图4-184所示。

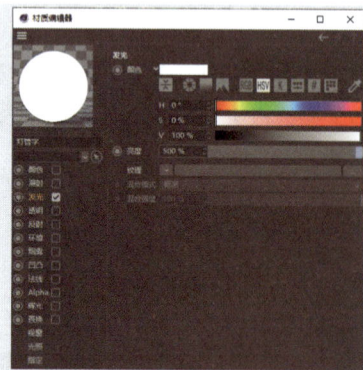
图 4-182

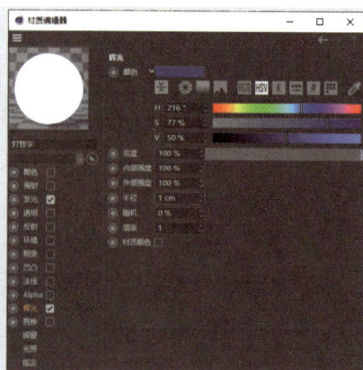
图 4-183

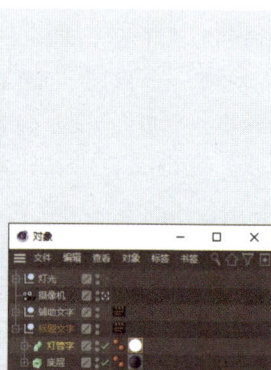
图 4-184

（6）在"材质"窗口中双击，添加一个材质球，并将其命名为"外框"。在添加的材质球上双击，弹出"材质编辑器"窗口。在左侧列表中选择"颜色"选项，切换到相应的选项卡，设置"H"为38°，"S"为54%，"V"为100%，其他选项的设置如图4-185所示。

（7）在左侧列表中选择"反射"选项，切换到相应的选项卡，设置"类型"为"Beckmann"，其他选项的设置如图4-186所示，单击"关闭"按钮，关闭窗口。在"对象"窗口中展开"辅助文字"对象组，将"材质"窗口中的"外框"材质球拖曳到"对象"窗口中的"外框"对象上，如图4-187所示。

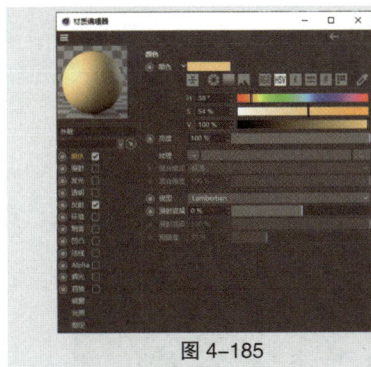
图4-185

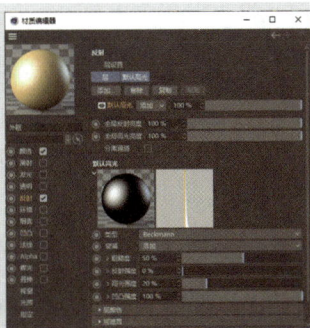
图4-186

图4-187

（8）在"材质"窗口中双击，添加一个材质球，并将其命名为"辅助文字"。在添加的材质球上双击，弹出"材质编辑器"窗口。在左侧列表中选择"颜色"选项，切换到相应的选项卡，设置"H"为52°，"S"为41%，"V"为100%，其他选项的设置如图4-188所示。

（9）在左侧列表中选择"反射"选项，切换到相应的选项卡，设置"高光强度"为50%，其他选项的设置如图4-189所示，单击"关闭"按钮，关闭窗口。将"材质"窗口中的"辅助文字"材质球拖曳到"对象"窗口中的"文本"对象上，如图4-190所示。折叠"辅助文字"对象组。

图4-188

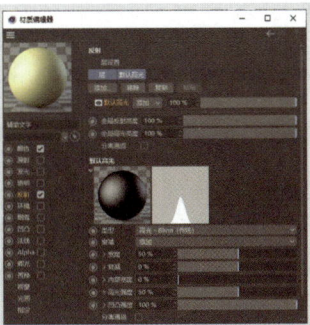
图4-189

图4-190

4. 渲染

（1）选择"物理天空"工具 ，在"对象"窗口中生成一个"物理天空"对象，如图4-191所示。视图窗口中的效果如图4-192所示。

渲染

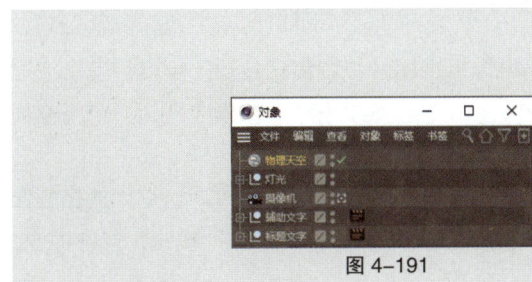
图4-191

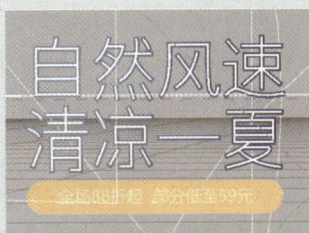
图4-192

（2）单击"编辑渲染设置"按钮 ⚙，弹出"渲染设置"窗口，设置"渲染器"为"物理"，在左侧列表中选择"保存"选项，切换到相应的选项卡，设置"格式"为"PNG"，如图 4-193 所示。在左侧列表中选择"物理"选项，切换到相应的选项卡，设置"采样品质"为"中"，如图 4-194 所示。

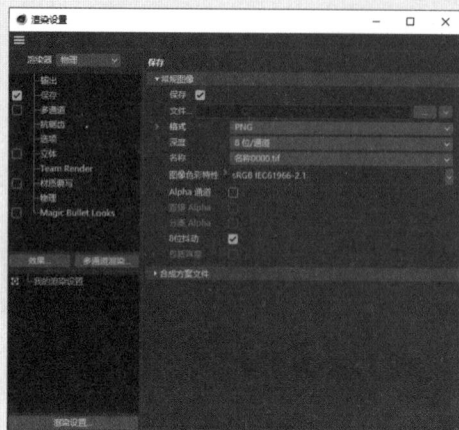

图 4-193

图 4-194

（3）单击"效果"按钮，在弹出的下拉菜单中选择"全局光照"命令，在左侧列表中添加"全局光照"，设置"预设"为"内部 – 高（小光源）"，"采样"为"中"，如图 4-195 所示。单击"效果"按钮，在弹出的下拉菜单中选择"环境吸收"命令，在左侧列表中添加"环境吸收"。单击"效果"按钮，在弹出的下拉菜单中选择"对象辉光"命令，在左侧列表中添加"对象辉光"，如图 4-196 所示。

图 4-195

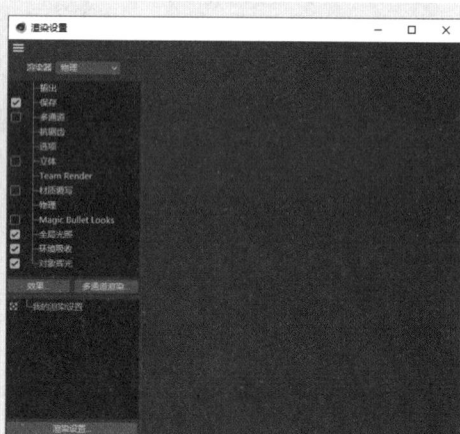

图 4-196

（4）单击"摄像机"对象右侧的按钮 ✛，退出摄像机视图，并调整到合适的角度。单击"渲染到图像查看器"按钮 🖼，弹出"图像查看器"窗口，如图 4-197 所示。渲染完成后，单击窗口中的"将图像另存为"按钮 💾，弹出"保存"对话框，如图 4-198 所示。

（5）单击"保存"对话框中的"确定"按钮，弹出"保存对话"对话框，在对话框中选择要保存文件的位置，并在"文件名"文本框中输入名称，设置完成后，单击"保存"按钮，保存图像。灯管文字制作完成。

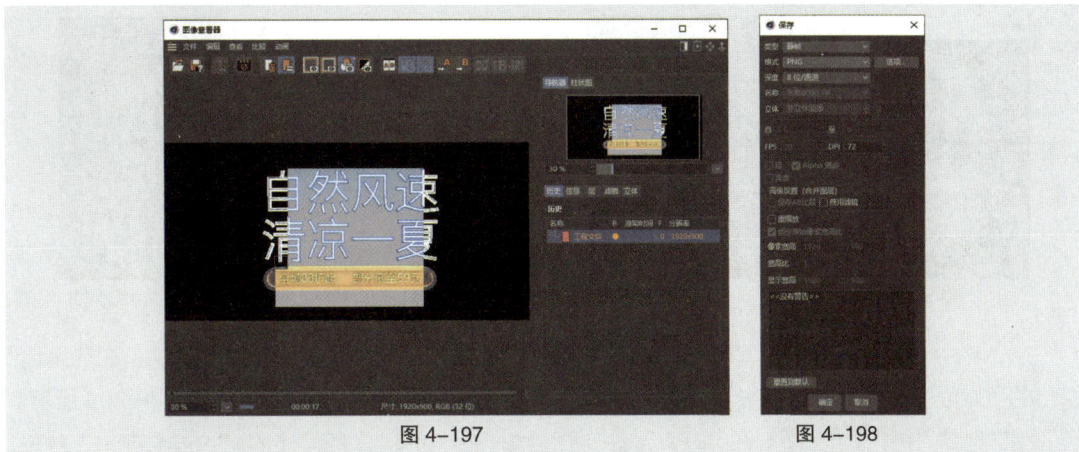

图 4-197

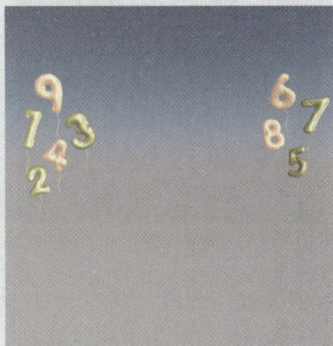

图 4-198

4.2.3 课堂案例——制作气球立体字

【案例学习目标】综合使用参数化工具、生成器工具、多边形建模工具、灯光工具、材质工具及渲染工具等制作气球立体字。

【案例知识要点】使用"文本样条"工具、"创建轮廓"命令和"挤压"工具制作气球立体字;使用"样条画笔""圆环"和"扫描"工具制作气球线;使用"摄像机"工具控制视图的显示效果;使用"区域光"工具制作灯光效果;使用"材质"窗口创建材质并设置材质参数;使用"物理天空"工具创建环境效果;使用"编辑渲染设置"按钮和"渲染到图像查看器"按钮渲染图像,最终效果如图 4-199 所示。

图 4-199

【效果文件所在位置】云盘 \Ch04\ 制作气球立体字 \ 工程文件 .c4d。

1. 建模

（1）启动 Cinema 4D 软件。单击"编辑渲染设置"按钮 ⚙,弹出"渲染设置"窗口。在"输出"选项卡中设置"宽度"为 800 像素,"高度"为 800 像素,单击"关闭"按钮,关闭窗口。

（2）选择"文本样条"工具 T,在"对象"窗口中生成一个"文本样条"对象。在"属性"窗口的"文本样条"文本框中输入"1",设置"字体"为"方正粗圆简体","对齐"为"中对齐",如图 4-200 所示。在"文本样条"对象上单击鼠标右键,在弹出的菜单中选择"转为可编辑对象"命令,将其转为可编辑对象。

（3）单击"点"按钮 🔘,切换为点模式。按 Ctrl+A 组合键,将点全部选中,如图 4-201 所示。在视图窗口中单击鼠标右键,在弹出的菜单中选择"创建轮廓"命令,在"属性"窗口中,勾选"创建新的对象"复选框,设置"距离"为 9cm,如图 4-202 所示,单击"应用"按钮。视图窗口中的效果如图 4-203 所示。在"对象"窗口中生成一个"文本样条 .1"对象。

建模

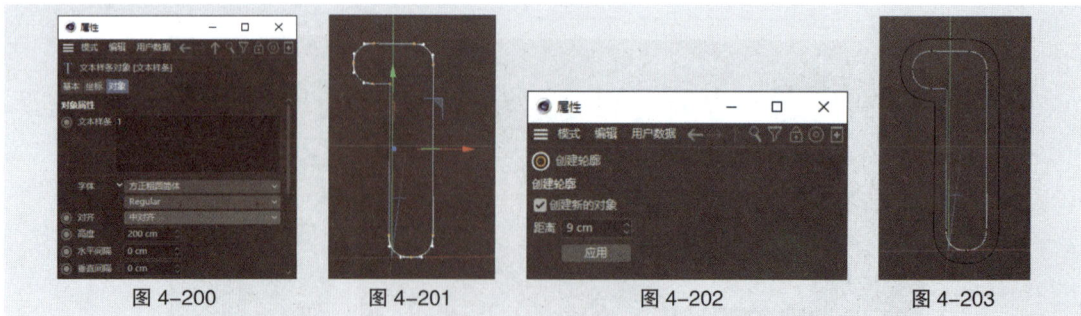

图 4-200　　　　　　　图 4-201　　　　　　　图 4-202　　　　　　　图 4-203

（4）选中"文本样条"对象，按 Delete 键将其删除。选中"文本样条 .1"对象，在"属性"窗口的"对象"选项卡中，设置"点插值方式"为细分，"最大长度"为 1cm，如图 4-204 所示。

（5）选择"挤压"工具 ，在"对象"窗口中生成一个"挤压"对象。选中"文本样条 .1"对象，将其拖曳到"挤压"对象的下方，如图 4-205 所示。选中"挤压"对象，在"属性"窗口的"对象"选项卡中，设置"偏移"为 50cm，如图 4-206 所示。

图 4-204　　　　　　　　图 4-205　　　　　　　　图 4-206

（6）在"封盖"选项卡中，设置"封盖类型"为"Delaunay"，"密度"为 35%，如图 4-207 所示。选择"显示 > 光影着色（线条）"命令，视图窗口中的效果如图 4-208 所示。在"挤压"对象组上单击鼠标右键，在弹出的菜单中选择"连接对象 + 删除"命令，将该对象组中的对象连接。

（7）在"对象"窗口中，选中"挤压"对象，单击鼠标右键，在弹出的菜单中选择"模拟标签 > 布料"命令。双击"挤压"对象右侧的"多边形选集 标签 [S]"标签，在视图窗口中选中需要的面，如图 4-209 所示。选中"挤压"对象右侧的"布料"标签，在"属性"窗口的"修整"选项卡中，设置"宽度"为 0cm，如图 4-210 所示，单击"缝合面"选项中的"设置"按钮，单击"收缩"按钮，收缩选中的面。

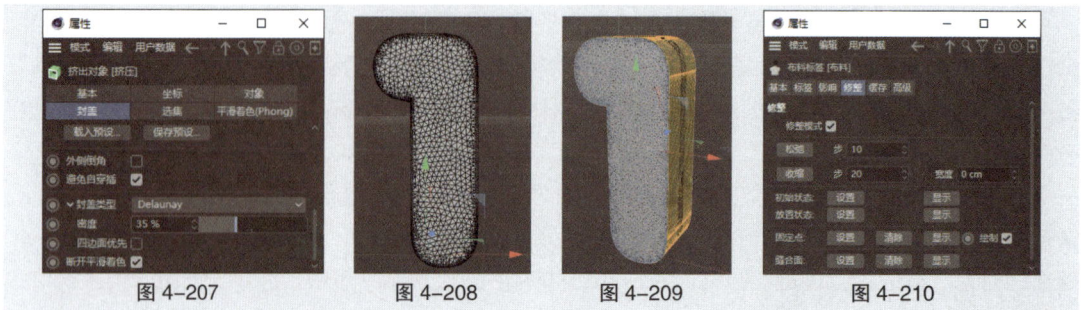

图 4-207　　　　　　　图 4-208　　　　　　　图 4-209　　　　　　　图 4-210

（8）视图窗口中的效果如图 4-211 所示。选择"细分曲面"工具 ，在"对象"窗口中生成一个"细分曲面"对象,并将其重命名为"1"。将"挤压"对象拖曳到"1"对象的下方,如图 4-212 所示,选中对象右侧的"布料"标签,按 Delete 键将其删除,并折叠"1"对象组。

（9）在"对象"窗口中,选中"1"对象组,在"坐标"窗口的"位置"选项组中,设置"X"为 -216cm,"Y"为 265cm,"Z"为 -275cm。在"尺寸"选项组中,设置"X"为 27cm,"Y"为 61cm,"Z"为 12cm。在"旋转"选项组中,设置"H"为 7°,"P"为 -15°,"B"为 11°,如图 4-213 所示,单击"应用"按钮。

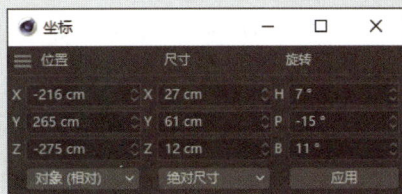

图 4-211   图 4-212   图 4-213

（10）按 F4 键,切换至正视图。选择"样条画笔"工具 ,在视图窗口中绘制出图 4-214 所示的效果。按 F1 键,切换至透视视图。单击"模型"按钮 ,切换为模型模式。选中"样条"对象,在"属性"窗口的"坐标"选项卡中,设置"P.X"为 -210cm,"P.Y"为 246cm,"P.Z"为 -281cm,如图 4-215 所示。

（11）选择"圆环"工具 ,在"对象"窗口中生成一个"圆环"对象。在"属性"窗口的"对象"选项卡中,设置"半径"为 0.5cm,如图 4-216 所示。

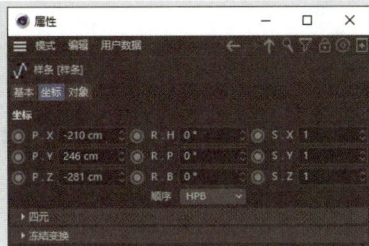

图 4-214   图 4-215   图 4-216

（12）选择"扫描"工具 ,在"对象"窗口中生成一个"扫描"对象。选中"圆环"对象和"样条"对象,并将其拖曳到"扫描"对象的下方,如图 4-217 所示。选择"显示 > 光影着色"命令,视图窗口中的效果如图 4-218 所示。折叠"扫描"对象组。

（13）在"对象"窗口中框选所有的对象组,按 Alt+G 组合键,将选中的对象组编组,并将其重命名为"数字 1"。使用上述的方法分别制作其他数字的气球立体字,在"对象"窗口中生成新的对象组,视图窗口中的效果如图 4-219 所示。

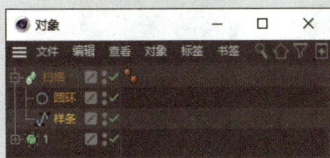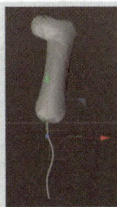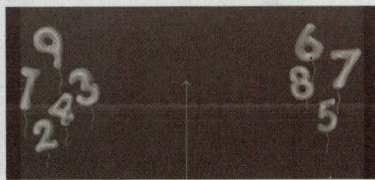

图 4-217   图 4-218   图 4-219

（14）选择"空白"工具 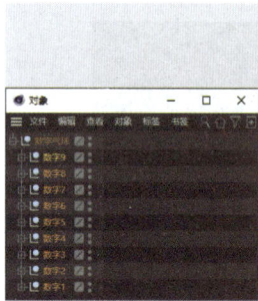，在"对象"窗口中生成一个"空白"对象，并将其重命名为"数字气球"。框选所有的对象组，将其拖曳到"数字气球"对象的下方，如图 4-220 所示。折叠"数字气球"对象组。

（15）选择"摄像机"工具 ，在"对象"窗口中生成一个"摄像机"对象。单击"摄像机"对象右侧的按钮 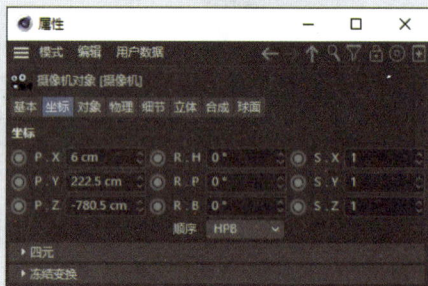，进入摄像机视图，如图 4-221 所示。

（16）在"属性"窗口的"坐标"选项卡中，设置"P.X"为 6cm，"P.Y"为 222.5cm，"P.Z"为 -780.5cm，如图 4-222 所示。

图 4-220   图 4-221   图 4-222

2. 灯光

与"3.2.2 课堂案例——搭建圆形展台场景"中"灯光"的步骤一致，这里不赘述。

3. 材质

与"4.1.3 课堂案例——制作气球"中"材质"的步骤一致，这里不赘述。

灯光   材质   渲染

4. 渲染

（1）前 3 个步骤与"3.2.2 课堂案例——搭建圆形展台场景"中"渲染"的前 3 个步骤一致，这里不赘述。

（2）单击"渲染到图像查看器"按钮 ，弹出"图像查看器"窗口，如图 4-223 所示。渲染完成后，单击窗口中的"将图像另存为"按钮 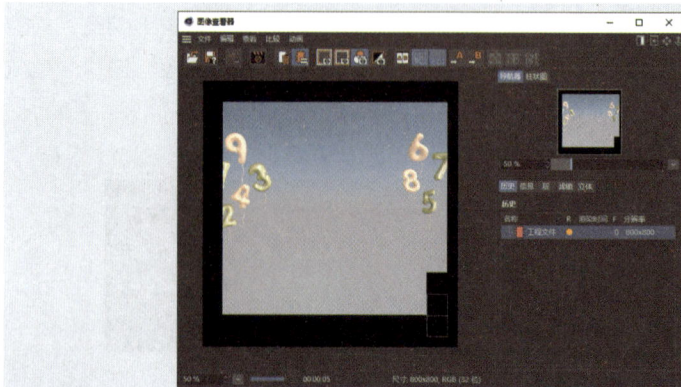，弹出"保存"对话框，如图 4-224 所示。

（3）单击"保存"对话框中的"确定"按钮，弹出"保存对话"对话框，在对话框中选择要保存文件的位置，并在"文件名"文本框中输入名称，设置完成后，单击"保存"按钮，保存图像。气球立体字制作完成。

图 4-223   图 4-224

4.2.4　课堂案例——制作金属立体字

【**案例学习目标**】综合使用参数化工具制作金属立体字。

【**案例知识要点**】使用"文本"工具制作标题文字；使用"摄像机"工具控制视图的显示效果；使用"区域光"工具制作灯光效果；使用"材质"窗口创建材质并设置材质参数；使用"物理天空"工具创建环境效果；使用"编辑渲染设置"按钮和"渲染到图像查看器"按钮渲染图像，最终效果如图4-225所示。

【**效果文件所在位置**】云盘 \Ch04\ 制作金属立体字 \ 工程文件 .c4d。

图 4-225

1. 建模

（1）启动 Cinema 4D 软件。单击"编辑渲染设置"按钮▓，弹出"渲染设置"窗口。在"输出"选项卡中设置"宽度"为 750 像素，"高度"为 1106 像素，单击"关闭"按钮，关闭窗口。

建模

（2）选择"文本"工具▊，在"对象"窗口中生成一个"文本"对象。在"属性"窗口的"对象"选项卡的"文本样条"文本框中输入"精品家电"，设置"深度"为 16cm，"字体"为"方正大黑简体"，"对齐"为"中对齐"，"高度"为 157cm，如图 4-226 所示。在"坐标"选项卡中，设置"P.X"为 1cm，"P.Y"为 1038cm，"P.Z"为 0cm，如图 4-227 所示。在"封盖"选项卡中，单击"载入预设"按钮，在弹出的下拉菜单中选择需要的预设，如图 4-228 所示。设置"倒角外形"为"圆角"，勾选"延展外形"复选框，设置"尺寸"为 5cm，"高度"为 –5cm，"外形深度"为 –100%，"分段"为 5，如图 4-229 所示。

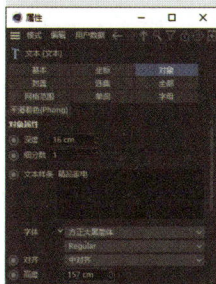

图 4-226

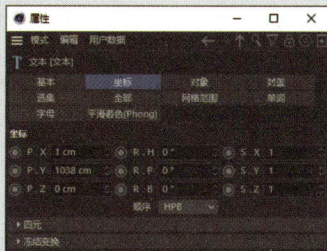

图 4-227

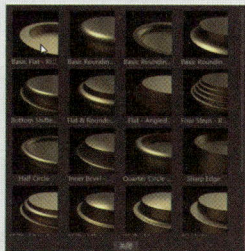

图 4-228

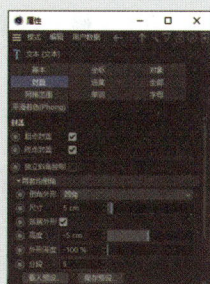

图 4-229

（3）选择"文本"工具▊，在"对象"窗口中生成一个"文本 .1"对象。在"属性"窗口的"对象"选项卡的"文本样条"文本框中输入"– 全场 5 折起 –"，设置"深度"为 4.6cm，"字体"为"方正正黑简体"，"对齐"为"中对齐"，"高度"为 46cm，"水平间隔"为 21cm，如图 4-230 所示。在"坐标"选项卡中，设置"P.X"为 1cm，"P.Y"为 950cm，"P.Z"为 0cm，如图 4-231 所示。

图 4-230　　　　　　　　　　　　　　图 4-231

（4）在"封盖"选项卡中，单击"载入预设"按钮，在弹出的下拉菜单中选择需要的预设，如图 4-232 所示。设置"倒角外形"为"圆角"，"尺寸"为 1.5cm，勾选"延展外形"复选框，设置"高度"为 -1.5cm，"外形深度"为 -100%，"分段"为 5，如图 4-233 所示。视图窗口中的效果如图 4-234 所示。

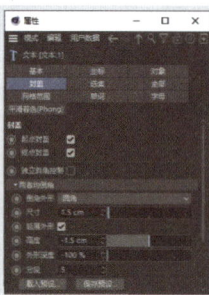

图 4-232　　　　　　　　　图 4-233　　　　　　　　　图 4-234

（5）在"对象"窗口中，按住 Shift 键的同时，单击"文本"对象，选中需要的对象，按 Alt+G 组合键，将选中的对象编组，并将其重命名为"标题"。

（6）选择"摄像机"工具 ，在"对象"窗口中生成一个"摄像机"对象。单击"摄像机"对象右侧的按钮 ，进入摄像机视图，如图 4-235 所示。

（7）在"属性"窗口的"对象"选项卡中，设置"焦距"为 80，其他选项的设置如图 4-236 所示。在"坐标"选项卡中，设置"P.X"为 23cm，"P.Y"为 780cm，"P.Z"为 -1984cm，"R.H"为 0.6°，"R.P"为 -1.5°，"R.B"为 0°，如图 4-237 所示。

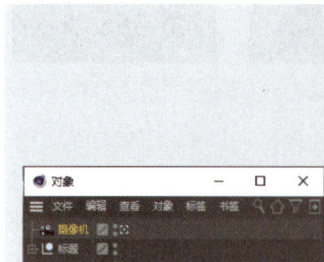
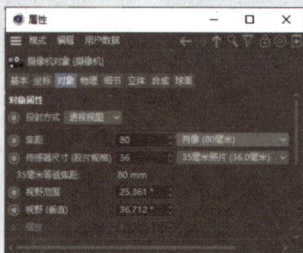
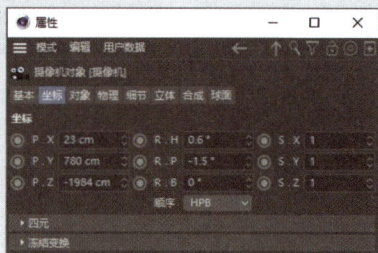

图 4-235　　　　　　　　　图 4-236　　　　　　　　　图 4-237

2. 灯光

（1）选择"区域光"工具 ，在"对象"窗口中生成一个"灯光"对象，将"灯光"对象重命名为"主光源 1"。

（2）在"属性"窗口的"细节"选项卡中，设置"外部半径"为351cm，"水平尺寸"为702cm，"垂直尺寸"为271cm，如图4-238所示。在"可见"选项卡中，设置"外部距离"为1287cm，"采样属性"为64cm，如图4-239所示。在"坐标"选项卡中，设置"P.X"为0cm，"P.Y"为1215cm，"P.Z"为−285cm，"R.P"为−50°，如图4-240所示。

图 4-238

图 4-239

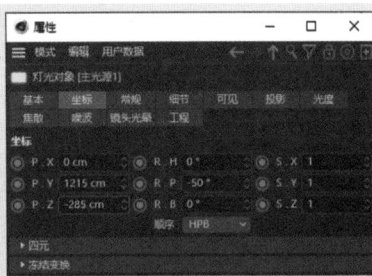
图 4-240

（3）选择"区域光"工具■，在"对象"窗口中生成一个"灯光"对象，将"灯光"对象重命名为"辅光源1"，如图4-241所示。在"属性"窗口的"常规"选项卡中，设置"强度"为60%，如图4-242所示。在"坐标"选项卡中，设置"P.X"为905cm，"P.Y"为905cm，"P.Z"为−253cm，"R.H"为62°，如图4-243所示。

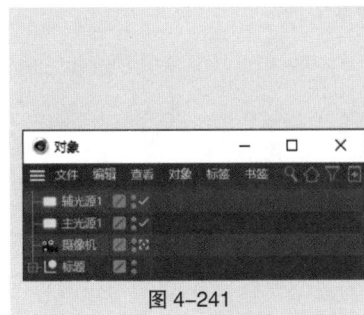
图 4-241

图 4-242

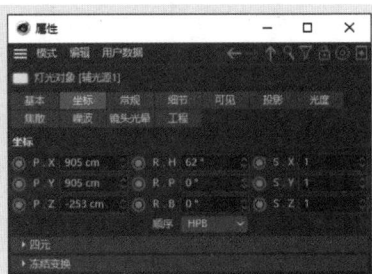
图 4-243

（4）选择"区域光"工具■，在"对象"窗口中生成一个"灯光"对象，将"灯光"对象重命名为"辅光源2"。在"属性"窗口的"常规"选项卡中，设置"强度"为50%，如图4-244所示。在"坐标"选项卡中，设置"P.X"为765cm，"P.Y"为368cm，"P.Z"为−350cm，"R.H"为40°，如图4-245所示。

（5）在"对象"窗口中，用框选的方法选中所有灯光对象，按Alt+G组合键，将其编组，并重命名为"灯光"，如图4-246所示。

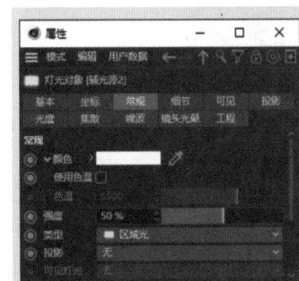
图 4-244

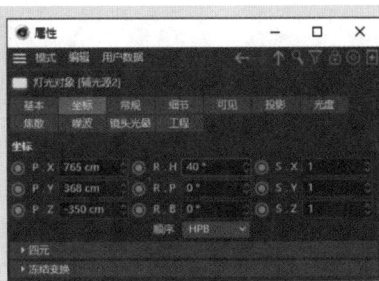
图 4-245

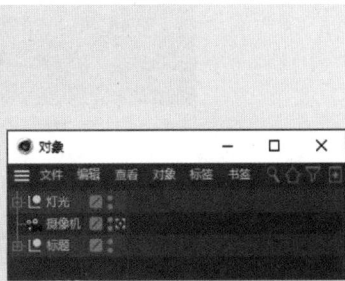
图 4-246

3．材质

（1）在"材质"窗口中双击，添加一个材质球，并将其命名为"标题"。在添加的材质球上双击，弹出"材质编辑器"窗口。在左侧列表中选择"颜色"选项，切换到相应的选项卡，设置"H"为50°，"S"为100%，"V"为93%，其他选项的设置如图4-247所示。

材质

（2）在左侧列表中选择"反射"选项，切换到相应的选项卡，设置"宽度"为58%，"衰减"为−28%，"内部宽度"为6%，"高光强度"为71%，其他选项的设置如图4-248所示。

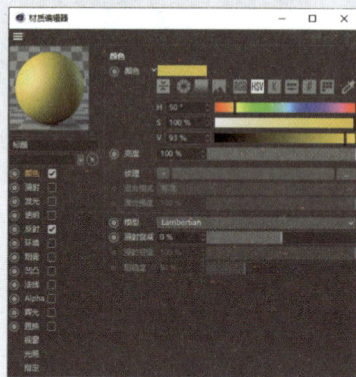
图 4-247

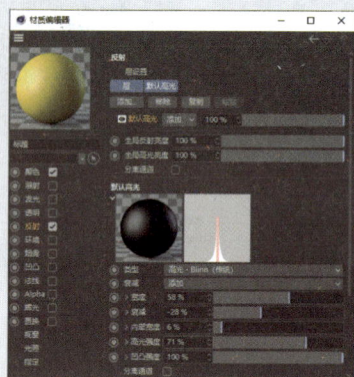
图 4-248

（3）单击"层设置"下方的"添加"按钮，在弹出的下拉菜单中选择"Beckmann"命令，添加一个层。设置"粗糙度"为36%，"反射强度"为65%，"高光强度"为21%。展开"层颜色"选项组，设置"颜色"选项组中的"H"为34°，"S"为37%，"V"为90%，其他选项的设置如图4-249所示。

（4）在左侧列表中勾选"环境"复选框，保持默认数值。单击"关闭"按钮，关闭窗口。将"材质"窗口中的"标题"材质球拖曳到"对象"窗口中的"标题"对象上，如图4-250所示。

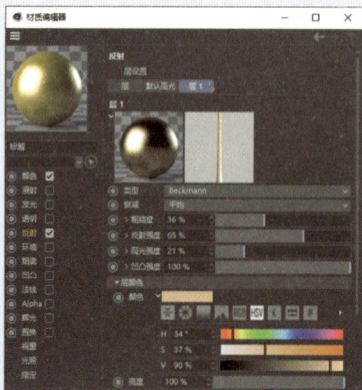
图 4-249

图 4-250

4．渲染

（1）选择"物理天空"工具，在"对象"窗口中生成一个"物理天空"对象，如图4-251所示。在"属性"窗口的"太阳"选项卡中，设置"强度"为50%，展开"投影"选项组，设置"类型"为"无"，如图4-252所示。视图窗口中的效果如图4-253所示。

渲染

图 4-251

图 4-252

图 4-253

（2）单击"编辑渲染设置"按钮，弹出"渲染设置"窗口，设置"渲染器"为"物理"，在左侧列表中选择"保存"选项，切换到相应的选项卡，设置"格式"为"PNG"，如图 4-254 所示。在左侧列表中选择"物理"选项，切换到相应的选项卡，设置"采样品质"为"中"，如图 4-255 所示。

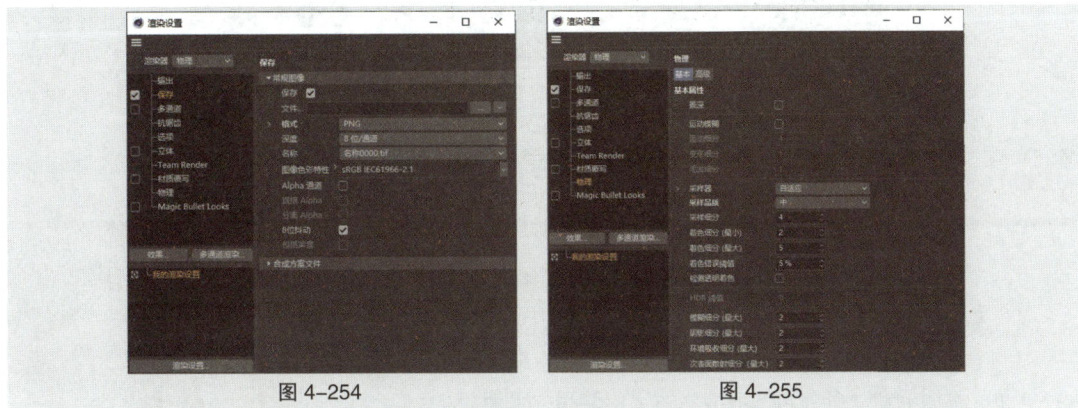

图 4-254

图 4-255

（3）单击"效果"按钮，在弹出的下拉菜单中选择"全局光照"命令，在左侧列表中添加"全局光照"，设置"预设"为"内部－高（小光源）"，"采样"为"中"，如图 4-256 所示。单击"效果"按钮，在弹出的下拉菜单中选择"环境吸收"命令，在左侧列表中添加"环境吸收"。单击"效果"按钮，在弹出的下拉菜单中选择"对象辉光"命令，在左侧列表中添加"对象辉光"，如图 4-257 所示。

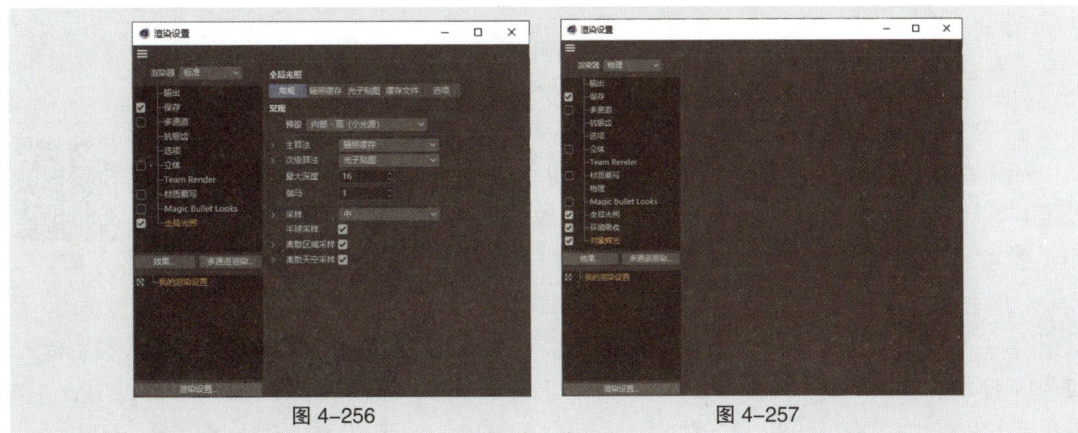

图 4-256

图 4-257

（4）单击"渲染到图像查看器"按钮，弹出"图像查看器"窗口，如图 4-258 所示。渲染完成后，单击窗口中的"将图像另存为"按钮，弹出"保存"对话框，如图 4-259 所示。

（5）单击"保存"对话框中的"确定"按钮，弹出"保存对话"对话框，在对话框中选择要保存文件的位置，并在"文件名"文本框中输入名称，设置完成后，单击"保存"按钮，保存图像。金属立体字制作完成。

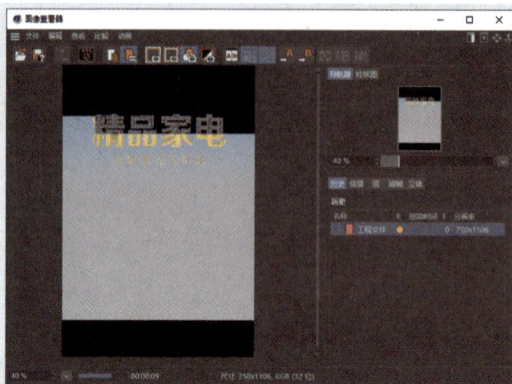

图 4-258　　　　　　　　　　图 4-259

4.2.5 课堂案例——制作毛绒立体字

【案例学习目标】 综合使用参数化工具、变形器工具、毛发对象、灯光工具、材质工具及渲染工具制作毛绒立体字。

【案例知识要点】 使用"胶囊""样条约束"工具和"添加毛发"命令制作毛绒立体字；使用"平面"工具制作背景；使用"摄像机"工具控制视图的显示效果；使用"区域光"和"目标聚光灯"工具制作灯光效果；使用"材质"窗口创建材质并设置材质参数；使用"天空"工具创建环境效果；使用"编辑渲染设置"按钮和"渲染到图像查看器"按钮渲染图像，最终效果如图 4-260 所示。

图 4-260

【效果文件所在位置】 云盘 \Ch04\ 制作毛绒立体字 \ 工程文件 .c4d。

1. 建模

（1）启动 Cinema 4D 软件。单击"编辑渲染设置"按钮，弹出"渲染设置"窗口。在"输出"选项卡中设置"宽度"为 520 像素，"高度"为 280 像素，单击"关闭"按钮，关闭窗口。

建模

（2）按 F4 键，切换至正视图。选择"样条画笔"工具，在视图窗口中适当的位置单击，绘制出图 4-261 所示的效果。按 F1 键，切换至透视视图。单击"模型"按钮，切换为模型模式。选中"样条"对象，在"属性"窗口的"坐标"选项卡中，设置"P.X"为 −110cm，"P.Y"为 52cm，"P.Z"为 200cm，"R.H"为 1°，"R.P"为 −19°，"R.B"为 11°，如图 4-262 所示。

（3）选择"胶囊"工具，在"对象"窗口中自动生成一个"胶囊"对象。在"属性"窗口的"对象"选项卡中，设置"半径"为3cm，"高度"为30cm，"高度分段"为190，"封顶分段"为35，"旋转分段"为16，如图4-263所示。

图4-261

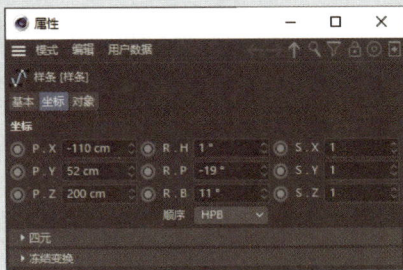
图4-262

图4-263

（4）选择"样条约束"工具，在"对象"窗口中生成一个"样条约束"对象，将"样条约束"对象拖曳到"胶囊"对象下方，如图4-264所示。选择"对象"窗口中的"样条"对象，将其拖曳到"属性"窗口的"对象"选项卡中的"样条"选项框中，设置"轴向"选项为"+Y"，如图4-265所示。视图窗口中的效果如图4-266所示。折叠"胶囊"对象组。

图4-264

图4-265

图4-266

（5）选中"胶囊"对象组，选择"模拟 > 毛发对象 > 添加毛发"命令，在"对象"窗口中生成一个"毛发"对象。

（6）在"属性"窗口的"引导线"选项卡中，展开"发根"选项组，设置"数量"为4146，"长度"为5cm，"发根"为"多边形边"，如图4-267所示。在"毛发"选项卡中，设置"数量"为30000，如图4-268所示。视图窗口中的效果如图4-269所示。

图4-267

图4-268

图4-269

（7）在"对象"窗口中框选所有的对象，按Alt+G组合键，将选中的对象编组，并将其重命名为"3",如图 4-270 所示。

（8）选择"圆环面"工具 ，在"对象"窗口中生成一个"圆环面"对象。在"属性"窗口的"对象"选项卡中，设置"圆环半径"为 20cm，"圆环分段"为 115，"导管半径"为 2.5cm，"导管分段"为 40，如图 4-271 所示。

（9）在"对象"窗口中，在"圆环面"对象上单击鼠标右键，在弹出的菜单中选择"转为可编辑对象"命令，将其转为可编辑对象。在"坐标"窗口的"位置"选项组中，设置"X"为 -77cm，"Y"为 51cm，"Z"为 215cm。在"尺寸"选项组中，设置"X"为 34cm，"Y"为 5cm，"Z"为 45cm。在"旋转"选项组中，设置"H"为 -27°，"P"为 63°，"B"为 30°，如图 4-272 所示，单击"应用"按钮。

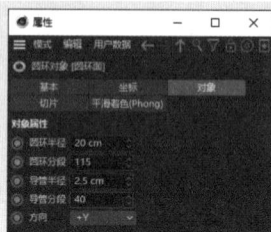
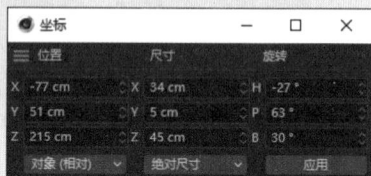

图 4-270　　　　　　　　　　图 4-271　　　　　　　　　　图 4-272

（10）选中"圆环面"对象，选择"模拟 > 毛发对象 > 添加毛发"命令，在"对象"窗口中生成一个"毛发"对象。

（11）在"属性"窗口的"引导线"选项卡中，展开"发根"选项组，设置"数量"为 4600，"长度"为 5cm，"发根"为"多边形顶点"，如图 4-273 所示。在"毛发"选项卡中，设置"数量"为 30000，如图 4-274 所示。视图窗口中的效果如图 4-275 所示。在"对象"窗口中，按住 Shift 键的同时，单击"圆环面"对象，选中需要的对象，按 Alt+G 组合键，将选中的对象编组，并将其重命名为"0"。

（12）选择"空白"工具 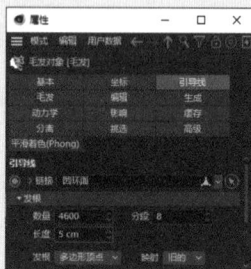，在"对象"窗口中生成一个"空白"对象，并将其重命名为"数字 30"。框选所有的对象组，将其拖曳到"数字 30"对象的下方，并折叠"数字 30"对象组。

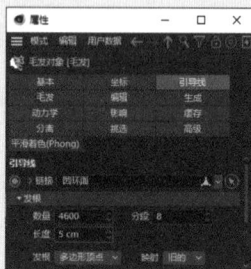
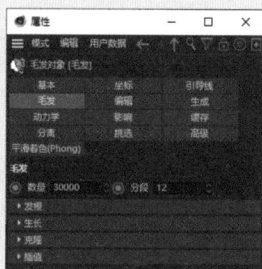

图 4-273　　　　　　　　　　图 4-274　　　　　　　　　　图 4-275

（13）选择"平面"工具，在"对象"窗口中生成一个"平面"对象，并将其重命名为"背景"，如图 4-276 所示。在"属性"窗口的"对象"选项卡中，设置"宽度"为 626cm，"高度"为 400cm，如图 4-277 所示。在"坐标"选项卡中，设置"P.X"为 -143cm，"P.Y"为 0cm，"P.Z"为 507cm，"R.P"为 90°，如图 4-278 所示。

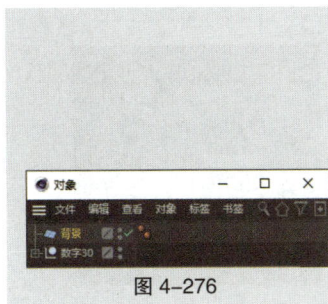

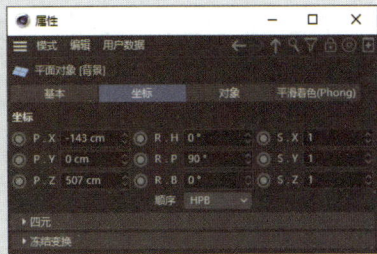

| 图 4-276 | 图 4-277 | 图 4-278 |

（14）选择"摄像机"工具██，在"对象"窗口中生成一个"摄像机"对象。单击"摄像机"对象右侧的按钮██，进入摄像机视图，如图 4-279 所示。

（15）在"属性"窗口的"对象"选项卡中，设置"焦距"为 46，如图 4-280 所示。在"属性"窗口的"坐标"选项卡中，设置"P.X"为 -157cm，"P.Y"为 48cm，"P.Z"为 -337cm，"R.P"为 2°，如图 4-281 所示。

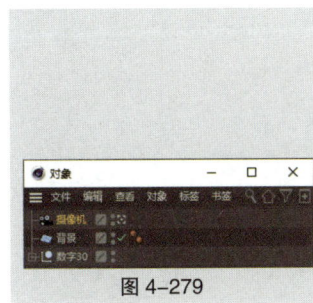

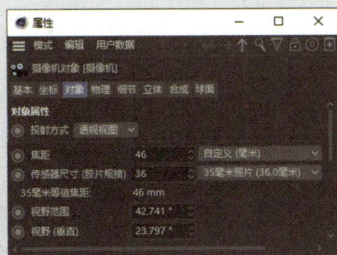

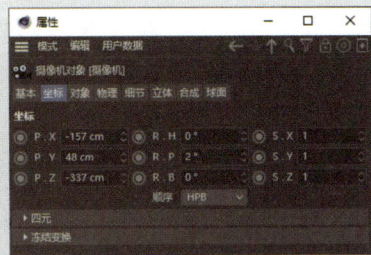

| 图 4-279 | 图 4-280 | 图 4-281 |

2. 灯光

（1）选择"区域光"工具██，在"对象"窗口中生成一个"灯光"对象，将"灯光"对象重命名为"主光源"，如图 4-282 所示。在"属性"窗口的"常规"选项卡中，设置"强度"为 115%，"投影"为"区域"，如图 4-283 所示。在"细节"选项卡中，设置"外部半径"为 262cm，"水平尺寸"为 524cm，"垂直尺寸"为 459cm，如图 4-284 所示。

灯光

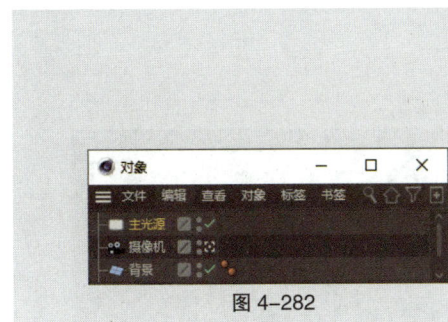

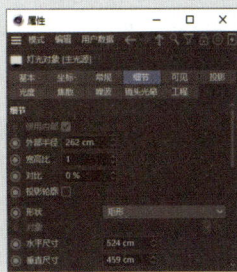

| 图 4-282 | 图 4-283 | 图 4-284 |

（2）在"投影"选项卡中，设置"投影"为"区域"，"密度"为 80%，如图 4-285 所示。在"坐标"选项卡中，设置"P.X"为 -871cm，"P.Y"为 575cm，"P.Z"为 -626cm，"R.H"为 -56°，"R.P"为 -29°，"R.B"为 -3°，如图 4-286 所示。

（3）选择"区域光"工具██，在"对象"窗口中生成一个"灯光"对象，将"灯光"对象重命名为"辅光源"。在"属性"窗口的"常规"选项卡中，设置"强度"为 70%，如图 4-287 所示。

图 4-285

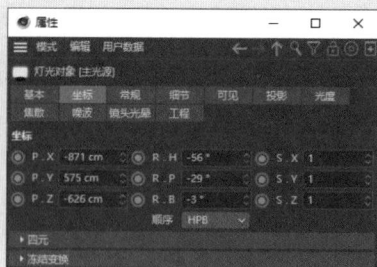
图 4-286

图 4-287

（4）在"细节"选项卡中，设置"外部半径"为158cm，"水平尺寸"为316cm，"垂直尺寸"为533cm，如图4-288所示。在"坐标"选项卡中，设置"P.X"为528cm，"P.Y"为285cm，"P.Z"为490cm，"R.H"为-58°，"R.P"为-29°，"R.B"为-5°，如图4-289所示。

（5）选择"目标聚光灯"工具，在"对象"窗口中分别生成"灯光"和"灯光.目标.1"对象，选中"灯光"对象，如图4-290所示。

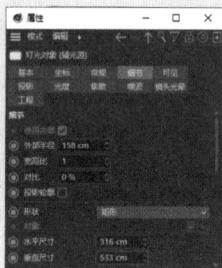
图 4-288

图 4-289

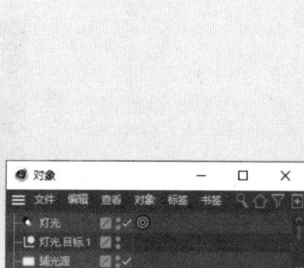
图 4-290

（6）在"属性"窗口的"目标"选项卡中，拖曳"对象"窗口中的"数字30"对象组到"目标对象"选项框中，如图4-291所示。在"常规"选项卡中，设置"强度"为85%，如图4-292所示。在"坐标"选项卡中，设置"P.X"为-500cm，"P.Y"为500cm，"P.Z"为-500cm，"R.H"为-35°，"R.P"为-30°，"R.B"为0°，如图4-293所示。

（7）在"对象"窗口中，用框选的方法选中所有灯光对象，按Alt+G组合键，将其编组，并重命名为"灯光"。

图 4-291

图 4-292

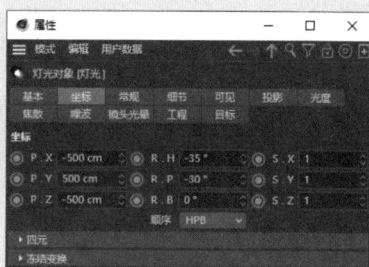
图 4-293

3. 材质

（1）在"材质"窗口中的"毛发材质"材质球上双击，弹出"材质编辑器"窗口。在左侧列表中选择"颜色"选项，切换到相应的选项卡。双击"渐变"下方左侧的"色

材质

标.1"按钮，弹出"渐变色标设置"对话框，设置"H"为40°，"S"为100%，"V"为70%，如图4-294所示，单击"确定"按钮，返回"材质编辑器"窗口。双击"渐变"下方右侧的"色标.2"按钮，弹出"渐变色标设置"对话框，设置"H"为40°，"S"为56%，"V"为68%，如图4-295所示，单击"确定"按钮，返回"材质编辑器"窗口。

（2）在左侧列表中取消勾选"高光"复选框，选择"粗细"选项，切换到相应的选项卡，勾选"粗细"复选框，设置"发根"为0.4cm，"发梢"为0.05cm，"变化"为0.1cm，其他选项的设置如图4-296所示。

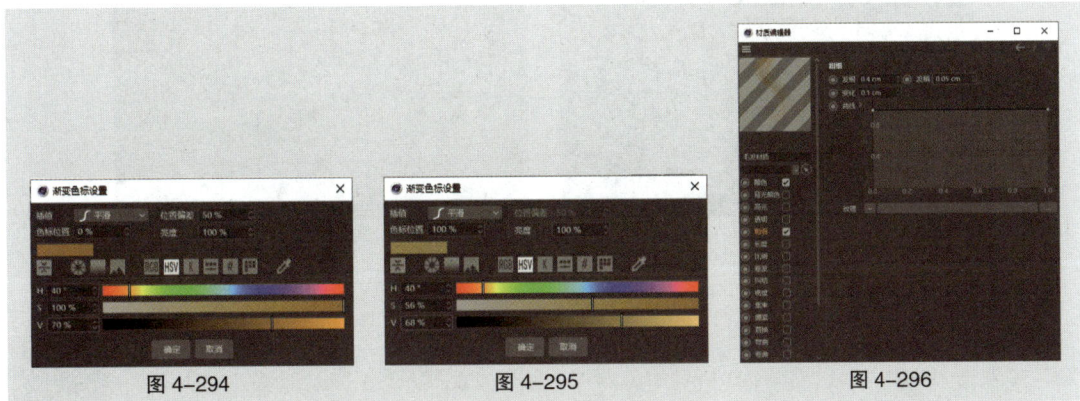

图 4-294

图 4-295

图 4-296

（3）在左侧列表中选择"长度"选项，切换到相应的选项卡，勾选"长度"复选框，设置"变化"为50%，其他选项的设置如图4-297所示。在左侧列表中勾选"卷发"复选框，保持默认数值。在左侧列表中选择"卷曲"选项，切换到相应的选项卡，勾选"卷曲"复选框，设置"卷曲"为5°，"变化"为3%，其他选项的设置如图4-298所示。单击"关闭"按钮，关闭窗口。使用上述的方法为另一个"毛发材质"材质球设置相同的数值。

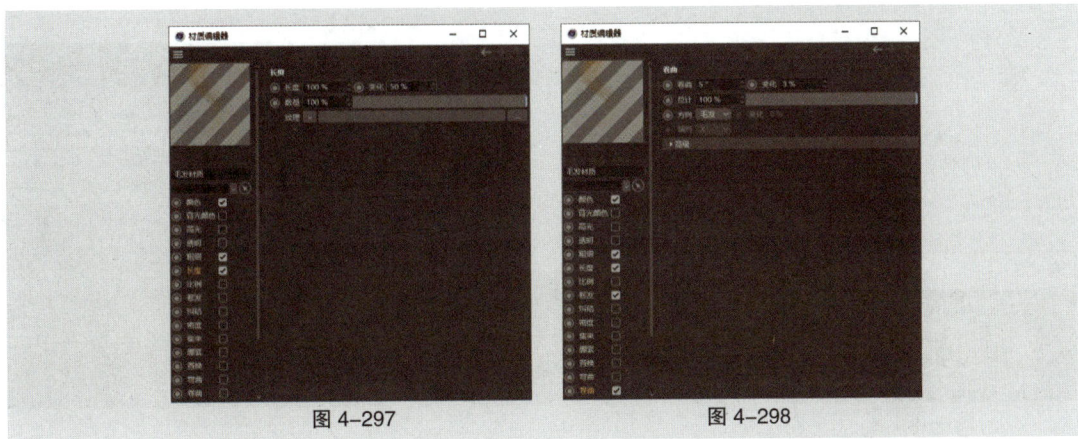

图 4-297

图 4-298

（4）在"材质"窗口中双击，添加一个材质球，并将其命名为"文字内部"。在添加的材质球上双击，弹出"材质编辑器"窗口。在左侧列表中选择"颜色"选项，切换到相应的选项卡，设置"H"为40°，"S"为100%，"V"为70%，其他选项的设置如图4-299所示。单击"关闭"按钮，关闭窗口。

（5）在"对象"窗口中展开"数字30＞3"和"数字30＞0"对象组，分别将"材质"窗口中的"文字内部"材质球拖曳到"对象"窗口中的"胶囊"和"圆环面"对象上,如图4-300所示。

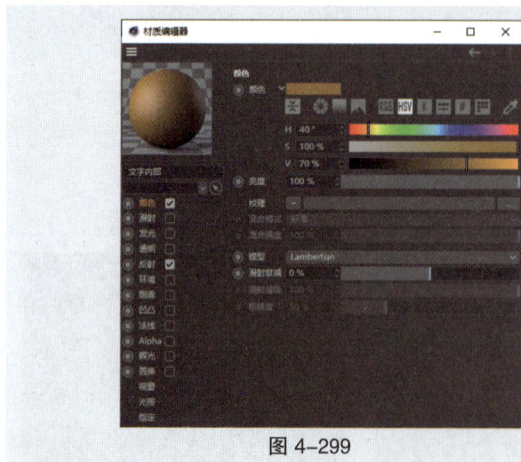

图 4-299

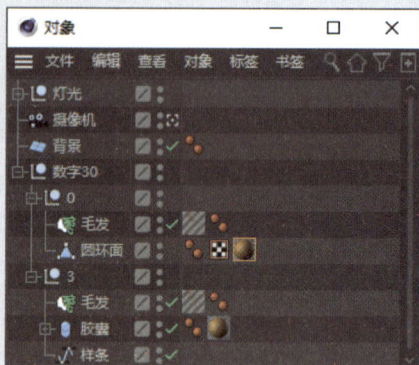

图 4-300

4. 渲染

(1)选择"天空"工具,在"对象"窗口中生成一个"天空"对象。在"材质"窗口中双击,添加一个材质球,并将其命名为"天空",如图4-301所示。将"材质"窗口中的"天空"材质球拖曳到"对象"窗口中的"天空"对象上,如图4-302所示。

(2)在添加的"天空"材质球上双击,弹出"材质编辑器"窗口。在左侧列表中选择"颜色"选项,切换到相应的选项卡,单击"纹理"选项右侧的按钮————,弹出"打开文件"对话框,选择"Ch04 > 制作毛绒立体字 > tex > 01"文件,单击"打开"按钮,打开文件,并在左侧列表中取消勾选"反射"复选框,如图4-303所示。单击"关闭"按钮,关闭窗口。

渲染

图 4-301

图 4-302

图 4-303

(3)单击"编辑渲染设置"按钮⚙,弹出"渲染设置"窗口,在左侧列表中选择"保存"选项,切换到相应的选项卡,设置"格式"为"PNG",如图4-304所示。单击"效果"按钮,在弹出的下拉菜单中选择"全局光照"命令,在左侧列表中添加"全局光照",设置"预设"为"内部-高(小光源)","采样"为"中",如图4-305所示。

图 4-304

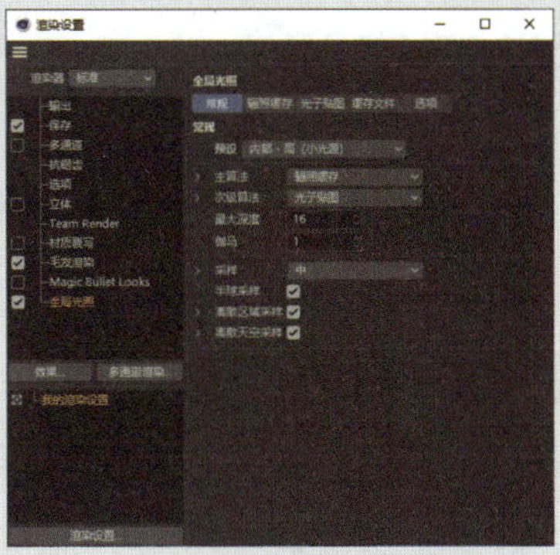

图 4-305

（4）单击"效果"按钮，在弹出的下拉菜单中选择"环境吸收"命令，在左侧列表中添加"环境吸收"，如图 4-306 所示。

（5）单击"摄像机"对象右侧的按钮 🖸，退出摄像机视图，并调整到合适的角度。单击"渲染到图像查看器"按钮 🖴，弹出"图像查看器"窗口，如图 4-307 所示。渲染完成后，单击窗口中的"将图像另存为"按钮 🖫，弹出"保存"对话框，如图 4-308 所示。

（6）单击"保存"对话框中的"确定"按钮，弹出"保存对话"对话框，在对话框中选择要保存文件的位置，并在"文件名"文本框中输入名称，设置完成后，单击"保存"按钮，保存图像。

（7）在 Photoshop 中，根据需要调整图像色调，使画面更加美观，效果如图 4-309 所示。毛绒立体字制作完成。

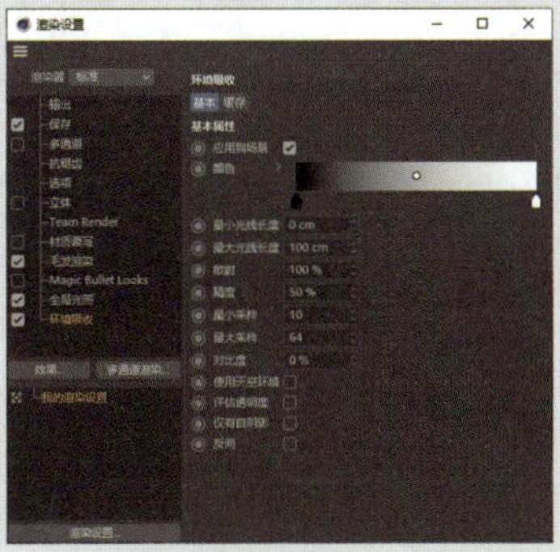

图 4-306

图 4-307

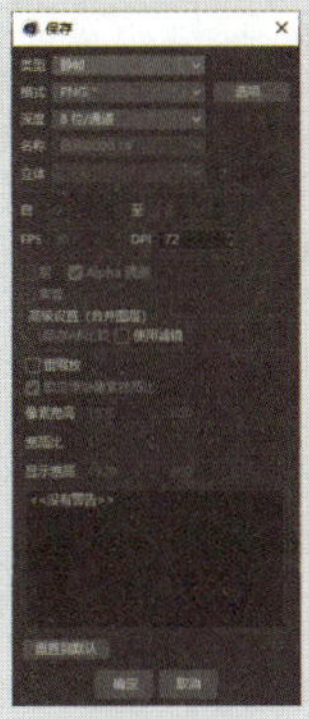

图 4-308

图 4-309

4.3 商品元素设计

商品元素是电商视觉设计中的核心元素，通过运用 Cinema 4D 软件对商品进行逼真的呈现，有助于用户更好地了解商品，提高转换率。

4.3.1 商品元素的主要类型

电商视觉设计中的商品元素会根据商家店铺销售的商品而有所变化，其主要类型有家具类、家电类、服饰类、美妆类以及食品类等，如图 4-310 所示。本节以沙发制作为例，展示商品元素设计过程。

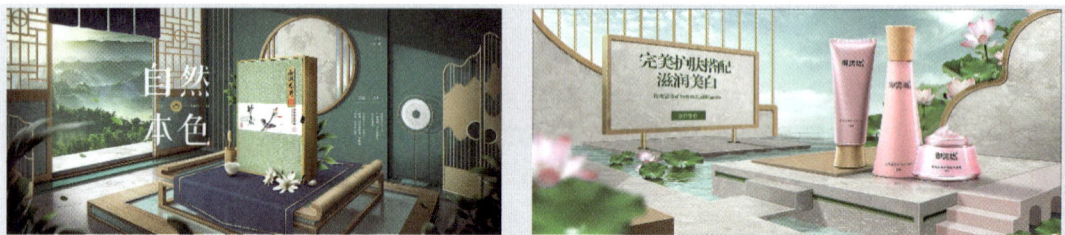

图 4-310

4.3.2 课堂案例——制作沙发

【案例学习目标】综合使用参数化工具、生成器工具、变形器工具、灯光工具、材质工具及渲染工具制作沙发。

【案例知识要点】使用"平面"工具制作背景；使用"立方体""FFD""膨胀"和"对称"工具制作沙发；使用"摄像机"工具控制视图的显示效果；使用"区域光"和"目标聚光灯"工具制作灯光效果；使用"材质"窗口创建材质并设置材质参数；使用"天空"工具创建环境效果；使用"编辑渲染设置"按钮和"渲染到图像查看器"按钮渲染图像，最终效果如图 4-311 所示。

图 4-311

【效果文件所在位置】云盘 \Ch04\ 制作沙发 \ 工程文件 .c4d。

1. 建模

（1）启动 Cinema 4D 软件。单击"编辑渲染设置"按钮 ⚙，弹出"渲染设置"窗口。在"输出"选项卡中设置"宽度"为 520 像素，"高度"为 280 像素，单击"关闭"按钮，关闭窗口。

（2）选择"平面"工具 ▱，在"对象"窗口中生成一个"平面"对象，并将其重命名为"地面"，如图 4-312 所示。在"属性"窗口的"对象"选项卡中，设置"宽度"为 629cm，"高度"为 429cm，如图 4-313 所示。在"坐标"选项卡中，设置"P.X"为 -167cm，"P.Y"为 -19cm，"P.Z"为 215cm，如图 4-314 所示。

Cinema 4D 电商视觉设计案例教程（全彩慕课版）

图 4-312　　　　　　　　　　图 4-313　　　　　　　　　　图 4-314

（3）选择"平面"工具 ▧，在"对象"窗口中生成一个"平面"对象，并将其重命名为"墙面"。在"属性"窗口的"对象"选项卡中，设置"宽度"为629cm，"高度"为325cm，如图4-315所示。在"坐标"选项卡中，设置"P.X"为 -167cm，"P.Y"为96cm，"P.Z"为345cm，"R.P"为90°，如图4-316所示。

（4）选择"立方体"工具 ▣，在"对象"窗口中生成一个"立方体"对象，并将其重命名为"地毯"，如图4-317所示。

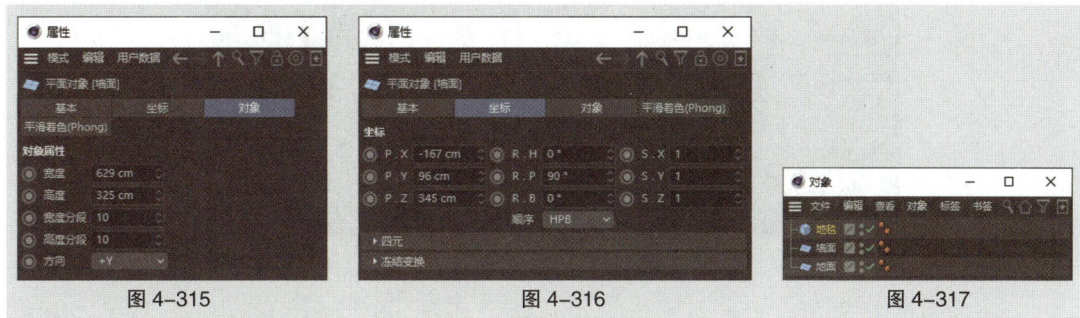

图 4-315　　　　　　　　　　图 4-316　　　　　　　　　　图 4-317

（5）在"属性"窗口的"对象"选项卡中，设置"尺寸.X"为316cm，"尺寸.Y"为3cm，"尺寸.Z"为153cm，勾选"圆角"复选框，设置"圆角半径"为1cm，"圆角细分"为3，如图4-318所示。在"坐标"选项卡中，设置"P.X"为 -160cm，"P.Y"为 -17.5cm，"P.Z"为194cm，如图4-319所示。

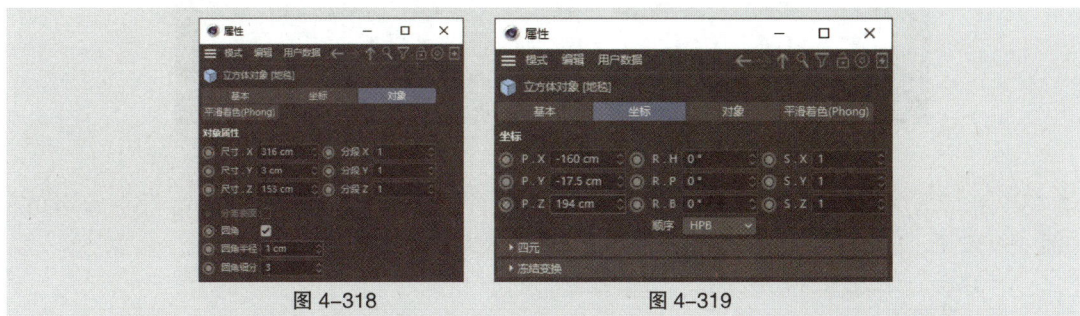

图 4-318　　　　　　　　　　图 4-319

（6）选择"立方体"工具 ▣，在"对象"窗口中生成一个"立方体"对象，并将其重命名为"沙发底"。在"属性"窗口的"对象"选项卡中，设置"尺寸.X"为188cm，"尺寸.Y"为17cm，"尺寸.Z"为80cm，勾选"圆角"复选框，设置"圆角半径"为1cm，"圆角细分"为3，如图4-320所示。在"坐标"选项卡中，设置"P.X"为 -150cm，"P.Y"为 -5cm，"P.Z"为210cm，如图4-321所示。

图 4-320

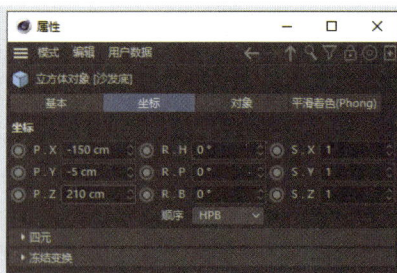
图 4-321

（7）选择"立方体"工具 ，在"对象"窗口中生成一个"立方体"对象，并将其重命名为"沙发坐垫"。在"属性"窗口的"对象"选项卡中，设置"尺寸.X"为94cm，"尺寸.Y"为17cm，"尺寸.Z"为80cm，"分段X"为3，"分段Y"为1，"分段Z"为3，勾选"圆角"复选框，设置"圆角半径"为3cm，"圆角细分"为5，如图4-322所示。在"坐标"选项卡中，设置"P.X"为-195cm，"P.Y"为13cm，"P.Z"为204cm，如图4-323所示。

图 4-322

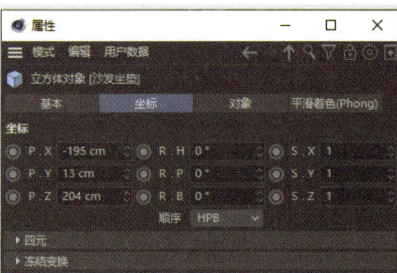
图 4-323

（8）选择视图窗口中的"显示 > 光影着色（线条）"命令。按住 Shift 键的同时，选择"FFD"工具 ，在"沙发坐垫"对象中生成一个"FFD"子集对象，如图4-324所示。单击"点"按钮 ，切换为点模式。选择"移动"工具 ，在视图窗口中选中需要的点，如图4-325所示。

图 4-324

图 4-325

（9）在"坐标"窗口的"位置"选项组中，设置"X"为0cm，"Y"为32cm，"Z"为0cm，如图4-326所示，单击"应用"按钮。视图窗口中的效果如图4-327所示。

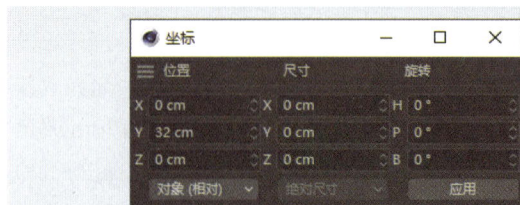
图 4-326

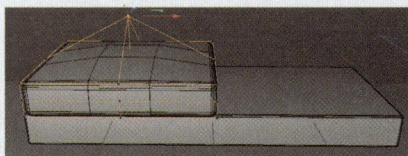
图 4-327

（10）按住 Shift 键的同时，在视图窗口中选中需要的点，如图 4-328 所示。在"坐标"窗口的"位置"选项组中，设置"X"为 0cm，"Y"为 13cm，"Z"为 0cm，如图 4-329 所示，单击"应用"按钮。视图窗口中的效果如图 4-330 所示。

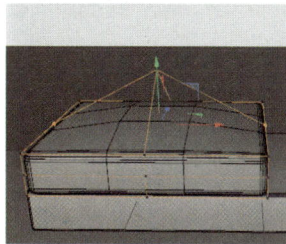

图 4-328

图 4-329

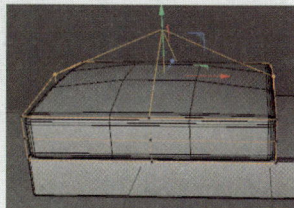

图 4-330

（11）按住 Shift 键的同时，在视图窗口中选中需要的点，如图 4-331 所示。在"坐标"窗口的"位置"选项组中，设置"X"为 0cm，"Y"为 6.5cm，"Z"为 0cm，如图 4-332 所示，单击"应用"按钮。视图窗口中的效果如图 4-333 所示。

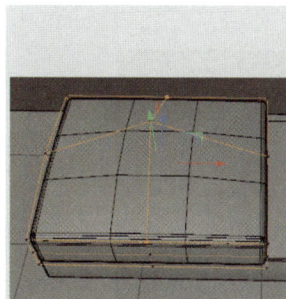

图 4-331

图 4-332

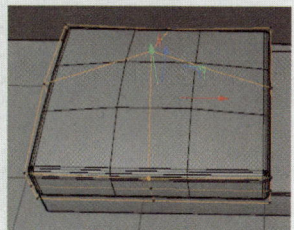

图 4-333

（12）选择"立方体"工具 ，在"对象"窗口中生成一个"立方体"对象，并将其重命名为"沙发扶手"，如图 4-334 所示。在"属性"窗口的"对象"选项卡中，设置"尺寸.X"为 16cm，"尺寸.Y"为 70cm，"尺寸.Z"为 80cm，"分段 X"为 1，"分段 Y"为 10，"分段 Z"为 1，勾选"圆角"复选框，设置"圆角半径"为 4cm，"圆角细分"为 6，如图 4-335 所示。在"坐标"选项卡中，设置"P.X"为 -252cm，"P.Y"为 19cm，"P.Z"为 208cm，如图 4-336 所示。

图 4-334

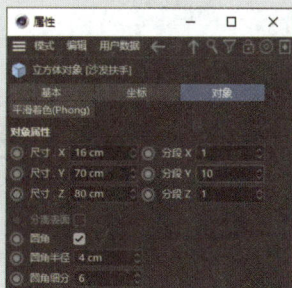

图 4-335

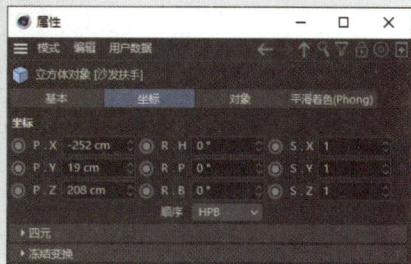

图 4-336

（13）按住 Shift 键的同时，选择"膨胀"工具 ，在"沙发扶手"对象的下方生成一个"膨胀"子集对象，如图 4-337 所示。在"属性"窗口的"对象"选项卡中，设置"强度"为 6%，如图 4-338 所示。视图窗口中的效果如图 4-339 所示。

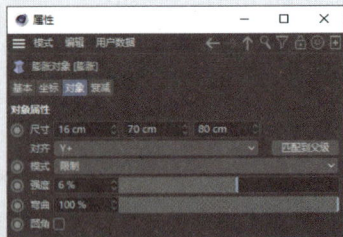

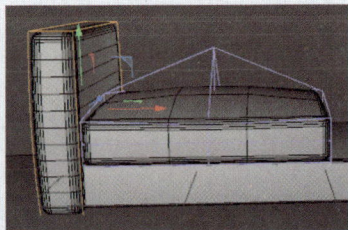

图 4-337　　　　　　　　　图 4-338　　　　　　　　　图 4-339

（14）选择"立方体"工具⬛,在"对象"窗口中生成一个"立方体"对象,并将其重命名为"沙发靠背"。在"属性"窗口的"对象"选项卡中,设置"尺寸.X"为18cm,"尺寸.Y"为59cm,"尺寸.Z"为94cm,"分段X"为1,"分段Y"为10,"分段Z"为10,勾选"圆角"复选框,设置"圆角半径"为4cm,"圆角细分"为6,如图4-340所示。在"坐标"选项卡中,设置"P.X"为−196cm,"P.Y"为52.5cm,"P.Z"为239cm,"R.H"为−90°,"R.P"为0°,"R.B"为−15°,如图4-341所示。

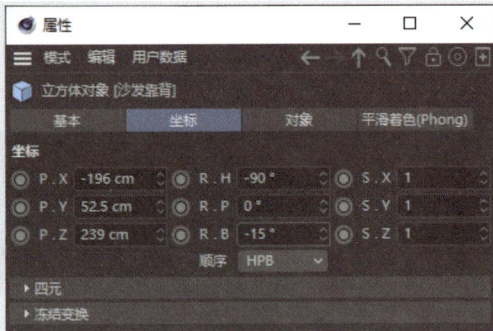

图 4-340　　　　　　　　　　　　　　　图 4-341

（15）按住Shift键的同时,选择"FFD"工具⬛,在"沙发靠背"对象的下方生成一个"FFD"子集对象,如图4-342所示。单击"点"按钮⬛,切换为点模式。选择"移动"工具➕,在视图窗口中选中需要的点,如图4-343所示。在"坐标"窗口的"位置"选项组中,设置"X"为30cm,"Y"为0cm,"Z"为0cm,如图4-344所示,单击"应用"按钮。

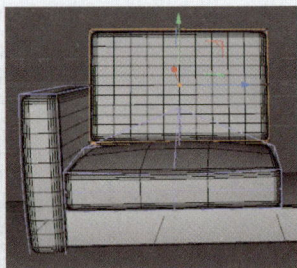

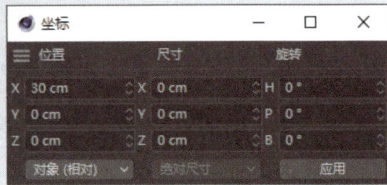

图 4-342　　　　　　　　　图 4-343　　　　　　　　　图 4-344

（16）在视图窗口中选中需要的点,如图4-345所示。在"坐标"窗口的"位置"选项组中,设置"X"为9cm,"Y"为−28cm,"Z"为0cm,如图4-346所示,单击"应用"按钮。视图窗口中的效果如图4-347所示。

图 4-345

图 4-346

图 4-347

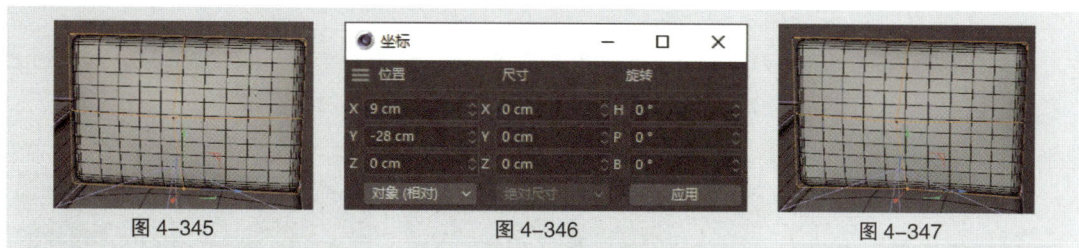

（17）在视图窗口中选中需要的点，如图 4-348 所示。在"坐标"窗口的"位置"选项组中，设置"X"为 9cm，"Y"为 0cm，"Z"为 49cm，如图 4-349 所示，单击"应用"按钮。视图窗口中的效果如图 4-350 所示。

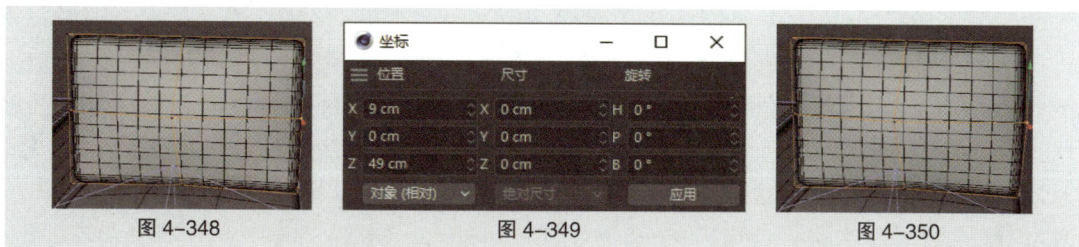

图 4-348

图 4-349

图 4-350

（18）在视图窗口中选中需要的点，如图 4-351 所示。在"坐标"窗口的"位置"选项组中，设置"X"为 9cm，"Y"为 0cm，"Z"为 -49cm，如图 4-352 所示，单击"应用"按钮。视图窗口中的效果如图 4-353 所示。

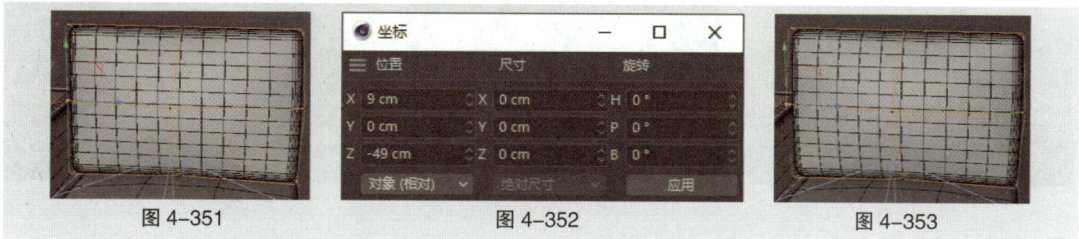

图 4-351

图 4-352

图 4-353

（19）在"对象"窗口中，按住 Alt 键的同时，分别双击"沙发靠背"对象组中的"FFD"对象、"沙发扶手"对象组中的"膨胀"对象和"沙发坐垫"对象组中的"FFD"对象右侧的按钮，隐藏对象，"对象"窗口如图 4-354 所示。分别折叠对象组，框选需要的对象组，如图 4-355 所示。按 Alt+G 组合键，将选中的对象组进行编组，并将其重命名为"沙发顶"，如图 4-356 所示。

图 4-354

图 4-355

图 4-356

（20）选择"对称"工具，在"对象"窗口中生成一个"对称"对象。将"沙发顶"对象组拖曳到"对称"对象的下方，并将"对称"对象组重命名为"沙发对称"对象组，如图 4-357 所示。选中"沙发顶"对象组，在"属性"窗口的"坐标"选项卡中，设置"P.X"为 -66cm，"P.Y"为

45cm，"P.Z"为153cm，如图4-358所示。

（21）选中"沙发对称"对象组，在"属性"窗口的"坐标"选项卡中，设置"P.X"为-149cm，"P.Y"为-17cm，"P.Z"为64cm，如图4-359所示。折叠"沙发对称"对象组。

图 4-357

图 4-358

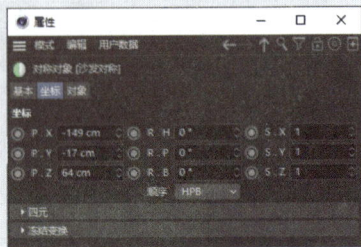
图 4-359

（22）视图窗口中的效果如图4-360所示。选择"立方体"工具，在"对象"窗口中生成一个"立方体"对象，并将其重命名为"沙发背板"。在"属性"窗口的"对象"选项卡中，设置"尺寸.X"为4cm，"尺寸.Y"为71cm，"尺寸.Z"为189cm，勾选"圆角"复选框，设置"圆角半径"为2cm，"圆角细分"为6，如图4-361所示。在"坐标"选项卡中，设置"P.X"为-148cm，"P.Y"为48cm，"P.Z"为248cm，"R.H"为-90°，"R.P"为0°，"R.B"为-15°，如图4-362所示。

图 4-360

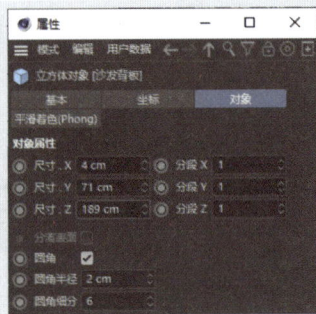
图 4-361

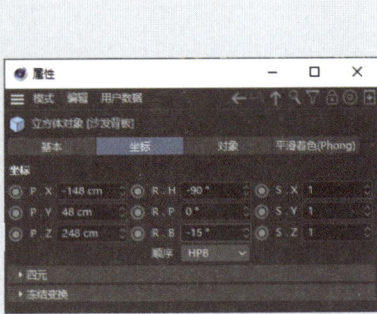
图 4-362

（23）选择"摄像机"工具，在"对象"窗口中生成一个"摄像机"对象。单击"摄像机"对象右侧的按钮，进入摄像机视图，如图4-363所示。

（24）在"属性"窗口的"对象"选项卡中，设置"焦距"为46，如图4-364所示。在"属性"窗口的"坐标"选项卡中，设置"P.X"为-157cm，"P.Y"为48cm，"P.Z"为-337cm，"R.P"为2°，如图4-365所示。

图 4-363

图 4-364

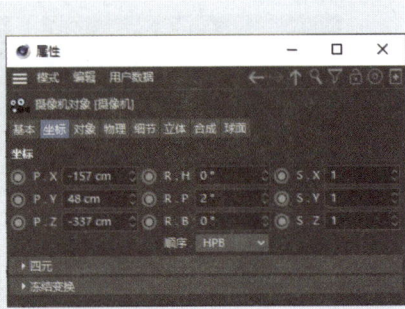
图 4-365

2. 灯光

与"4.2.5 课堂案例——制作毛绒立体字"中"灯光"的步骤一致，这里不赘述。

灯光　材质

3. 材质

（1）在"材质"窗口中双击，添加一个材质球，并将其命名为"沙发皮"。在添加的材质球上双击，弹出"材质编辑器"窗口。在左侧列表中选择"颜色"选项，切换到相应的选项卡，单击"纹理"选项右侧的按钮▇，弹出"打开文件"对话框，选择"tex"文件夹中的"02"文件，单击"打开"按钮，打开文件，如图 4-366 所示。

（2）单击"纹理"选项右侧的按钮▾，在弹出的下拉菜单中选择"过滤"命令。单击选项下方的预览框区域，切换到相应的选项卡，设置"色调"为 6°，"饱和度"为 -20%，"明度"为 11%，"对比"为 16%，其他选项的设置如图 4-367 所示。

图 4-366

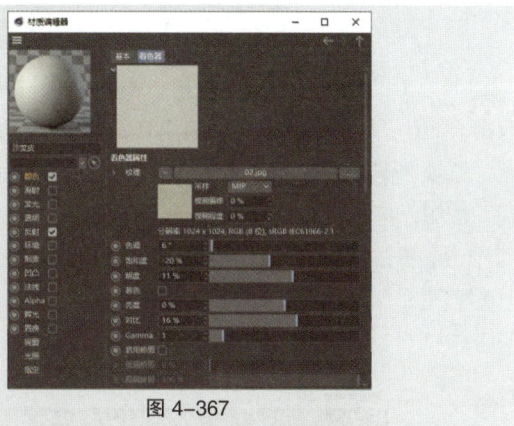

图 4-367

（3）在左侧列表中选择"反射"选项，切换到相应的选项卡，设置"宽度"为 43%，"衰减"为 -20%，"内部宽度"为 6%，"高光强度"为 71%，如图 4-368 所示。在左侧列表中选择"凹凸"选项，切换到相应的选项卡，勾选"凹凸"复选框。单击"纹理"选项右侧的按钮▇，弹出"打开文件"对话框，选择"tex"文件夹中的"03"文件，单击"打开"按钮，打开文件，如图 4-369 所示。单击"关闭"按钮，关闭窗口。

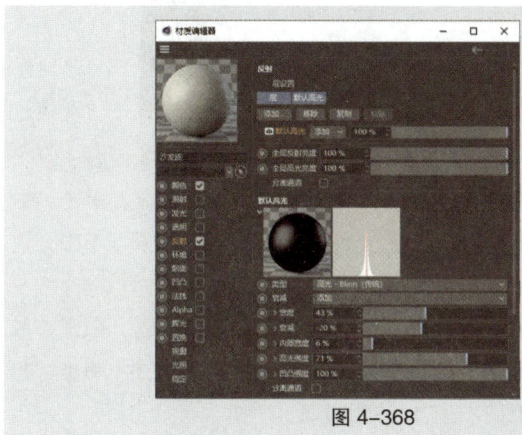

图 4-368

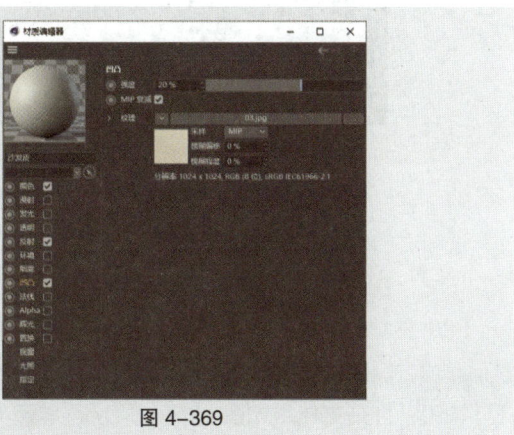

图 4-369

（4）将"材质"窗口中的"沙发皮"材质球拖曳到"对象"窗口中的"沙发对称"对象组上，

如图 4-370 所示。在"对象"窗口中选中"沙发皮"材质球。在"属性"窗口的"标签"选项卡中设置"投射"为"立方体"，如图 4-371 所示。在"对象"窗口中的"沙发皮"材质球上单击鼠标右键，在弹出的菜单中选择"适合对象"命令。在弹出的对话框中单击"是"按钮。使用相同的方法，为"沙发背板"对象赋予"沙发皮"材质球。

图 4-370   图 4-371

（5）在"材质"窗口中双击，添加一个材质球，并将其命名为"沙发底"。在添加的材质球上双击，弹出"材质编辑器"窗口。在左侧列表中选择"颜色"选项，切换到相应的选项卡，单击"纹理"选项右侧的按钮▇，弹出"打开文件"对话框，选择"tex"文件夹中的"04"文件，单击"打开"按钮，打开文件，如图 4-372 所示。

（6）单击"纹理"选项右侧的按钮▾，在弹出的下拉菜单中选择"过滤"命令，单击选项下方的预览框区域。切换到相应的选项卡，设置"饱和度"为 -52%，其他选项的设置如图 4-373 所示。

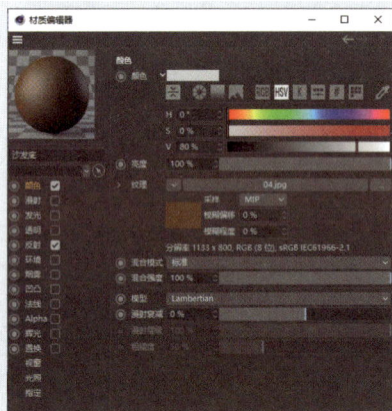

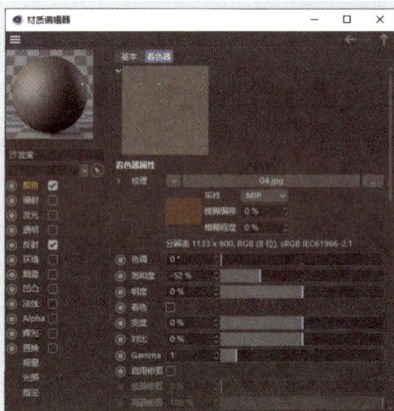

图 4-372   图 4-373

（7）在左侧列表中选择"凹凸"选项，切换到相应的选项卡，勾选"凹凸"复选框。单击"纹理"选项右侧的按钮▇，弹出"打开文件"对话框，选择"tex"文件夹中的"05"文件，单击"打开"按钮，打开文件，设置"强度"为 33%，如图 4-374 所示。

（8）在左侧列表中选择"法线"选项，切换到相应的选项卡，勾选"法线"复选框。单击"纹理"选项右侧的按钮▇，弹出"打开文件"对话框，选择"tex"文件夹中的"06"文件，单击"打开"按钮，打开文件，如图 4-375 所示。单击"关闭"按钮，关闭窗口。

（9）将"材质"窗口中的"沙发底"材质球拖曳到"对象"窗口中的"沙发底"对象上，在"对象"窗口中选中"沙发底"材质球，在"属性"窗口的"标签"选项卡中设置"投射"为"立方体"，如图 4-376 所示。在"对象"窗口中的"沙发底"材质球上单击鼠标右键,在弹出的菜单中选择"适合对象"命令。

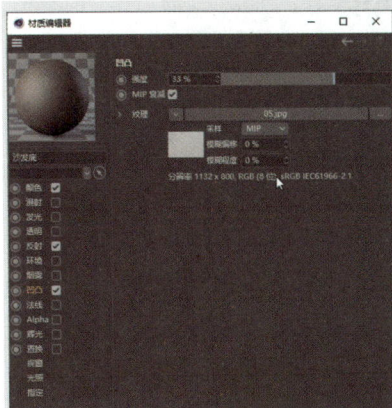 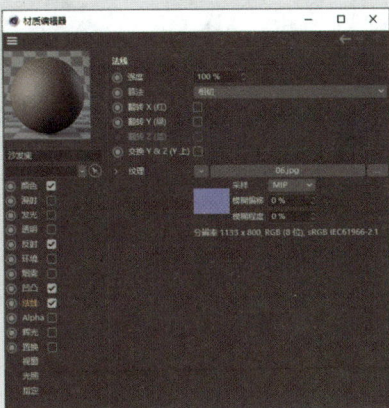 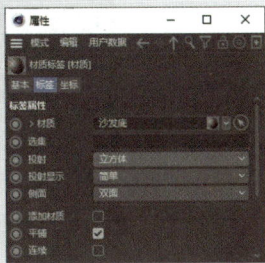

| 图 4-374 | 图 4-375 | 图 4-376 |

（10）在"材质"窗口中双击,添加一个材质球,并将其命名为"地毯"。在添加的材质球上双击,弹出"材质编辑器"窗口。在左侧列表中选择"颜色"选项,切换到相应的选项卡,单击"纹理"选项右侧的按钮███,弹出"打开文件"对话框,选择"tex"文件夹中的"07"文件,单击"打开"按钮,打开文件,如图 4-377 所示。

（11）在左侧列表中选择"反射"选项,切换到相应的选项卡,在"层颜色"选项组下单击"纹理"选项右侧的按钮███,弹出"打开文件"对话框,选择"tex"文件夹中的"08"文件,单击"打开"按钮,打开文件,如图 4-378 所示。

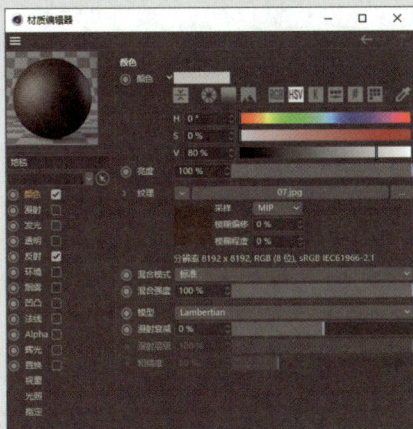 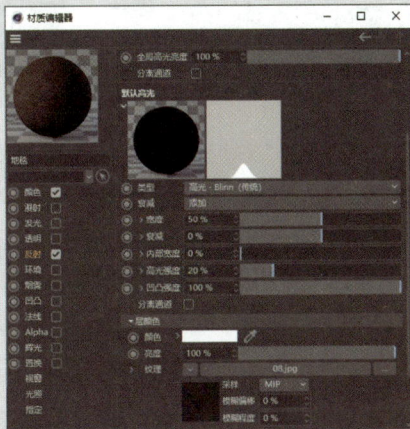

| 图 4-377 | 图 4-378 |

（12）在左侧列表中选择"凹凸"选项,切换到相应的选项卡,勾选"凹凸"复选框。单击"纹理"选项右侧的按钮███,弹出"打开文件"对话框,选择"tex"文件夹中的"09"文件,单击"打开"按钮,打开文件,如图 4-379 所示。

（13）在左侧列表中选择"法线"选项,切换到相应的选项卡,勾选"法线"复选框。单击"纹理"选项右侧的按钮███,弹出"打开文件"对话框,选择"tex"文件夹中的"10"文件,单击"打开"按钮,打开文件,如图 4-380 所示。单击"关闭"按钮,关闭窗口。

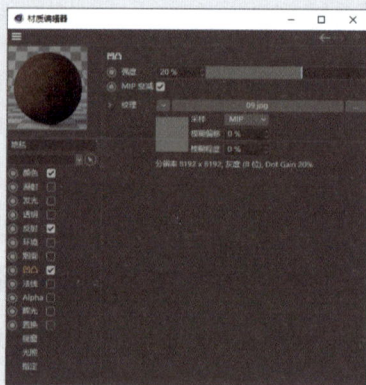

图 4-379

图 4-380

（14）将"材质"窗口中的"地毯"材质球拖曳到"对象"窗口中的"地毯"对象上，在"对象"窗口中选中"地毯"材质球。在"属性"窗口的"标签"选项卡中设置"投射"为"平直"，如图 4-381所示。单击"纹理"按钮，切换为纹理模式。在"属性"窗口的"坐标"选项卡中设置"旋转.P"为-90°，如图 4-382 所示。在"对象"窗口中的"地毯"材质球上单击鼠标右键，在弹出的菜单中选择"适合对象"命令。

图 4-381

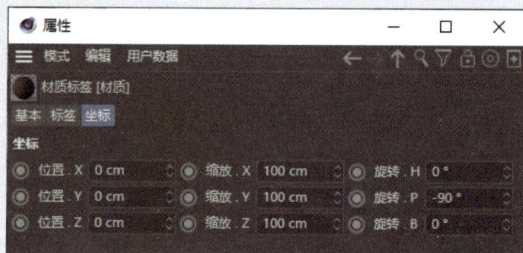

图 4-382

（15）选择视图窗口中的"显示 > 光影着色"命令。选择"文件 > 合并项目"命令，在弹出的"打开文件"对话框中，选择云盘中的"Ch04 > 制作沙发 > 素材 > 01"文件，单击"打开"按钮，将选中的文件导入，视图窗口中的效果如图 4-383 所示。按住 Shift 键的同时，选中需要的对象和对象组，如图 4-384 所示。按 Alt+G 组合键，将选中的对象编组，并将其重命名为"沙发"，如图 4-385 所示。

图 4-383

图 4-384

图 4-385

4. 渲染

（1）前 3 个步骤与"4.2.5 课堂案例——制作毛绒立体字"中"渲染"的前 3 个步骤一致，这里不赘述。

（2）单击"渲染到图像查看器"按钮 ，弹出"图像查看器"窗口，如图 4-386 所示。渲染完成后，单击窗口中的"将图像另存为"按钮 ，弹出"保存"对话框，如图 4-387 所示。

（3）单击"保存"对话框中的"确定"按钮，弹出"保存对话"对话框，在对话框中选择要保存文件的位置，并在"文件名"文本框中输入名称，设置完成后，单击"保存"按钮，保存图像。沙发制作完成。

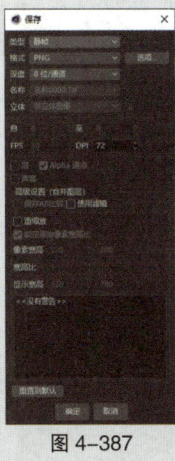

图 4-386

图 4-387

4.3.3 课堂案例——制作饮料瓶

【案例学习目标】综合使用参数化工具、生成器工具、多边形建模工具、灯光工具、材质工具及渲染工具制作饮料瓶。

【案例知识要点】使用"平面"工具制作背景；使用"圆柱体"和"细分曲面"工具、"循环 / 路径切割""倒角""挤压""内部挤压""对齐法线"和"反转法线"命令制作饮料瓶；使用"分裂"和"焊接"命令制作茶水；使用"摄像机"工具控制视图的显示效果；使用"无限光"和"区域光"工具制作灯光效果；使用"材质"窗口创建材质并设置材质参数；使用"天空"工具创建环境效果；使用"编辑渲染设置"按钮和"渲染到图像查看器"按钮渲染图像，最终效果如图 4-388 所示。

【效果文件所在位置】云盘 \Ch04\ 制作饮料瓶 \ 工程文件 .c4d。

图 4-388

1．建模

（1）启动 Cinema 4D 软件。单击"编辑渲染设置"按钮 ，弹出"渲染设置"窗口。在"输出"选项卡中设置"宽度"为 790 像素，"高度"为 1500 像素，单击"关闭"按钮，关闭窗口。

（2）选择"平面"工具 ，在"对象"窗口中生成一个"平面"对象，并将其重命名为"背景"，如图 4-389 所示。在"属性"窗口的"对象"选项卡中，设置"宽度"为 1813cm，"高度"

为 3548cm，如图 4-390 所示。在"坐标"选项卡中，设置"P.Z"为 3095cm，"R.P"为 90°，如图 4-391 所示。

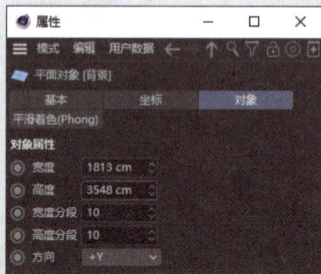
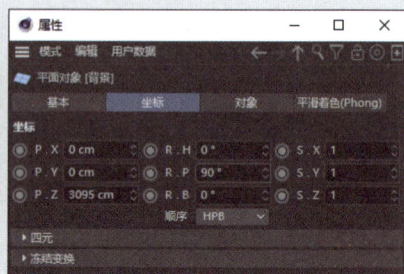

图 4-389　　　　　　　　图 4-390　　　　　　　　图 4-391

（3）选择"圆柱体"工具 ，在"对象"窗口中生成一个"圆柱体"对象。在"属性"窗口的"对象"选项卡中，设置"半径"为 70cm，"高度"为 509cm，"高度分段"为 1，"旋转分段"为 16，如图 4-392 所示。在"坐标"选项卡中，设置"P.X"为 -137cm，"P.Y"为 352cm，"P.Z"为 485cm，如图 4-393 所示。在"对象"窗口中的"圆柱体"对象上单击鼠标右键，在弹出的菜单中选择"转为可编辑对象"命令，将其转为可编辑对象，如图 4-394 所示。

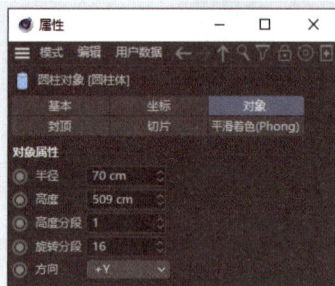
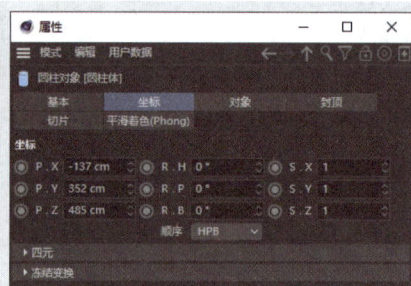
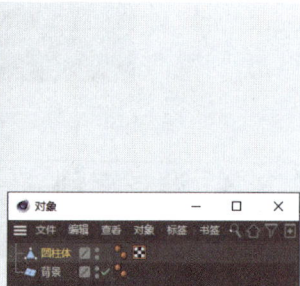

图 4-392　　　　　　　　图 4-393　　　　　　　　图 4-394

（4）选择视图窗口中的"显示 > 光影着色（线条）"命令。单击"边"按钮 ，切换为边模式。在视图窗口中单击鼠标右键，在弹出的菜单中选择"循环 / 路径切割"命令，在视图窗口中选择要切割的面，设置"偏移"为 6%，效果如图 4-395 所示。使用相同的方法，多次切割面，制作出图 4-396 所示的效果。

（5）按 F4 键，切换至正视图。选中需要的边，选择"缩放"工具 ，在空白处按住鼠标左键并拖曳，放大边为 120%，如图 4-397 所示。在视图窗口中单击鼠标右键，在弹出的菜单中选择"循环 / 路径切割"命令，在视图窗口中选择要切割的面，设置"偏移"为 64%，选中需要的边，效果如图 4-398 所示。

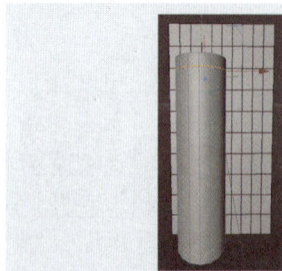

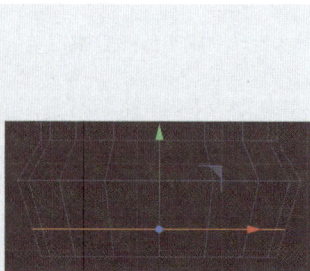

图 4-395　　　图 4-396　　　图 4-397　　　图 4-398

（6）选择"缩放"工具 ，在空白处按住鼠标左键并拖曳，放大边为110%，视图窗口中的效果如图4-399所示。在视图窗口中单击鼠标右键，在弹出的菜单中选择"循环/路径切割"命令，在视图窗口中选择要切割的面，设置"偏移"为50%。选中需要的边，如图4-400所示，选择"缩放"工具 ，在空白处按住鼠标左键并拖曳，放大边为105%，视图窗口中的效果如图4-401所示。

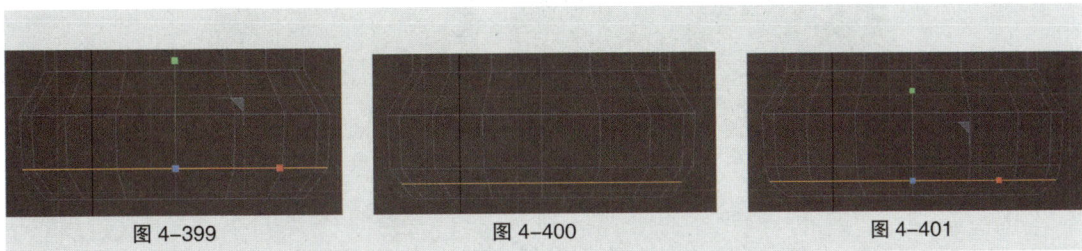

图4-399 　　　　　　　　　　图4-400 　　　　　　　　　　图4-401

（7）选中需要的边，在空白处按住鼠标左键并拖曳，缩小边为48%，如图4-402所示，使用相同的方法缩放对边。选中需要的边，在空白处按住鼠标左键并拖曳，放大边为115%，效果如图4-403所示。

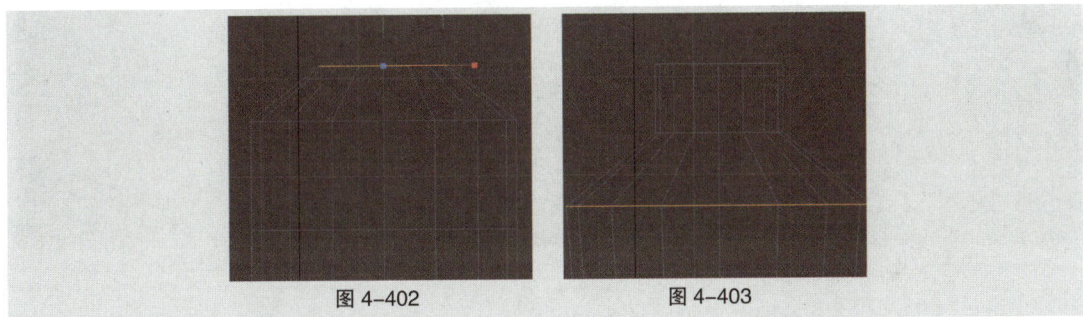

图4-402 　　　　　　　　　　　　图4-403

（8）单击鼠标右键，在弹出的菜单中选择"倒角"命令，在"属性"窗口中，设置"倒角模式"为"倒棱"，"偏移"为10cm，"细分"为3，如图4-404所示。视图窗口中的效果如图4-405所示。在视图窗口中单击鼠标右键，在弹出的菜单中选择"循环/路径切割"命令，分别在视图窗口中选择要切割的面，设置"偏移"为72%和80%，效果如图4-406所示。

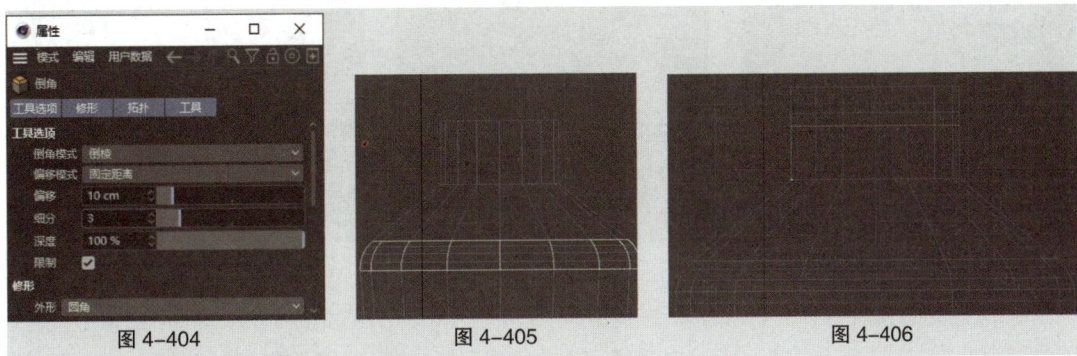

图4-404 　　　　　　　　　　图4-405 　　　　　　　　　　图4-406

（9）在视图窗口中选择要切割的面，在"属性"窗口的"选项"选项卡中，设置"切割数量"为3，视图窗口中的效果如图4-407所示。按F1键，切换至透视视图。单击"多边形"按钮 ，切换为多边形模式，选中顶部的面，按Delete键将其删除，效果如图4-408所示。

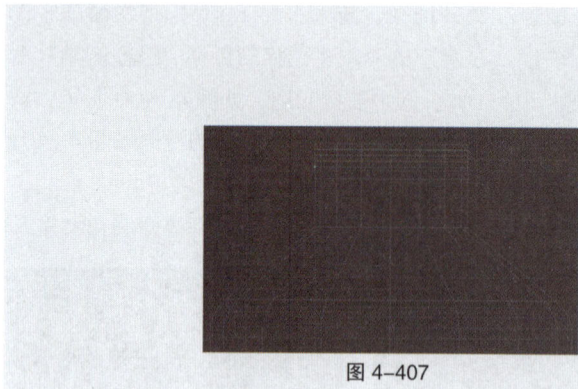

图 4-407　　　　　　　　　　　　图 4-408

（10）在工具栏中选择"选择 > 循环选择"命令，选中需要的面，如图 4-409 所示。在视图窗口中单击鼠标右键，在弹出的菜单中选择"挤压"命令，在"属性"窗口中，勾选"创建封顶"复选框，设置"偏移"为 8cm，如图 4-410 所示。视图窗口中的效果如图 4-411 所示。

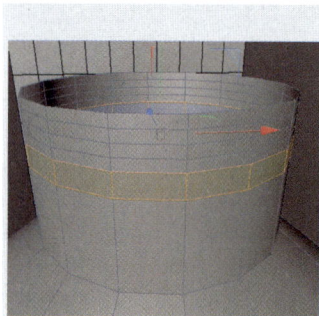

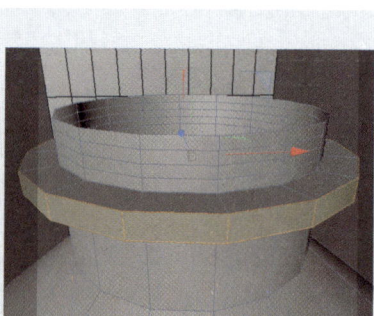

图 4-409　　　　　　　　　图 4-410　　　　　　　　　图 4-411

（11）按住 Shift 键的同时，选中需要的面，如图 4-412 所示。在视图窗口中单击鼠标右键，在弹出的菜单中选择"内部挤压"命令，在"属性"窗口中，设置"偏移"为 0.7cm，如图 4-413 所示。视图窗口中的效果如图 4-414 所示。

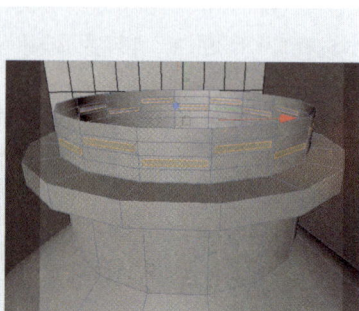

图 4-412　　　　　　　　　图 4-413　　　　　　　　　图 4-414

（12）在视图窗口中单击鼠标右键，在弹出的菜单中选择"挤压"命令，在"属性"窗口中，设置"偏移"为 0.3cm，如图 4-415 所示。在视图窗口中单击鼠标右键，在弹出的菜单中选择"内部挤压"命令，在"属性"窗口中，设置"偏移"为 0.2cm，如图 4-416 所示。视图窗口中的效果如图 4-417 所示。

图 4-415

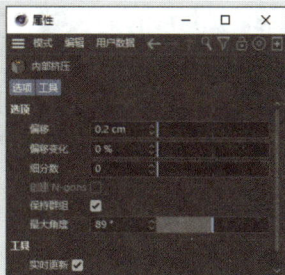

图 4-416

图 4-417

（13）在视图窗口中单击鼠标右键，在弹出的菜单中选择"循环 / 路径切割"命令，分别在视图窗口中选择要切割的面，设置"偏移"为 74% 和 37%，效果如图 4-418 所示。单击"多边形"按钮 ，切换为多边形模式，选中需要的面，如图 4-419 所示。在"坐标"窗口的"位置"选项组中，设置"Y"为 -243cm，如图 4-420 所示，单击"应用"按钮。

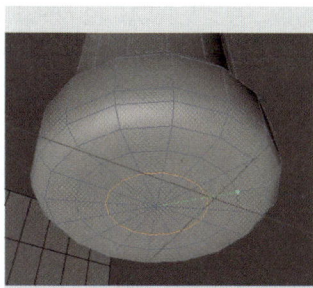

图 4-418

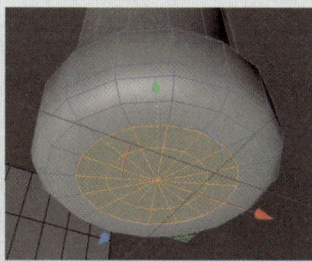

图 4-419

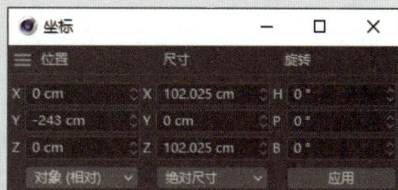

图 4-420

（14）按 F4 键，切换至正视图。用框选的方法选中需要的面，如图 4-421 所示。在视图窗口中单击鼠标右键，在弹出的菜单中选择"挤压"命令，在"属性"窗口中，设置"偏移"为 -1cm，如图 4-422 所示。视图窗口中的效果如图 4-423 所示。

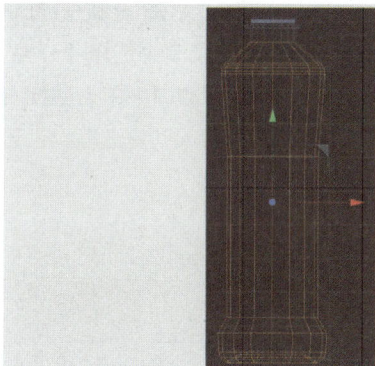

图 4-421

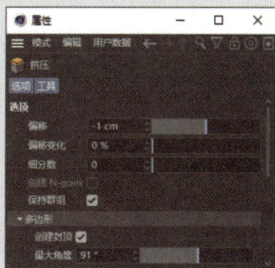

图 4-422

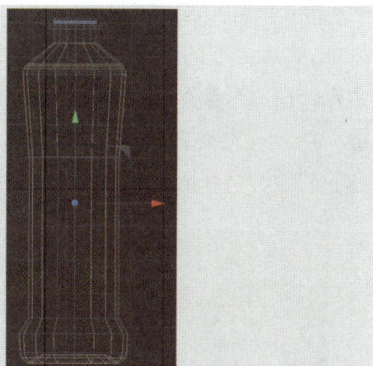

图 4-423

（15）单击"边"按钮 ，切换为边模式。在视图窗口中选中需要的边，如图 4-424 所示。在视图窗口中单击鼠标右键，在弹出的菜单中选择"挤压"命令，在"属性"窗口中，设置"偏移"为 -1cm，视图窗口中的效果如图 4-425 所示。按住 Ctrl 键的同时，拖曳 y 轴到适当的位置，如图 4-426 所示。

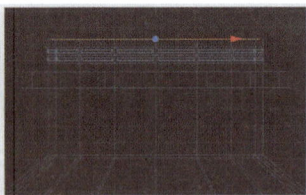
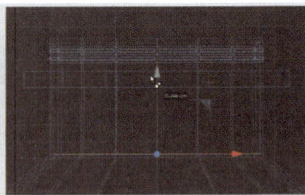

图 4-424　　　　　　　　　　图 4-425　　　　　　　　　　图 4-426

（16）按住 Shift 键的同时，选中需要的边，如图 4-427 所示。在视图窗口中单击鼠标右键，在弹出的菜单中选择"缝合"命令。按 F1 键，切换至透视视图，按住鼠标左键并拖曳，缝合两条边。单击"多边形"按钮 ，切换为多边形模式，按 Ctrl+A 组合键，在视图窗口中单击鼠标右键，在弹出的菜单中选择"对齐法线"命令，然后在视图窗口中单击鼠标右键，在弹出的菜单中选择"反转法线"命令，视图窗口中的效果如图 4-428 所示。

（17）单击"边"按钮 ，切换为边模式。在视图窗口中单击鼠标右键，在弹出的菜单中选择"循环/路径切割"命令，在视图窗口中选择要切割的面，设置"偏移"为 46%，效果如图 4-429 所示。

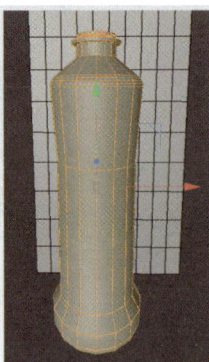
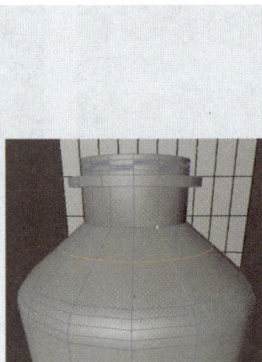

图 4-427　　　　　　　　　　图 4-428　　　　　　　　　　图 4-429

（18）选择"选择 > 循环选择"命令，选中需要的面，如图 4-430 所示。选择"选择 > 填充选择"命令，选中需要的面，如图 4-431 所示。在视图窗口中单击鼠标右键，在弹出的菜单中选择"分裂"命令，在"对象"窗口中生成新的对象"圆柱体 .1"，如图 4-432 所示。在视图窗口中单击鼠标右键，在弹出的菜单中选择"挤压"命令，在"属性"窗口中，取消勾选"创建封顶"复选框，设置"偏移"为 -4.8cm，如图 4-433 所示。

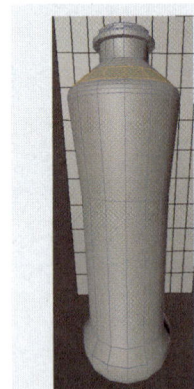

图 4-430　　　　图 4-431　　　　　　图 4-432　　　　　　　图 4-433

（19）选择"选择 > 循环选择"命令，选中需要的面，如图 4-434 所示，按 Delete 键将其删除。单击"边"按钮 ，切换为边模式，选中需要的边，如图 4-435 所示。选择"缩放"工具 ，按住 Ctrl 键的同时，在空白处按住鼠标左键并拖曳，缩小边为 30%，如图 4-436 所示。在视图窗口中单击鼠标右键，在弹出的菜单中选择"焊接"命令，将鼠标指针放置在适当的位置，如图 4-437 所示，单击焊接点。

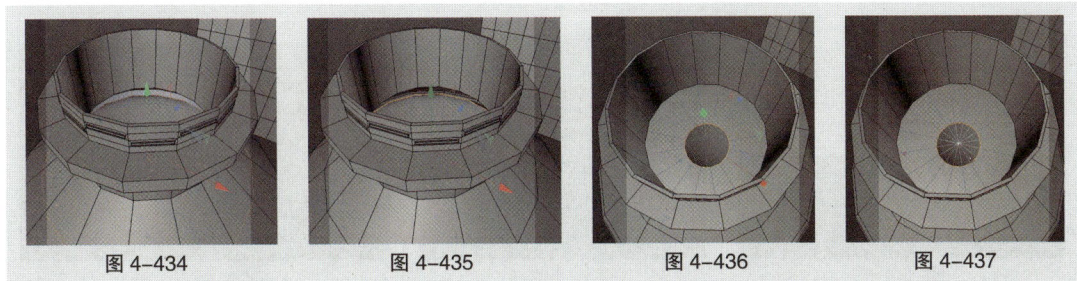

图 4-434　　　　图 4-435　　　　图 4-436　　　　图 4-437

（20）选择"选择 > 循环选择"命令，选中需要的面，选择"选择 > 填充选择"命令，选中需要的面，如图 4-438 所示。在视图窗口中单击鼠标右键，在弹出的菜单中选择"分裂"命令，在"对象"窗口中生成新的对象"圆柱体 .2"。在视图窗口中单击鼠标右键，在弹出的菜单中选择"挤压"命令，在"属性"窗口中，取消勾选"创建封顶"复选框，设置"偏移"为 0.1cm，如图 4-439 所示。选择"选择 > 循环选择"命令，选中需要的面，如图 4-440 所示，按 Delete 键将其删除。

（21）按住 Alt 键的同时，选择"细分曲面"工具 ，分别在"圆柱体""圆柱体 .2"和"圆柱体 .1"对象的上方生成一个"细分曲面"父级对象，并分别重命名为"瓶身""瓶贴"和"茶水"，如图 4-441 所示。

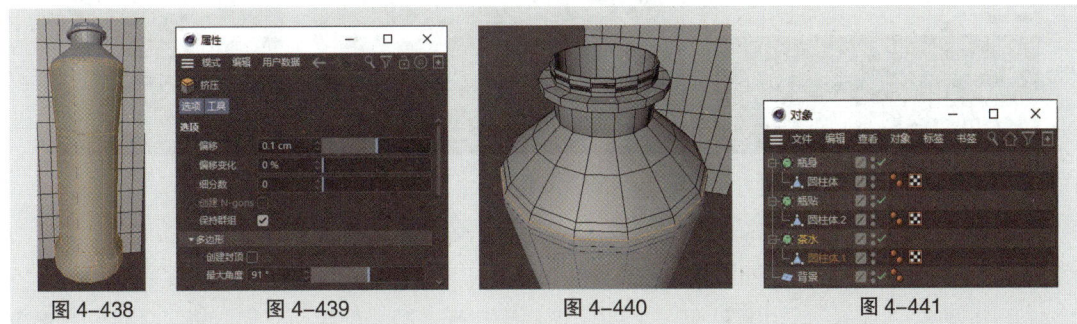

图 4-438　　　　图 4-439　　　　图 4-440　　　　图 4-441

（22）使用上述的方法制作瓶盖，在"对象"窗口中生成"瓶盖"对象组，视图窗口中的效果如图 4-442 所示。按住 Shift 键的同时，选中需要的对象组，如图 4-443 所示。按 Alt+G 组合键，群组对象组，并将其重命名为"瓶子"，如图 4-444 所示。

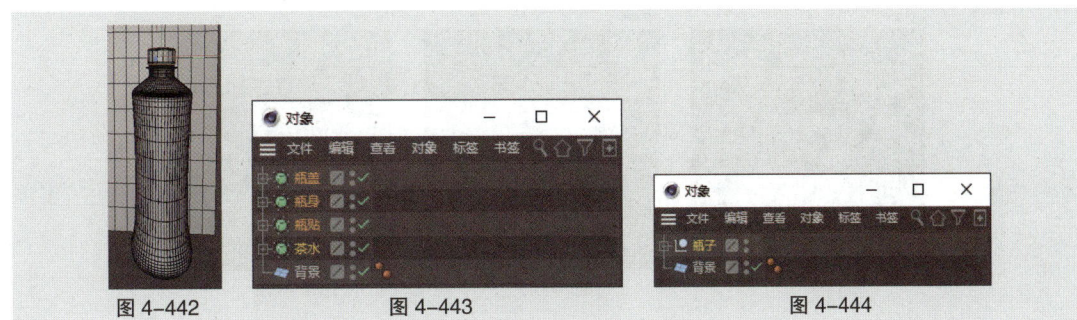

图 4-442　　　　图 4-443　　　　图 4-444

（23）选择"摄像机"工具 ，在"对象"窗口中生成一个"摄像机"对象。单击"摄像机"对象右侧的按钮 ，进入摄像机视图，如图4-445所示。

（24）在"属性"窗口的"对象"选项卡中，设置"焦距"为135，如图4-446所示。在"属性"窗口的"坐标"选项卡中，设置"P.X"为-163cm，"P.Y"为479cm，"P.Z"为-1175cm，"R.H"为-0.8°，"R.P"为-3°，如图4-447所示。

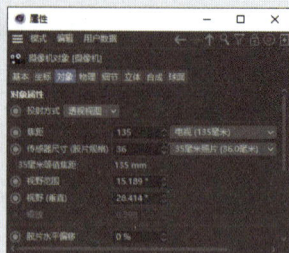
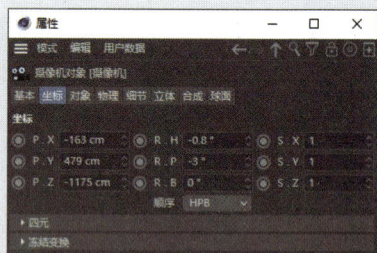

图4-445　　　　　　　图4-446　　　　　　　图4-447

2. 灯光

（1）选择"无限光"工具 ，在"对象"窗口中生成一个"灯光"对象，将"灯光"对象重命名为"主光源"，如图4-448所示。在"属性"窗口的"坐标"选项卡中，设置"R.H"为-33°，"R.P"为-42°，"R.B"为0°，如图4-449所示。在"常规"选项卡中，设置"强度"为85%，如图4-450所示。

灯光

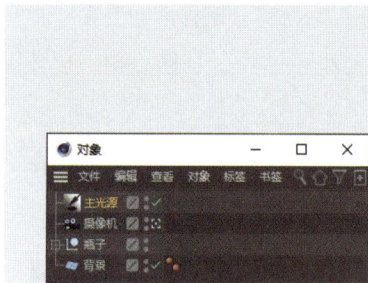
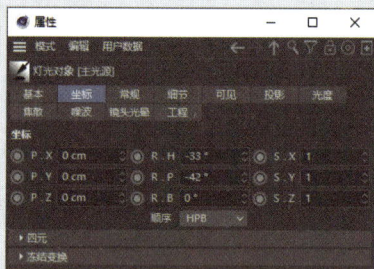
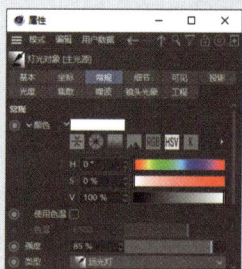

图4-448　　　　　　　图4-449　　　　　　　图4-450

（2）在"投影"选项卡中，设置"投影"为"区域"，设置"颜色"选项组中的"H"为197°，"S"为28%，"V"为73%，如图4-451所示。

（3）选择"区域光"工具 ，在"对象"窗口中生成一个"灯光"对象，将"灯光"对象重命名为"辅光源"。在"属性"窗口的"常规"选项卡中，设置"强度"为25%，如图4-452所示。在"细节"选项卡中，设置"外部半径"为394cm，"水平尺寸"为788cm，"垂直尺寸"为400cm，如图4-453所示。

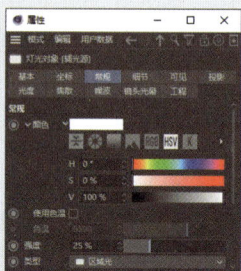
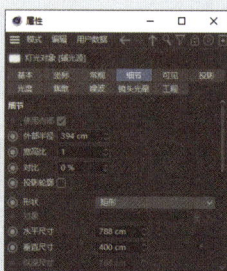

图4-451　　　　　　　图4-452　　　　　　　图4-453

（4）在"坐标"选项卡中，设置"P.X"为 188cm，"P.Y"为 1677cm，"P.Z"为 −1302cm，"R.H"为 60°，"R.P"为 −10°，"R.B"为 95°，如图 4-454 所示。

（5）选择"区域光"工具 ，在"对象"窗口中生成一个"灯光"对象，将"灯光"对象重命名为"背景光"。在"属性"窗口的"常规"选项卡中，设置"颜色"选项组中的"H"为 184°，"S"为 25%，"V"为 100%，"强度"为 50%，如图 4-455 所示。

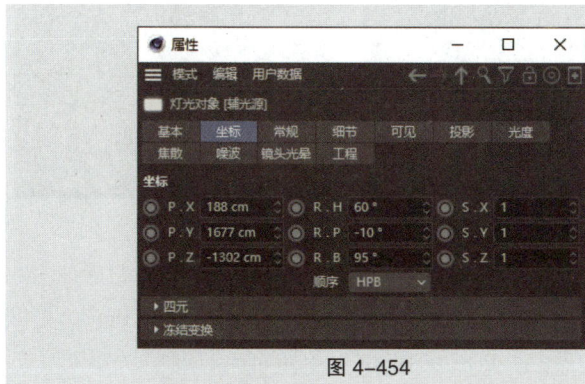

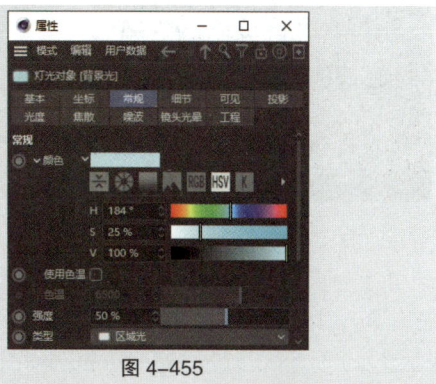

| 图 4-454 | 图 4-455 |

（6）在"细节"选项卡中，设置"外部半径"为 1607cm，"水平尺寸"为 3214cm，"垂直尺寸"为 1365cm，如图 4-456 所示。在"坐标"选项卡中，设置"P.X"为 −118cm，"P.Y"为 2823cm，"P.Z"为 1741cm，如图 4-457 所示。

（7）在"对象"窗口中，用框选的方法选中需要的灯光对象，按 Alt+G 组合键将其编组，并重命名为"灯光"，如图 4-458 所示。

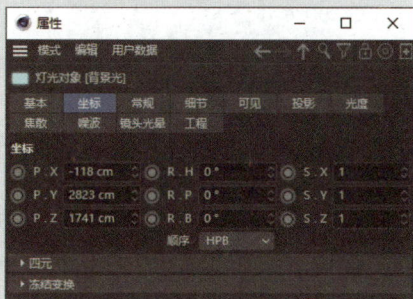

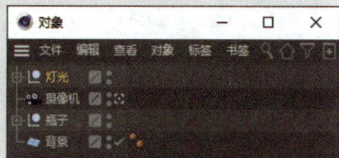

| 图 4-456 | 图 4-457 | 图 4-458 |

3. 材质

（1）在"材质"窗口中双击，添加一个材质球，并将其命名为"瓶身"。在添加的材质球上双击，弹出"材质编辑器"窗口。在左侧列表中取消勾选"颜色"复选框，选择"透明"选项，切换到相应的选项卡，勾选"透明"复选框，设置"折射率预设"为"啤酒"，取消勾选"全内部反射"和"双面反射"复选框，其他选项的设置如图4-459 所示。

材质

（2）在左侧列表中选择"反射"选项，切换到相应的选项卡，设置"类型"为"Lambertian（漫射）"，"高光强度"为 49%，如图 4-460 所示。单击"关闭"按钮，关闭窗口。在"对象"窗口中展开"瓶子"对象组，将"材质"窗口中的"瓶身"材质球拖曳到"对象"窗口中的"瓶身"对象上，如图 4-461 所示。

图 4-459

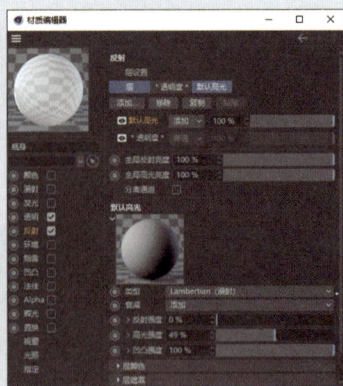

图 4-460

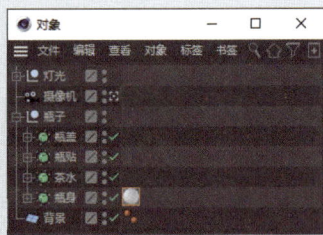

图 4-461

（3）在"材质"窗口中双击，添加一个材质球，并将其命名为"茶水"。在添加的材质球上双击，弹出"材质编辑器"窗口。在左侧列表中取消勾选"颜色"复选框，选择"透明"选项，切换到相应的选项卡，勾选"透明"复选框，设置"颜色"选项组中的"H"为50°，"S"为43%，"V"为100%，设置"折射率预设"为"水"，取消勾选"全内部反射"和"双面反射"复选框，其他选项的设置如图 4-462 所示。

（4）在左侧列表中选择"反射"选项，切换到相应的选项卡，设置"衰减"为22%，"内部宽度"为50%，"高光强度"为49%，如图 4-463 所示。单击"关闭"按钮，关闭窗口。将"材质"窗口中的"茶水"材质球拖曳到"对象"窗口中的"茶水"对象上，如图 4-464 所示。

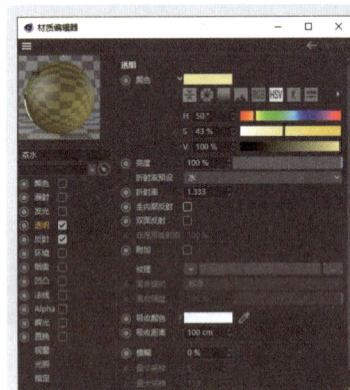

图 4-462

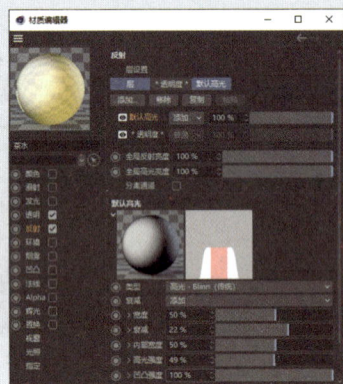

图 4-463

图 4-464

（5）在"材质"窗口中双击，添加一个材质球，并将其命名为"瓶贴"。在添加的材质球上双击，弹出"材质编辑器"窗口。在左侧列表中取消勾选"颜色"复选框，选择"透明"选项，切换到相应的选项卡，勾选"透明"复选框，设置"折射率预设"为"塑料（PET）"。单击"纹理"选项右侧的按钮，弹出"打开文件"对话框，选择"tex"文件夹中的"04"文件，单击"打开"按钮，打开文件，如图 4-465 所示。单击"关闭"按钮，关闭对话框。将"材质"窗口中的"瓶贴"材质球拖曳到"对象"窗口中的"瓶贴"对象上。

（6）在"材质"窗口中双击，添加一个材质球，并将其命名为"瓶盖"。在添加的材质球上双击，弹出"材质编辑器"窗口。在左侧列表中选择"颜色"选项，切换到相应的选项卡，设置"H"为0°，"S"为0%，"V"为100%，其他选项的设置如图 4-466 所示。

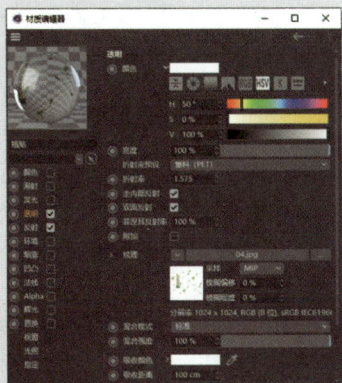

图 4-465

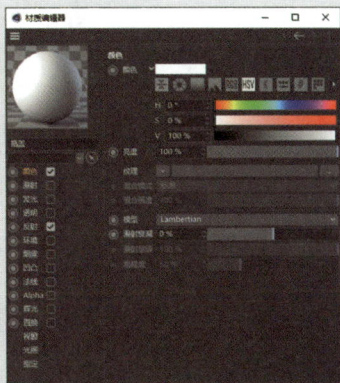

图 4-466

（7）在左侧列表中选择"反射"选项，切换到相应的选项卡，设置"类型"为"Beckmann"，"粗糙度"为100%，"高光强度"为0%，如图4-467所示。在左侧列表中选择"凹凸"选项，切换到相应的选项卡，勾选"凹凸"复选框。单击"纹理"选项右侧的按钮 ，弹出"打开文件"对话框，选择"tex"文件夹中的"03"文件，单击"打开"按钮，打开文件，设置"强度"为5%，如图4-468所示。单击"关闭"按钮，关闭窗口。将"材质"窗口中的"瓶盖"材质球拖曳到"对象"窗口中的"瓶盖"对象上。折叠"瓶子"对象组。

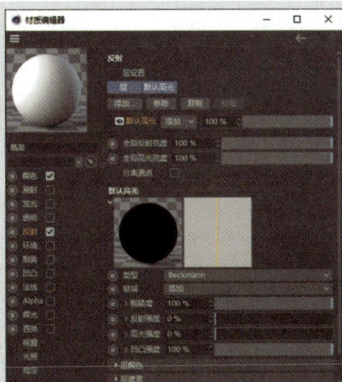

图 4-467

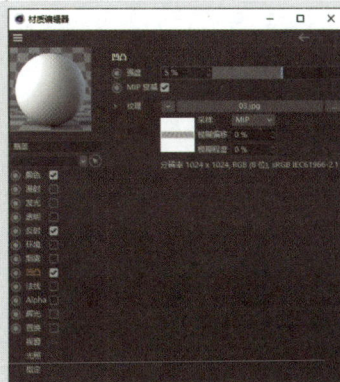

图 4-468

4. 渲染

（1）选择"天空"工具 ，在"对象"窗口中生成一个"天空"对象。在"材质"窗口中双击，添加一个材质球，并将其命名为"天空"，如图4-469所示。将"材质"窗口中的"天空"材质球拖曳到"对象"窗口中的"天空"对象上，如图4-470所示。

图 4-469

图 4-470

渲染

（2）在添加的"天空"材质球上双击，弹出"材质编辑器"窗口。在左侧列表中选择"颜色"选项，切换到相应的选项卡，单击"纹理"选项右侧的按钮 ▉▉▉，弹出"打开文件"对话框，选择"Ch04 > 制作饮料瓶 > tex > 02"文件，单击"打开"按钮，打开文件，并在左侧列表中取消勾选"反射"复选框，如图 4-471 所示。单击"关闭"按钮，关闭窗口。

（3）单击"编辑渲染设置"按钮 ⚙，弹出"渲染设置"窗口，在左侧列表中选择"保存"选项，切换到相应的选项卡，设置"格式"为"PNG"，如图 4-472 所示。

120

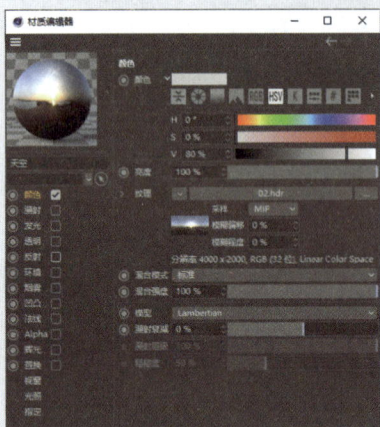
图 4-471

图 4-472

（4）单击"效果"按钮，在弹出的下拉菜单中选择"全局光照"命令，在左侧列表中添加"全局光照"，如图 4-473 所示。单击"效果"按钮，在弹出的下拉菜单中选择"环境吸收"命令，在左侧列表中添加"环境吸收"。单击"效果"按钮，在弹出的下拉菜单中选择"降噪器"命令，在左侧列表中添加"降噪器"，如图 4-474 所示。

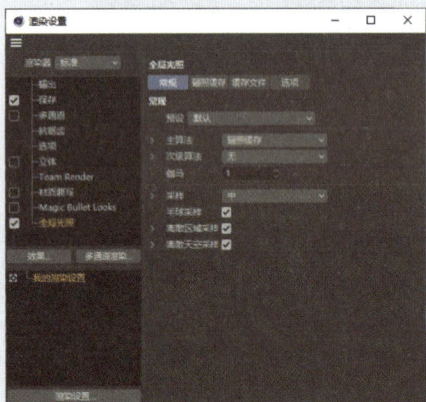
图 4-473

图 4-474

（5）单击"渲染到图像查看器"按钮 ▉，弹出"图像查看器"窗口，如图 4-475 所示。渲染完成后，单击窗口中的"将图像另存为"按钮 ▉，弹出"保存"对话框，如图 4-476 所示。

（6）单击"保存"对话框中的"确定"按钮，弹出"保存对话"对话框，在对话框中选择要保存文件的位置，并在"文件名"文本框中输入名称，设置完成后，单击"保存"按钮，保存图像。饮料瓶制作完成。

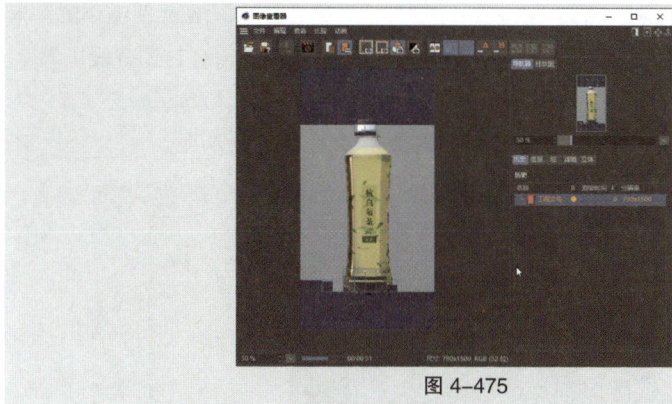

图 4-475

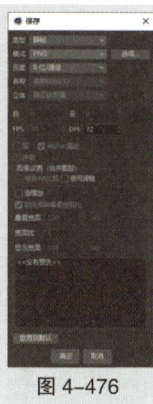

图 4-476

4.3.4　课堂案例——制作牙刷

【案例学习目标】综合使用参数化工具、生成器工具、多边形建模工具、灯光工具、材质工具及渲染工具制作牙刷。

【案例知识要点】使用"平面"工具制作背景；使用"胶囊""圆柱体""布尔""细分曲面"和"球体"工具、"多边形画笔""循环 / 路径切割""内部挤压""挤压""滑动""倒角"和"消除"命令制作牙刷；使用"添加毛发"命令制作牙刷毛；使用"摄像机"工具控制视图的显示效果；使用"无限光"和"区域光"工具制作灯光效果；使用"材质"窗口创建材质并设置材质参数；使用"天空"工具创建环境效果；使用"编辑渲染设置"按钮和"渲染到图像查看器"按钮渲染图像，最终效果如图 4-477 所示。

【效果文件所在位置】云盘 \Ch04\ 制作牙刷 \ 工程文件 .c4d。

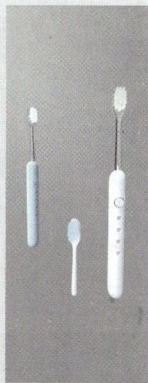

图 4-477

1. 建模

（1）启动 Cinema 4D 软件。单击"编辑渲染设置"按钮 ，弹出"渲染设置"窗口。在"输出"选项卡中设置"宽度"为 790 像素，"高度"为 2000 像素，单击"关闭"按钮，关闭窗口。

建模

（2）选择"平面"工具 ，在"对象"窗口中生成一个"平面"对象，并将其重命名为"背景"，如图 4-478 所示。在"属性"窗口的"对象"选项卡中，设置"宽度"为 2475cm，"高度"为 5719cm，如图 4-479 所示。在"坐标"选项卡中，设置"P.Y"为 120cm，"P.Z"为 1585cm，"R.P"为 90°，如图 4-480 所示。

图 4-478

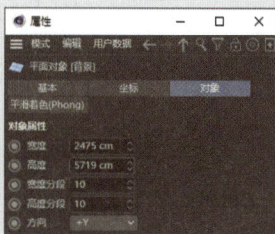

图 4-479

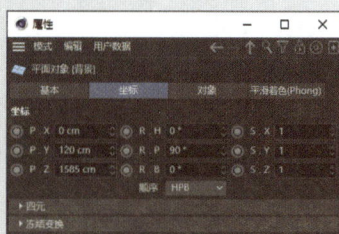

图 4-480

（3）选择"胶囊"工具 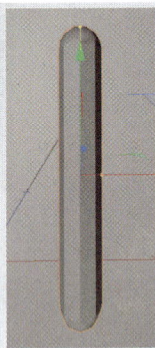，在"对象"窗口中生成一个"胶囊"对象。在"属性"窗口的"对象"选项卡中，设置"半径"为37cm，"高度"为508cm，"高度分段"为15，"封顶分段"为4，"旋转分段"为8，如图4-481所示。在"坐标"选项卡中，设置"P.X"为176.5cm，"P.Y"为159cm，"P.Z"为-20cm，如图4-482所示。视图窗口中的效果如图4-483所示。

图 4-481

图 4-482

图 4-483

（4）选择"圆柱体"工具 ，在"对象"窗口中生成一个"圆柱体"对象。在"属性"窗口的"对象"选项卡中，设置"半径"为22cm，"高度"为23cm，"高度分段"为1，"旋转分段"为8，"方向"为"+Z"，如图4-484所示。在"坐标"选项卡中，设置"P.X"为176.5cm，"P.Y"为289.2cm，"P.Z"为-48cm，如图4-485所示。

（5）选择"布尔"工具 ，在"对象"窗口中生成一个"布尔"对象，并将其重命名为"牙刷下"。将"胶囊"对象和"圆柱体"对象拖曳到"牙刷下"对象的下方，如图4-486所示。

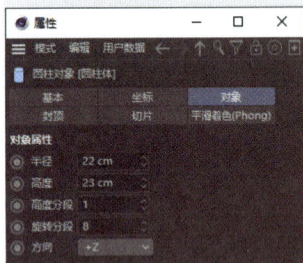

图 4-484

图 4-485

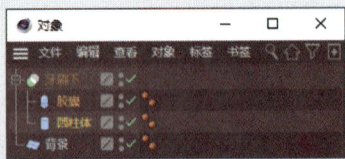

图 4-486

（6）选择视图窗口中的"显示 > 光影着色（线条）"命令。视图窗口中的效果如图4-487所示。在"对象"窗口中，在"牙刷下"对象组上单击鼠标右键，在弹出的菜单中选择"连接对象 + 删除"命令，将"牙刷下"对象组进行连接。单击"点"按钮 ，切换为点模式。在视图窗口中单击鼠标右键，在弹出的菜单中选择"多边形画笔"命令，分别连接需要的边，如图4-488所示。

（7）单击"边"按钮 ，切换为边模式。在视图窗口中单击鼠标右键，在弹出的菜单中选择"循环 / 路径切割"命令，在视图窗口中选择要切割的面，设置"偏移"为10%，视图窗口中的效果如图4-489所示。

（8）单击"多边形"按钮 ，切换为多边形模式。选择"实时选择"工具 ，选中需要的面，如图4-490所示。在视图窗口中单击鼠标右键，在弹出的菜单中选择"内部挤压"命令，在"属性"窗口中，设置"偏移"为3cm，视图窗口中的效果如图4-491所示。

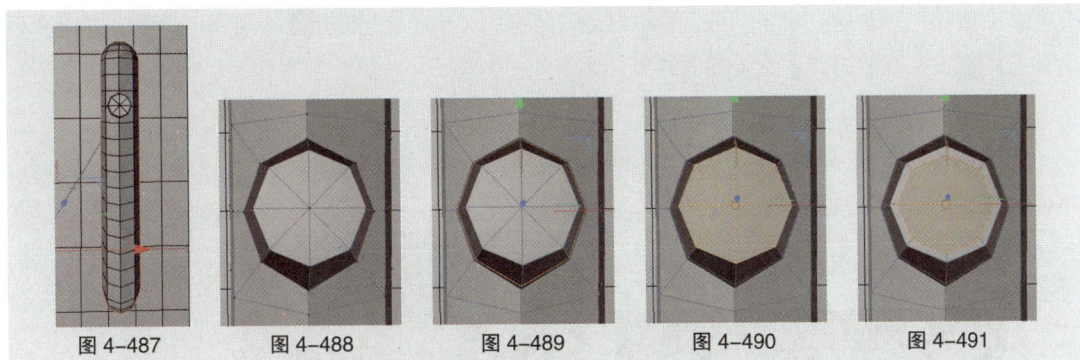

图 4-487   图 4-488   图 4-489   图 4-490   图 4-491

（9）在视图窗口中单击鼠标右键，在弹出的菜单中选择"挤压"命令，在"属性"窗口中，设置"偏移"为8cm，视图窗口中的效果如图4-492所示。设置"偏移"为10cm，单击"属性"窗口下方"新的变换"按钮，视图窗口中的效果如图4-493所示。

（10）单击"边"按钮 ，切换为边模式。在视图窗口中选中需要的边，单击鼠标右键，在弹出的菜单中选择"滑动"命令，在"属性"窗口中，设置"偏移"为 −0.8cm，勾选"克隆"复选框，如图4-494所示，在"工具"选项中单击"应用"按钮。复制一条边，效果如图4-495所示。

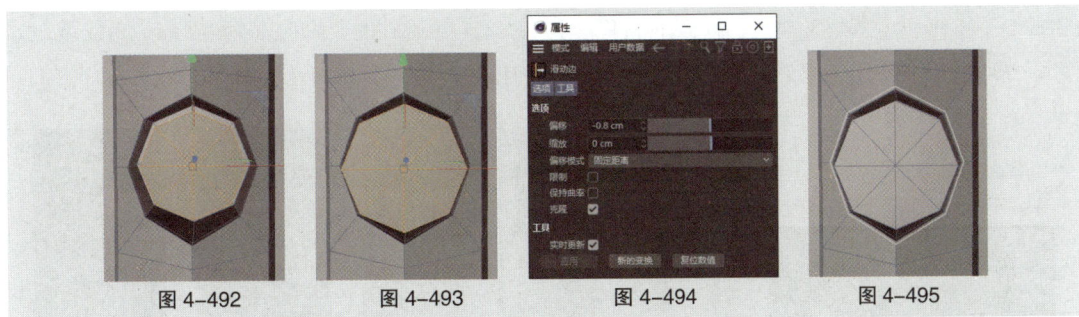

图 4-492   图 4-493   图 4-494   图 4-495

（11）在视图窗口中选中需要的边，如图4-496所示。单击鼠标右键，在弹出的菜单中选择"倒角"命令，在"属性"窗口中，设置"偏移"为3cm，"细分"为2，如图4-497所示，单击"应用"按钮。视图窗口中的效果如图4-498所示。

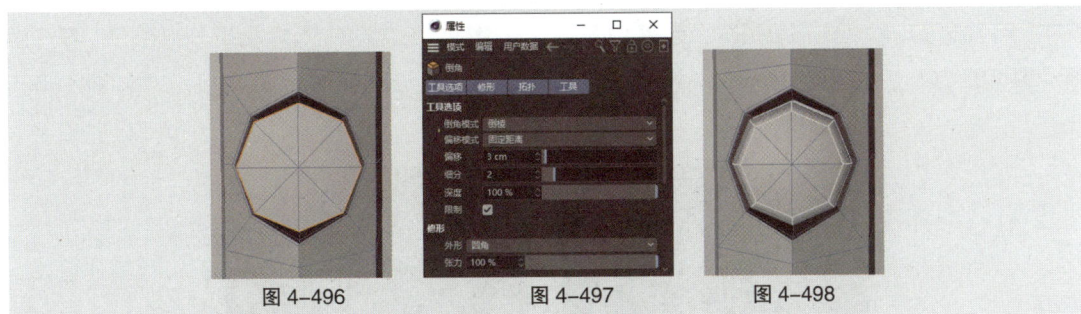

图 4-496   图 4-497   图 4-498

（12）按住 Alt 键的同时，选择"细分曲面"工具 ，在"牙刷下"对象的上方生成一个"细分曲面"父级对象，如图4-499所示。在"属性"窗口的"对象"选项卡中，设置"编辑器细分"为1，"渲染器细分"为1，如图4-500所示。

（13）在"对象"窗口中，在"细分曲面"对象组上单击鼠标右键，在弹出的菜单中选择"连

接对象 + 删除"命令,将"细分曲面"对象组进行连接。单击"点"按钮,切换为点模式。选择"移动"工具,在视图窗口中选中需要的点,如图 4-501 所示。

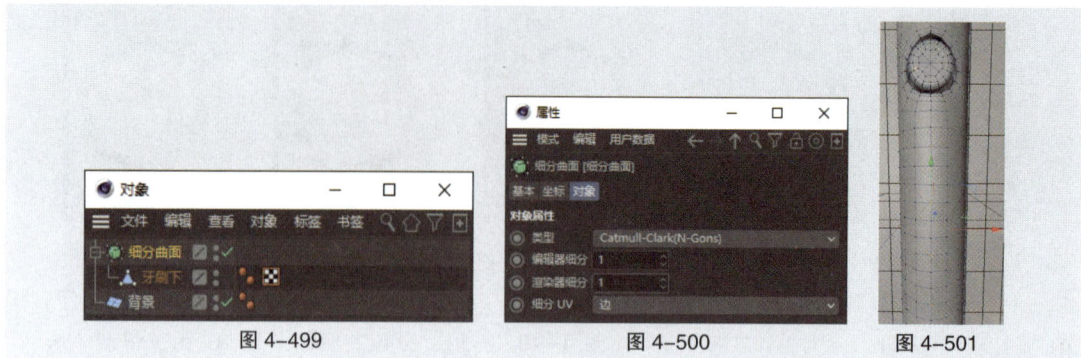

图 4-499　　　　　　图 4-500　　　　　图 4-501

（14）单击鼠标右键,在弹出的菜单中选择"倒角"命令,在"属性"窗口中,设置"偏移"为 8cm,"细分"为 1,"深度"为 -100%,如图 4-502 所示,单击"应用"按钮。视图窗口中的效果如图 4-503 所示。单击"点"按钮,切换为点模式。在视图窗口中单击鼠标右键,在弹出的菜单中选择"多边形画笔"命令,分别连接需要的边,如图 4-504 所示。

（15）单击"多边形"按钮,切换为多边形模式。选择"实时选择"工具,选中需要的面,如图 4-505 所示。按 F3 键,切换到右视图。按住 Ctrl 键的同时,拖曳 z 轴到 2cm 的位置,如图 4-506 所示。使用相同的方法,再次拖曳 z 轴到 4cm 的位置,如图 4-507 所示。

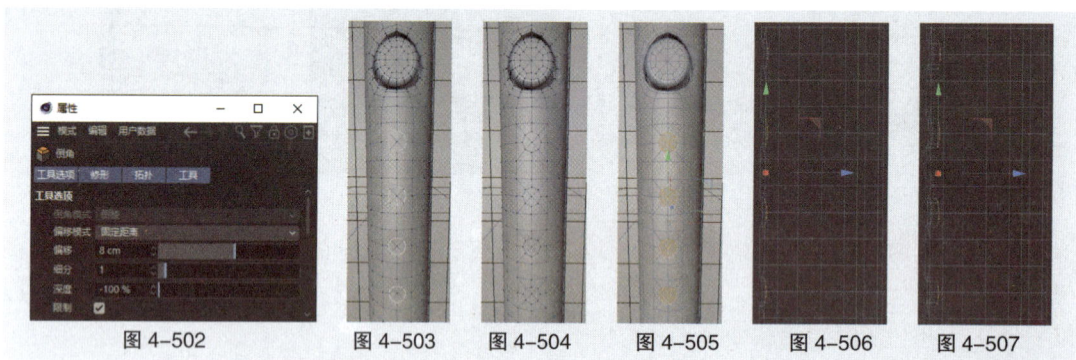

图 4-502　　　图 4-503　　　图 4-504　　　图 4-505　　　图 4-506　　　图 4-507

（16）按 F4 键,切换到正视图。选择"框选"工具,框选需要的点,如图 4-508 所示。在"坐标"窗口的"尺寸"选项组中,设置"Y"为 0cm,单击"应用"按钮。视图窗口中的效果如图 4-509 所示。

图 4-508　　　　　　　　　　图 4-509

（17）按 F1 键,切换到透视视图。单击"边"按钮,切换为边模式。在视图窗口中选中需要的边,如图 4-510 所示。单击鼠标右键,在弹出的菜单中选择"消除"命令。在视图窗口中选中需要的边,如图 4-511 所示。单击鼠标右键,在弹出的菜单中选择"滑动"命令,在"属性"窗口中,设置

"偏移"为 −10cm，如图 4-512 所示，单击"应用"按钮。复制一条边，效果如图 4-513 所示。

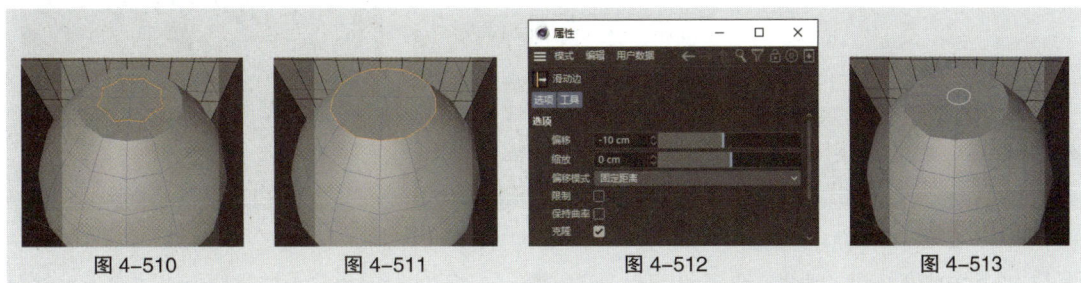

图 4-510　　　　　　图 4-511　　　　　　图 4-512　　　　　　图 4-513

（18）单击"多边形"按钮 ，切换为多边形模式。选择"实时选择"工具 ，选中需要的面，如图 4-514 所示。在视图窗口中单击鼠标右键，在弹出的菜单中选择"挤压"命令，在"属性"窗口中，设置"偏移"为 18cm，如图 4-515 所示，单击"应用"按钮。视图窗口中的效果如图 4-516 所示。选择"缩放"工具 ，在空白处按住鼠标左键并拖曳，缩小面为 64%，如图 4-517 所示。

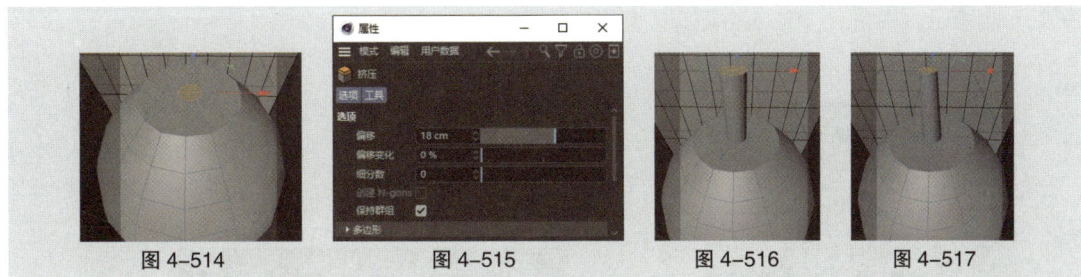

图 4-514　　　　　　图 4-515　　　　　　图 4-516　　　　　　图 4-517

（19）单击"边"按钮 ，切换为边模式。在视图窗口中单击鼠标右键，在弹出的菜单中选择"循环/路径切割"命令，在视图窗口中选择要切割的面，设置"偏移"为 95%，效果如图 4-518 所示。选中需要的边，如图 4-519 所示。单击鼠标右键，在弹出的菜单中选择"倒角"命令，在"属性"窗口中，设置"偏移"为 0.2cm，"细分"为 1，"深度"为 100%，如图 4-520 所示，单击"应用"按钮。视图窗口中的效果如图 4-521 所示。

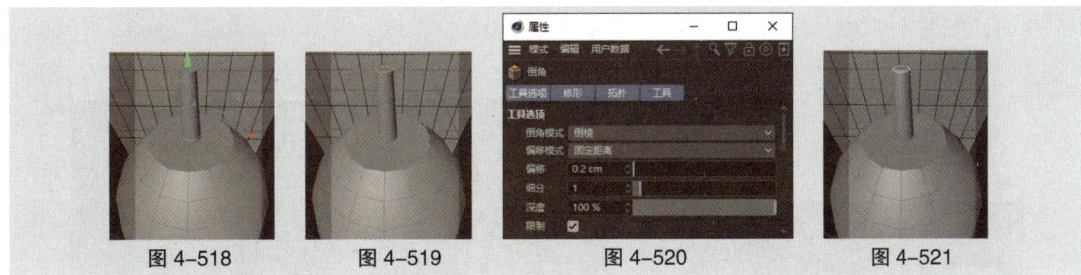

图 4-518　　　　　　图 4-519　　　　　　图 4-520　　　　　　图 4-521

（20）按住 Alt 键的同时，选择"细分曲面"工具 ，在"细分曲面"对象的上方生成一个父级对象，并将其命名为"牙刷下"，如图 4-522 所示。

（21）选择视图窗口中的"显示 > 光影着色（线条）"命令。选择"球体"工具 ，在"对象"窗口中生成一个"球体"对象。在"属性"窗口的"对象"选项卡中，设置"半径"为 6cm，"分段"为 50，如图 4-523 所示；在"坐标"选项卡中，设置"P.X"为 176cm，"P.Y"为 101cm，"P.Z"为 −51cm，如图 4-524 所示。

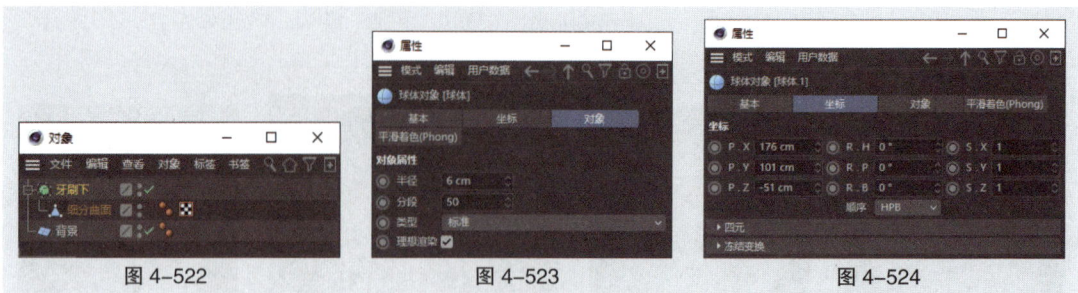

图 4-522

图 4-523

图 4-524

（22）按住 Alt 键的同时，选择"克隆"工具 ，在"球体"对象的上方生成一个"克隆"父级对象，并将其重命名为"档"。在"属性"窗口的"对象"选项卡中，设置"模式"为"线性"，"数量"为 4，"位置 .Y"为 43.4cm，如图 4-525 所示。视图窗口中的效果如图 4-526 所示。按住 Shift 键的同时，单击"牙刷下"对象组，按 Alt+G 组合键，群组对象组，并将其重命名为"牙刷下部"。

（23）选择"文件 > 合并项目"命令，在弹出的"打开文件"对话框中，选择云盘中的"Ch04 > 制作牙刷 > 素材 > 01"文件，单击"打开"按钮，将选中的文件导入，"对象"窗口如图 4-527 所示。视图窗口中的效果如图 4-528 所示。

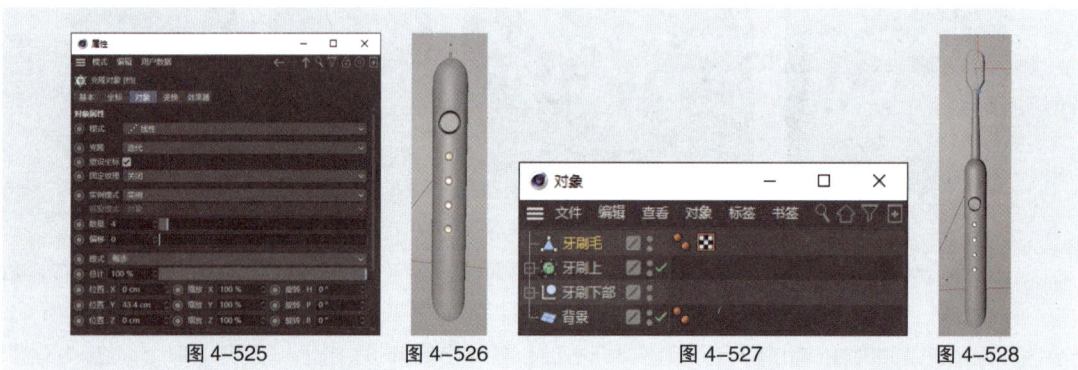

图 4-525

图 4-526

图 4-527

图 4-528

（24）选中"牙刷毛"对象，选择"模拟 > 毛发对象 > 添加毛发"命令，在"对象"窗口中生成一个"毛发"对象，如图 4-529 所示。在"属性"窗口的"引导线"选项卡中，设置"长度"为 25cm，如图 4-530 所示。在"毛发"选项卡中，设置"数量"为 1000，如图 4-531 所示。

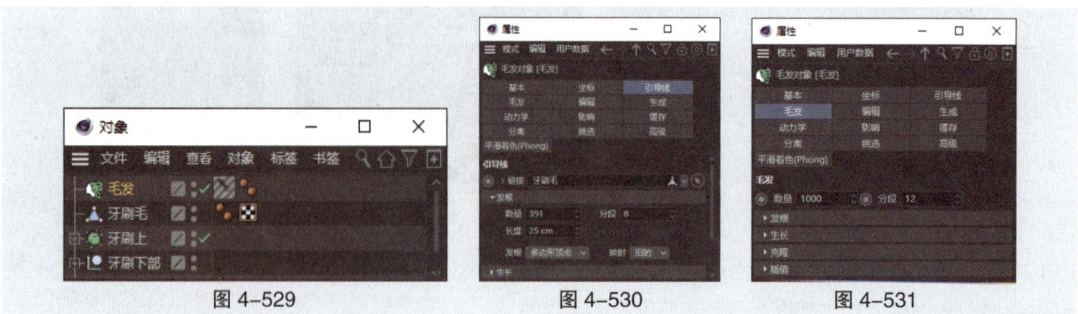

图 4-529

图 4-530

图 4-531

（25）在"材质"窗口中双击"毛发材质"材质，弹出"材质编辑器"窗口，在左侧列表中选择"粗细"选项，切换到相应的选项卡，设置"发根"为 1.3cm，"发梢"为 1cm，如图 4-532 所示。单击"关闭"按钮，关闭窗口。在"材质"窗口中将"毛发材质"材质球重命名为"牙刷毛"，如图 4-533 所示。

图 4-532　　　　　　　　　　　　　图 4-533

（26）按住 Shift 键的同时，单击"牙刷上"对象组，按 Alt+G 组合键，群组对象组，并将其重命名为"牙刷上部"，如图 4-534 所示。按住 Shift 键的同时，单击"牙刷下部"对象组，按 Alt+G 组合键，群组对象组，并将其重命名为"牙刷 1"，如图 4-535 所示。选中"牙刷 1"对象组，按住 Ctrl 键的同时，按住鼠标左键并向上拖曳，松开鼠标复制对象组，并将其重命名为"牙刷 2"，如图 4-536 所示。

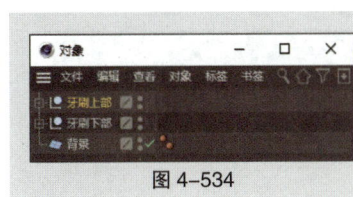

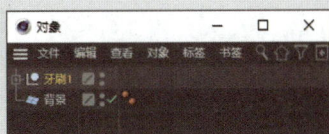

图 4-534　　　　　　　　　图 4-535　　　　　　　　　图 4-536

（27）选中"牙刷 2"对象组，在"属性"窗口的"坐标"选项卡中，设置"P.X"为 -293cm，"P.Y"为 299cm，"P.Z"为 214cm，"R.H"为 60°，"R.P"为 0°，"R.B"为 0°，如图 4-537 所示。视图窗口中的效果如图 4-538 所示。

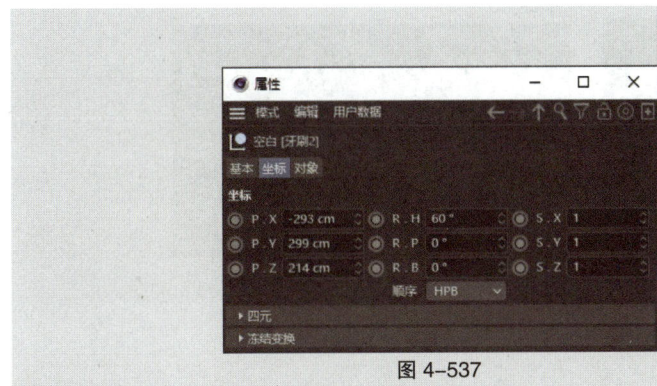

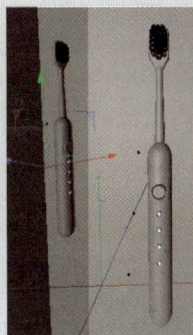

图 4-537　　　　　　　　　　　　图 4-538

（28）在"对象"窗口中展开"牙刷 2"对象组，选中"牙刷上部"对象组，如图 4-539 所示。按住 Ctrl 键的同时，按住鼠标左键并向上拖曳，松开鼠标复制对象组，如图 4-540 所示。在"属性"窗口的"坐标"选项卡中，设置"P.X"为 -37cm，"P.Y"为 -113cm，"P.Z"为 33cm，"R.H"为 -40°，"R.P"为 0°，"R.B"为 0°，如图 4-541 所示。折叠"牙刷 2"对象组。

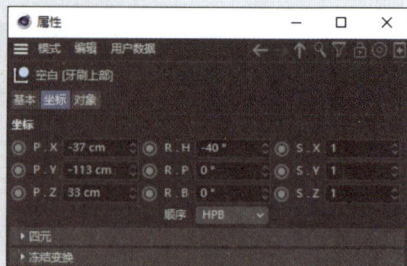

图 4-539　　　　　　　　　图 4-540　　　　　　　　　图 4-541

（29）视图窗口中的效果如图 4-542 所示。在"对象"窗口中，用框选的方法选中需要的对象组，按 Alt+G 组合键将其编组，并重命名为"牙刷"，如图 4-543 所示。

（30）选择"摄像机"工具，在"对象"窗口中生成一个"摄像机"对象。单击"摄像机"对象右侧的按钮，进入摄像机视图，如图 4-544 所示。

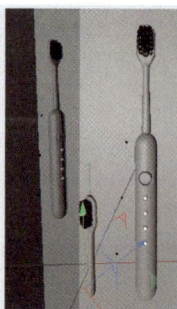

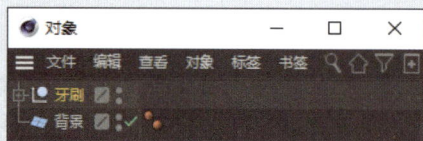

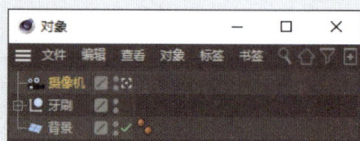

图 4-542　　　　　　　　图 4-543　　　　　　　　　图 4-544

（31）在"属性"窗口的"对象"选项卡中，设置"焦距"为 60，如图 4-545 所示。在"坐标"选项卡中，设置"P.X"为 -36cm，"P.Y"为 214cm，"P.Z"为 -1358cm，"R.H"为 0°，"R.P"为 0°，"R.B"为 0°，如图 4-546 所示。

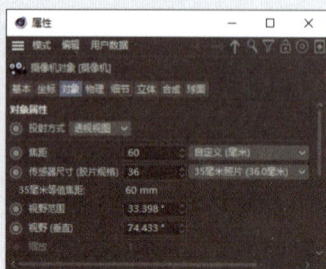

图 4-545　　　　　　　　　　图 4-546

2．灯光

（1）选择"无限光"工具，在"对象"窗口中生成一个"灯光"对象，将"灯光"对象重命名为"主光源"，如图 4-547 所示。在"属性"窗口的"坐标"选项卡中，设置"R.H"为 -33°，"R.P"为 -42°，"R.B"为 0°，如图 4-548 所示。在"投影"选项卡中，设置"投影"为"区域"，设置"颜色"选项组中的"H"为 197°，"S"为 28%，"V"为 73%，如图 4-549 所示。

灯光

图 4-547

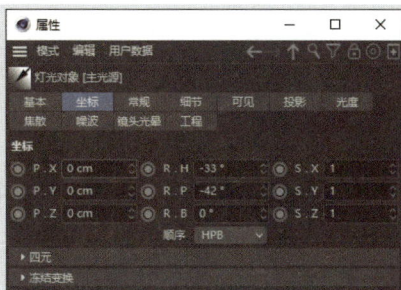

图 4-548

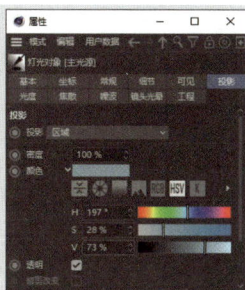

图 4-549

（2）选择"区域光"工具▣，在"对象"窗口中生成一个"灯光"对象，将"灯光"对象重命名为"辅光源"。在"属性"窗口的"常规"选项卡中，设置"强度"为51%，如图 4-550 所示。在"细节"选项卡中，设置"外部半径"为394cm，"水平尺寸"为788cm，"垂直尺寸"为400cm，如图 4-551 所示。在"坐标"选项卡中，设置"P.X"为184cm，"P.Y"为1681cm，"P.Z"为 −1329cm，"R.H"为60°，"R.P"为 −10°，"R.B"为95°，如图 4-552 所示。

图 4-550

图 4-551

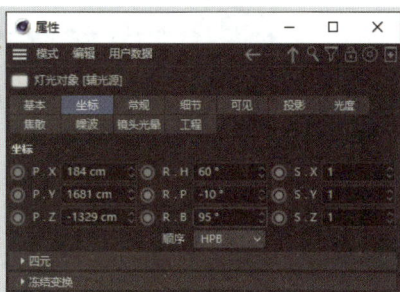

图 4-552

（3）选择"区域光"工具▣，在"对象"窗口中生成一个"灯光"对象，将"灯光"对象重命名为"背景光"。在"属性"窗口的"坐标"选项卡中，设置"P.X"为 −118cm，"P.Y"为2823cm，"P.Z"为1741cm，如图 4-553 所示。

（4）在"常规"选项卡中，设置"颜色"选项组中的"H"为184°，"S"为25%，"V"为100%，"强度"为80%，如图 4-554 所示。在"细节"选项卡中，设置"外部半径"为1607cm，"水平尺寸"为3214cm，"垂直尺寸"为1365cm，如图 4-555 所示。

（5）在"对象"窗口中，用框选的方法选中所有的灯光对象，按 Alt+G 组合键将其编组，并重命名为"灯光"。

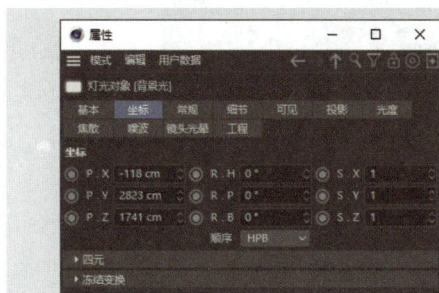

图 4-553

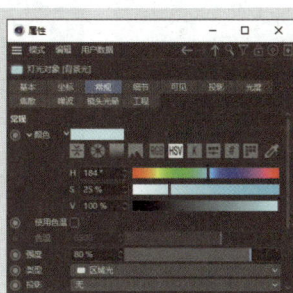

图 4-554

图 4-555

3. 材质

（1）在"材质"窗口中的"牙刷毛"材质上双击，弹出"材质编辑器"窗口。在左侧列表中选择"颜色"选项，切换到相应的选项卡。双击"渐变"下方左侧的"色标 .1"按钮，弹出"渐变色标设置"对话框，设置"H"为134°，"S"为0%，"V"为93%，如图4-556所示。单击"确定"按钮，返回"材质编辑器"窗口，并删除"渐变"下方右侧的"色标 .2"按钮，如图4-557所示。单击"关闭"按钮，关闭窗口。

材质

图 4-556　　　　　　　　　　图 4-557

（2）在"材质"窗口中双击，添加一个材质球，并将其命名为"牙刷上部透明"。在"对象"窗口中展开"牙刷 > 牙刷1 > 牙刷上部"对象组和"牙刷 > 牙刷2 > 牙刷上部"对象组，将"材质"窗口中的"牙刷上部透明"材质球分别拖曳到"对象"窗口中的"牙刷上"对象上，如图4-558所示。分别折叠"牙刷上部"对象组。

（3）在添加的"牙刷上部透明"材质球上双击，弹出"材质编辑器"窗口。在左侧列表中选择"颜色"选项，切换到相应的选项卡，设置"H"为0°，"S"为1%，"V"为96%，其他选项的设置如图4-559所示。

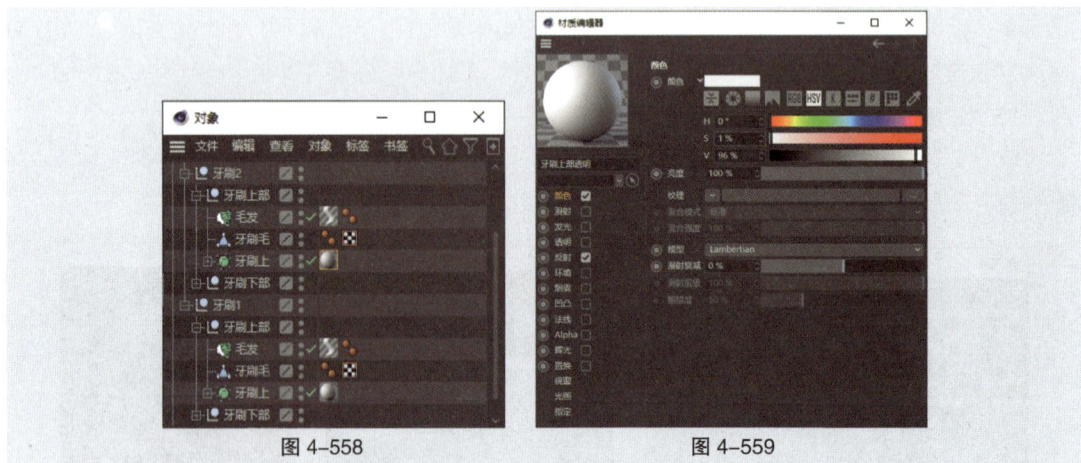

图 4-558　　　　　　　　　　图 4-559

（4）在左侧列表中选择"透明"选项，切换到相应的选项卡，勾选"透明"复选框，单击"折射率预设"选项右侧的下拉框，在弹出的下拉菜单中选择"有机玻璃"命令，如图4-560所示。在左侧列表中选择"反射"选项，切换到相应的选项卡，设置"宽度"为53%，"衰减"为-6%，其他选项的设置如图 4-561 所示。单击"层设置"下方的"* 透明度 *"按钮，切换到相应的选项卡中，设置"粗糙度"为 24%，其他选项的设置如图 4-562 所示。单击"关闭"按钮，关闭窗口。

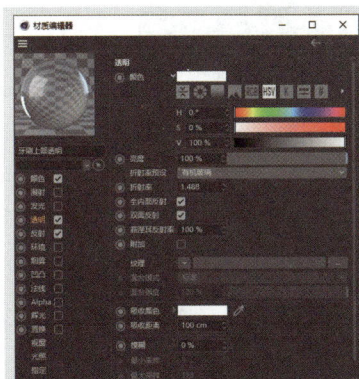

图 4-560

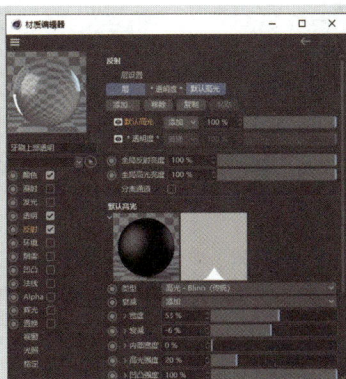

图 4-561

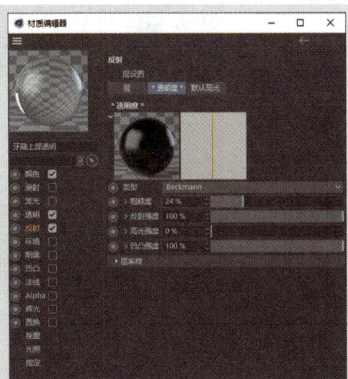

图 4-562

（5）在"材质"窗口中双击，添加一个材质球，并将其命名为"牙刷 1 上下"。在"对象"窗口中展开"牙刷 > 牙刷上部"对象组和"牙刷 1 > 牙刷下部"对象组，将"材质"窗口中的"牙刷 1 上下"材质球分别拖曳到"对象"窗口中的"牙刷上"对象组和"牙刷下"对象组上，如图 4-563 所示。

（6）在添加的"牙刷 1 上下"材质球上双击，弹出"材质编辑器"窗口。在左侧列表中选择"颜色"选项，切换到相应的选项卡，设置"H"为 0°，"S"为 1%，"V"为 96%，其他选项的设置如图 4-564 所示。

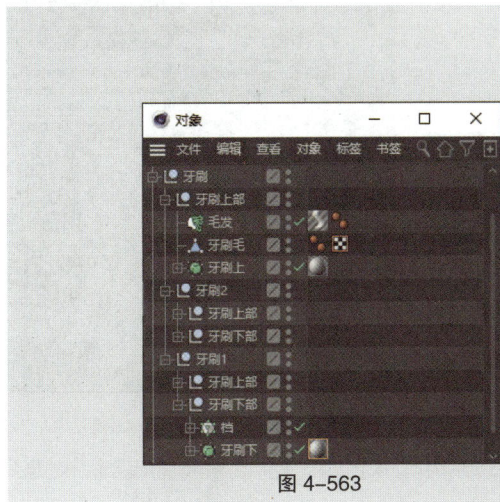

图 4-563

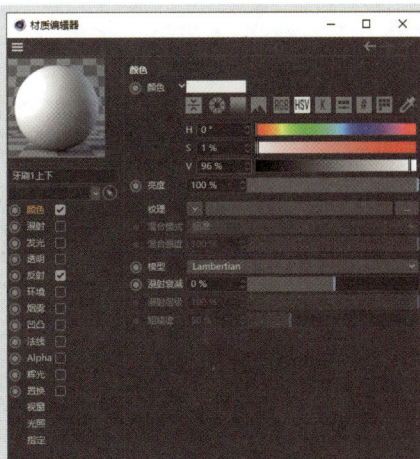

图 4-564

（7）选择"反射"选项，切换到相应的选项卡，设置"全局反射亮度"为 6%，"宽度"为 40%，"衰减"为 -14%，"内部宽度"为 6%，"高光强度"为 53%，其他选项的设置如图 4-565 所示。单击"层设置"下方的"添加"按钮，在弹出的下拉菜单中选择"Beckmann"命令。添加一个层，设置"反射强度"为 20%，"高光强度"为 3%，其他选项的设置如图 4-566 所示。单击"关闭"按钮，关闭窗口。

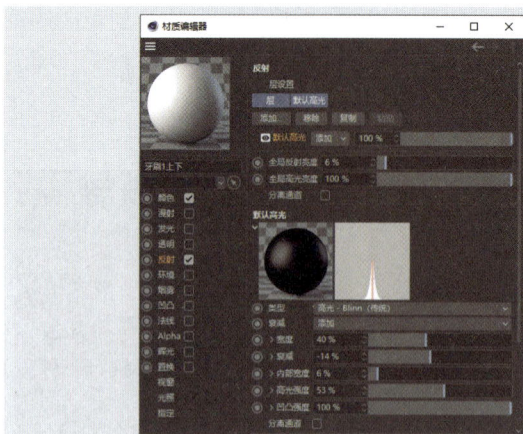

图 4-565

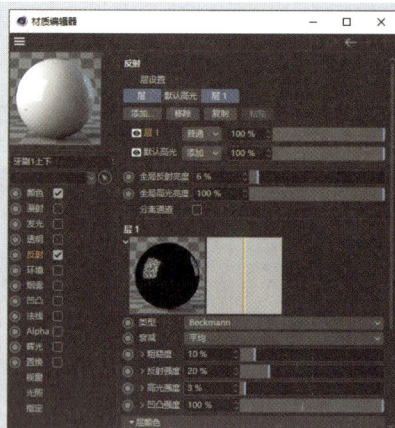

图 4-566

（8）在"材质"窗口中，选中"牙刷 1 上下"材质球，按住 Ctrl 键的同时，按住鼠标左键并向左拖曳，鼠标指针变为箭头时，松开鼠标复制对象，自动生成一个材质球并将其命名为"牙刷 2"，如图 4-567 所示。在"对象"窗口中展开"牙刷 2 > 牙刷下部"对象组，将"材质"窗口中的"牙刷 2"材质球拖曳到"对象"窗口中的"牙刷 2 > 牙刷下部"对象组中的"牙刷下"对象组上，如图 4-568 所示。

（9）在添加的"牙刷 2"材质球上双击，弹出"材质编辑器"窗口。在左侧列表中选择"颜色"选项，切换到相应的选项卡，设置"H"为 193°，"S"为 20%，"V"为 98%，其他选项的设置如图 4-569 所示。单击"关闭"按钮，关闭窗口。

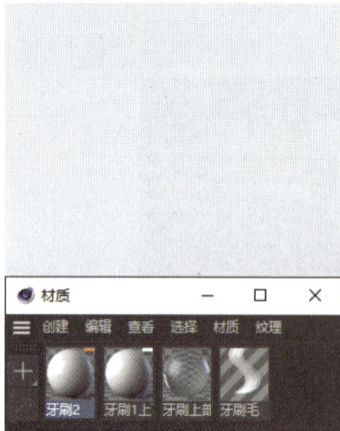

图 4-567

图 4-568

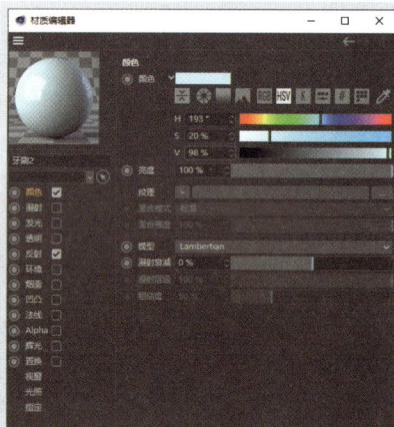

图 4-569

（10）在"材质"窗口中双击，添加一个材质球，并将其命名为"档"。将其拖曳到"对象"窗口中的"牙刷 1 > 牙刷下部"对象组中的"档"对象组上和"牙刷 2 > 牙刷下部"对象组中的"档"对象组上，如图 4-570 所示。折叠"牙刷"对象组。

（11）在添加的"档"材质球上双击，弹出"材质编辑器"窗口。在左侧列表中选择"颜色"选项，切换到相应的选项卡，设置"H"为 0°，"S"为 95%，"V"为 97%，其他选项的设置如图 4-571所示。

图 4-570

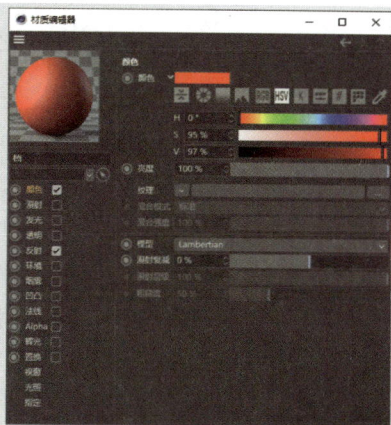

图 4-571

（12）在左侧列表中选择"透明"选项，切换到相应的选项卡，勾选"透明"复选框，设置"H"为 0°，"S"为 6%，"V"为 96%，其他选项的设置如图 4-572 所示。在左侧列表中选择"反射"选项，切换到相应的选项卡，设置"宽度"为 54%，"衰减"为 -21%，"内部宽度"为 6%，"高光强度"为 62%，如图 4-573 所示。单击"关闭"按钮，关闭窗口。

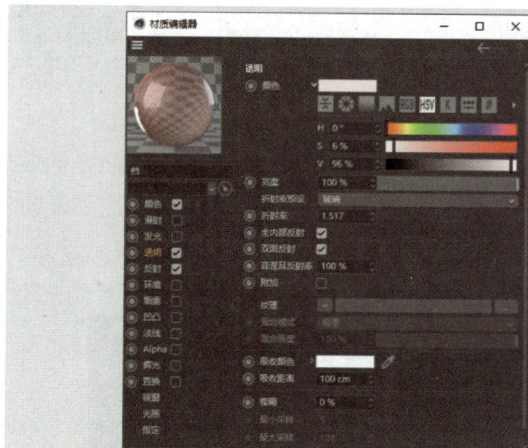

图 4-572

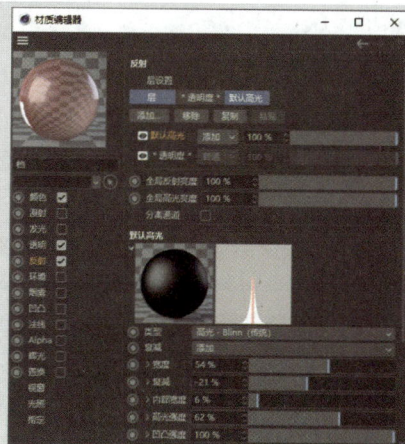

图 4-573

4. 渲染

（1）选择"天空"工具 ，在"对象"窗口中生成一个"天空"对象。在"材质"窗口中双击，添加一个材质球，并将其命名为"天空"，如图 4-574 所示。将"材质"窗口中的"天空"材质球拖曳到"对象"窗口中的"天空"对象上，如图 4-575 所示。

渲染

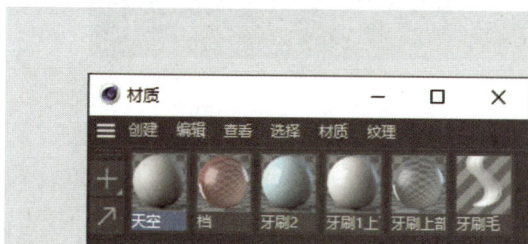

图 4-574

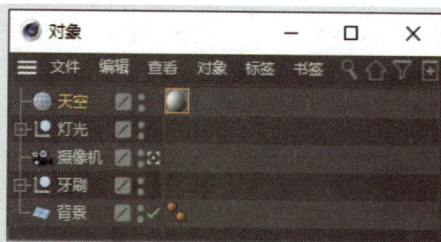

图 4-575

（2）在添加的"天空"材质球上双击，弹出"材质编辑器"窗口。在左侧列表中选择"颜色"选项，切换到相应的选项卡，单击"纹理"选项右侧的按钮▇▇，弹出"打开文件"对话框，选择"Ch04 > 制作牙刷 > tex > 02"文件，单击"打开"按钮，打开文件，并在左侧列表中取消勾选"反射"复选框，如图4-576所示。单击"关闭"按钮，关闭窗口。

（3）在"对象"窗口中选中"天空"对象，在"属性"窗口的"坐标"选项卡中，设置"R.P"为90°，"R.B"为-8°，如图4-577所示。视图窗口中的效果如图4-578所示。

图 4-576

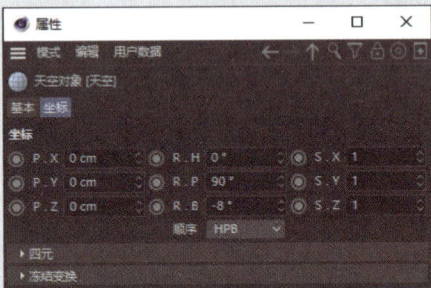
图 4-577

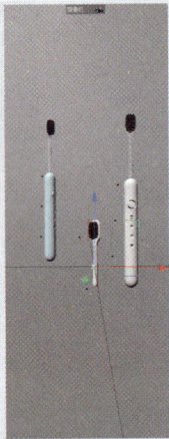
图 4-578

（4）单击"编辑渲染设置"按钮▇，弹出"渲染设置"窗口，在左侧列表中选择"保存"选项，切换到相应的选项卡，设置"格式"为"PNG"，如图4-579所示。在左侧列表中选择"多通道"选项，切换到相应的对话框，勾选"多通道"复选框，单击鼠标右键，在弹出的下拉菜单中选择"环境吸收"命令，在左侧列表中添加"环境吸收"，如图4-580所示。

图 4-579

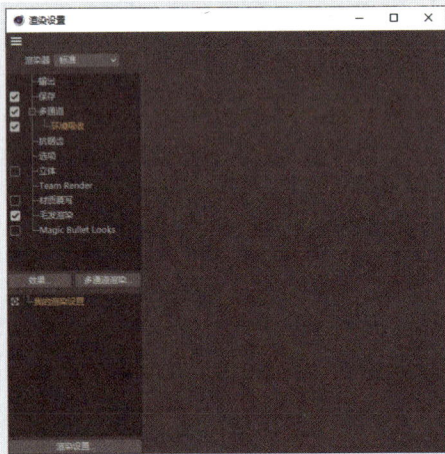
图 4-580

（5）单击"效果"按钮，在弹出的下拉菜单中选择"环境吸收"命令，在左侧列表中添加"环境吸收"，取消勾选"应用到场景"复选框，如图4-581所示。单击"效果"按钮，在弹出的下拉菜单中选择"全局光照"命令，在左侧列表中添加"全局光照"，如图4-582所示。单击"关闭"按钮，关闭窗口。

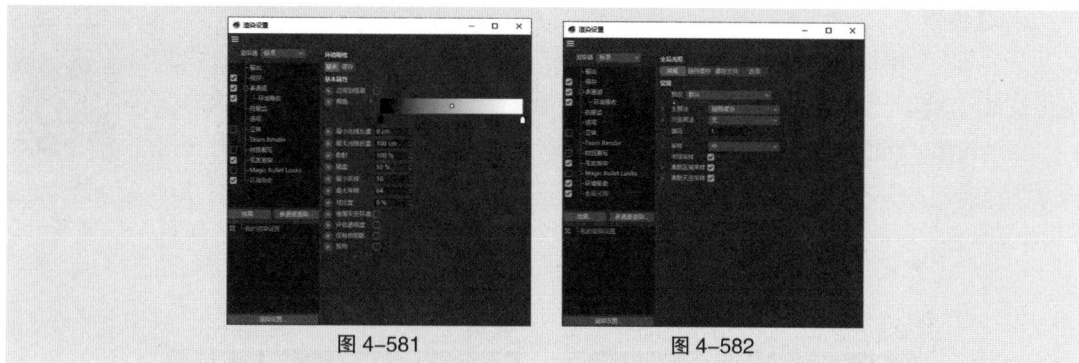

图 4-581

图 4-582

（6）单击"摄像机"对象右侧的按钮![icon]，退出摄像机视图，并调整到合适的角度。单击"渲染到图像查看器"按钮![icon]，弹出"图像查看器"窗口，如图 4-583 所示。渲染完成后，单击窗口中的"将图像另存为"按钮![icon]，弹出"保存"对话框，如图 4-584 所示。

（7）单击"保存"对话框中的"确定"按钮，弹出"保存对话"对话框，在对话框中选择要保存文件的位置，并在"文件名"文本框中输入名称，设置完成后，单击"保存"按钮，保存图像。牙刷制作完成。

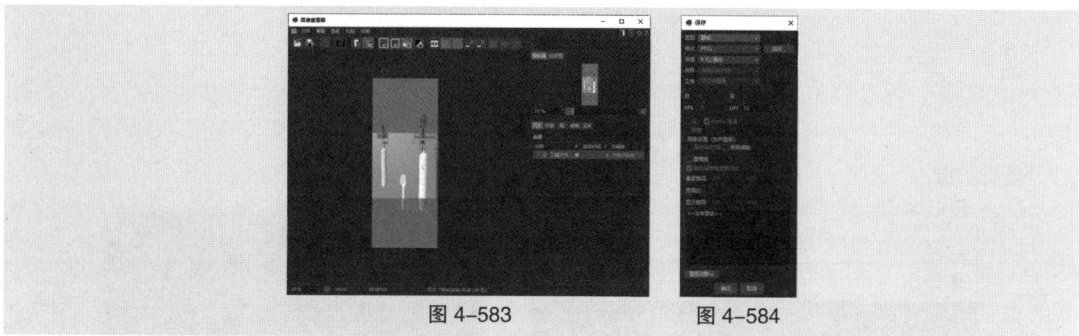

图 4-583

图 4-584

4.3.5 课堂案例——制作吹风机

【案例学习目标】综合使用参数化工具、生成器工具、多边形建模工具、灯光工具、材质工具及渲染工具制作吹风机。

【案例知识要点】使用"圆柱体"和"布尔"工具、"循环选择""消除""循环/路径切割""线性切割""倒角""挤压"和"内部挤压"命令制作机身；使用"管道""立方体"和"细分曲面"工具、"连接对象＋删除"命令制作网格；使用"样条画笔""圆环"和"扫描"工具制作电线；使用"摄像机"工具控制视图的显示效果；使用"区域光"工具制作灯光效果；使用"材质"窗口创建材质并设置材质参数；使用"物理天空"工具创建环境效果；使用"编辑渲染设置"按钮和"渲染到图像查看器"按钮渲染图像，最终效果如图 4-585 所示。

图 4-585

【效果文件所在位置】云盘 \Ch04\ 制作吹风机 \ 工程文件 .c4d。

1. 建模

（1）单击"编辑渲染设置"按钮，弹出"渲染设置"窗口，在"输出"选项卡中设置"宽度"为 1920 像素，"高度"为 900 像素，单击"关闭"按钮，关闭窗口。

（2）选择"圆柱体"工具，在"对象"窗口中生成一个"圆柱体"对象，并将其重命名为"吹风机"。在"属性"窗口的"对象"选项卡中，设置"半径"为 11cm，"高度"为 38cm，"高度分段"为 4，"旋转分段"为 32，"方向"为"+Z"，如图 4-586 所示；在"封顶"选项卡中，取消勾选"封顶"复选框，如图 4-587 所示。

建模

图 4-586

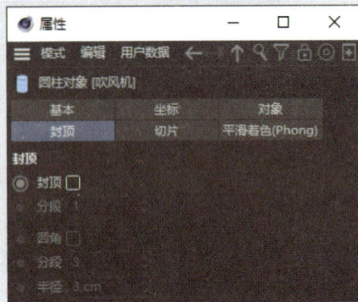

图 4-587

（3）在"坐标"窗口的"位置"选项组中，设置"X"为 164cm，"Y"为 72cm，"Z"为 72cm，如图 4-588 所示，单击"应用"按钮。视图窗口中的效果如图 4-589 所示。在"对象"面板中右键单击"吹风机"对象，在弹出的菜单中选择"转为可编辑对象"，将"吹风机"对象转为可编辑对象。

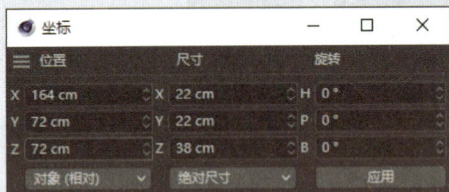

图 4-588

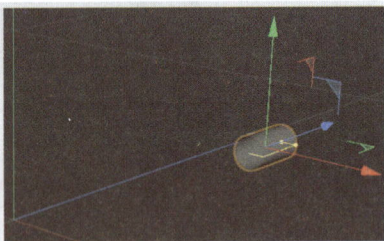

图 4-589

（4）单击"边"按钮，切换为边模式。选择"选择 > 循环选择"命令，在视图窗口中选中需要的边，如图 4-590 所示。在视图窗口中单击鼠标右键，在弹出的菜单中选择"消除"命令，消除选择的边，如图 4-591 所示。

（5）在视图窗口中单击鼠标右键，在弹出的菜单中选择"循环/路径切割"命令，在视图窗口中选择要切割的边，如图 4-592 所示。

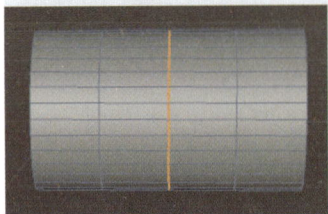

图 4-590

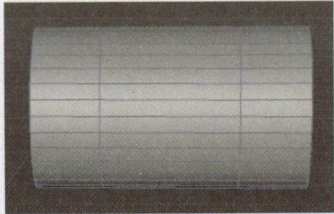

图 4-591

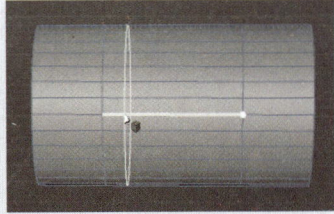

图 4-592

Cinema 4D 电商视觉设计案例教程（全彩慕课版）

（6）在"属性"窗口中，设置"偏移"为40%，效果如图4-593所示。再在视图窗口中选择要切割的边，如图4-594所示。在"属性"窗口中，设置"偏移"为50%，效果如图4-595所示。

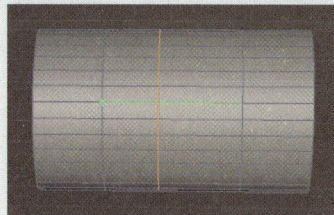

图4-593

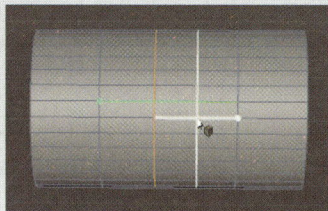

图4-594

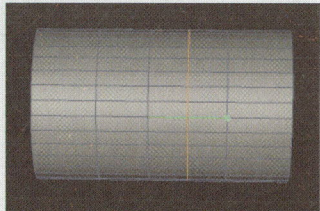

图4-595

（7）选择"圆柱体"工具，在"对象"窗口中生成一个"圆柱体"对象。在"属性"窗口的"对象"选项卡中，设置"半径"为5cm，"高度"为20cm，"高度分段"为4，"旋转分段"为16，"方向"为"+Y"，如图4-596所示。

（8）单击"模型"按钮，切换为模型模式。在"坐标"窗口的"位置"选项组中，设置"X"为164cm，"Y"为53cm，"Z"为75.8cm，如图4-597所示，单击"应用"按钮。视图窗口中的效果如图4-598所示。

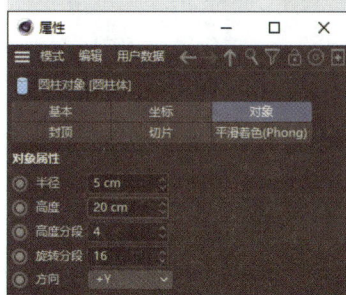

图4-596

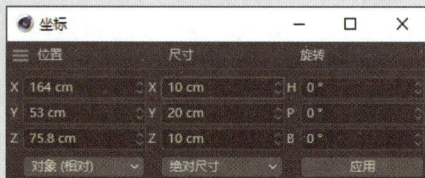

图4-597

图4-598

（9）选择"布尔"工具，在"对象"窗口中生成一个"布尔"对象。将"吹风机"对象和"圆柱体"对象拖曳到"布尔"对象的下方，如图4-599所示。用鼠标中键在"布尔"对象组上单击，将该组中的对象全部选中，并在该对象组上单击鼠标右键，在弹出的菜单中选择"连接对象＋删除"命令，将该组中的对象连接，并将其重命名为"吹风机"，如图4-600所示。

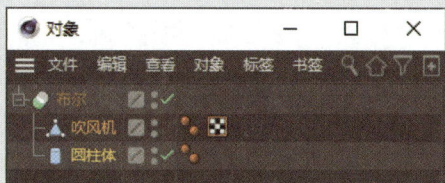

图4-599

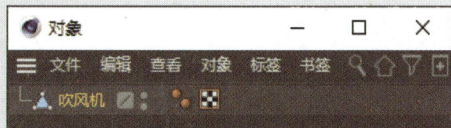

图4-600

（10）单击"多边形"按钮，切换为多边形模式。选择"实时选择"工具，在视图窗口中选中需要的面，如图4-601所示。选择"选择＞循环选择"命令，按住Shift键的同时，选择需要的面，如图4-602所示。按Delete键，将选中的面删除，效果如图4-603所示。

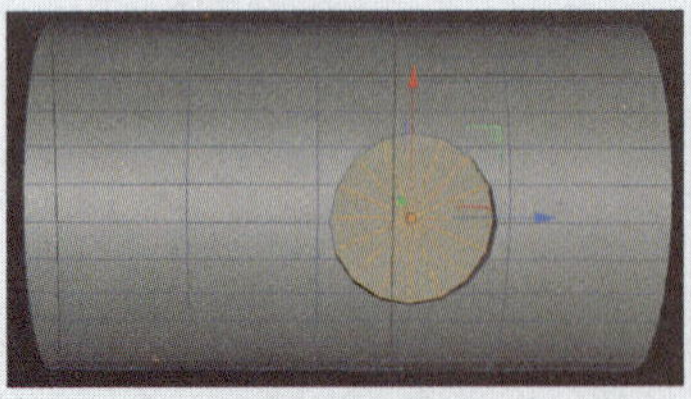
图 4-601

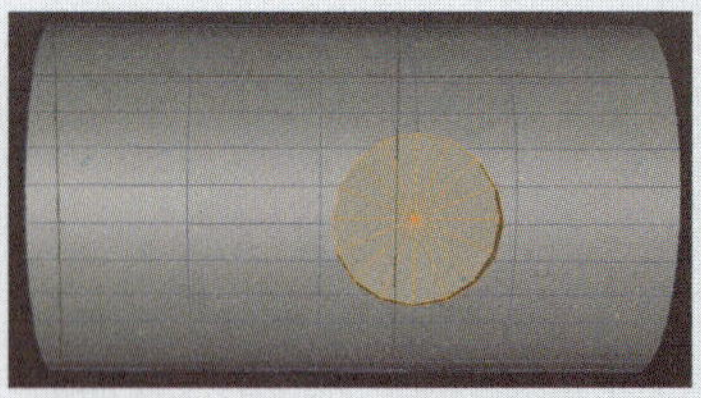
图 4-602

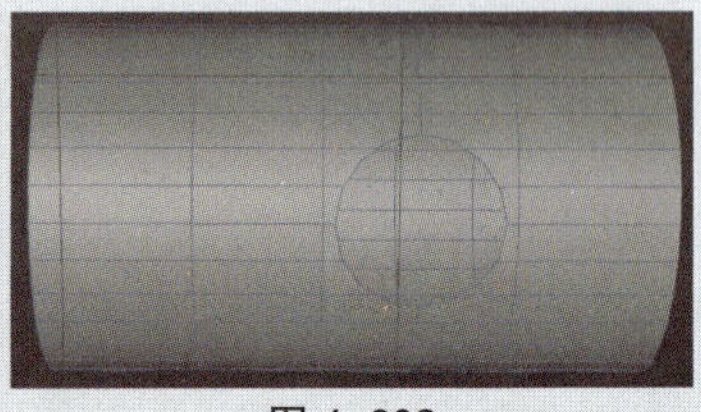
图 4-603

（11）单击“边”按钮，切换为边模式。选择“移动”工具，按住 Shift 键的同时，在视图窗口中选中需要的边，如图 4-604 所示。在视图窗口中单击鼠标右键，在弹出的菜单中选择“消除”命令，将选中的边消除，效果如图 4-605 所示。

（12）在视图窗口中单击鼠标右键，在弹出的菜单中选择“线性切割”命令，在视图窗口中进行切割，效果如图 4-606 所示。选择“选择 > 循环选择”命令，在视图窗口中选中需要的边，如图 4-607 所示。

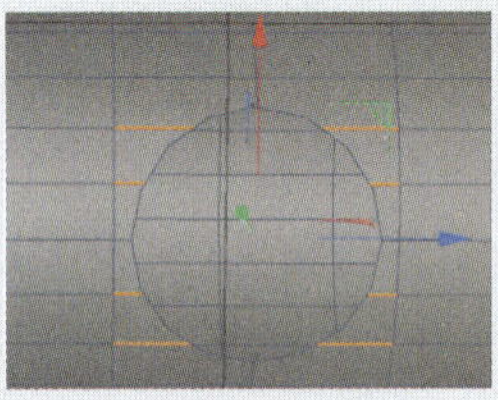
图 4-604

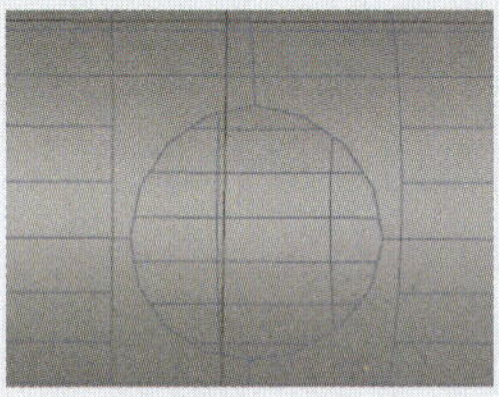
图 4-605

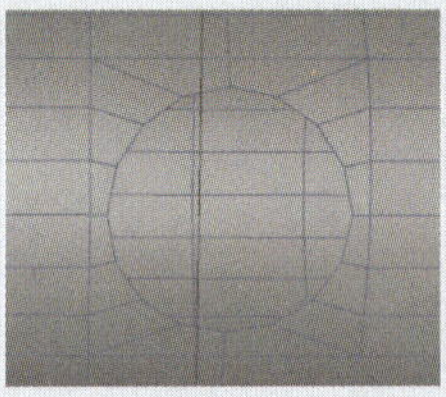
图 4-606

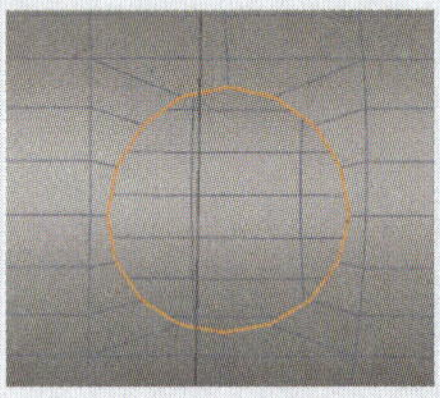
图 4-607

（13）选择“移动”工具，按住 Ctrl 键的同时拖曳 y 轴，如图 4-608 所示。在“坐标”窗口的“位置”选项组中，将“对象（相对）”改为“世界坐标”，“Y”为 20cm；在“尺寸”选项组中，设置“Y”为 0cm，如图 4-609 所示，单击“应用”按钮。视图窗口中的效果如图 4-610 所示。

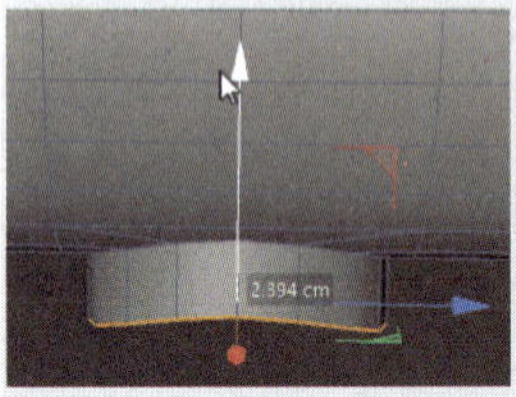

图 4-608

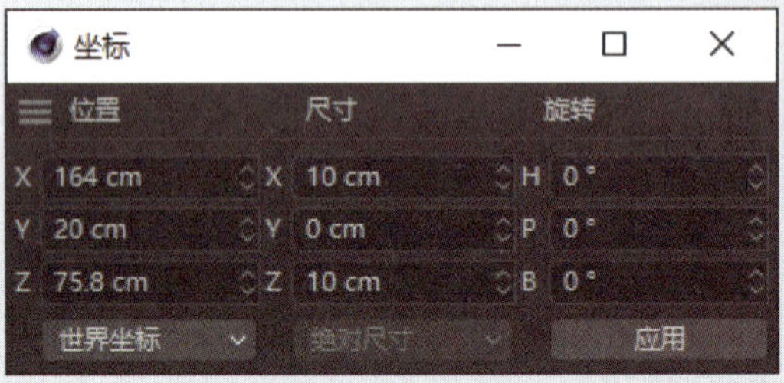

图 4-609

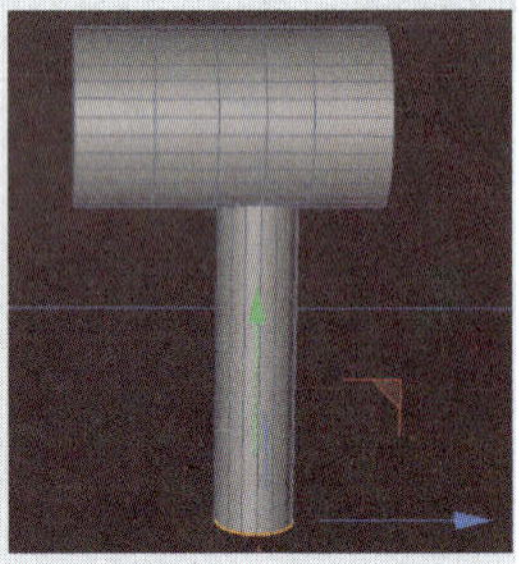
图 4-610

（14）选择“选择 > 循环选择”命令，在视图窗口中选中需要的边，如图 4-611 所示。在视图窗口中单击鼠标右键，在弹出的菜单中选择“倒角”命令，在“属性”窗口中，设置“偏移”为 0.3cm，“细分”为 1，效果如图 4-612 所示。

（15）选择“选择 > 循环选择”命令，在视图窗口中选中需要的边，如图 4-613 所示。在视图窗口中单击鼠标右键，在弹出的菜单中选择“挤压”命令，在“属性”窗口中，设置“偏移”为 0.5cm，“旋转”为 90°；在“工具”选项卡中，单击“新的变换”按钮，效果如图 4-614 所示。

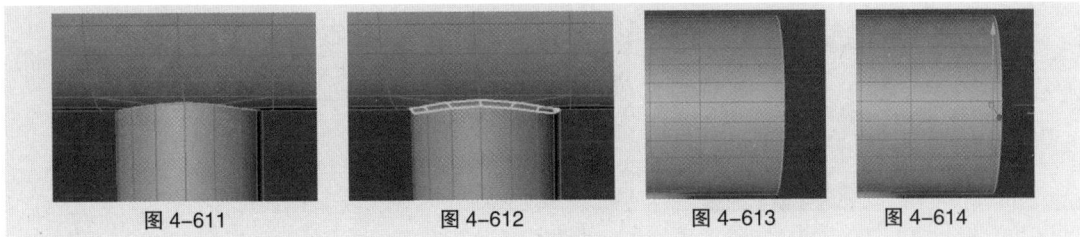

图 4-611　　　　　　　图 4-612　　　　　　　图 4-613　　　　　　　图 4-614

（16）在"选项"选项卡中，设置"偏移"为 2cm；在"工具"选项卡中，单击"新的变换"按钮，效果如图 4-615 所示。在"选项"选项卡中，设置"偏移"为 3cm，"旋转"为 -180°；在"工具"选项卡中，单击"新的变换"按钮，效果如图 4-616 所示。在"选项"选项卡中，设置"偏移"为 12cm，效果如图 4-617 所示。

（17）选择"选择 > 循环选择"命令，在视图窗口中选中需要的边，如图 4-618 所示。按住 Shift 键的同时，选择需要的边，如图 4-619 所示。

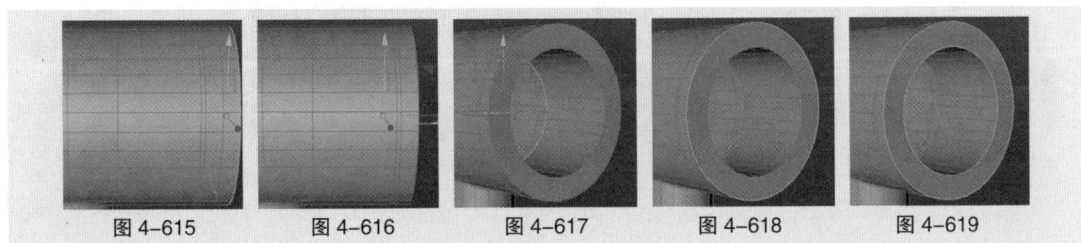

图 4-615　　　　　图 4-616　　　　　图 4-617　　　　　图 4-618　　　　　图 4-619

（18）在视图窗口中单击鼠标右键，在弹出的菜单中选择"倒角"命令，在"属性"窗口中，设置"偏移"为 1cm，"细分"为 3，效果如图 4-620 所示。

（19）单击"多边形"按钮 ，切换为多边形模式。选择"选择 > 循环选择"命令，在视图窗口中选中需要的面，如图 4-621 所示。在视图窗口中单击鼠标右键，在弹出的菜单中选择"内部挤压"命令，在"属性"窗口中，设置"偏移"为 0.09cm，效果如图 4-622 所示。

（20）在视图窗口中单击鼠标右键，在弹出的菜单中选择"挤压"命令，在"属性"窗口中，设置"偏移"为 -1cm，效果如图 4-623 所示。

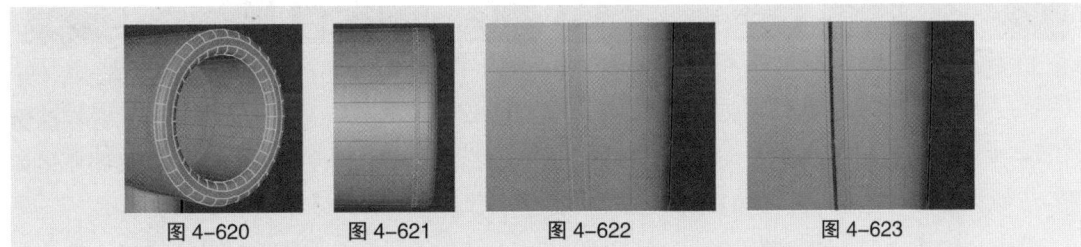

图 4-620　　　　　图 4-621　　　　　图 4-622　　　　　图 4-623

（21）单击"边"按钮 ，切换为边模式。选择"选择 > 循环选择"命令，在视图窗口中选中需要的边，如图 4-624 所示。在"坐标"窗口的"位置"选项组中，设置"Z"为 56cm，单击"应用"按钮，效果如图 4-625 所示。

（22）在视图窗口中单击鼠标右键，在弹出的菜单中选择"挤压"命令，在"属性"窗口中，设置"偏移"为 2cm，"旋转"为 145°；在"工具"选项卡中，单击 3 次"新的变换"按钮，效果如图 4-626 所示。

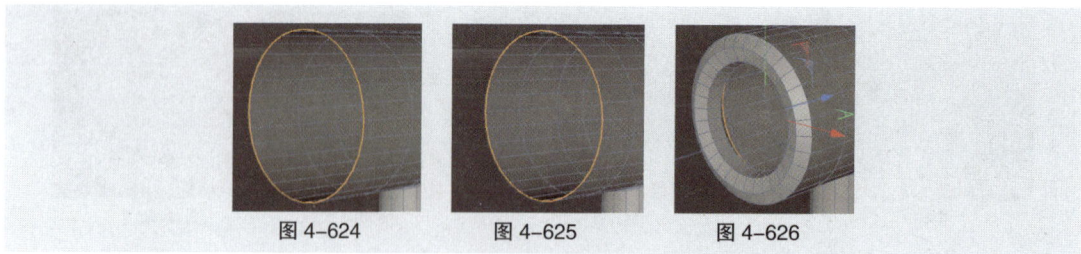

图 4-624　　　　　　　图 4-625　　　　　　　图 4-626

（23）选择"选择 > 循环选择"命令，在视图窗口中选中需要的边，如图 4-627 所示。按住
Shift 键的同时，选中需要的边，如图 4-628 所示。在视图窗口中单击鼠标右键，在弹出的菜单中
选择"倒角"命令，在"属性"窗口的"工具选项"选项卡中，设置"偏移"为 0.2cm，"细分"为 1，
效果如图 4-629 所示。

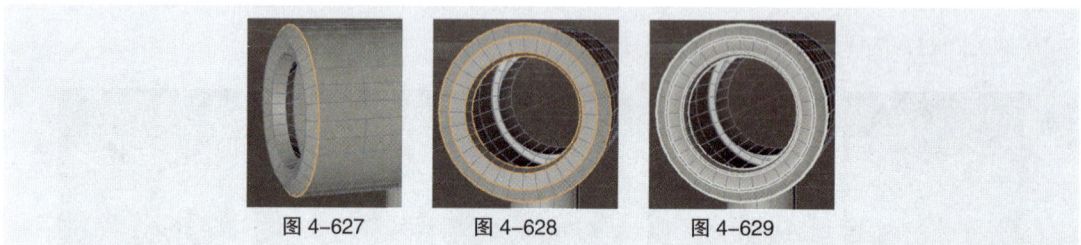

图 4-627　　　　　　　图 4-628　　　　　　　图 4-629

（24）在视图窗口中单击鼠标右键，在弹出的菜单中选择"循环 / 路径切割"命令，在视图窗
口中选择要切割的边，如图 4-630 所示。在"属性"窗口中，设置"偏移"为 95％，效果如图 4-631
所示。

（25）选择"选择 > 循环选择"命令，在视图窗口中选中需要的边，如图 4-632 所示。在"坐
标"窗口的"尺寸"选项组中，设置"Y"为 0cm，单击"应用"按钮，效果如图 4-633 所示。

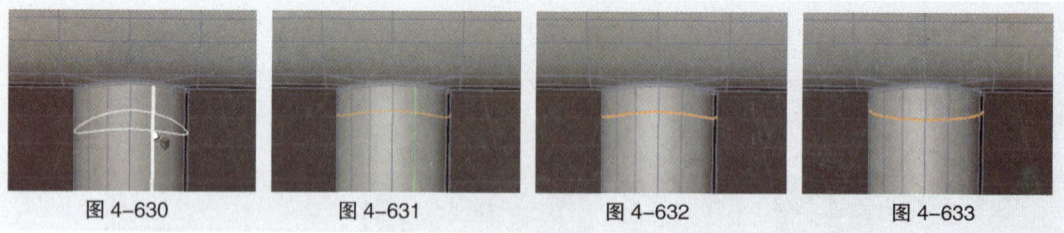

图 4-630　　　　　　图 4-631　　　　　　图 4-632　　　　　　图 4-633

（26）在视图窗口中单击鼠标右键，在弹出的菜单中选择"循环 / 路径切割"命令，在视图窗
口中选择要切割的边，如图 4-634 所示。在"属性"窗口中，设置"偏移"为 80％，效果如图 4-635
所示。选择要切割的边，在"属性"窗口中，设置"偏移"为 15％，效果如图 4-636 所示。

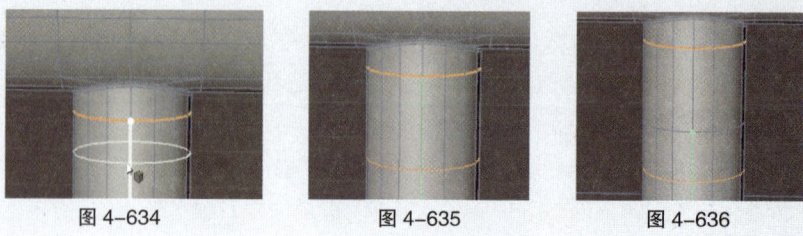

图 4-634　　　　　　　图 4-635　　　　　　　图 4-636

（27）选择要切割的边，在"属性"窗口中，设置"偏移"为 10％，效果如图 4-637 所示。

Cinema 4D 电商视觉设计案例教程（全彩慕课版）

选择要切割的边,在"属性"窗口中,设置"偏移"为20%,效果如图4-638所示。选择要切割的边,在"属性"窗口中,设置"偏移"为50%,效果如图4-639所示。

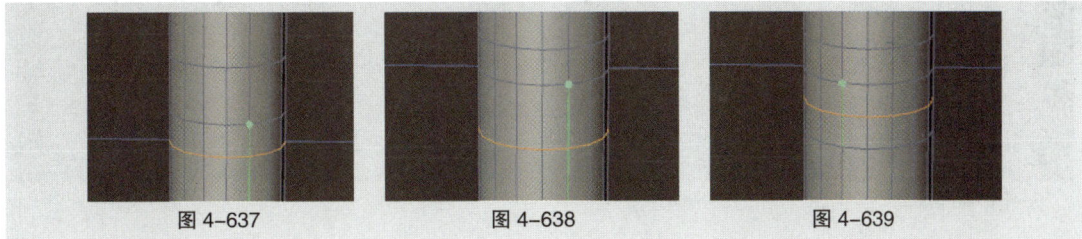

图 4-637   图 4-638   图 4-639

(28)选择要切割的边,在"属性"窗口中,设置"偏移"为50%,效果如图4-640所示。单击"点"按钮 ,切换为点模式。按住Shfit键的同时,在视图窗口中框选需要的点,如图4-641所示。

(29)在视图窗口中单击鼠标右键,在弹出的菜单中选择"倒角"命令,在"属性"窗口的"工具选项"选项卡中,设置"偏移"为1.5cm,"深度"为-100,效果如图4-642所示。

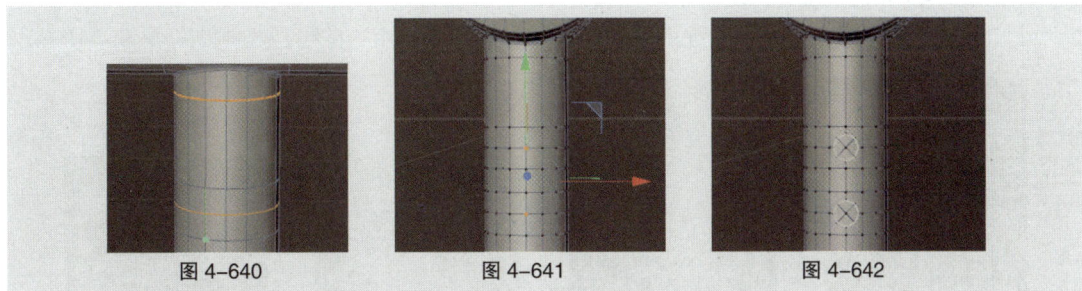

图 4-640   图 4-641   图 4-642

(30)在视图窗口中单击鼠标右键,在弹出的菜单中选择"线性切割"命令,在视图窗口中切割对象,如图4-643所示。单击"多边形"按钮 ,切换为多边形模式。选择"实时选择"工具 ,按住Shift键的同时,选中需要的面,如图4-644所示。

(31)在视图窗口中单击鼠标右键,在弹出的菜单中选择"内部挤压"命令,在"属性"窗口中,设置"偏移"为0.1cm,效果如图4-645所示。

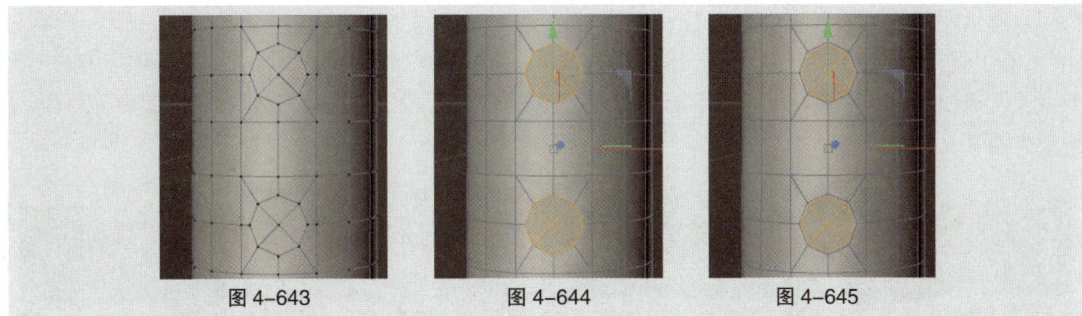

图 4-643   图 4-644   图 4-645

(32)选择"实时选择"工具 ,在视图窗口中选中需要的面,如图4-646所示。在视图窗口中单击鼠标右键,在弹出的菜单中选择"挤压"命令,在"属性"窗口中,设置"偏移"为1cm,效果如图4-647所示。

(33)选择"实时选择"工具 ,在视图窗口中选中需要的面,如图4-648所示。在视图窗口中单击鼠标右键,在弹出的菜单中选择"挤压"命令,在"属性"窗口中,设置"偏移"为1cm,效果如图4-649所示。

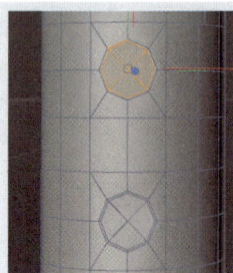
图 4-646

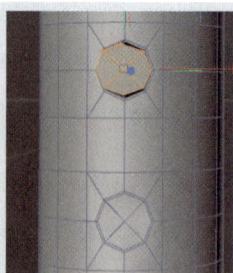
图 4-647

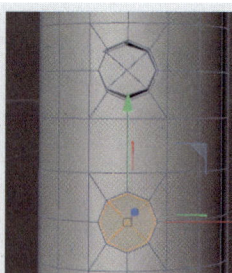
图 4-648

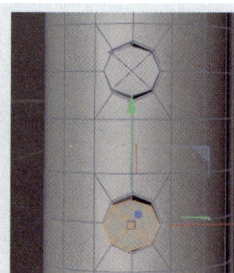
图 4-649

（34）单击"边"按钮 ■，切换为边模式。选择"选择 > 循环选择"命令，按住 Shift 键的同时，在视图窗口中选中需要的边，如图 4-650 所示。在视图窗口中单击鼠标右键，在弹出的菜单中选择"倒角"命令，在"属性"窗口的"工具选项"选项卡中，设置"偏移"为 0.1cm，"深度"为 100%，效果如图 4-651 所示。

（35）选择"选择 > 循环选择"命令，在视图窗口中选中需要的边，如图 4-652 所示。在"坐标"窗口的"位置"选项组中，设置"Y"为 25cm，单击"应用"按钮，效果如图 4-653 所示。

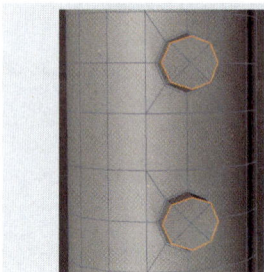
图 4-650

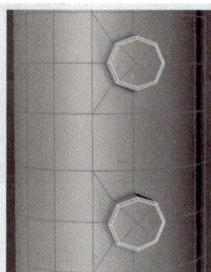
图 4-651

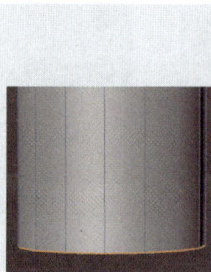
图 4-652

图 4-653

（36）在视图窗口中单击鼠标右键，在弹出的菜单中选择"挤压"命令，在"属性"窗口中，设置"偏移"为 1cm，"旋转"为 180°；单击"工具"选项卡中的"新的变换"按钮，效果如图 4-654 所示。在"选项"选项卡中，设置"偏移"为 2cm，"旋转"为 0°；单击"工具"选项卡中的"新的变换"按钮，效果如图 4-655 所示。

（37）在"选项"选项卡中，设置"偏移"为 2cm，"旋转"为 180°；单击"工具"选项卡中的"新的变换"按钮，效果如图 4-656 所示。在"选项"选项卡中，设置"偏移"为 4cm，"旋转"为 0°，效果如图 4-657 所示。

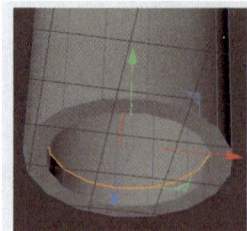
图 4-654

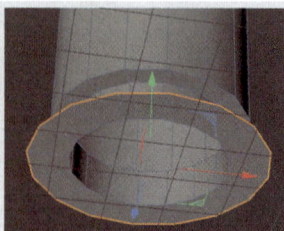
图 4-655

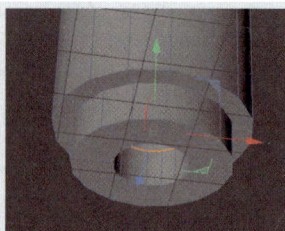
图 4-656

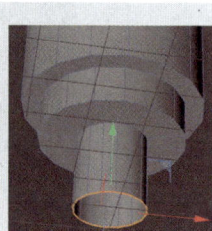
图 4-657

（38）选择"选择 > 循环选择"命令，按住 Shift 键的同时，在视图窗口中选中需要的边，如图 4-658 所示。在视图窗口中单击鼠标右键，在弹出的菜单中选择"倒角"命令，在"属性"窗口的"工具选项"选项卡中，设置"偏移"为 0.2cm，"深度"为 100%，效果如图 4-659 所示。

（39）在"对象"窗口中选中"吹风机"对象。单击"模型"按钮 ，切换为模型模式。选择"网格 > 轴心 > 轴居中到对象"命令，调整轴的对齐方式。在"坐标"窗口的"位置"选项组中，设置"X"为104cm，"Y"为55cm，"Z"为97cm，单击"应用"按钮，效果如图4-660所示。

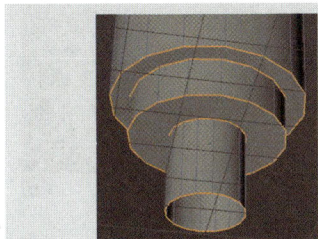
图 4-658

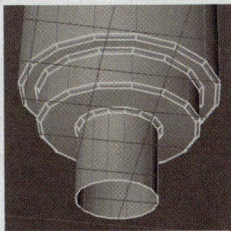
图 4-659

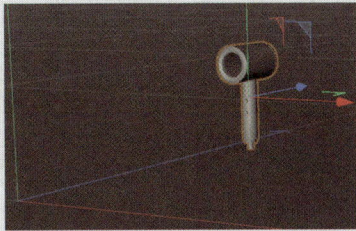
图 4-660

（40）选择"管道"工具 ，在"对象"窗口中生成一个"管道"对象。在"属性"窗口的"对象"选项卡中，设置"内部半径"为7cm，"外部半径"为8cm，"旋转分段"为32，"高度"为1cm，"高度分段"为1，"方向"为"+Z"，如图4-661所示。在"坐标"窗口的"位置"选项组中，设置"X"为104cm，"Y"为76cm，"Z"为80cm，如图4-662所示，单击"应用"按钮。视图窗口中的效果如图4-663所示。

图 4-661

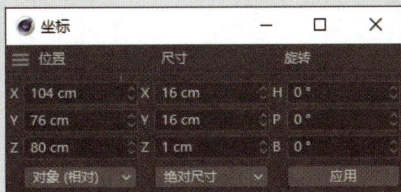
图 4-662

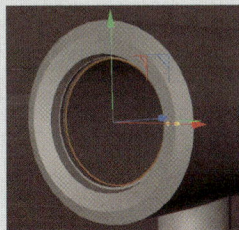
图 4-663

（41）选择"管道"工具 ，在"对象"窗口中生成一个"管道.1"对象。在"属性"窗口的"对象"选项卡中，设置"内部半径"为6cm，"外部半径"为6.5cm，"旋转分段"为32，"高度"为1cm，"高度分段"为1，"方向"为"+Z"。在"坐标"窗口的"位置"选项组中，设置"X"为104cm，"Y"为76cm，"Z"为80cm，单击"应用"按钮。视图窗口中的效果如图4-664所示。

（42）选择"管道"工具 ，在"对象"窗口中生成一个"管道.2"对象。在"属性"窗口的"对象"选项卡中，设置"内部半径"为5cm，"外部半径"为5.5cm，"旋转分段"为32，"高度"为1cm，"高度分段"为1，"方向"为"+Z"。在"坐标"窗口的"位置"选项组中，设置"X"为104cm，"Y"为76cm，"Z"为80cm，单击"应用"按钮。视图窗口中的效果如图4-665所示。

（43）选择"管道"工具 ，在"对象"窗口中生成一个"管道.3"对象。在"属性"窗口的"对象"选项卡中，设置"内部半径"为4cm，"外部半径"为4.5cm，"旋转分段"为32，"高度"为1cm，"高度分段"为1，"方向"为"+Z"。在"坐标"窗口的"位置"选项组中，设置"X"为104cm，"Y"为76cm，"Z"为80cm，单击"应用"按钮。视图窗口中的效果如图4-666所示。

（44）选择"管道"工具 ，在"对象"窗口中生成一个"管道.4"对象。在"属性"窗口的"对象"选项卡中，设置"内部半径"为3cm，"外部半径"为3.5cm，"旋转分段"为32，"高度"为 1cm，"高度分段"为 1，"方向"为"+Z"。在"坐标"窗口的"位置"选项组中，设置 "X"为 104cm，"Y"为 76cm，"Z"为 80cm，单击"应用"按钮。视图窗口中的效果如图 4-667 所示。

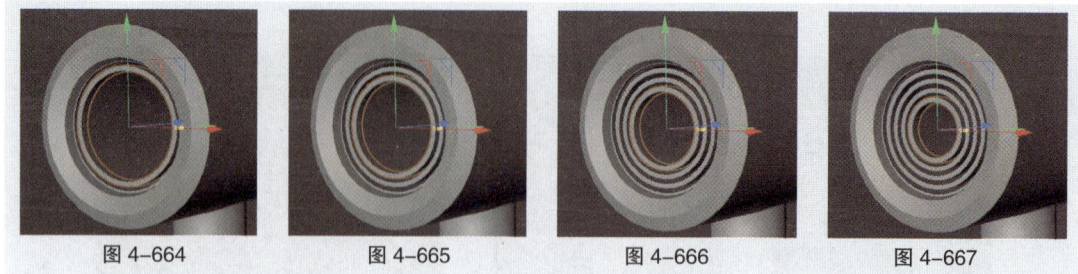

图 4-664　　　　　　图 4-665　　　　　　图 4-666　　　　　　图 4-667

（45）选择"管道"工具，在"对象"窗口中生成一个"管道 .5"对象。在"属性"窗口的"对象" 选项卡中，设置"内部半径"为 2cm，"外部半径"为 2.5cm，"旋转分段"为 32，"高度"为 1cm，"高 度分段"为 1，"方向"为"+Z"。在"坐标"窗口的"位置"选项组中，设置"X"为 104cm，"Y" 为 76cm，"Z"为 80cm，单击"应用"按钮。视图窗口中的效果如图 4-668 所示。

（46）选择"管道"工具，在"对象"窗口中生成一个"管道 .6"对象。在"属性"窗口的"对象" 选项卡中，设置"内部半径"为 1cm，"外部半径"为 1.5cm，"旋转分段"为 32，"高度"为 1cm，"高 度分段"为 1，"方向"为"+Z"。在"坐标"窗口的"位置"选项组中，设置"X"为 104cm，"Y" 为 76cm，"Z"为 80cm，单击"应用"按钮。视图窗口中的效果如图 4-669 所示。

（47）选择"管道"工具，在"对象"窗口中生成一个"管道 .7"对象。在"属性"窗口的"对象" 选项卡中，设置"内部半径"为 0cm，"外部半径"为 0.5cm，"旋转分段"为 32，"高度"为 1cm，"高 度分段"为 1，"方向"为"+Z"。在"坐标"窗口的"位置"选项组中，设置"X"为 104cm，"Y" 为 76cm，"Z"为 80cm，单击"应用"按钮。视图窗口中的效果如图 4-670 所示。

（48）选择"空白"工具，在"对象"窗口中生成一个"空白"对象，并将其重命名为"网格"。 在"对象"窗口中框选需要的对象，将选中的对象拖曳到"网格"对象的下方，如图 4-671 所示。 折叠"网格"对象组。

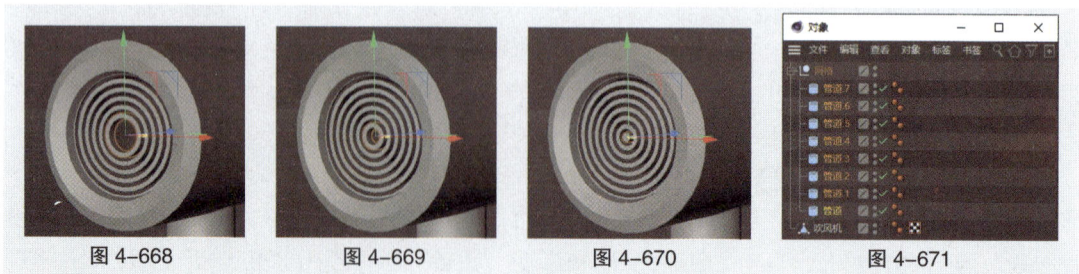

图 4-668　　　　　　图 4-669　　　　　　图 4-670　　　　　　图 4-671

（49）选择"立方体"工具，在"对象"窗口中生成一个"立方体"对象。在"属性"窗口 的"对象"选项卡中，设置"尺寸 .X"为 16cm，"尺寸 .Y"为 1cm，"尺寸 .Z"为 1cm。在"坐标" 窗口的"位置"选项组中，设置"X"为 104cm，"Y"为 76cm，"Z"为 80cm，单击"应用"按 钮。视图窗口中的效果如图 4-672 所示。

（50）选择"立方体"工具，在"对象"窗口中生成一个"立方体 .1"对象。在"属性"窗 口的"对象"选项卡中，设置"尺寸 .X"为 16cm，"尺寸 .Y"为 1cm，"尺寸 .Z"为 1cm。在"坐标"

窗口的"位置"选项组中，设置"X"为104cm，"Y"为76cm，"Z"为80cm；在"旋转"选项组中，设置"B"为90°，单击"应用"按钮。视图窗口中的效果如图4-673所示。

（51）选择"空白"工具 ，在"对象"窗口中生成一个"空白"对象，并将其重命名为"网横格"。将"立方体"对象和"立方体.1"对象拖曳到"网横格"对象的下方，如图4-674所示。折叠"网横格"对象组。

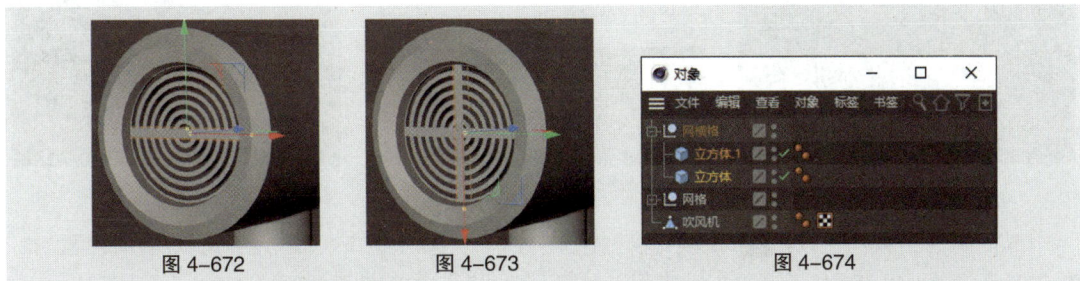

| 图4-672 | 图4-673 | 图4-674 |

（52）选择"空白"工具 ，在"对象"窗口中生成一个"空白"对象，并将其重命名为"机身"。将"网格"对象组、"网横格"对象组和"吹风机"对象拖曳到"机身"对象的下方，如图4-675所示。折叠"机身"对象组。

（53）在"对象"窗口中选中"机身"对象组，并在该对象组上单击鼠标右键，在弹出的菜单中选择"连接对象+删除"命令，将该对象组中的对象连接，如图4-676所示。

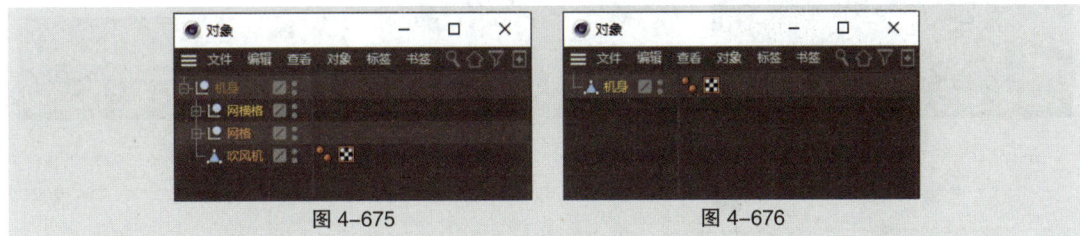

| 图4-675 | 图4-676 |

（54）选择"网格＞轴心＞轴居中到对象"命令，调整轴的对齐方式。在"坐标"窗口的"位置"选项组中，设置"X"为100cm，"Y"为64cm，"Z"为97cm；在"尺寸"选项组中，设置"X"为40cm，"Y"为90cm，"Z"为55cm；在"旋转"选项组中，设置"H"为19°，"P"为-11°，"B"为0°，如图4-677所示，单击"应用"按钮。

（55）按住Alt键的同时，选择"细分曲面"工具 ，在"机身"对象的上方生成一个"细分曲面"父级对象，如图4-678所示。视图窗口中的效果如图4-679所示。折叠"细分曲面"对象组。

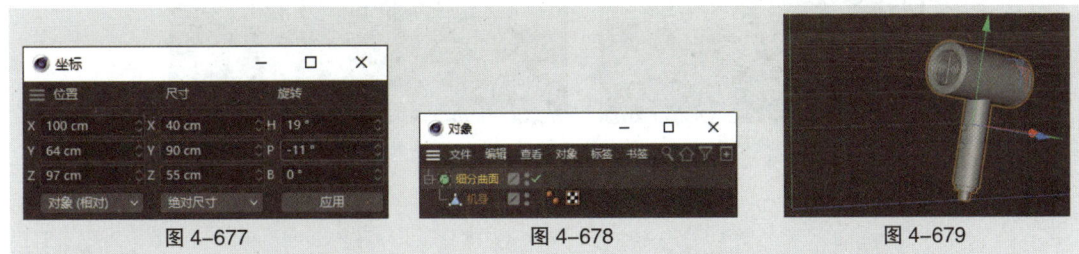

| 图4-677 | 图4-678 | 图4-679 |

（56）按F4键，切换为正视图。选择"样条画笔"工具 ，在视图窗口中绘制出图4-680所示的样条。选择"圆环"工具 ，在"对象"窗口中生成一个"圆环"对象。在"属性"窗口的"对

象"选项卡中，设置"半径"为2cm。

（57）选择"扫描"工具 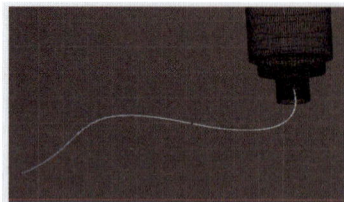，在"对象"窗口中生成一个"扫描"对象。将"圆环"对象和"样条"对象拖曳到"扫描"对象的下方，并将其重命名为"电线"，如图4-681所示。视图窗口中的效果如图4-682所示。

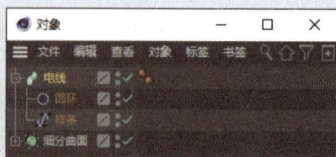

图 4-680　　　　　　　　　　图 4-681　　　　　　　　　　图 4-682

（58）单击"模型"按钮 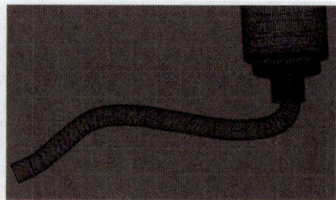，切换为模型模式。在"坐标"窗口的"位置"选项组中，设置"Z"为91cm，如图4-683所示，单击"应用"按钮。视图窗口中的效果如图4-684所示。

（59）按F1键，切换为透视视图。选择"空白"工具 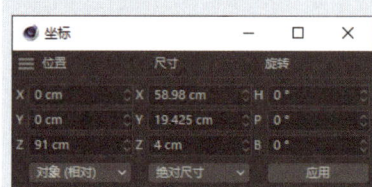，在"对象"窗口中生成一个"空白"对象，并将其重命名为"吹风机"。将"电线"对象组和"细分曲面"对象组拖曳到"吹风机"对象的下方，如图4-685所示。折叠"吹风机"对象组。

图 4-683　　　　　　　　　　图 4-684　　　　　　　　　　图 4-685

（60）选择"摄像机"工具 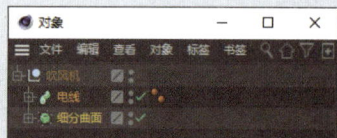，在"对象"窗口中生成一个"摄像机"对象。单击"摄像机"对象右侧的按钮 ，进入摄像机视图。在"属性"窗口的"对象"选项卡中，设置"焦距"为36，如图4-686所示。在"属性"窗口的"坐标"选项卡中，设置"P.X"为 −94cm，"P.Y"为149cm，"P.Z"为 −79cm，"R.H"为 −46°，"R.P"为 −18°，如图4-687所示。

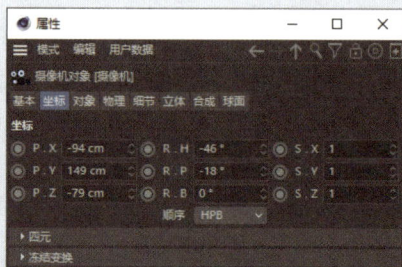

图 4-686　　　　　　　　　　　　　图 4-687

2. 灯光

（1）选择"区域光"工具 ，在"对象"窗口中生成一个"灯光"对象，并将其重命名为"主光源"。在"属性"窗口的"常规"选项卡中，设置"强度"为80%，如图4-688所示。在"细节"选项卡中，设置"衰减"为"平方倒数（物理精度）"，"半径衰减"为600cm，如图4-689所示。

灯光

Cinema 4D 电商视觉设计案例教程（全彩慕课版）

146

（2）选中"主光源"对象，在"坐标"窗口的"位置"选项组中，设置"X"为 −117cm，"Y"为242cm，"Z"为 −345cm；在"旋转"选项组中，设置"H"为 −19°，"P"为 −28°，"B"为 −12°，如图 4−690 所示，单击"应用"按钮。

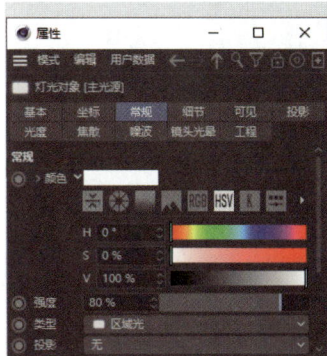
图 4−688

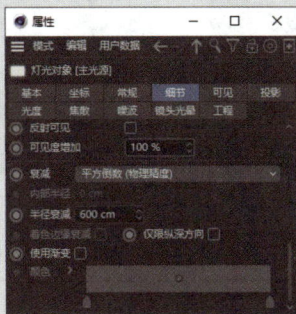
图 4−689

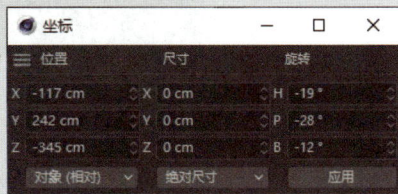
图 4−690

（3）选择"区域光"工具 ，在"对象"窗口中生成一个"灯光"对象，并将其重命名为"辅光源"。在"属性"窗口的"常规"选项卡中，设置"强度"为 40%，如图 4−691 所示。选中"辅光源"对象，在"坐标"窗口的"位置"选项组中，设置"X"为 −164cm，"Y"为 5cm，"Z"为 575cm；在"旋转"选项组中，设置"H"为 235°，"P"为 −11°，"B"为 −7°，如图 4−692 所示，单击"应用"按钮。

（4）选择"空白"工具 ，在"对象"窗口中生成一个"空白"对象，并将其重命名为"灯光"。框选需要的对象，将选中的对象拖曳到"灯光"对象的下方，如图 4−693 所示。折叠"灯光"对象组。

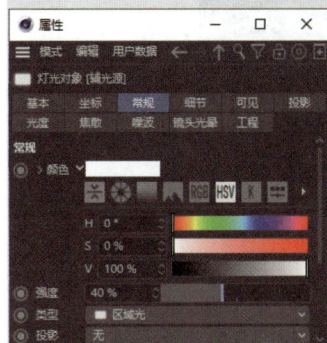
图 4−691

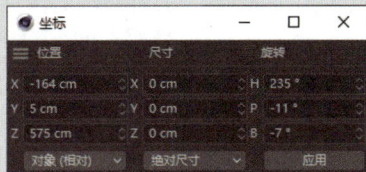
图 4−692

图 4−693

3. 材质

（1）在"材质"窗口中双击，添加一个材质球。在添加的材质球上双击，弹出"材质编辑器"窗口。在"名称"文本框中输入"电线"，在左侧列表中选择"颜色"选项，切换到相应的选项卡，设置"H"为 233°，"S"为 9%，"V"为 36%，其他选项的设置如图 4−694 所示。

材质

（2）在左侧列表中选择"反射"选项，切换到相应的选项卡，设置"类型"为"GGX"，"粗糙度"为 50%，"反射强度"为 4%，其他选项的设置如图 4−695 所示。单击"关闭"按钮，关闭窗口。

图 4-694

图 4-695

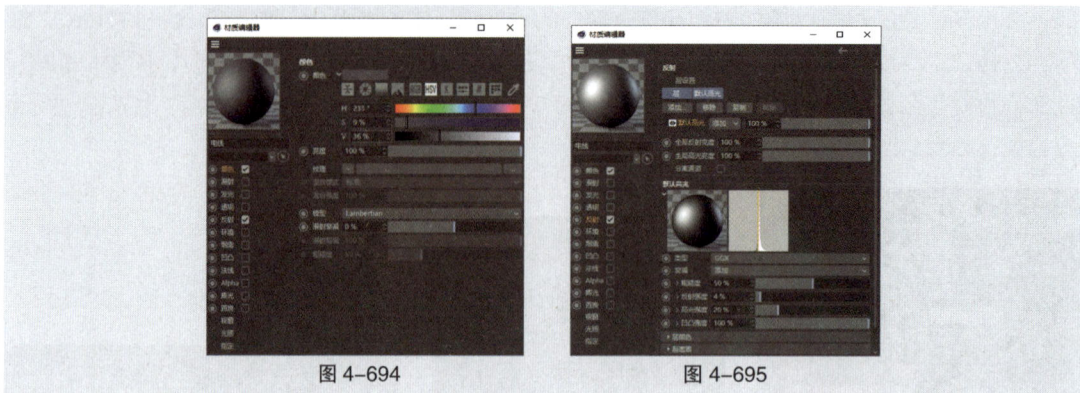

（3）在"对象"窗口中展开"吹风机"对象组，将"材质"窗口中的"电线"材质球拖曳到"对象"窗口中的"电线"对象组上，如图 4-696 所示。

（4）在"材质"窗口中双击，添加一个材质球。在添加的材质球上双击，弹出"材质编辑器"窗口。在"名称"文本框中输入"吹风机主体"，在左侧列表中选择"颜色"选项，切换到相应的选项卡，设置"H"为 160°，"S"为 77%，"V"为 37%，其他选项的设置如图 4-697 所示。

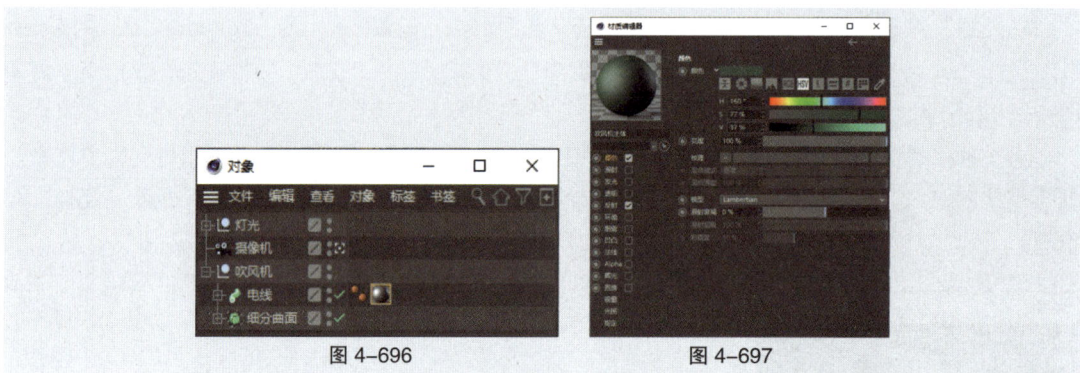

图 4-696

图 4-697

（5）在左侧列表中选择"反射"选项，切换到相应的选项卡，设置"类型"为"GGX"，"粗糙度"为 63%，"反射强度"为 5%，"高光强度"为 15%，其他选项的设置如图 4-698 所示。单击"关闭"按钮，关闭窗口。

（6）在"对象"窗口中展开"吹风机 > 细分曲面"对象组，将"材质"窗口中的"吹风机主体"材质球拖曳到"对象"窗口中的"机身"对象上，如图 4-699 所示。

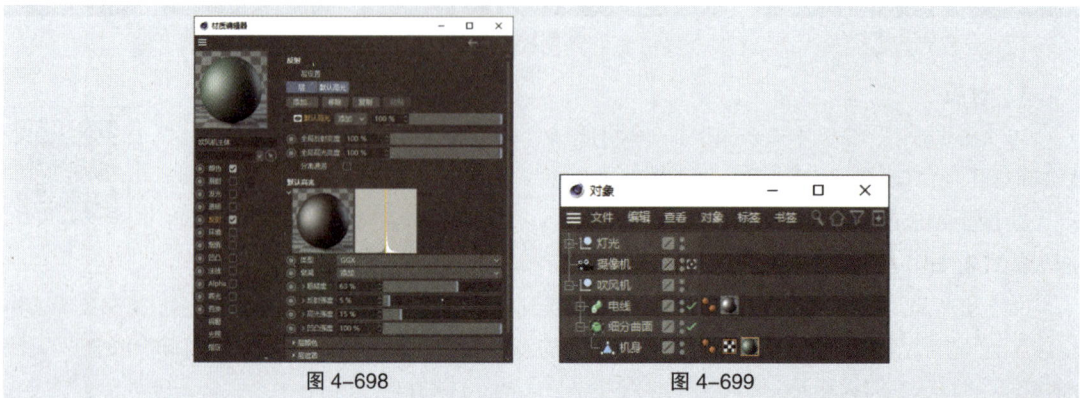

图 4-698

图 4-699

（7）在"对象"窗口中禁用"细分曲面"对象和退出摄像机视图，如图 4-700 所示。单击"多边形"按钮 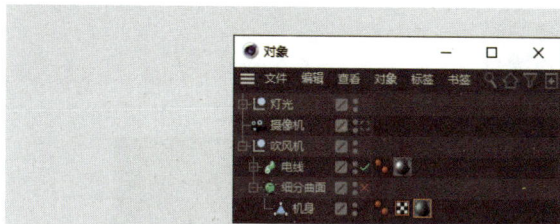，切换为多边形模式。选中"机身"对象，选择"移动"工具 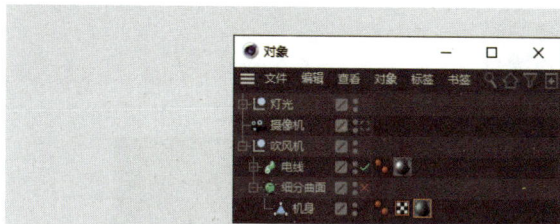，按住 Shift 键的同时，在视图窗口中选中需要的面，如图 4-701 所示。

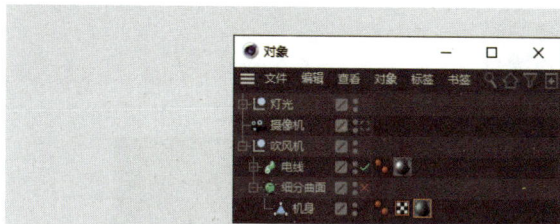

图 4-700

图 4-701

（8）选择"选择 > 设置选集"命令，将选中的面设为选集。在"材质"窗口中双击，添加一个材质球。在添加的材质球上双击，弹出"材质编辑器"窗口。在"名称"文本框中输入"吹风机网格"，在左侧列表中选择"颜色"选项，切换到相应的选项卡，设置"H"为 233°，"S"为 9%，"V"为 30%，其他选项的设置如图 4-702 所示。

（9）在左侧列表中选择"反射"选项，切换到相应的选项卡，设置"类型"为"GGX"，"粗糙度"为 63%，"反射强度"为 5%，其他选项的设置如图 4-703 所示。单击"关闭"按钮，关闭窗口。

图 4-702

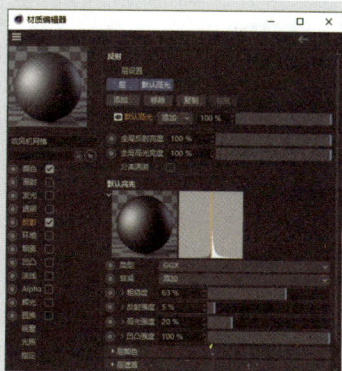

图 4-703

（10）将"材质"窗口中的"吹风机网格"材质球拖曳到"对象"窗口中的"机身"对象上。选中"机身"对象右侧的"材质标'吹风机网格'"，如图 4-704 所示。将"机身"对象右侧的"多边形选集 标签 [多边形选集]"图标拖曳至"属性"窗口的"选集"文本框中，如图 4-705 所示。

图 4-704

图 4-705

（11）选择"选择 > 循环选择"命令，按住 Shfit 键的同时，在视图窗口中选中需要的面，如图 4-706 所示。选择"选择"工具 ✛，按住 Shfit 键的同时，在视图窗口中选中需要的面，如图 4-707 所示。选择"选择 > 设置选集"命令，将选中的面设为选集，如图 4-708 所示。

图 4-706　　　　　　　图 4-707　　　　　　　图 4-708

（12）在"材质"窗口中双击，添加一个材质球。在添加的材质球上双击，弹出"材质编辑器"窗口。在"名称"文本框中输入"吹风机按键"，在左侧列表中选择"颜色"选项，切换到相应的选项卡，设置"H"为 233°，"S"为 0%，"V"为 80%，其他选项的设置如图 4-709 所示。

（13）在左侧列表中选择"反射"选项，切换到相应的选项卡，设置"类型"为"GGX"，"粗糙度"为 72%，"反射强度"为 4%，其他选项的设置如图 4-710 所示。单击"关闭"按钮，关闭窗口。

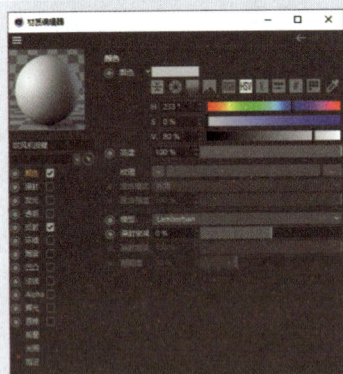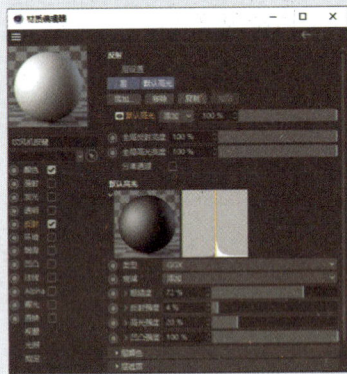

图 4-709　　　　　　　　　　图 4-710

（14）将"材质"窗口中的"吹风机按键"材质球拖曳到"对象"窗口中的"机身"对象上。选中"机身"对象右侧的"材质标'吹风机按键'"，如图 4-711 所示。将"机身"对象右侧的"多边形选集 标签 [多边形选集 .1]"图标拖曳至"属性"窗口的"选集"文本框中，如图 4-712 所示。

图 4-711　　　　　　　　　　图 4-712

（15）在"对象"窗口中启用"细分曲面"对象和进入摄像机视图，如图4-713所示。视图窗口中的效果如图4-714所示。折叠"细分曲面"对象组和"吹风机"对象组。

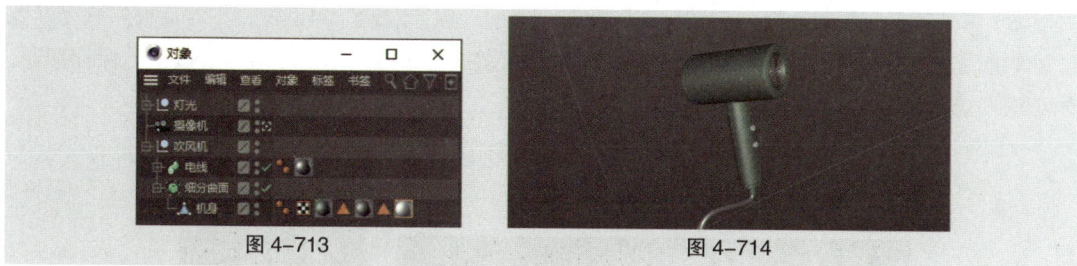

图4-713　　　　　　　　　图4-714

4. 渲染

（1）选择"物理天空"工具 ，在"对象"窗口中生成一个"物理天空"对象。在"属性"窗口的"天空"选项卡中，设置"强度"为20%，其他选项的设置如图4-715所示。在"太阳"选项卡中，勾选"自定义颜色"复选框，展开"颜色"选项组，设置"H"为66°，"S"为10%，"V"为98%，展开"投影"选项组，设置"类型"为"无"，如图4-716所示。视图窗口中的效果如图4-717所示。

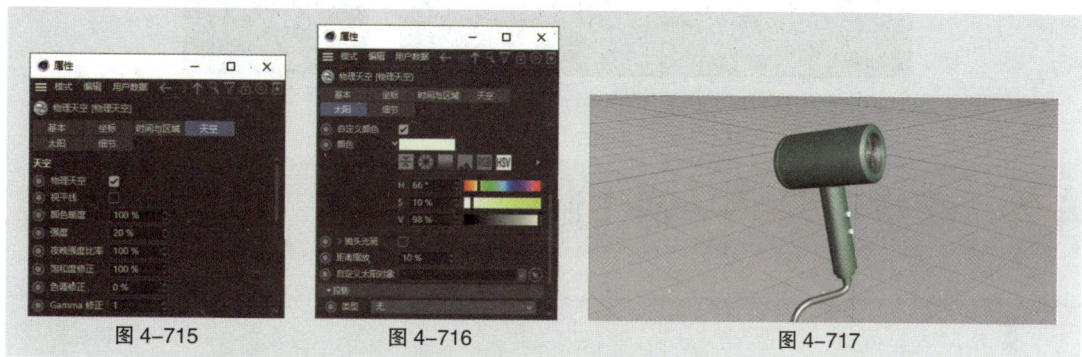

图4-715　　　　　　　图4-716　　　　　　　　　图4-717

（2）单击"编辑渲染设置"按钮 ，弹出"渲染设置"窗口，设置"渲染器"为"物理"，在左侧列表中选择"保存"选项，切换到相应的选项卡，设置"格式"为"PNG"，如图4-718所示。单击"效果"按钮，在弹出的下拉菜单中分别选择"全局光照"和"环境吸收"命令，在左侧列表中添加"全局光照"和"环境吸收"。

（3）在左侧列表中选择"全局光照"选项，切换到相应的选项卡，设置"预设"为"内部－高（小光源）"，如图4-719所示。单击"关闭"按钮，关闭窗口。

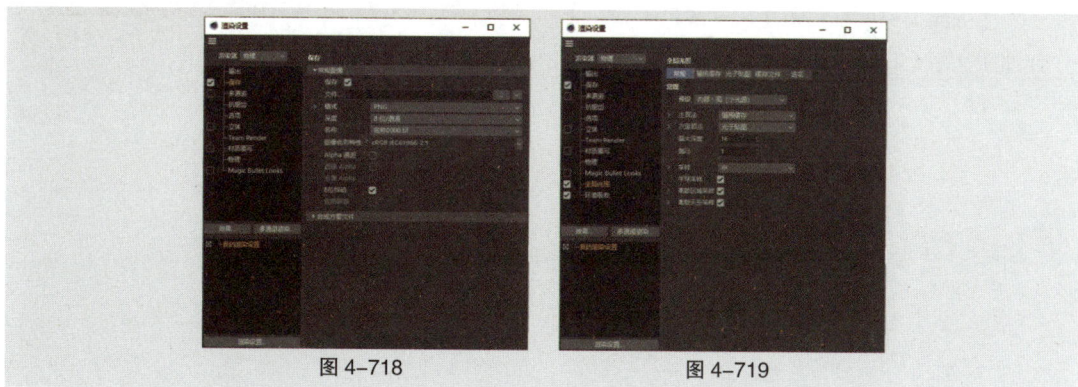

图4-718　　　　　　　　　图4-719

（4）单击"渲染到图像查看器"按钮 ，弹出"图像查看器"窗口，如图 4-720 所示。渲染完成后，单击窗口中的"将图像另存为"按钮 ，弹出"保存"对话框，如图 4-721 所示。

（5）单击"保存"对话框中的"确定"按钮，弹出"保存对话"对话框，在对话框中选择要保存文件的位置，并在"文件名"文本框中输入名称，设置完成后，单击"保存"按钮，保存图像。吹风机制作完成。

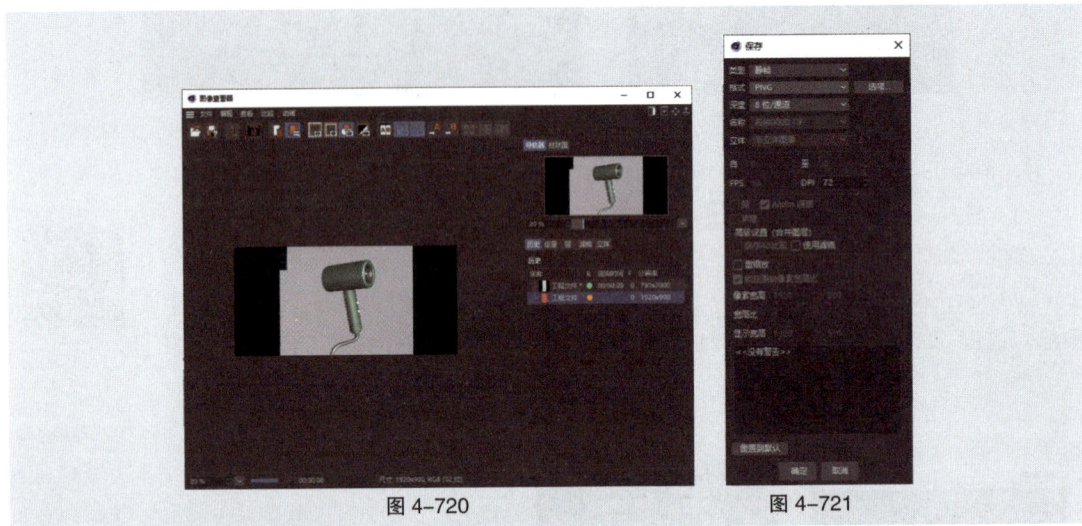

图 4-720　　　　　　　　图 4-721

4.4　课堂练习——制作油漆文字

【练习知识要点】使用"平面"工具制作背景和反光板；使用"样条画笔""地形""样条约束"和"细分曲面"工具制作文字；使用"摄像机"工具控制视图的显示效果；使用"区域光"工具制作灯光效果；使用"材质"窗口创建材质并设置材质参数；使用"物理天空"工具创建环境效果；使用"编辑渲染设置"按钮和"渲染到图像查看器"按钮渲染图像，最终效果如图 4-722 所示。

【效果文件所在位置】云盘 \Ch04\ 制作油漆文字 \ 工程文件 .c4d。

图 4-722

建模

灯光

材质

渲染

4.5 课后习题——制作面霜

【习题知识要点】使用"圆柱体"工具制作瓶身；使用"平面""包裹"和"克隆"工具制作瓶沿；使用"多边形画笔"命令、"布料曲面"和"细分曲面"工具制作褶皱；使用"地形""扭曲"和"锥化"工具、"倒角""抓取"和"平滑"命令制作面霜；使用"摄像机"工具控制视图的显示效果；使用"区域光"工具制作灯光效果；使用"材质"窗口创建材质并设置材质参数；使用"物理天空"工具创建环境效果；使用"编辑渲染设置"按钮和"渲染到图像查看器"按钮渲染图像，最终效果如图4-723所示。

图4-723

【效果文件所在位置】云盘\Ch04\制作面霜\工程文件.c4d。

建模

灯光

材质

渲染

第 5 章

05

营销推广图设计

▶ **本章介绍**

　　营销推广图的设计是电商视觉设计师需要完成的重要工作任务，它通常包括主图、直通车图和钻展图的设计。精心设计的营销推广图，能够提升商品点击率、转化率。本章针对商品营销推广图的主图设计、直通车图设计以及钻展图设计等的基础知识进行系统讲解，并针对流行风格与典型行业的营销推广图进行设计演练。通过对本章的学习，读者可以对商品营销推广图的设计有系统的认识，并快速掌握营销推广图的设计规范和制作方法，为接下来的海报设计打下基础。

学习目标

学习目标	知识目标	能力目标	素质目标
	1. 了解主图的基本概念。	1. 熟悉营销推广图的设计规则。	1. 培养读者良好的营销推广图设计习惯。
	2. 了解直通车图的基本概念。	2. 熟悉营销推广图的设计思路。	2. 培养读者对营销推广图的鉴赏能力。
	3. 了解钻展图的基本概念	3. 掌握营销推广图的设计方法	3. 培养读者对营销推广图的设计能力

5.1 主图设计

主图包含消费者能够接触到的店铺商品的首要信息。作为传递商品信息的核心，主图需要具有较强的吸引力，才能促使消费者浏览商品信息，因此主图视觉效果的好坏在很大程度上影响点击率。下面分别从主图的基本概念、设计尺寸和设计方法 3 个方面进行主图的讲解，帮助电商视觉设计师掌握主图的设计方法。

5.1.1 主图的基本概念

主图即商品的展示图，是用于体现商品特色的视觉设计图。商品主图最多可以有 5 张，最少必须有 1 张。主图通常位于详情页，而第一张主图还会位于搜索页，因此需要进行重点设计，如图 5-1 所示。

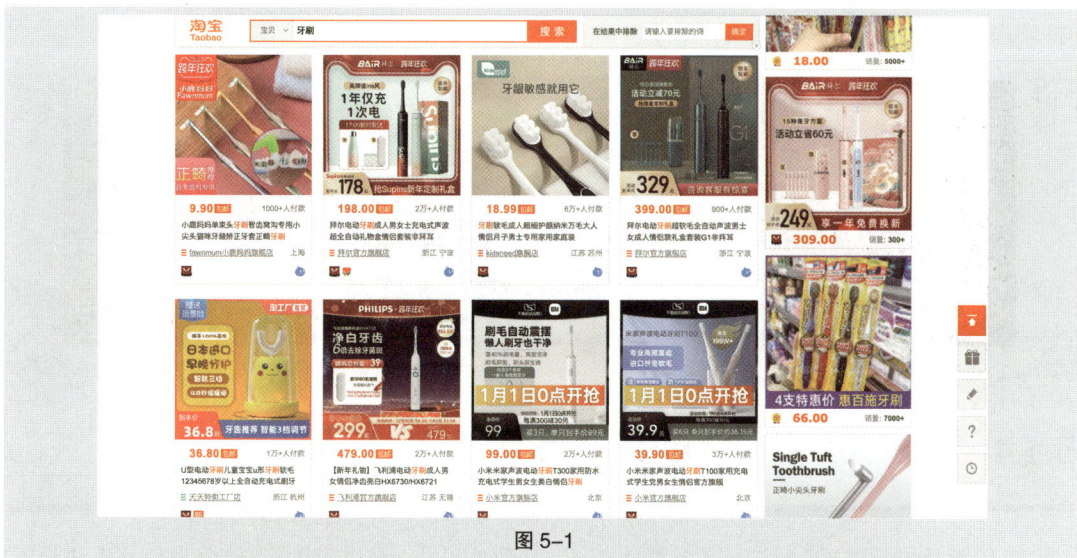

图 5-1

5.1.2 主图的设计尺寸

主图的设计尺寸分为两种，一种是正主图，尺寸为 800 像素 ×800 像素，另一种是配合主图（方便移动端观看的竖图），尺寸为 750 像素 ×1000 像素，如图 5-2 所示。另外主图的大小必须控制在 500KB 以内。

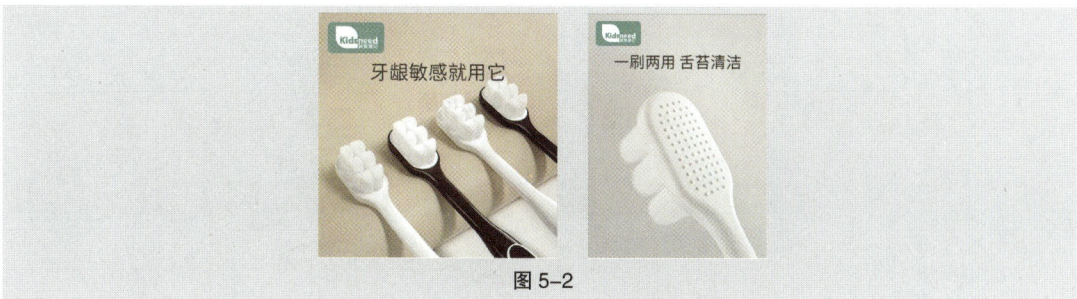

图 5-2

5.1.3 主图的设计方法

主图的设计方法需要从文字层级和背景设计两个角度进行考虑。

1. 文字层级

在进行主图设计时，需要明确文字层级，通常会进行 3 种文字层级的设计，如图 5-3 所示。第一层体现品牌形象。品牌形象通常会以网店 Logo 的形式体现，既可以加深消费者印象又可以防止盗图。第二层提炼商品卖点。商品卖点主要体现商品优势，可以是商品的款式、功能和材质上的优势，也可以是商品的价格上的优势，从而打动消费者。第三层展示销售活动。销售活动主要以"今晚八点至十点限时抢购"等促销文案给予消费者"不买就错过"的紧迫感，设计时促销文案要尽量简短、有力、清晰。

2. 背景设计

主图的背景通常以图片场景和纯色背景为主。图片场景大部分使用的是生活类场景，可以令消费者产生代入感，如图 5-4 所示。纯色背景需要使用干净且饱和度低的颜色，不建议使用大量饱和度高的颜色，这样可以起到烘托商品的作用，如图 5-5 所示。

图 5-3

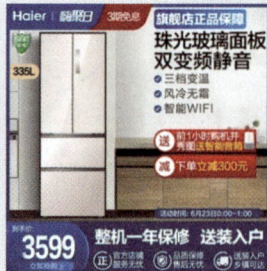

图 5-4

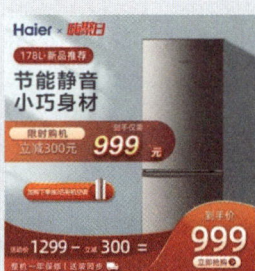

图 5-5

5.1.4 课堂案例——制作电动牙刷主图

【案例学习目标】综合使用参数化工具、变形器工具、材质工具及渲染工具制作电动牙刷主图。

【案例知识要点】使用"合并项目"命令合并已制作完的模型；使用"立方体"和"倒角"工具制作包装盒；使用"材质"窗口创建材质并设置材质参数；使用"渲染到图像查看器"按钮渲染图像，最终效果如图 5-6 所示。

【效果文件所在位置】云盘 \Ch05\ 制作电动牙刷主图 \ 工程文件 .c4d。

图 5-6

1. 建模

（1）选择"文件 > 打开项目"命令，在弹出的"打开文件"对话框中，选择"Ch04 > 制作牙刷 > 工程文件"，单击"打开"按钮，打开文件。选择"文件 > 合并项目"命令，在弹出的"打开文件"对话框中，选择"Ch03 > 搭建水面场景 > 工程文件"，单击"打开"按钮，打开文件，"对象"窗口如图5-7所示。

建模

（2）展开"牙刷"对象组，选中"牙刷1"对象组，将其拖曳到"场景"对象组的上方。按住Ctrl键的同时，选中不需要的对象，如图5-8所示，按Delete键将其删除。

（3）单击"编辑渲染设置"按钮 ⚙，弹出"渲染设置"窗口。在"输出"选项卡中设置"宽度"为800像素，"高度"为800像素，单击"关闭"按钮，关闭窗口。单击"摄像机"对象右侧的按钮 ▣，进入摄像机视图，视图窗口中的效果如图5-9所示。

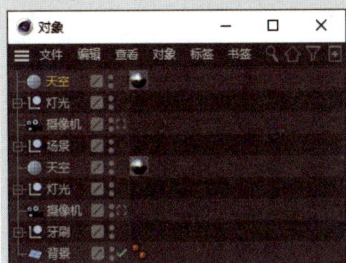
图 5-7

图 5-8

图 5-9

（4）选中"牙刷1"对象组，选择"缩放"工具 ▣，在视图窗口中的空白处按住鼠标左键并拖曳，放大对象为114%。在"属性"窗口的"坐标"选项卡中，设置"P.X"为-95cm，"P.Y"为391cm，"P.Z"为-476cm，如图5-10所示。视图窗口中的效果如图5-11所示。

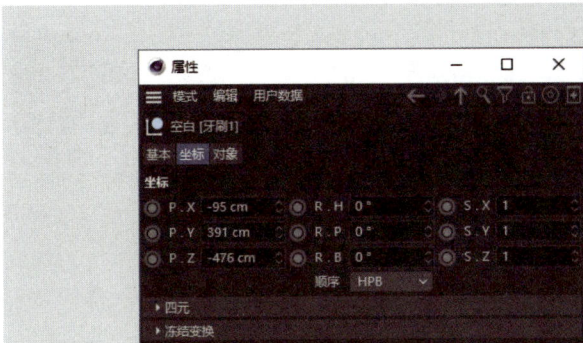
图 5-10

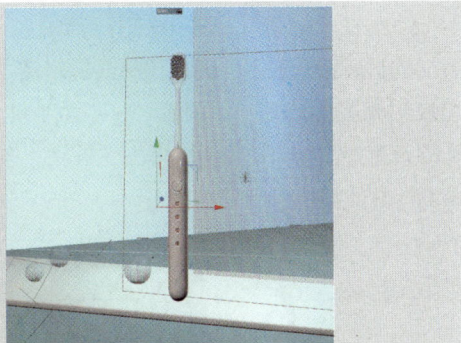
图 5-11

（5）选择"立方体"工具 ▣，在"对象"窗口中生成一个"立方体"对象，并将其重命名为"包装盒"。在"属性"窗口的"对象"选项卡中，设置"尺寸.X"为446cm，"尺寸.Y"为714cm，"尺寸.Z"为179cm，如图5-12所示。在"属性"窗口的"坐标"选项卡中，设置"P.X"为215.6cm，"P.Y"为395cm，"P.Z"为-414cm，"R.H"为-34°，如图5-13所示。

（6）在"对象"窗口中，在"包装盒"对象上单击鼠标右键，在弹出的菜单中选择"转为可编辑对象"命令，将其转为可编辑对象。按住Shift键的同时，选择"倒角"工具 ▣，在"包装盒"对象的下方生成一个"倒角"子集对象，如图5-14所示。

图 5-12

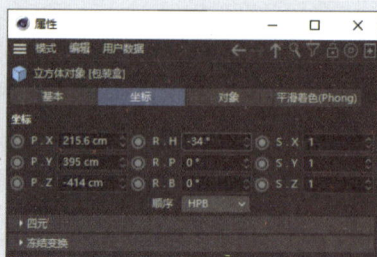
图 5-13

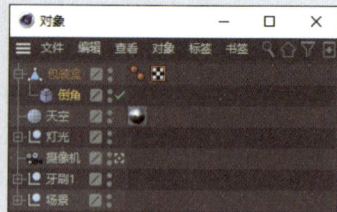
图 5-14

（7）在"属性"窗口的"选项"选项卡中，设置"偏移"为 5cm，"细分"为 5，如图 5-15 所示。视图窗口中的效果如图 5-16 所示。框选需要的对象，按 Alt+G 组合键，将其编组，并重命名为"电动牙刷主图"，如图 5-17 所示。

图 5-15

图 5-16

图 5-17

2. 灯光

与"3.3.2 课堂案例——搭建水面场景"中"灯光"的步骤一致，这里不赘述。

3. 材质

（1）在"材质"窗口中双击，添加一个材质球，并将其命名为"包装盒"。在添加的材质球上双击，弹出"材质编辑器"窗口。在左侧列表中选择"颜色"选项，切换到相应的选项卡，设置"H"为 192°，"S"为 23%，"V"为 90%，其他选项的设置如图 5-18 所示。单击"关闭"按钮，关闭窗口。将"材质"窗口中的"包装盒"材质球拖曳到"对象"窗口中的"包装盒"对象上，如图 5-19 所示。

材质

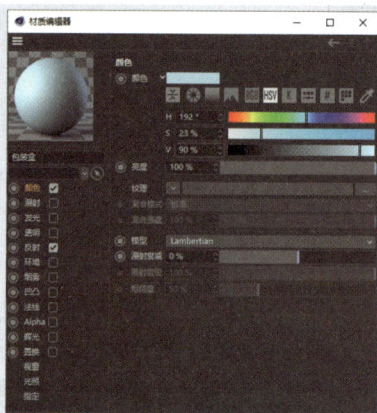
图 5-18

图 5-19

（2）在"材质"窗口中双击，添加一个材质球，并将其命名为"包装盒贴图"。在添加的材质球上双击，弹出"材质编辑器"窗口。在左侧列表中选择"颜色"选项，切换到相应的选项卡，单击"纹理"选项右侧的按钮███，弹出"打开文件"对话框，选择"Ch05 > 制作电动牙刷主图 > tex > 01"文件，单击"打开"按钮，打开文件，如图5-20所示。单击"关闭"按钮，关闭窗口。

（3）单击"多边形"按钮█，切换为多边形模式。选中需要的面，如图5-21所示。在"材质"窗口中的"包装盒贴图"材质球上单击鼠标右键，在弹出的下拉菜单中选择"应用"命令，为选中的面应用材质，效果如图5-22所示。

图 5-20

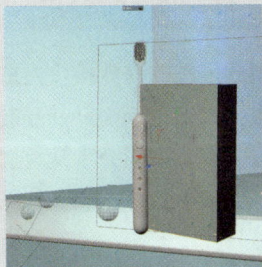
图 5-21

图 5-22

4. 渲染

（1）前3个步骤与"3.3.2课堂案例——搭建水面场景"中"渲染"的前3个步骤类似，这里不赘述。

（2）单击"渲染到图像查看器"按钮█，弹出"图像查看器"窗口，如图5-23所示。渲染完成后，单击对话框中的"将图像另存为"按钮█，弹出"保存"对话框，如图5-24所示。

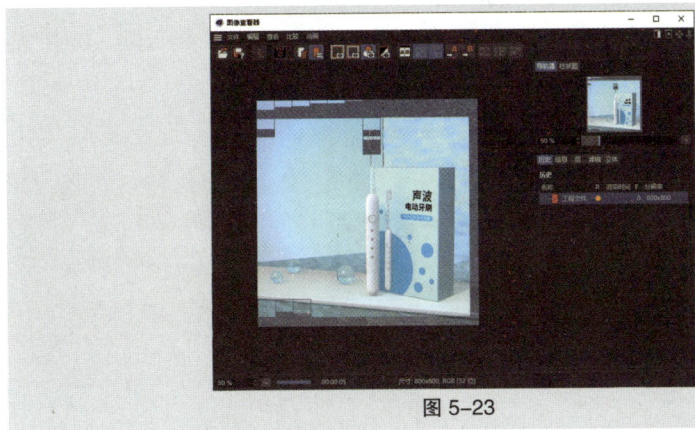
图 5-23

图 5-24

（3）单击"保存"对话框中的"确定"按钮，弹出"保存对话"对话框，在对话框中选择要保存文件的位置，并在"文件名"文本框中输入名称，设置完成后，单击"保存"按钮，保存图像，效果如图5-25所示。

（4）在Photoshop中，根据需要添加文字与图标相结合的宣传信息，丰富画面内容，提升其商业价值，效果如图5-26所示。电动牙刷主图制作完成。

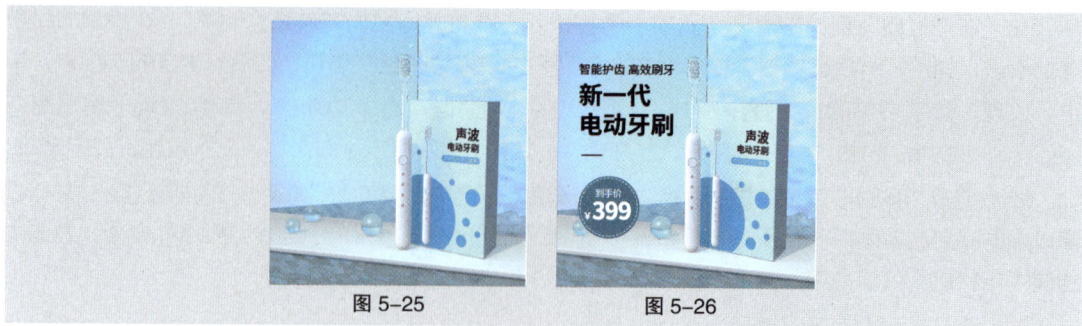

图 5-25   图 5-26

5.2 直通车图设计

直通车是帮助商家实现商品精准推广的有效推广方式。通过直通车推广，商品可以被推送给潜在消费者，从而产生巨大的商品点击率，进而提升商品转换率。直通车图视觉效果的好坏在很大程度上影响店铺的关注度和商品的点击率。下面分别从直通车图的基本概念、设计尺寸以及设计方法3 个方面进行讲解，帮助电商视觉设计师掌握直通车图的设计方法。

5.2.1 直通车图的基本概念

直通车是淘宝的一种付费推广方式，与主图不同的是，直通车图需要商家付费购买图片展示位置，以实现商品的推广。直通车展位通常位于搜索页和消费者必经的其他高关注度、高流量的位置。

（1）位于搜索页的直通车展位：提示有"掌柜热卖"的 1 ～ 3 个展示位、右侧的 16 个竖向展示位和底部的 5 个横向展示位，如图 5-27 所示。

（2）位于消费者必经的其他高关注度、高流量的位置的直通车展位：首页下方的"猜你喜欢"展示位、"我的淘宝"页面中的购物车下方展示位、"我的淘宝"里"已买到的宝贝"页面中下方的"热卖单品"展示位、"收藏夹"页面底部的展示位和阿里旺旺 PC 端的"每日掌柜热卖"展示位。其中"热卖单品"展示位如图 5-28 所示。

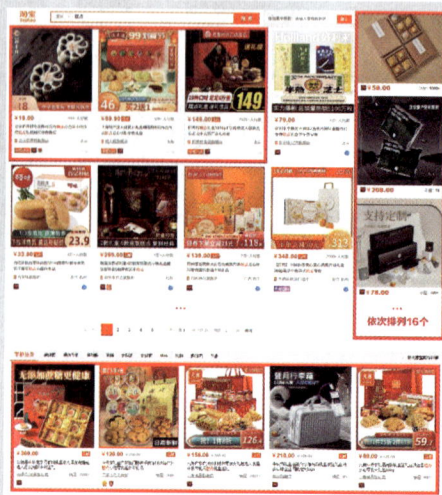

图 5-27

图 5-28

5.2.2 直通车图的设计尺寸

直通车图的设计尺寸和主图一样分为两种,一种是常规直通车图,尺寸为 800 像素 ×800 像素,如图 5-29 所示;另一种是方便移动端观看的竖图,尺寸为 750 像素 ×1000 像素,如图 5-30 所示。

图 5-29

图 5-30

5.2.3 直通车图的设计方法

直通车图的设计方法一是从文字内容角度进行考虑,二是利用特殊手法进行推广。

1. 文字内容

在进行直通车图设计时,为了提高点击率,需要对文字内容进行提炼设计。例如,对于低价商品需要强调商品的价格和活动,如图 5-31 所示;对于中高端商品需要强调商品的品质、销量以及效果,如图 5-32 所示;对于大牌商品则需要强调商品自身的品牌形象,如图 5-33 所示。

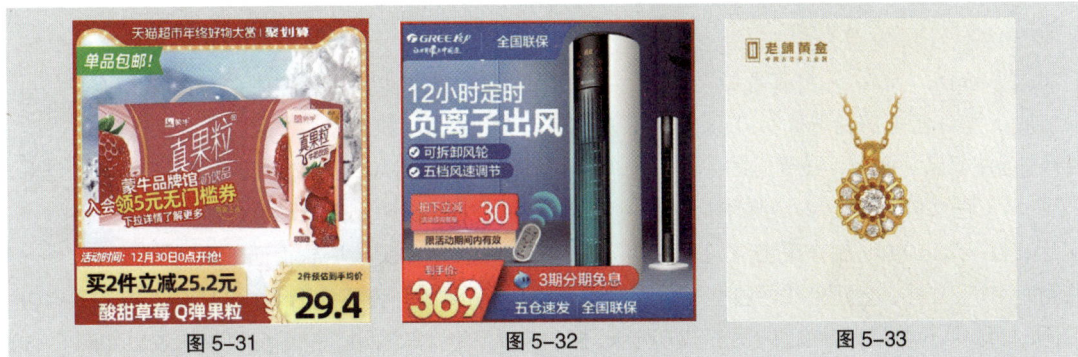

图 5-31

图 5-32

图 5-33

2．特殊手法

即使通过付费的直通车图进行宣传可以提高商品推广的效率，但商品之间依然存在着强烈的竞争。因此可以通过一些特殊手法令设计的直通车图在众多图片中脱颖而出。例如，运用独特的商品拍摄手法、直接夸张的文案和精美的商品搭配等方法令直通车图可以快速吸引消费者。需要注意的是，若商品本身的款式吸引力足够强，则只需要少量文字和干净的背景以凸显商品的品质，这样更能吸引消费者，如图5-34所示。

图 5-34

5.2.4　课堂案例——制作美妆护肤直通车图

【案例学习目标】使用渲染工具制作美妆护肤直通车图。

【案例知识要点】使用"合并项目"命令合并已制作完的模型；使用"渲染到图像查看器"按钮渲染图像，最终效果如图 5-35 所示。

【效果文件所在位置】云盘 \Ch05\ 制作美妆护肤直通车图 \ 工程文件 .c4d。

图 5-35

（1）选择"文件 > 打开项目"命令，在弹出的"打开文件"对话框中，选择"Ch03 > 搭建圆形展台场景 > 工程文件"，单击"打开"按钮，打开文件。选择"文件 > 合并项目"命令，在弹出的"打开文件"对话框中，分别选择"Ch04 > 制作气球 > 工程文件""Ch04 > 制作礼物盒 > 工程文件""Ch04 > 制作气球立体字 > 工程文件""Ch04 > 制作面霜 > 工程文件"和"Ch05 > 制作美妆护肤直通车图 > 素材 > 01"文件，分别单击"打开"按钮，打开文件，"对象"窗口如图 5-36 所示。按住 Ctrl 键的同时，选中不需要的对象，如图 5-37 所示，按 Delete 键将其删除。视图窗口中的效果如图 5-38 所示。

制作美妆护肤
直通车图

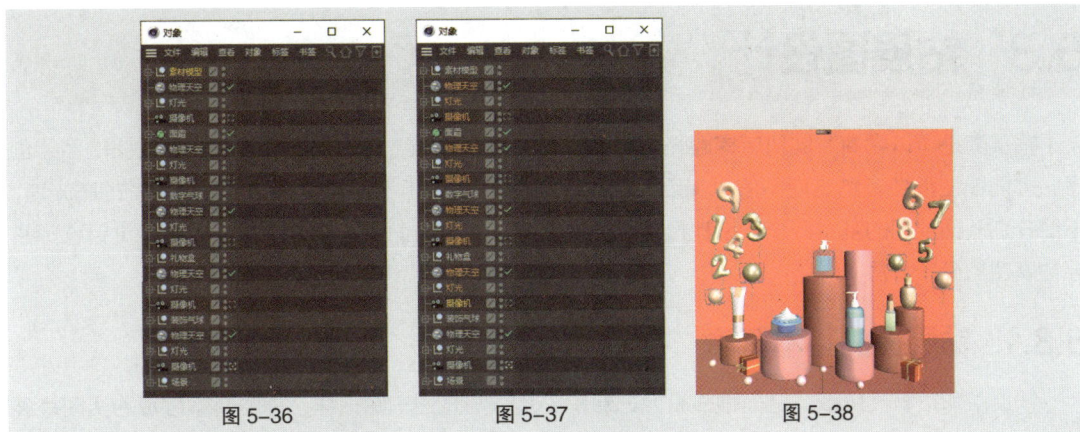

图 5-36

图 5-37

图 5-38

（2）按住 Ctrl 键的同时，选中需要的对象，按 Alt+G 组合键，将其编组，并重命名为"美妆护肤直通车图"，如图 5-39 所示。

（3）单击"渲染到图像查看器"按钮 ，弹出"图像查看器"窗口，如图 5-40 所示。渲染完成后，单击窗口中的"将图像另存为"按钮 ，弹出"保存"对话框，如图 5-41 所示。

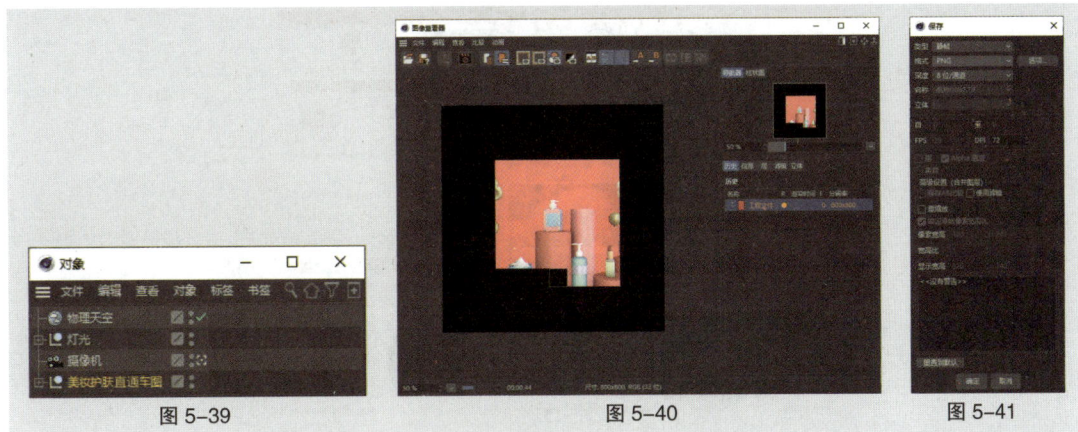

图 5-39

图 5-40

图 5-41

（4）单击"保存"对话框中的"确定"按钮，弹出"保存对话"对话框，在对话框中选择要保存文件的位置，并在"文件名"文本框中输入名称，设置完成后，单击"保存"按钮，保存图像，效果如图 5-42 所示。

（5）在 Photoshop 中，根据需要添加文字与图标相结合的宣传信息，丰富画面内容，提升其商业价值，效果如图 5-43 所示。美妆护肤直通车图制作完成。

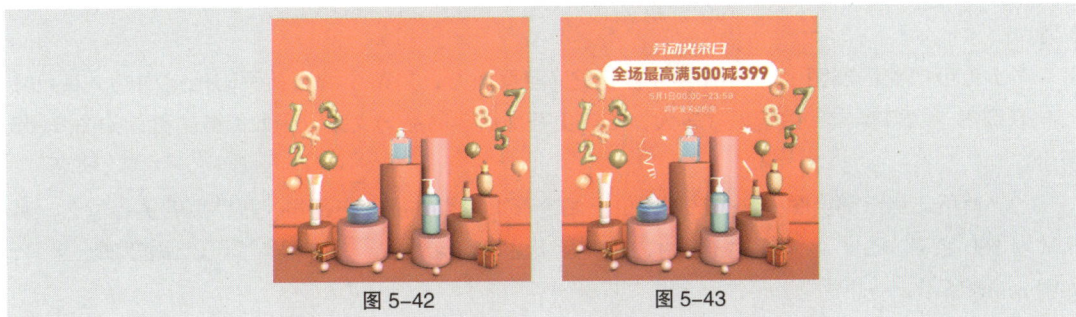

图 5-42

图 5-43

5.3 钻展图设计

钻展图是可以为商家实现店铺曝光及商品推广的有效营销工具。钻展图需要依靠较强的图片创意，才能促使消费者浏览商品信息，因此钻展图视觉效果的好坏在很大程度上影响店铺的曝光度。下面分别从钻展图的基本概念、设计尺寸以及设计方法3个方面进行讲解，帮助电商视觉设计师掌握钻展图的设计方法。

5.3.1 钻展图的基本概念

钻展图即钻石展位图，是一种强有力的营销工具。与直通车图一样，需要商家付费购买图片展示位置，以进行商品、活动甚至是品牌的推广，吸引消费者浏览。钻展图通常位于电商平台首页的醒目位置，如图5-44所示。

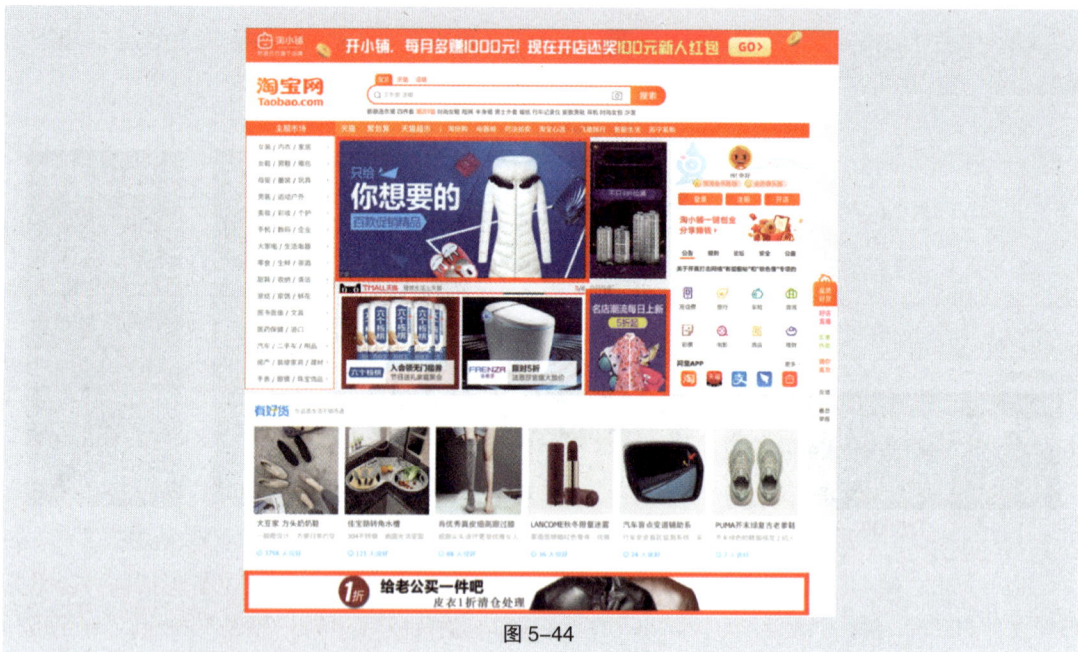

图 5-44

5.3.2 钻展图的设计尺寸

钻展图由于投放位置不同，其尺寸也不同。钻展图的常见设计尺寸主要可以分为以下3类。

（1）首页焦点钻展图：这类钻展图位于淘宝首页上方，是整个淘宝首页的视觉中心。其尺寸为520像素×280像素，由于尺寸较大，能够更好地展示商品与文案，因此价格昂贵，如图5-45所示。

（2）首页二焦点钻展图：这类钻展图位于淘宝首页焦点钻展图右下角，是首页的黄金位置。其尺寸为160像素×200像素，由于尺寸较小，因此主要展示商品，文案要精简，但需要加大字号，如图5-46所示。

图 5-45　　　　　　　　　　　图 5-46

（3）首页通栏钻展图：这类钻展图位于淘宝首页"有好货"的下方，是首页重要位置。其尺寸为 375 像素 ×130 像素，尺寸和价格适中，性价比合适，设计时需要图文结合，如图 5-47 所示。

图 5-47

5.3.3　钻展图的设计方法

钻展图设计主要从推广内容和设计技巧两个角度进行考虑。

1. 推广内容

进行钻展图设计时，为了提高点击率，需要先确定推广内容，然后根据内容进行图片和文案的设计。钻展图的推广内容通常可以分为以下 3 种。

（1）推广单品：其图片多选择单品素材，文案以商品卖点和促销信息为重点，如图 5-48 所示。

图 5-48

（2）推广活动或店铺：其图片多选择商品的组合形式或模特素材，文案以促销信息为重点，如图 5-49 所示。

（3）推广品牌：其图片多选择品牌素材，文案要弱化促销，强化品牌，如图 5-50 所示。

图 5-49　　　　　　　　　　　图 5-50

2. 设计技巧

即使通过付费的钻展图进行宣传可以提高商品推广的效率，但商品之间依然存在着强烈的竞争。因此可以通过一些特殊手法令设计的钻展图更加引人注目。

（1）直接运用商品图作为背景，简洁醒目，快速吸引消费者，如图 5-51 所示。

（2）将文字和商品图进行适当角度的倾斜，令整个画面富有张力，更能吸引消费者，如图 5-52 所示。

图 5-51

图 5-52

5.3.4　课堂案例——制作家居装修钻展图

【案例学习目标】综合使用参数化工具、生成器工具、多边形建模工具、材质工具及渲染工具制作家居装修钻展图。

【案例知识要点】使用"合并项目"命令合并已制作完的模型；使用"立方体"和"克隆"工具制作装饰墙；使用"圆柱体"工具、"倒角""内部挤压"和"挤压"命令制作灯具；使用"圆柱体"工具制作桌子；使用"材质"窗口创建材质并设置材质参数；使用"渲染到图像查看器"按钮渲染图像，最终效果如图 5-53 所示。

【效果文件所在位置】云盘 \Ch05\ 制作家居装修钻展图 \ 工程文件 .c4d。

图 5-53

1. 建模

（1）选择"文件 > 打开项目"命令，在弹出的"打开文件"对话框中，选择"Ch04 > 制作沙发 > 工程文件"，单击"打开"按钮，打开文件。选择"文件 > 合并项目"命令，在弹出的"打开文件"对话框中，选择"Ch04 > 制作毛绒立体字 > 工程文件"，单击"打开"按钮，打开文件。按住 Ctrl 键的同时，选中不需要的对象，如图 5-54 所示，按 Delete 键将其删除。视图窗口中的效果如图 5-55 所示。

（2）展开"数字 30 >0"和"数字 30 >3"对象组，分别选中"毛发"对象，如图 5-56 所示，

建模

按 Delete 键将其删除。选中"材质"窗口中的"毛发材质"材质球，按 Delete 键将其删除。使用"4.2.5 课堂案例——制作毛绒立体字"中添加毛发并设置毛发材质的方法，重新添加毛发效果，这里不赘述。（注：若毛发效果被合并到其他工程中，需要重新设置毛发效果，否则毛发效果无法被渲染。）

图 5-54

图 5-55

图 5-56

（3）选择"立方体"工具，在"对象"窗口中生成一个"立方体"对象，并将其重命名为"装饰墙"。在"属性"窗口的"对象"选项卡中，设置"尺寸 .X"为 3cm，"尺寸 .Y"为 8cm，"尺寸 .Z"为 263cm，如图 5-57 所示。在"坐标"选项卡中，设置"P.X"为 34cm，"P.Y"为 104cm，"P.Z"为 296cm，"R.P"为 90°，如图 5-58 所示。

图 5-57

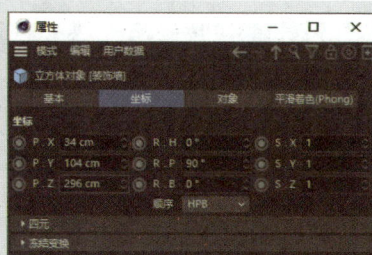
图 5-58

（4）按住 Alt 键的同时，选择"克隆"工具，在"装饰墙"对象的上方生成一个"克隆"父级对象，并将其重命名为"克隆装饰墙"，如图 5-59 所示。在"属性"窗口的"对象"选项卡中，设置"模式"为"线性"，"数量"为 19，"位置 .X"为 6.5cm，如图 5-60 所示。

（5）按住 Ctrl 键的同时，单击"墙面"和"地面"对象，按 Alt+G 组合键，将选中的对象编组，并将其重命名为"场景"，如图 5-61 所示。

图 5-59

图 5-60

图 5-61

（6）选择"圆柱体"工具，在"对象"窗口中生成一个"圆柱体"对象，并将其重命名为"灯绳"。在"属性"窗口的"对象"选项卡中，设置"半径"为 1cm，"高度"为 160cm，如图 5-62 所示。

在"坐标"选项卡中，设置"P.X"为 –313cm，"P.Y"为 212cm，"P.Z"为 303cm，如图 5-63 所示。

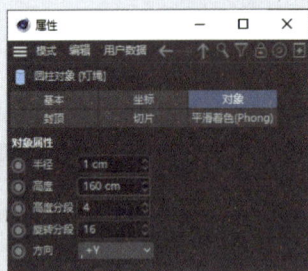
图 5-62

图 5-63

（7）选择"圆柱体"工具 ，在"对象"窗口中生成一个"圆柱体"对象，并将其重命名为"灯罩"。在"属性"窗口的"对象"选项卡中，设置"半径"为 23cm，"高度"为 6cm，"旋转分段"为 50，如图 5-64 所示。在"坐标"选项卡中，设置"P.X"为 –313cm，"P.Y"为 111cm，"P.Z"为 303cm，"R.P"为 90°，如图 5-65 所示。在"对象"窗口中，在"灯罩"对象上单击鼠标右键，在弹出的菜单中选择"转为可编辑对象"命令，将其转为可编辑对象。

图 5-64

图 5-65

（8）单击"边"按钮 ，切换为边模式。在视图窗口中选中需要的边，如图 5-66 所示。在视图窗口中单击鼠标右键，在弹出的菜单中选择"倒角"命令，在"属性"窗口中，设置"偏移"为 1cm，"细分"为 3，"深度"为 100%，如图 5-67 所示。视图窗口中的效果如图 5-68 所示。

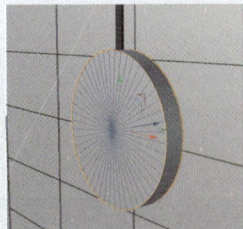
图 5-66

图 5-67

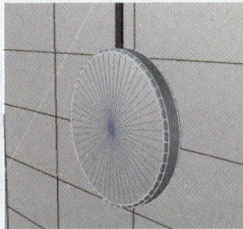
图 5-68

（9）单击"多边形"按钮 ，切换为多边形模式，选中需要的面，如图 5-69 所示。在视图窗口中单击鼠标右键，在弹出的菜单中选择"内部挤压"命令，在"属性"窗口中，设置"偏移"为 2.4cm。视图窗口中的效果如图 5-70 所示。在视图窗口中单击鼠标右键，在弹出的菜单中选择"挤压"命令，在"属性"窗口中，设置"偏移"为 –2.3cm。视图窗口中的效果如图 5-71 所示。使用相同的方法制作另一个灯具，并添加细分曲面效果，在"对象"窗口中生成"灯绳2"对象、"灯罩细分"和"灯头细分"对象组，如图5-72所示。

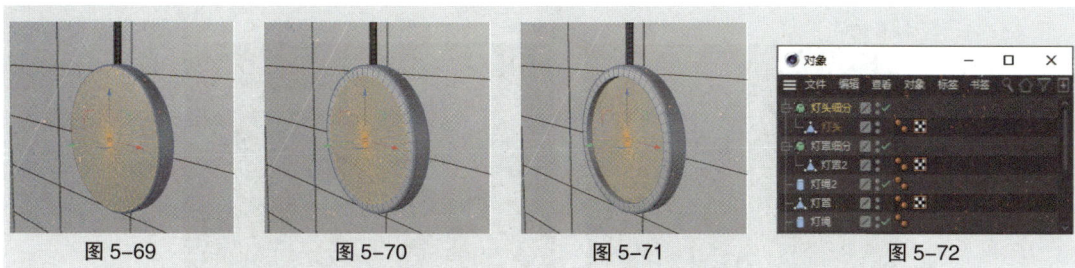

图5-69　　　　　图5-70　　　　　图5-71　　　　　图5-72

（10）选中"灯头细分"对象组，按住Shift键的同时，单击"灯绳"对象，将需要的对象同时选中，按Alt+G组合键，群组对象组，并将其重命名为"灯具"，如图5-73所示。视图窗口中的效果如图5-74所示。

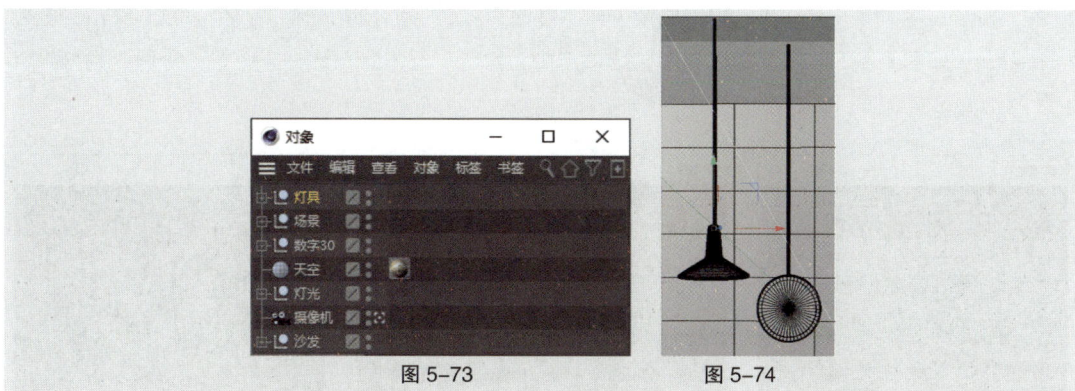

图5-73　　　　　　　　　　图5-74

（11）选择"圆柱体"工具，在"对象"窗口中生成一个"圆柱体"对象，并将其重命名为"桌子下"。在"属性"窗口的"对象"选项卡中，设置"半径"为20cm，"高度"为3cm，"旋转分段"为36，如图5-75所示。在"坐标"选项卡中，设置"P.X"为-290cm，"P.Y"为-15cm，"P.Z"为154cm，如图5-76所示。在"封顶"选项卡中，勾选"圆角"复选框，设置"分段"为3，"半径"为1cm，如图5-77所示。

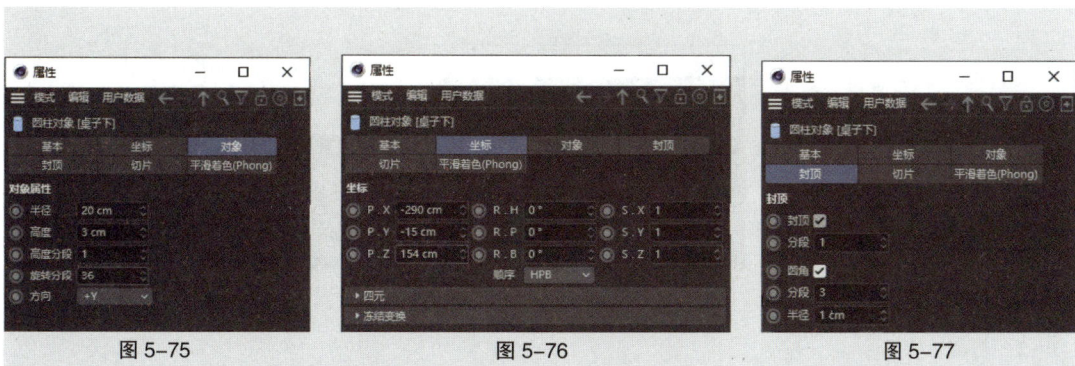

图5-75　　　　　　　图5-76　　　　　　　图5-77

（12）选择"圆柱体"工具，在"对象"窗口中生成一个"圆柱体"对象，并将其重命名为"桌子中间"。在"属性"窗口的"对象"选项卡中，设置"半径"为4cm，"高度"为35cm，"旋转分段"为 36，如图 5-78 所示。在"坐标"选项卡中，设置"P.X"为 −290cm，"P.Y"为 1.5cm，"P.Z"为 154cm，如图 5-79 所示。

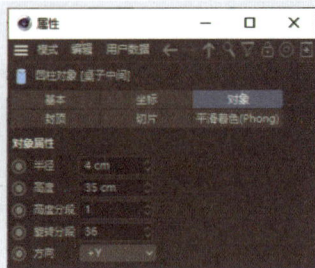

图 5-78　　　　　　　　　　　图 5-79

（13）选择"圆柱体"工具 ，在"对象"窗口中生成一个"圆柱体"对象，并将其重命名为"桌子上"。在"属性"窗口的"对象"选项卡中，设置"半径"为 28cm，"高度"为 3cm，"旋转分段"为 36，如图 5-80 所示。在"坐标"选项卡中，设置"P.X"为 −290cm，"P.Y"为 18.5cm，"P.Z"为 154cm，如图 5-81 所示。在"封顶"选项卡中，勾选"圆角"复选框，设置"分段"为 3，"半径"为 1cm，如图 5-82 所示。

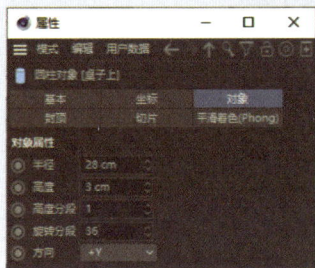

图 5-80　　　　　　　　　　图 5-81　　　　　　　　　　图 5-82

（14）按住 Shift 键的同时，单击"桌子下"对象，将需要的对象同时选中，按 Alt+G 组合键，群组对象，并将其重命名为"桌子"。视图窗口中的效果如图 5-83 所示。按住 Shift 键的同时，选中需要的对象组，如图 5-84 所示。按 Alt+G 组合键，群组对象组，并将其重命名为"家居装修钻展图"，如图 5-85 所示。

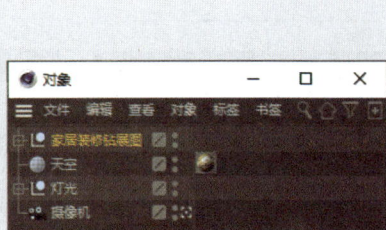

图 5-83　　　　　　　　　　图 5-84　　　　　　　　　　图 5-85

2. 灯光

与"4.3.2 课堂案例——制作沙发"中"灯光"的步骤一致，这里不赘述。

3. 材质

（1）在"材质"窗口中双击，添加一个材质球，并将其命名为"墙面"。在添加的材质球上双击，弹出"材质编辑器"窗口。在左侧列表中选择"颜色"选项,切换到相应的选项卡,设置"H"为215°,"S"为51%,"V"为53%,其他选项的设置如图5-86所示。

材质

（2）在左侧列表中选择"反射"选项,切换到相应的选项卡,设置"宽度"为35%,"衰减"为−10%,"内部宽度"为4%,"高光强度"为20%,其他选项的设置如图5-87所示。单击"关闭"按钮,关闭窗口。

图 5-86

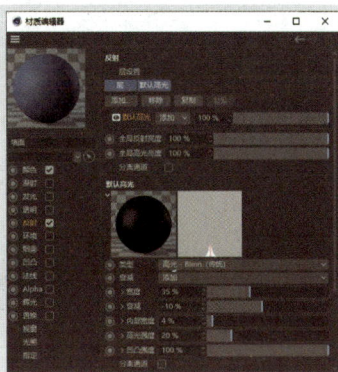

图 5-87

（3）在左侧列表中选择"凹凸"选项,切换到相应的选项卡,勾选"凹凸"复选框,单击"纹理"选项右侧的按钮 ，在弹出的下拉菜单中选择"噪波"命令,设置"强度"为1%,其他选项的设置如图5-88所示。单击"关闭"按钮,关闭窗口。在"对象"窗口中展开"家居装修钻展图＞场景"对象组,将"材质"窗口中的"墙面"材质球拖曳到"对象"窗口中的"墙面"对象上,如图5-89所示。

图 5-88

图 5-89

（4）在"材质"窗口中,选中"墙面"材质球,按住 Ctrl 键的同时,按住鼠标左键并向左拖曳,鼠标指针变为箭头时,松开鼠标复制材质球,自动生成一个材质球并将其命名为"地面"。在添加的材质球上双击,弹出"材质编辑器"窗口。在左侧列表中选择"颜色"选项,切换到相应的选项卡,设置"H"为228°,"S"为4%,"V"为56%,其他选项的设置如图5-90所示。取消勾选"凹凸"复选框,单击"关闭"按钮,关闭窗口。将"材质"窗口中的"地面"材质球拖曳到"对象"窗口中的"地面"对象上。

（5）在"材质"窗口中,选中"地面"材质球,按住 Ctrl 键的同时,按住鼠标左键并向左拖曳,鼠标指针变为箭头时,松开鼠标复制材质球,自动生成一个材质球并将其命名为"装饰墙"。在添加的材质球上双击，弹出"材质编辑器"窗口。在左侧列表中选择"颜色"选项，切换到相应的选项卡，设置"H"为1°，"S"为3%，"V"为91%，其他选项的设置如图5-91所示。单击"关闭"按钮，关闭窗口。将"材质"窗口中的"装饰墙"材质球拖曳到"对象"窗口中的"克隆装饰墙"对象组上。折叠"场景"对象组。

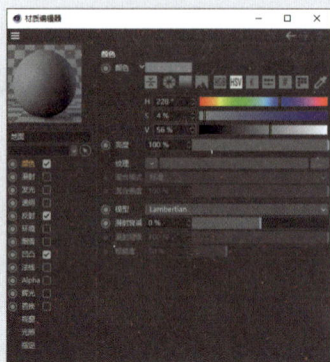
图 5-90

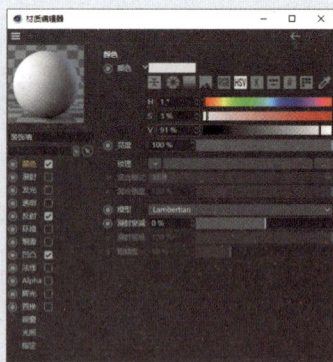
图 5-91

（6）在"材质"窗口中双击，添加一个材质球，并将其命名为"灯罩"。在添加的材质球上双击，弹出"材质编辑器"窗口。在左侧列表中选择"颜色"选项，切换到相应的选项卡，设置"H"为32°，"S"为90%，"V"为35%，其他选项的设置如图5-92所示。

（7）在左侧列表中选择"反射"选项，切换到相应的选项卡。单击"层设置"下方的"添加"按钮，在弹出的下拉菜单中选择"Beckmann"命令，添加一个层。设置"粗糙度"为36%，"反射强度"为65%，"高光强度"为21%。展开"层颜色"选项组，设置"颜色"选项组中的"H"为34°，"S"为37%，"V"为90%，其他选项的设置如图5-93所示。

（8）在左侧列表中勾选"环境"复选框，保持默认数值。单击"关闭"按钮，关闭窗口。在"对象"窗口中展开"家居装修钻展图 > 灯具"对象组，将"材质"窗口中的"灯罩"材质球拖曳到"对象"窗口中的"灯罩"对象和"灯罩细分"对象组上，如图5-94所示。

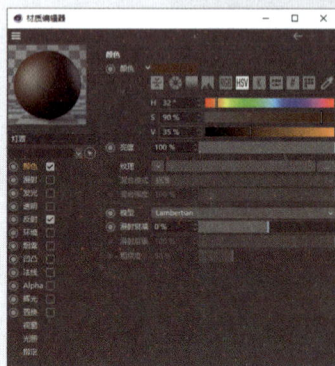
图 5-92

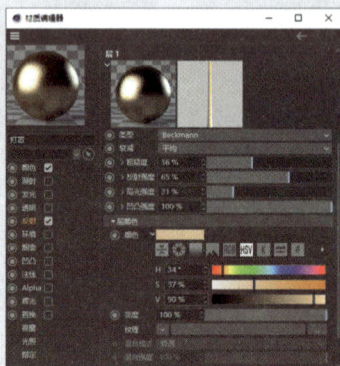
图 5-93

图 5-94

（9）在"材质"窗口中双击，添加一个材质球，并将其命名为"灯头"。在添加的材质球上双击，弹出"材质编辑器"窗口。在左侧列表中选择"颜色"选项，切换到相应的选项卡，单击"纹理"选项右侧的按钮▇，弹出"打开文件"对话框，选择"tex"文件夹中的"15"文件，单击"打开"按钮，打开文件，如图5-95所示。在左侧列表中选择"反射"选项，切换到相应的选项卡，设置"宽度"为60%，"衰减"为−17%，"内部宽度"为0%，"高光强度"为43%，其他选项的设置如图5-96所示。

图 5-95

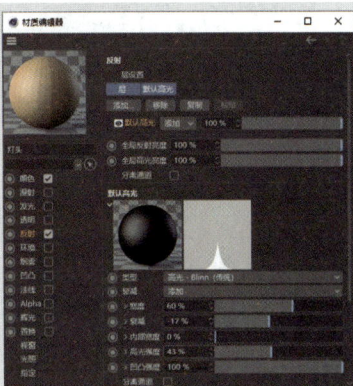
图 5-96

（10）在左侧列表中选择"凹凸"选项，切换到相应的选项卡，单击"纹理"选项右侧的按钮■，弹出"打开文件"对话框，选择"tex"文件夹中的"15"文件，单击"打开"按钮，打开文件，如图5-97所示。单击"关闭"按钮，关闭窗口。将"材质"窗口中的"灯头"材质球拖曳到"对象"窗口中的"灯头细分"对象组上。

（11）在"材质"窗口中，选中"灯头"材质球，按住Ctrl键的同时，按住鼠标左键并向左拖曳，鼠标指针变为箭头时，松开鼠标复制材质球，自动生成一个材质球并将其命名为"灯绳"。在添加的材质球上双击，弹出"材质编辑器"窗口。在左侧列表中取消勾选"反射"复选框，如图5-98所示。单击"关闭"按钮，关闭窗口。将"材质"窗口中的"灯绳"材质球拖曳到"对象"窗口中的"灯绳""灯绳2"对象上。折叠"灯具"对象组。

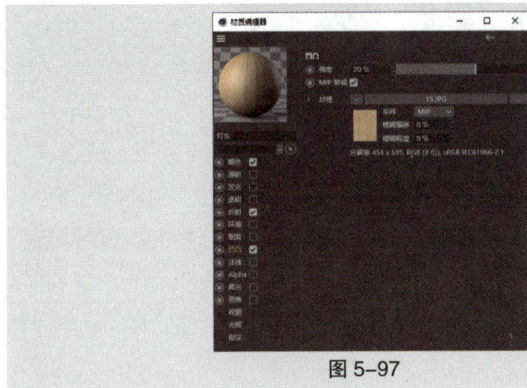
图 5-97

图 5-98

（12）在"材质"窗口中双击，添加一个材质球，并将其命名为"桌子"。在添加的材质球上双击，弹出"材质编辑器"窗口。在左侧列表中选择"颜色"选项，切换到相应的选项卡，设置"H"为32°，"S"为0%，"V"为88%，其他选项的设置如图5-99所示。

（13）在左侧列表中选择"反射"选项，切换到相应的选项卡，设置"全局反射亮度"为6%，单击"层设置"下方的"添加"按钮，在弹出的下拉菜单中选择"Beckmann"命令，添加一个层。设置"粗糙度"为24%，"反射强度"为24%，"高光强度"为13%，其他选项的设置如图5-100所示。单击"关闭"按钮，关闭窗口。将"材质"窗口中的"桌子"材质球拖曳到"对象"窗口中的"桌子"对象组上。折叠"家居装修钻展图"对象组。

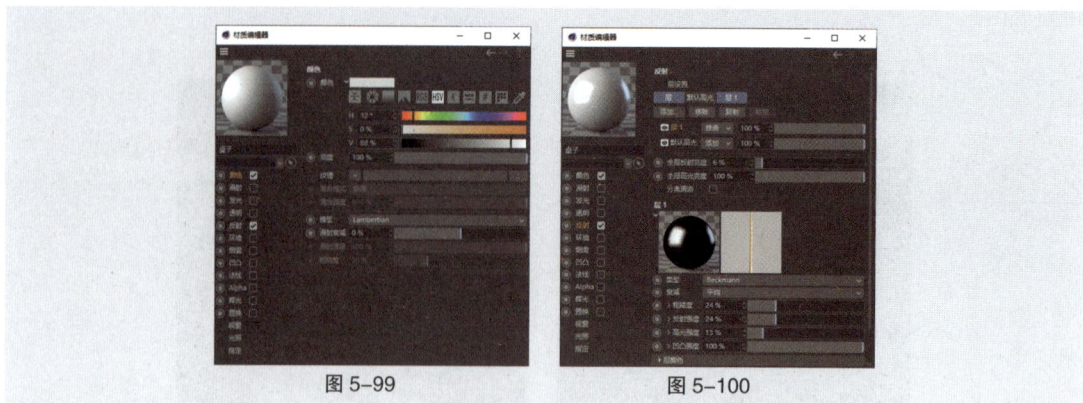

图 5-99

图 5-100

4．渲染

（1）前 3 个步骤与"4.3.2 课堂案例——制作沙发"中"渲染"的前 3 个步骤一致，这里不赘述。

（2）单击"渲染到图像查看器"按钮，弹出"图像查看器"窗口，如图 5-101 所示。渲染完成后，单击窗口中的"将图像另存为"按钮，弹出"保存"对话框，如图 5-102 所示。

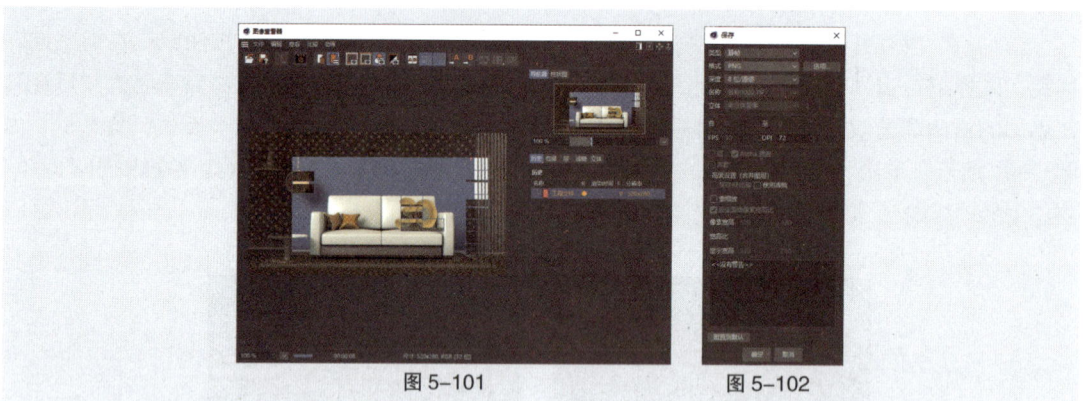

图 5-101

图 5-102

（3）单击"保存"对话框中的"确定"按钮，弹出"保存对话"对话框，在对话框中选择要保存文件的位置，并在"文件名"文本框中输入名称，设置完成后，单击"保存"按钮，保存图像，效果如图 5-103 所示。

（4）在 Photoshop 中，根据需要添加文字与图标相结合的宣传信息，丰富画面内容，提升其商业价值，效果如图 5-104 所示。家居装修钻展图制作完成。

图 5-103

图 5-104

5.4 课堂练习——制作榨汁机主图

【练习知识要点】使用"平面"工具制作背景；使用"立方体"工具制作桌子；使用"圆柱体""缩放"和"细分曲面"工具、"倒角""循环选择"和"内部挤压"命令制作榨汁机底部；使用"圆盘""圆柱体""立方体"和"克隆"工具、"循环/路径切割"和"反转法线"命令制作刀片和榨汁机盖；使用"圆柱体"工具、"挤压""内部挤压"和"循环/路径切割"命令制作杯子和盘子；使用"摄像机"工具控制视图的显示效果；使用"区域光"工具制作灯光效果；使用"材质"窗口创建材质并设置材质参数；使用"物理天空"工具创建环境效果；使用"编辑渲染设置"按钮和"渲染到图像查看器"按钮渲染图像，最终效果如图 5-105 所示。

【效果文件所在位置】云盘 \Ch05\ 制作榨汁机主图 \ 工程文件 .c4d。

图 5-105

底座建模　　轴及刀片建模　　组合建模　　榨汁机主图建模　　灯光　　材质　　渲染

5.5 课后习题——制作美味茶饮直通车图

【习题知识要点】使用"打开项目"命令打开已制作完的模型；使用"圆柱体""缩放"和"细分曲面"工具、"循环/路径切割""内部挤压""挤压"和"倒角"命令制作瓶身；使用"圆盘""对称"和"细分曲面"工具、"循环/路径切割""内部挤压""挤压"和"滑动"命令制作盖子；使用"圆盘""布料曲面"和"细分曲面"工具、"循环/路径切割""内部挤压"和"挤压"命令制作拉环；使用"分裂"和"挤压"命令制作瓶贴；使用"材质"窗口创建材质并设置材质参数；使用"渲染到图像查看器"按钮渲染图像，最终效果如图 5-106 所示。

【效果文件所在位置】云盘 \Ch05\ 制作美味茶饮直通车图 \ 工程文件 .c4d。

图 5-106

建模　　材质

第 6 章

06

商品详情页海报设计

▶ 本章介绍

　　商品详情页设计是电商视觉设计中的综合型工作任务，精心设计的商品详情页海报能够提升用户对商品的购买欲望。本章针对商品详情页的基本概念和模块、商品详情页海报的基本概念和设计规则等基础知识进行系统讲解，并针对流行风格与典型行业的商品详情页海报进行设计演练。通过对本章的学习，读者可以对商品详情页海报的设计有系统的认识，并快速掌握商品详情页海报的设计规则和制作方法，成功制作出使人具有购买欲望的商品详情页海报。

学习引导

学习目标	知识目标	能力目标	素质目标
	1. 了解商品详情页的基本概念。	1. 熟悉商品详情页海报的设计规则。	1. 培养读者良好的商品详情页海报设计习惯。
	2. 明确商品详情页的模块。	2. 熟悉商品详情页海报的设计思路。	2. 培养读者对商品详情页海报的鉴赏能力。
	3. 了解商品详情页海报的基本概念	3. 掌握商品详情页海报的制作方法	3. 培养读者对商品详情页海报的设计能力

6.1 商品详情页概述

　　商品详情页即店铺向消费者展示商品详细信息，令消费者进行消费的页面，具有展示产品内容、达成产品转化的功能。由于消费者在网络中，只能通过商品详情页了解商品，因此商品详情页的质量对商品的销售量起着决定性作用。

　　PC 端店铺的商品详情页可根据平台划分为两类。一类是以淘宝为代表，另一类是以京东和天猫为代表，其模块可以根据商家的不同需要进行组合、变化。商品详情页的核心模块通常包括商品焦点图、卖点提炼、商品展示、细节展示、商品信息、温馨提示和其他信息，如图 6-1 所示。

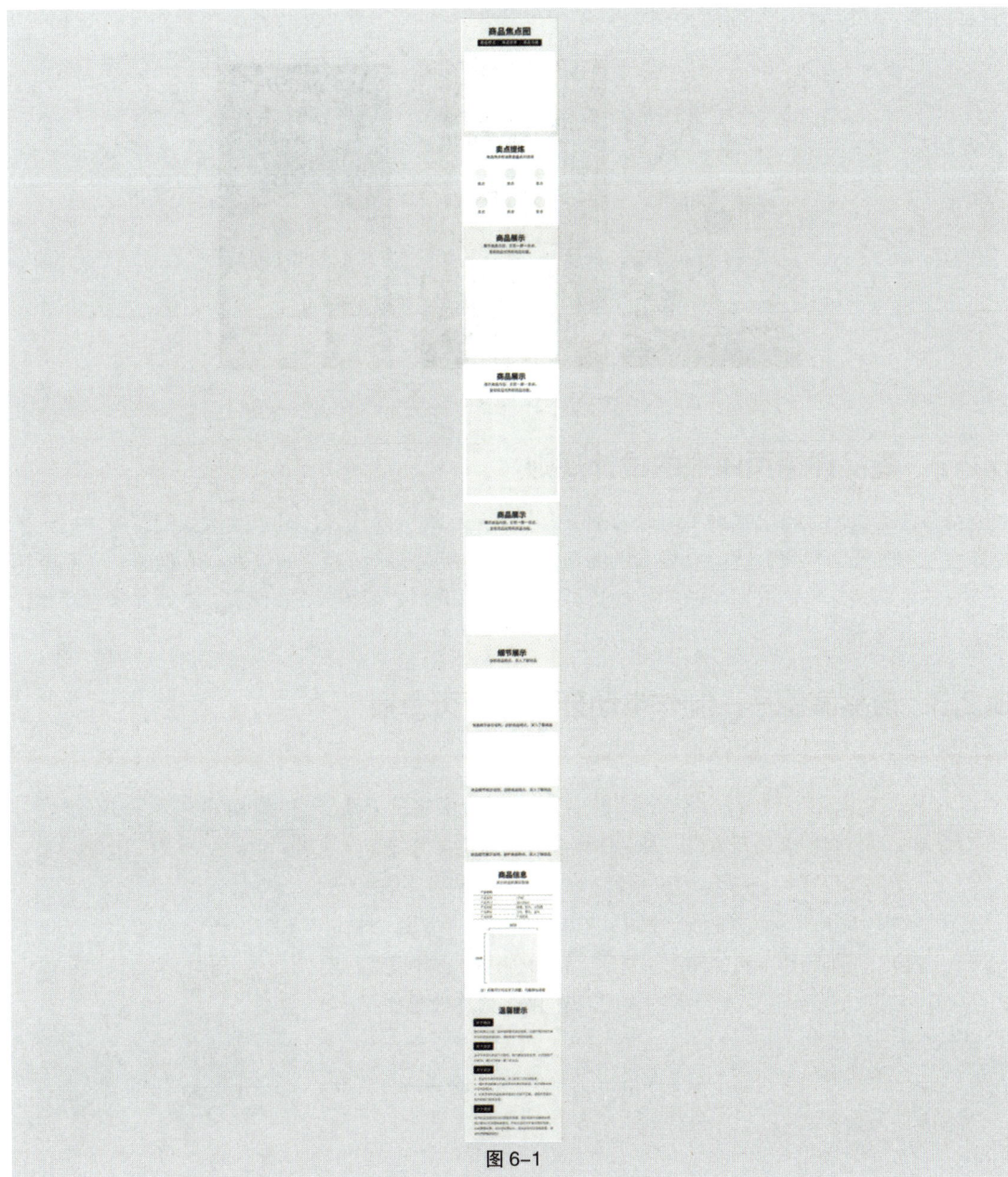

图 6-1

6.2 商品详情页的海报设计

商品详情页海报通常位于商品基础信息下方，是商品详情页中引人瞩目的部分，同时也是商品详情页设计的重点。下面对商品详情页海报的设计知识进行详细讲解。

6.2.1 商品详情页海报的基本概念

商品详情页海报即商品详情页中的商品焦点图，通常位于商品详情页中商品基础信息下方，类似于店铺首页的轮播海报，主要用于令商品详情页中的商品更加吸引消费者，更好地突出商品优势。优秀的商品详情页海报会起到场景代入的作用，如图6-2所示。

图6-2

6.2.2 商品详情页海报的设计规则

商品详情页海报可以根据平台分为两类。一类是以淘宝为代表，宽750像素的海报，另一类是以京东和天猫为代表，宽790像素的海报。两类的高度不限，通常建议为950像素。商品详情页海报的主标题字号建议为60～70像素，副标题字号建议为40～50像素，叙述文字字号建议为25～30像素。

6.2.3 课堂案例——制作电动牙刷详情页海报

【案例学习目标】综合使用参数化工具、多边形建模工具、变形器工具、材质工具及渲染工具制作电动牙刷详情页海报。

【案例知识要点】使用"打开项目"命令打开已制作完的模型；使用"立方体""平面"和"圆柱体"工具制作场景；使用"球体"和"置换"工具制作水泡；使用"材质"窗口创建材质并设置材质参数；使用"渲染到图像查看器"按钮渲染图像，最终效果如图6-3所示。

【效果文件所在位置】云盘 \Ch06\ 制作电动牙刷详情页海报 \工程文件 .c4d。

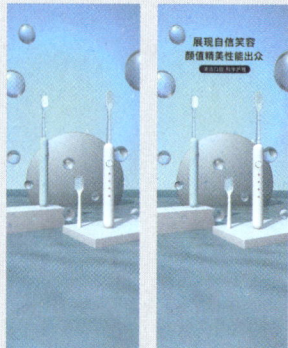

图6-3

1. 建模

（1）选择"文件 > 打开项目"命令，在弹出的"打开文件"对话框中，选择"Ch04 > 制作牙刷 > 工程文件"，单击"打开"按钮，打开文件。在"对象"窗口中选中"背景"对象，如图 6-4 所示，按 Delete 键将其删除。视图窗口中的效果如图 6-5 所示。

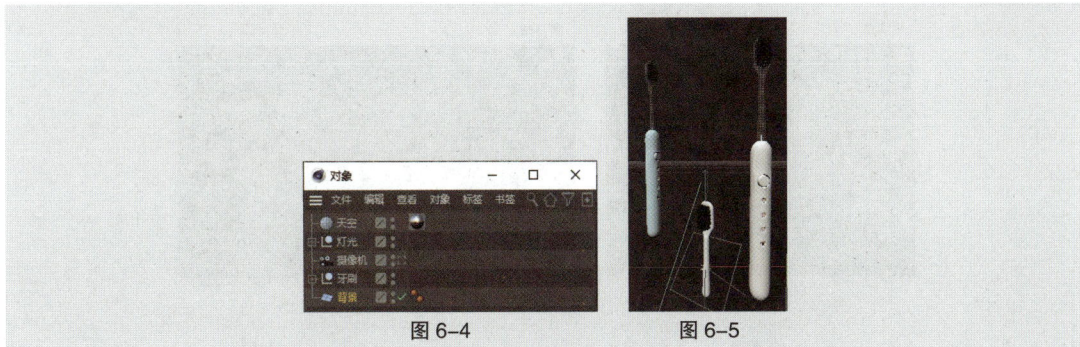

图 6-4　　　　　　　　　图 6-5

（2）选择"立方体"工具，在"对象"窗口中生成一个"立方体"对象，并将其重命名为"台子1"。在"属性"窗口的"对象"选项卡中，设置"尺寸.X"为 350cm，"尺寸.Y"为 50cm，"尺寸.Z"为 900cm。勾选"圆角"复选框，设置"圆角半径"为 3cm，"圆角细分"为 6，如图 6-6 所示。在"坐标"选项卡中，设置"P.X"为 375cm，"P.Y"为 −110cm，"P.Z"为 115cm，"R.H"为 −60°，"R.P"为 0°，"R.B"为 0°，如图 6-7 所示。视图窗口中的效果如图 6-8 所示。

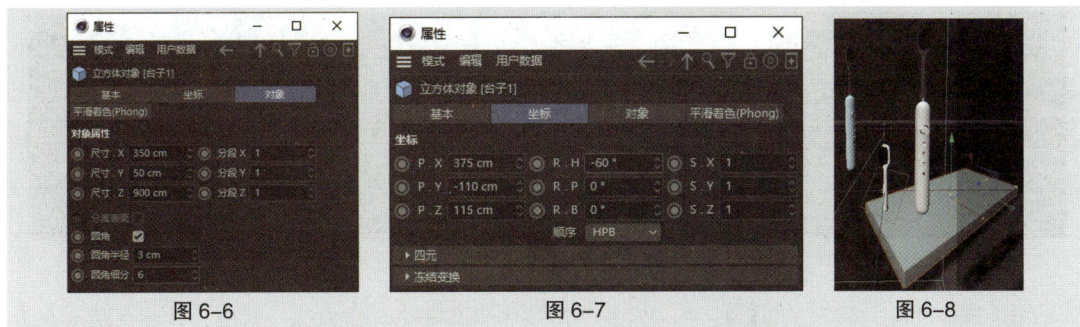

图 6-6　　　　　　　　图 6-7　　　　　　　　图 6-8

（3）选择"立方体"工具，在"对象"窗口中生成一个"立方体"对象，并将其重命名为"台子2"。在"属性"窗口的"对象"选项卡中，设置"尺寸.X"为 220cm，"尺寸.Y"为 160cm，"尺寸.Z"为 410cm，勾选"圆角"复选框，设置"圆角半径"为 3cm，"圆角细分"为 6，如图 6-9 所示。在"属性"窗口的"坐标"选项卡中，设置"P.X"为 −325cm，"P.Y"为 −80cm，"P.Z"为 205cm，"R.H"为 −60°，"R.P"为 0°，"R.B"为 0°，如图 6-10 所示。

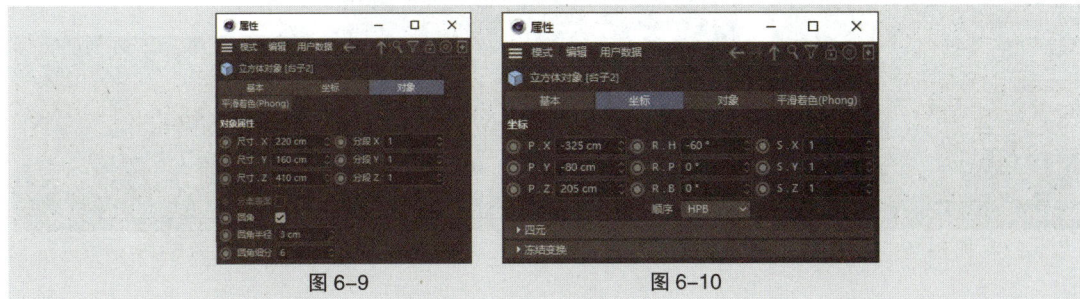

图 6-9　　　　　　　　　　图 6-10

（4）选择"平面"工具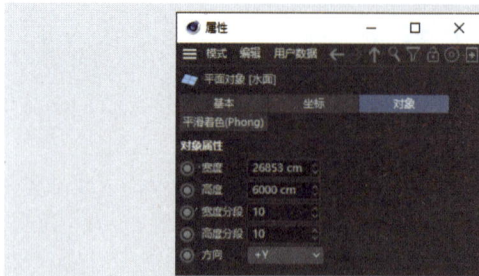,在"对象"窗口中生成一个"平面"对象,并将其重命名为"水面"。在"属性"窗口的"对象"选项卡中,设置"宽度"为26853cm,"高度"为6000cm,如图6-11所示。在"坐标"选项卡中,设置"P.X"为-450cm,"P.Y"为-130cm,"P.Z"为2040cm,如图6-12所示。

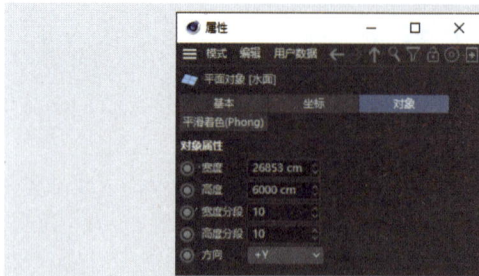
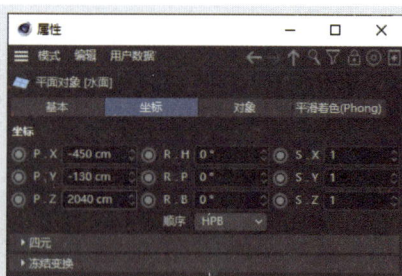

图 6-11　　　　　　　　　　　图 6-12

（5）选择"圆柱体"工具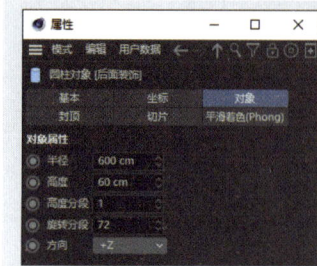,在"对象"窗口中生成一个"圆柱体"对象,并将其重命名为"后面装饰"。在"属性"窗口的"对象"选项卡中,设置"半径"为600cm,"高度"为60cm,"高度分段"为1,"旋转分段"为72,"方向"为"+Z",如图6-13所示。在"坐标"选项卡中,设置"P.X"为-15cm,"P.Y"为150cm,"P.Z"为1400cm,如图6-14所示。在"封顶"选项卡中,勾选"圆角"复选框,其他选项的设置如图6-15所示。

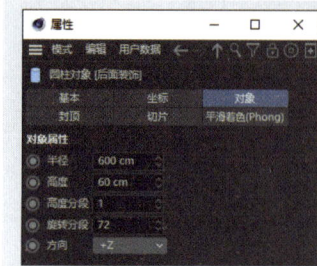
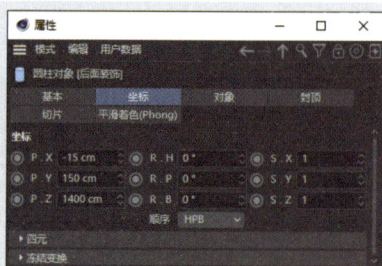

图 6-13　　　　　　　　图 6-14　　　　　　　　图 6-15

（6）选择"立方体"工具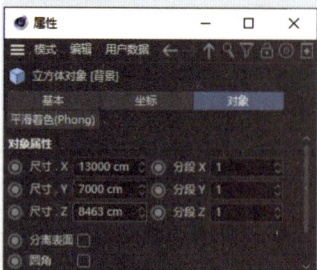,在"对象"窗口中生成一个"立方体"对象,并将其重命名为"背景"。在"属性"窗口的"对象"选项卡中,设置"尺寸.X"为13000cm,"尺寸.Y"为7000cm,"尺寸.Z"为8463cm,如图6-16所示。在"坐标"选项卡中,设置"P.X"为-1260cm,"P.Y"为3000cm,"P.Z"为488cm,如图6-17所示。在"对象"窗口中,在"背景"对象上单击鼠标右键,在弹出的菜单中选择"转为可编辑对象"命令,将其转为可编辑对象,如图6-18所示。

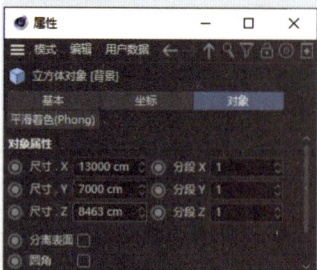
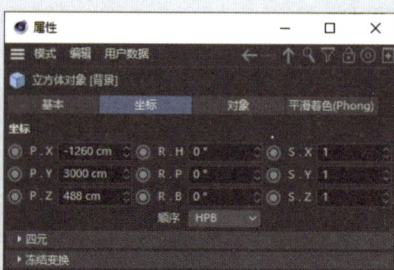

图 6-16　　　　　　　　图 6-17　　　　　　　　图 6-18

（7）单击"多边形"按钮 ，切换为多边形模式。选择不需要的面，如图 6-19 所示，按 Delete 键将其删除。视图窗口中的效果如图 6-20 所示。单击"摄像机"对象右侧的按钮 ，进入摄像机视图，视图窗口中的效果如图 6-21 所示。

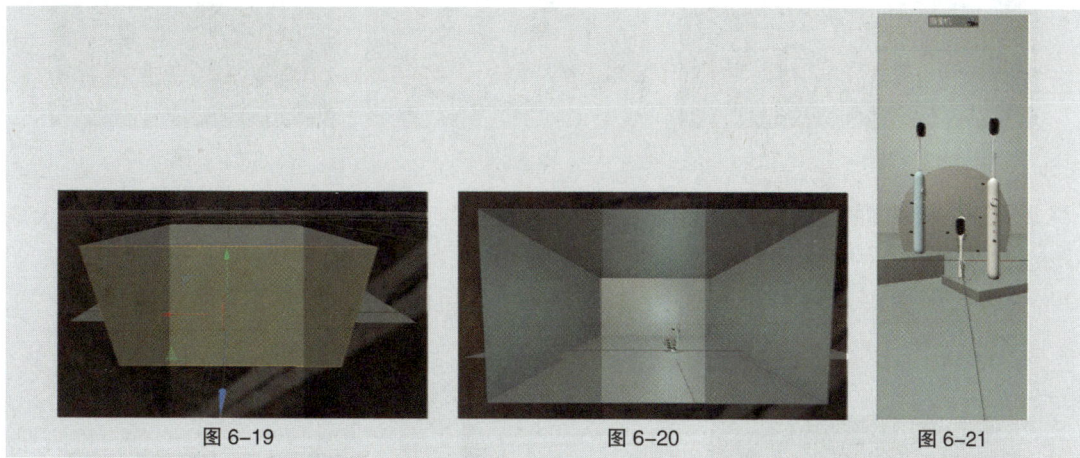

图 6-19　　　　　　　　　　图 6-20　　　　　　　　　　图 6-21

（8）选择"球体"工具 ，在"对象"窗口中生成一个"球体"对象，并将其重命名为"水泡 1"。选择"置换"工具 ，在"对象"窗口中生成一个"置换"对象。将"置换"对象拖曳到"水泡 1"对象的下方，如图 6-22 所示。

（9）在"属性"窗口的"着色"选项卡中，单击"着色器"选项右侧的按钮 ，在弹出的下拉菜单中选择"噪波"命令，单击选项下方的预览框区域。在"着色器"选项卡中设置"种子"为 671，"全局缩放"为 1000%，"对比"为 -60%，如图 6-23 所示。单击"模型"按钮 ，切换为模型模式。选中"对象"窗口中的水泡 1 对象。在"属性"窗口的"对象"选项卡中，设置"半径"为 40cm，"分段"为 72，如图 6-24 所示。

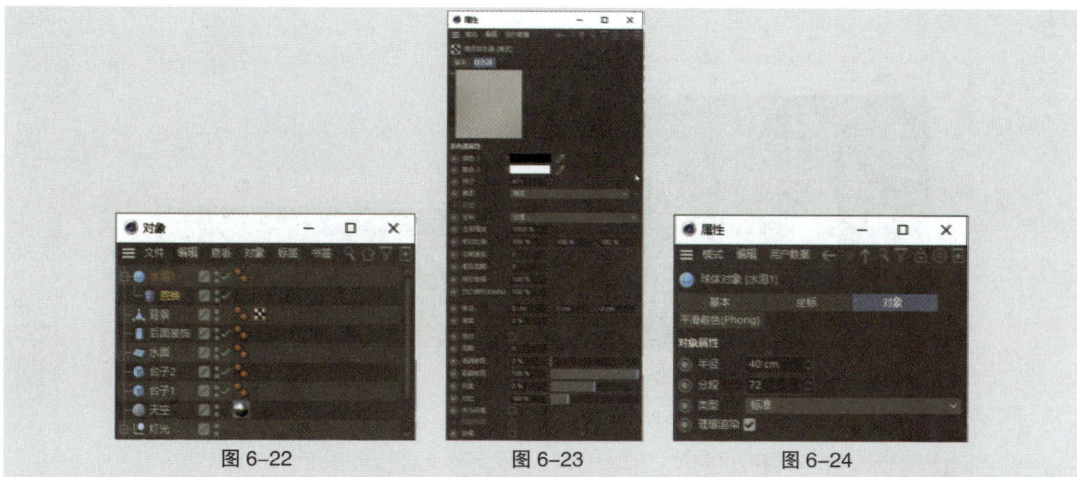

第 6 章　商品详情页海报设计

181

图 6-22　　　　　　　　　　图 6-23　　　　　　　　　　图 6-24

（10）在"坐标"选项卡中，设置"P.X"为 -65cm，"P.Y"为 300cm，"P.Z"为 85cm，如图 6-25 所示。视图窗口中的效果如图 6-26 所示。在"对象"窗口中，在"水泡 1"对象组上单击鼠标右键，在弹出的菜单中选择"连接对象 + 删除"命令，将"水泡 1"对象组进行连接，如图 6-27 所示。

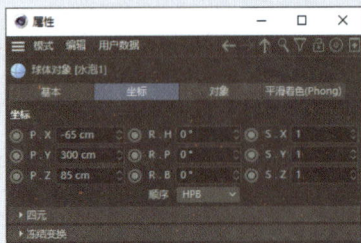
图 6-25

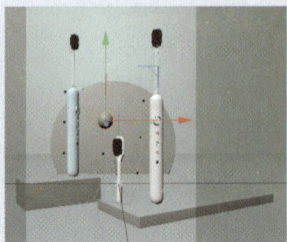
图 6-26

图 6-27

（11）使用相同的方法再制作 11 个水泡，分别设置合适的参数并进行连接，在"对象"窗口中生成"水泡 2"～"水泡 12"对象，如图 6-28 所示。视图窗口中的效果如图 6-29 所示。在"对象"窗口中，按住 Shift 键的同时，选中所有水泡对象，按 Alt+G 组合键将其编组，并重命名为"水泡"，如图 6-30 所示。

图 6-28

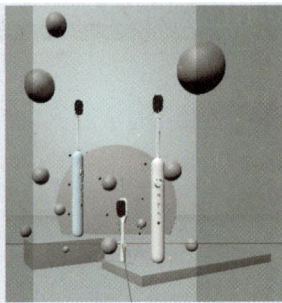
图 6-29

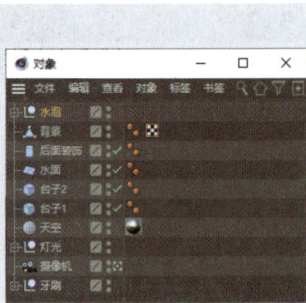
图 6-30

（12）按住 Shift 键的同时，选中需要的对象，如图 6-31 所示，按 Alt+G 组合键将其编组，并重命名为"场景"。按住 Ctrl 键的同时，选中"牙刷"对象组，按 Alt+G 组合键将其编组，并重命名为"电动牙刷详情页海报"，如图 6-32 所示。

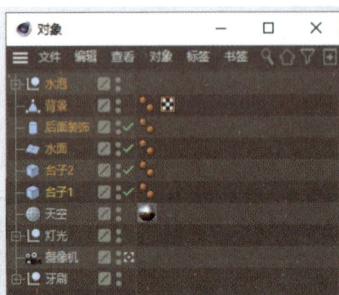
图 6-31

图 6-32

2. 灯光

与"4.3.4 课堂案例——制作牙刷"中"灯光"的步骤一致，这里不赘述。

3. 材质

（1）在"材质"窗口中双击，添加一个材质球，并将其命名为"台子"。在"对象"窗口中展开"电动牙刷详情页海报 > 场景"对象组，将"材质"窗口中的"台子"材质球分别拖曳到"对象"窗口中的"台子 1"对象和"台子 2"对象上，如图 6-33 所示。

材质

（2）在添加的"台子"材质球上双击，弹出"材质编辑器"窗口。在左侧列表中选择"颜色"选项，切换到相应的选项卡，设置"H"为212°，"S"为4%，"V"为89%，其他选项的设置如图6-34所示。在左侧列表中选择"反射"选项，切换到相应的选项卡，设置"全局反射亮度"为6%，"宽度"为59%，"衰减"为−18%，"内部宽度"为0%，"高光强度"为43%，如图6-35所示。

 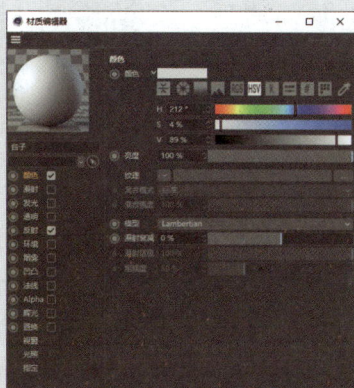 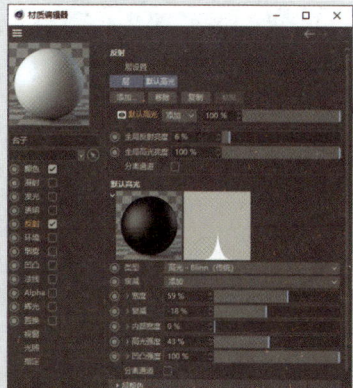

图6-33　　　　　　　　　　图6-34　　　　　　　　　　图6-35

（3）单击"层设置"下方的"添加"按钮，在弹出的下拉菜单中选择"Beckmann"命令，添加一个层，设置"粗糙度"为3%，"反射强度"为34%，"高光强度"为18%，其他选项的设置如图6-36所示。单击"关闭"按钮，关闭窗口。

（4）在"材质"窗口中双击，添加一个材质球，并将其命名为"水面"。将"材质"窗口中的"水面"材质球拖曳到"对象"窗口中的"水面"对象上，如图6-37所示。在添加的"水面"材质球上双击，弹出"材质编辑器"窗口。在左侧列表中选择"颜色"选项，切换到相应的选项卡，设置"H"为192°，"S"为23%，"V"为70%，其他选项的设置如图6-38所示。

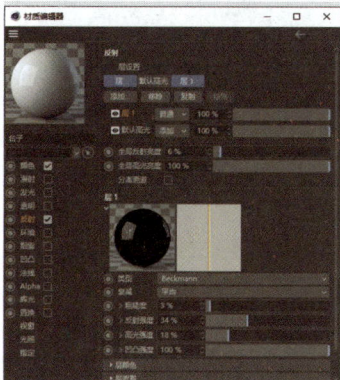  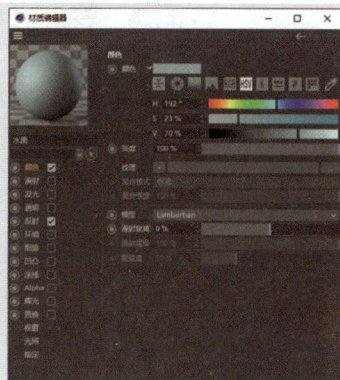

图6-36　　　　　　　　　　图6-37　　　　　　　　　　图6-38

（5）在左侧列表中选择"透明"选项，切换到相应的选项卡，勾选"透明"复选框，设置"H"为191°，"S"为49%，"V"为56%，"折射率预设"为"水"，其他选项的设置如图6-39所示。选择"反射"选项，切换到相应的选项卡，设置"衰减"为−21%，其他选项的设置如图6-40所示。单击"层设置"下方的"* 透明度 *"按钮，切换到相应的选项卡中，设置"粗糙度"为15%，"凹凸强度"为30%，如图6-41所示。

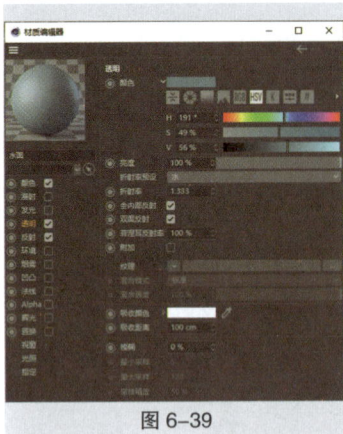

图 6-39

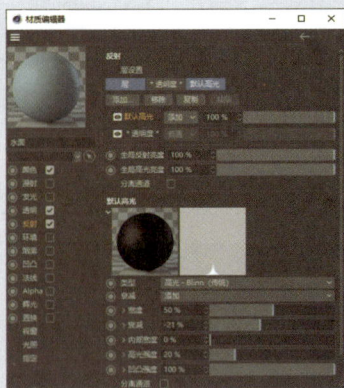

图 6-40

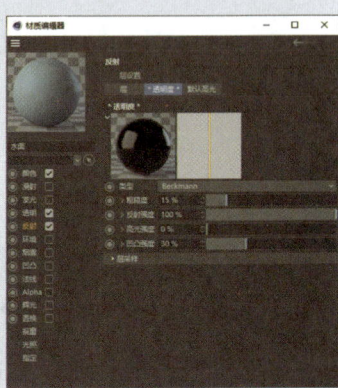

图 6-41

（6）在左侧列表中选择"凹凸"选项，切换到相应的选项卡，勾选"凹凸"复选框，单击"纹理"选项右侧的按钮 ，在弹出的下拉菜单中选择"噪波"命令。单击选项下方的预览框区域，切换到相应的选项卡，设置"全局缩放"为300%，"相对比例"为500%、30%、300%，其他选项的设置如图6-42所示。单击"关闭"按钮，关闭窗口。

（7）在"材质"窗口中双击，添加一个材质球，并将其命名为"后面装饰"。将"材质"窗口中的"后面装饰"材质球拖曳到"对象"窗口中的"后面装饰"对象上，如图6-43所示。在添加的"后面装饰"材质球上双击，弹出"材质编辑器"窗口。在左侧列表中选择"颜色"选项，切换到相应的选项卡，设置"H"为195°，"S"为41%，"V"为45%，其他选项的设置如图6-44所示。

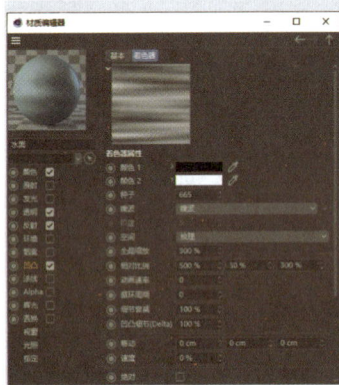

图 6-42

图 6-43

图 6-44

（8）在左侧列表中选择"透明"选项，切换到相应的选项卡，勾选"透明"复选框，设置"H"为191°，"S"为25%，"V"为66%，"折射率预设"为"有机玻璃"，其他选项的设置如图6-45所示。选择"反射"选项，切换到相应的选项卡，设置"全局反射亮度"为6%，"宽度"为57%，"衰减"为−37%，"高光强度"为60%，如图6-46所示。

（9）单击"层设置"下方的"添加"按钮，在弹出的下拉菜单中选择"Beckmann"命令，添加一个层，设置"粗糙度"为64%，"反射强度"为5%，"高光强度"为20%，其他选项的设置如图6-47所示。单击"关闭"按钮，关闭窗口。

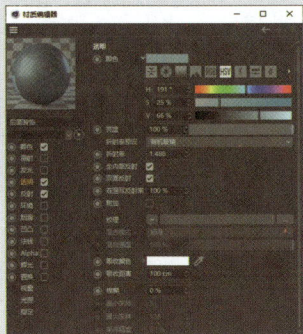

图 6-45

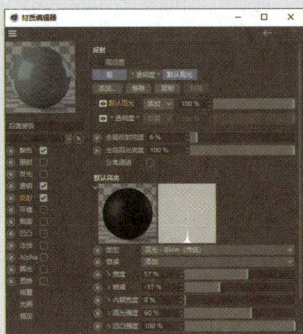

图 6-46

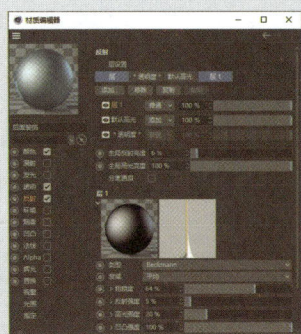

图 6-47

（10）在"材质"窗口中双击，添加一个材质球，并将其命名为"背景"。将"材质"窗口中的"背景"材质球拖曳到"对象"窗口中的"背景"对象上，如图 6-48 所示。

（11）在添加的"背景"材质球上双击，弹出"材质编辑器"窗口。在左侧列表中选择"颜色"选项，切换到相应的选项卡，设置"纹理"为"渐变"，单击"渐变预览框"按钮，切换到相应的选项卡，如图 6-49 所示。

图 6-48

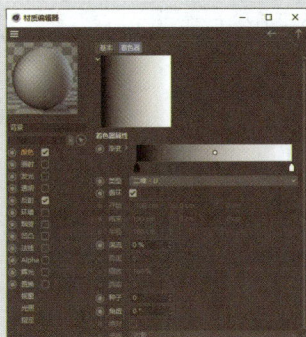

图 6-49

（12）双击"渐变"下方左侧的"色标 .1"按钮，弹出"渐变色标设置"对话框，设置"H"为 202°，"S"为 45%，"V"为 85%，"位置偏差"为 76%，如图 6-50 所示。单击"确定"按钮，返回"材质编辑器"窗口。双击"渐变"下方右侧的"色标 .2"按钮，弹出"渐变色标设置"对话框，设置"H"为 195°，"S"为 4%，"V"为 91%，如图 6-51 所示。单击"确定"按钮，返回"材质编辑器"窗口。设置"角度"为 -90°，如图 6-52 所示。

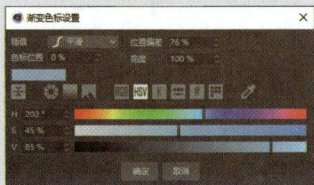

图 6-50

图 6-51

图 6-52

（13）在左侧列表中选择"发光"选项，切换到相应的选项卡，勾选"发光"复选框，设置"H"为0°，"S"为0%，"V"为68%，"亮度"为51%，其他选项的设置如图6-53所示。单击"关闭"按钮，关闭窗口。

（14）在"材质"窗口中双击，添加一个材质球，并将其命名为"水泡"。将"材质"窗口中的"水泡"材质球拖曳到"对象"窗口中的"水泡"对象组上，如图6-54所示。

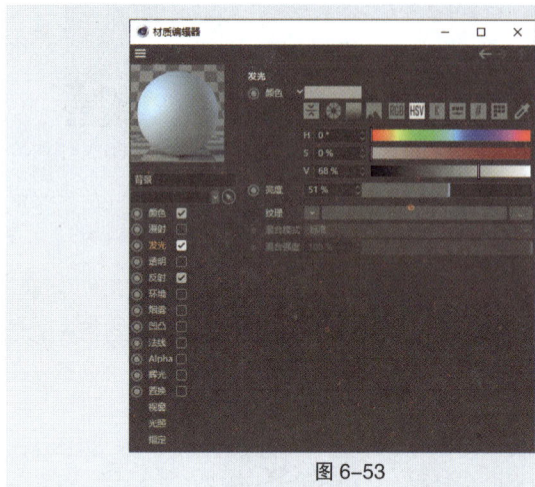

图 6-53　　　　　　　　　　　　图 6-54

（15）在添加的"水泡"材质球上双击，弹出"材质编辑器"窗口。在左侧列表中选择"颜色"选项，切换到相应的选项卡，设置"H"为0°，"S"为0%，"V"为68%，其他选项的设置如图6-55所示。在左侧列表中选择"透明"选项，切换到相应的选项卡，勾选"透明"复选框，设置"H"为0°，"S"为0%，"V"为100%，"折射率预设"为"水"，其他选项的设置如图6-56所示。选择"反射"选项，切换到相应的选项卡，设置"宽度"为50%，"衰减"为−10%，"高光强度"为68%，如图6-57所示。

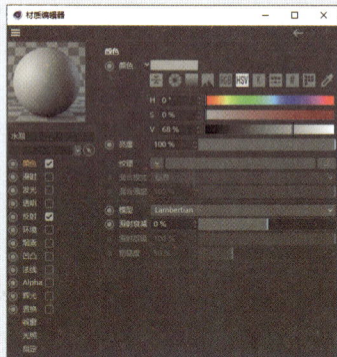
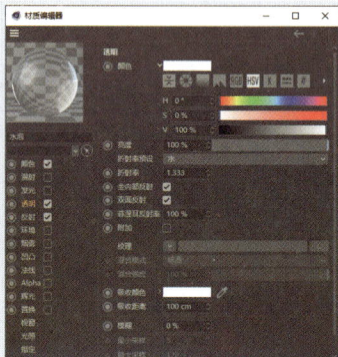
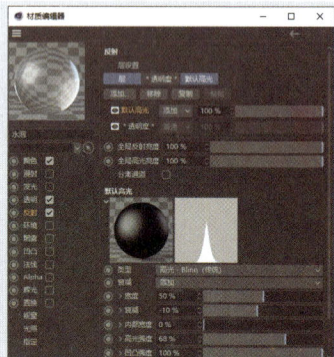

图 6-55　　　　　　　　图 6-56　　　　　　　　图 6-57

（16）单击"层设置"下方的"添加"按钮，在弹出的下拉菜单中选择"Beckmann"命令。添加一个层，设置"粗糙度"为0%，"高光强度"为0%，其他选项的设置如图6-58所示。单击"关闭"按钮，关闭窗口。

（17）在"材质"窗口中双击，添加一个材质球，并将其命名为"水泡1"。在"对象"窗口中展开"水泡"对象组，将"材质"窗口中的"水泡1"材质球分别拖曳到"对象"窗口中的

"水泡12""水泡11""水泡10"和"水泡1"对象上,如图6-59所示。折叠"水泡"对象组和"场景"对象组。

（18）在添加的"水泡1"材质球上双击,弹出"材质编辑器"窗口。在左侧列表中选择"颜色"选项,切换到相应的选项卡,设置"H"为0°,"S"为0%,"V"为94%,其他选项的设置如图6-60所示。

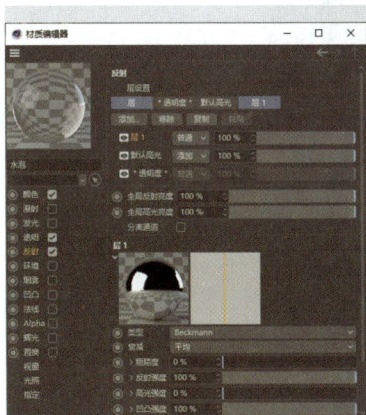

图6-58

图6-59

图6-60

（19）在左侧列表中选择"透明"选项,切换到相应的选项卡,勾选"透明"复选框,设置"H"为0°,"S"为0%,"V"为97%,"折射率预设"为"水",其他选项的设置如图6-61所示。选择"反射"选项,切换到相应的选项卡,设置"衰减"为-20%,"内部宽度"为3%,"高光强度"为89%,如图6-62所示。单击"层设置"下方的"* 透明度 *"按钮,切换到相应的选项卡中,设置"粗糙度"为0%,如图6-63所示。

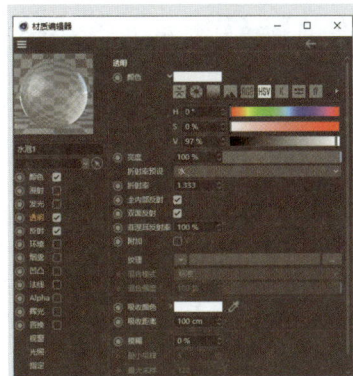

图6-61

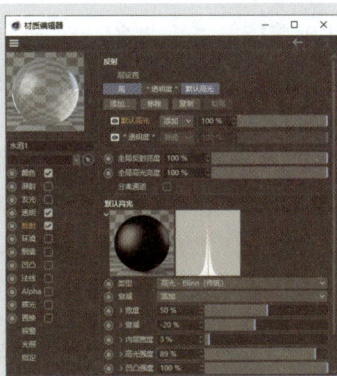

图6-62

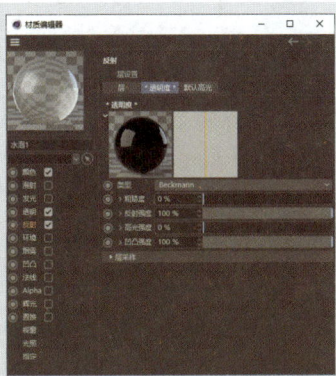

图6-63

4. 渲染

（1）前3个步骤与"4.3.4 课堂案例——制作牙刷"中"渲染"的前3个步骤类似,这里不赘述。

（2）单击"渲染到图像查看器"按钮 ▦,弹出"图像查看器"窗口,如图6-64所示。渲染完成后,单击窗口中的"将图像另存为"按钮 ▦,弹出"保存"对话框,如图6-65所示。

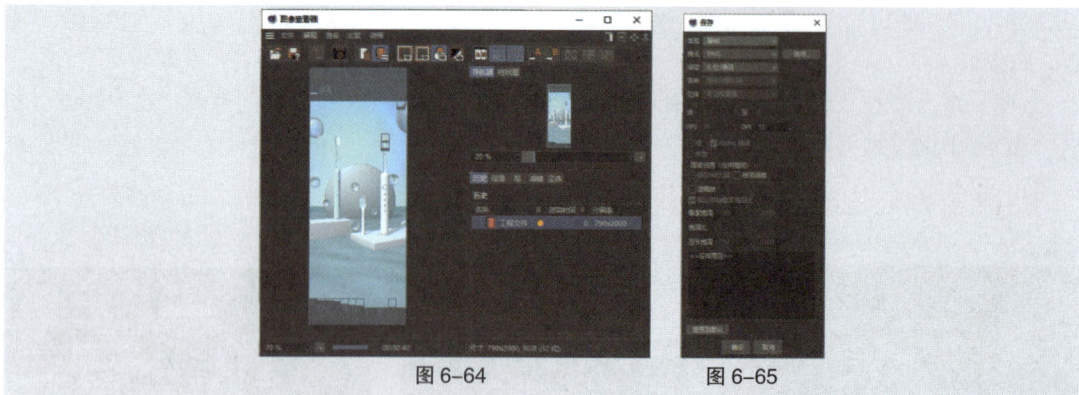

图 6-64　　　　　　　　　　图 6-65

（3）单击"保存"对话框中的"确定"按钮，弹出"保存对话"对话框，在对话框中选择要保存文件的位置，并在"文件名"文本框中输入名称，设置完成后，单击"保存"按钮，保存图像，效果如图 6-66 所示。

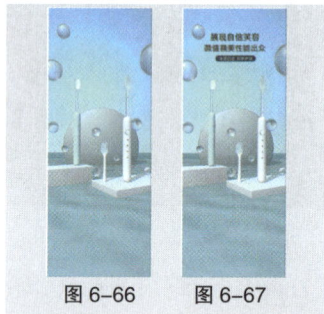

（4）在 Photoshop 中，根据需要添加文字与图标相结合的宣传信息，丰富画面内容，提升其商业价值，效果如图 6-67 所示。电动牙刷详情页海报制作完成。

图 6-66　　　　图 6-67

6.3　课堂练习——制作洗面奶详情页海报

【练习知识要点】使用"平面"工具制作背景；使用"球体""立方体""平面""挤压"和"圆柱体"工具制作装饰；使用"圆柱体""缩放"和"细分曲面"工具、"循环/路径切割""倒角""滑动""挤压"和"内部挤压"命令制作洗面奶；使用"摄像机"工具控制视图的显示效果；使用"区域光"工具制作灯光效果；使用"材质"窗口创建材质并设置材质参数；使用"物理天空"工具创建环境效果；使用"编辑渲染设置"按钮和"渲染到图像查看器"按钮渲染图像，最终效果如图 6-68 所示。

图 6-68

【效果文件所在位置】云盘 \Ch06\ 制作洗面奶详情页海报 \ 工程文件 .c4d。

建模

灯光

材质

渲染

6.4 课后习题——制作美味茶饮详情页海报

【习题知识要点】使用"平面"工具制作场景；使用"球体""圆柱体""缩放"和"细分曲面"工具、"循环/路径切割""内部挤压""挤压"和"倒角"命令制作水泡和杯子；使用"分裂""挤压""缩放"和"焊接"命令制作茶水；使用"合并项目"命令合并已制作完的模型和素材；使用"材质"窗口创建材质并设置材质参数；使用"渲染到图像查看器"按钮渲染图像，最终效果如图6-69所示。

【效果文件所在位置】云盘\Ch06\制作美味茶饮详情页海报\工程文件.c4d。

图6-69

建模

材质

07

第7章

店铺首页海报设计

▶ 本章介绍

　　店铺首页设计是电商视觉设计中的综合型工作任务，精心设计的店铺首页海报能够赢得用户对品牌的信任感。本章针对店铺首页的基本概念和模块、店铺首页海报的基本概念和设计规则等基础知识进行系统讲解，并针对流行风格与典型行业的店铺首页海报进行设计演练。通过对本章的学习，读者可以对店铺首页海报的设计有系统的认识，并快速掌握店铺首页海报的设计规则和制作方法，成功设计出具有品牌影响力的店铺首页海报。

学习引导

	知识目标	能力目标	素质目标
学习目标	1. 了解店铺首页的基本概念。	1. 熟悉店铺首页海报的设计规则。	1. 培养读者良好的店铺首页海报设计习惯。
	2. 明确店铺首页的模块。	2. 熟悉店铺首页海报的设计思路。	2. 培养读者对店铺首页海报的鉴赏能力。
	3. 了解店铺首页海报的基本概念	3. 掌握店铺首页海报的制作方法	3. 培养读者对店铺首页海报的设计能力

7.1 | 店铺首页概述

店铺首页是店铺的第一张展示页面，具有展现品牌气质、承担流量分发的作用。精美的店铺首页，不但可以提升消费者对店铺的好感度，还可以提高商品转化率，因此店铺首页需要用心设计。

PC 端店铺首页的宽度为 1920 像素，高度不限，其模块可以根据商家的不同需要进行组合变化。PC 端店铺首页的核心模块通常包括店招导航、轮播海报、优惠券、分类导航、商品展示和底部信息，如图 7-1 所示。

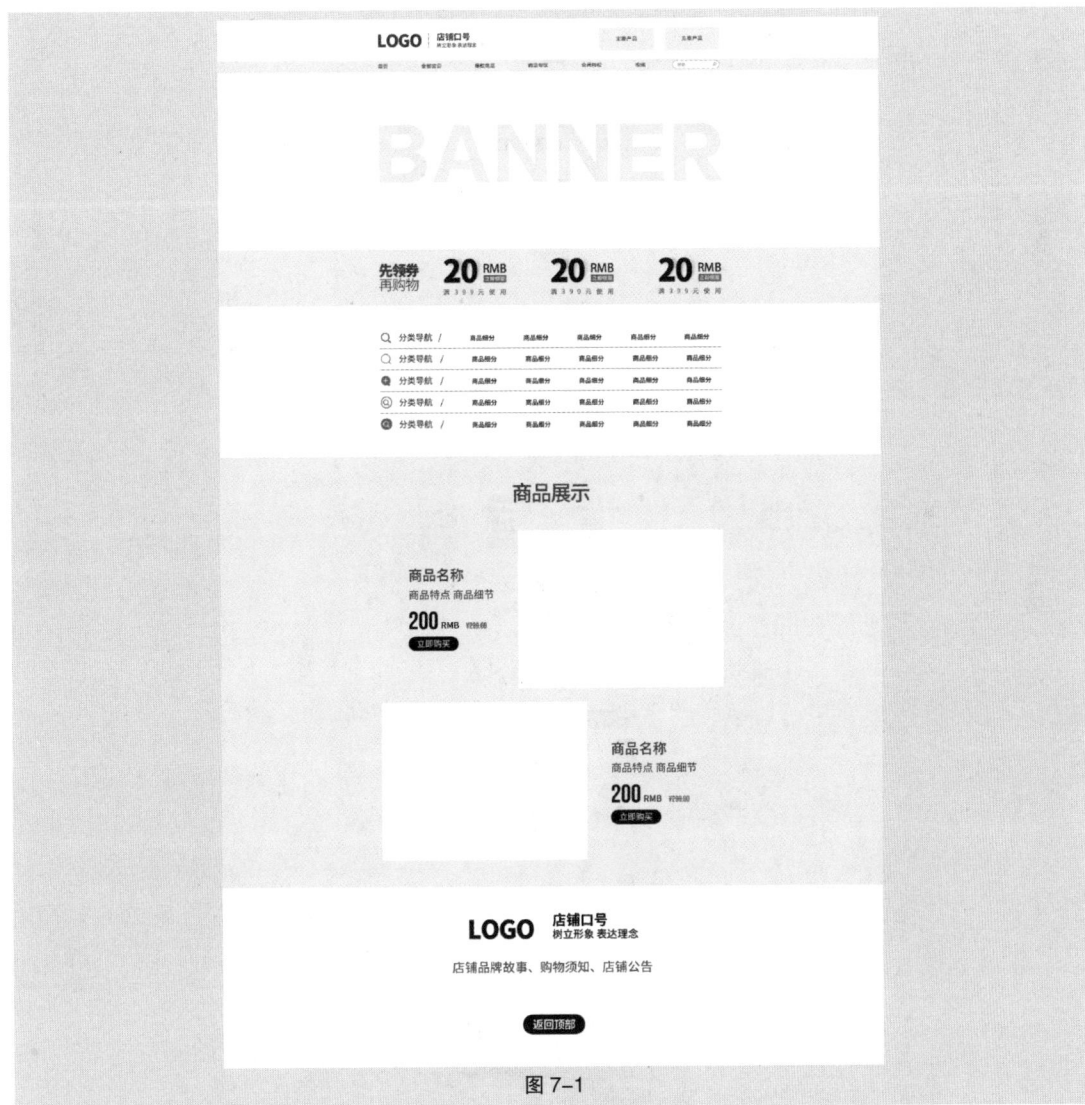

图 7-1

手机端店铺首页的宽度为 1200 像素，高度不限，其模块可以根据商家的不同需要进行组合变化。手机端店铺首页的核心模块通常包括店招、文字标题、店铺热搜、轮播海报、优惠券、分类模块、商品展示、底部信息、排行榜和逛逛更多宝贝，如图 7-2 所示。

图 7-2

7.2 店铺首页海报的设计

店铺首页海报通常以多张海报循环播放的形式出现，位于店招导航或店招下方，是店铺首页中非常醒目的部分，同时也是店铺首页设计的重中之重。下面对店铺首页海报的设计知识进行详细讲解。

7.2.1 店铺首页海报的基本概念

店铺首页海报即店铺首页中的 Banner，通常位于店招导航或店招下方，主要用于展示商品宣传和活动促销等内容。优秀的电商视觉设计师会对每张店铺首页海报的主题、构图和配色等进行综合考虑和设计，如图 7-3 所示。

图 7-3

7.2.2 店铺首页海报的设计规则

PC 端店铺首页海报的常见类型可以根据尺寸分为 PC 端店铺首页全屏海报和 PC 端店铺首页常规海报，如图 7-4 所示。店铺首页海报的尺寸根据不同电商平台的规则和商家的具体设计要求而有所区别。

（1）PC 端店铺首页全屏海报：这类海报的宽度为 1920 像素，高度建议为 500 ～ 900 像素，通常为 500、550、600、650、700、800、900 像素。

（2）PC 端店铺首页常规海报：这类海报的宽度通常为 950、750 和 190 像素，高度建议为 100 ～ 600 像素，常用尺寸为 750 像素 ×250 像素和 950 像素 ×250 像素。

图 7-4

手机端店铺首页海报的宽度为 1200 像素，高度为 120 ～ 2000 像素，支持 JPG 或 PNG 格式，大小不超过 2MB，如图 7-5 所示。

图 7-5

7.2.3　课堂案例——制作家用电器首页轮播海报 1

【案例学习目标】综合使用参数化工具、生成器工具、材质工具及渲染工具制作家用电器首页轮播海报 1。

【案例知识要点】使用"平面""立方体""胶囊""布尔""圆柱体""球体"和"融球"工具制作场景；使用"合并项目"命令合并已制作完的模型；使用"材质"窗口创建材质并设置材质参数；使用"渲染到图像查看器"按钮渲染图像，最终效果如图 7-6 所示。

【效果文件所在位置】云盘 \Ch07\ 制作家用电器首页轮播海报 1\ 工程文件 .c4d。

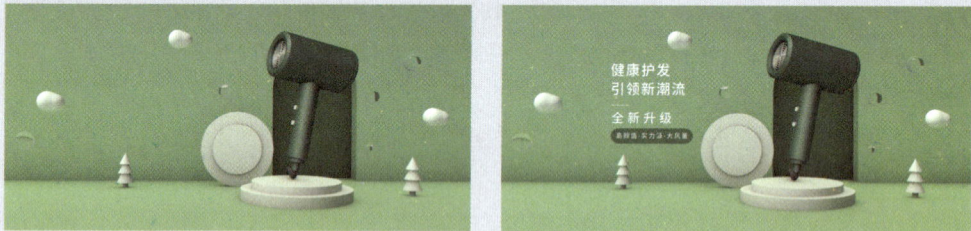

图 7-6

1. 建模

（1）启动 Cinema 4D 软件。选择"渲染 > 编辑渲染设置"命令，弹出"渲染设置"窗口。在"输出"选项卡中设置"宽度"为 1920 像素，"高度"为 900 像素，单击"关闭"按钮，关闭窗口。

建模

（2）选择"平面"工具 ，在"对象"窗口中生成一个"平面"对象，将其重命名为"地面"。在"属性"窗口的"对象"选项卡中，设置"宽度"为 900cm，"高度"为 1400cm，"宽度分段"为 10，"高度分段"为 10，如图 7-7 所示。

（3）选择"立方体"工具 ，在"对象"窗口中生成一个"立方体"对象，将其重命名为"前墙"。在"属性"窗口的"对象"选项卡中，设置"尺寸 .X"为 19cm，"尺寸 .Y"为 500cm，"尺寸 .Z"为 1200cm，如图 7-8 所示。在"坐标"窗口的"位置"选项组中，设置"Y"为 116cm，如图 7-9 所示，单击"应用"按钮。

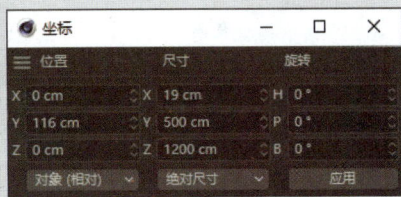

图 7-7　　　　　　　　　　　　　　　　图 7-8　　　　　　　　　　　　　　　　图 7-9

（4）选择"胶囊"工具 ，在"对象"窗口中自动生成一个"胶囊"对象，将其重命名为"洞"。在"属性"窗口的"对象"选项卡中，设置"半径"为40cm，"高度"为200cm，"高度分段"为4，"封顶分段"为8，"旋转分段"为16，如图7-10所示。在"坐标"窗口的"位置"选项组中，设置"X"为0cm，"Y"为20cm，"Z"为120cm，如图7-11所示，单击"应用"按钮。

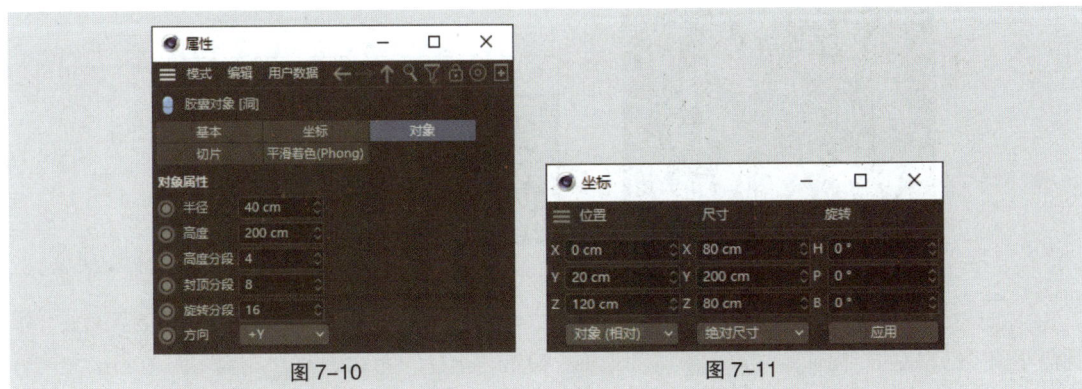
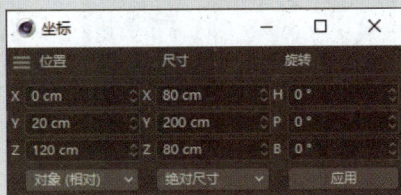

图 7-10　　　　　　　　　　　　　　　　　　　　图 7-11

（5）选择"布尔"工具 ，在"对象"窗口中生成一个"布尔"对象，将其重命名为"墙洞"。将"前墙"对象和"洞"对象拖曳到"墙洞"对象的下方，如图7-12所示。视图窗口中的效果如图7-13所示。

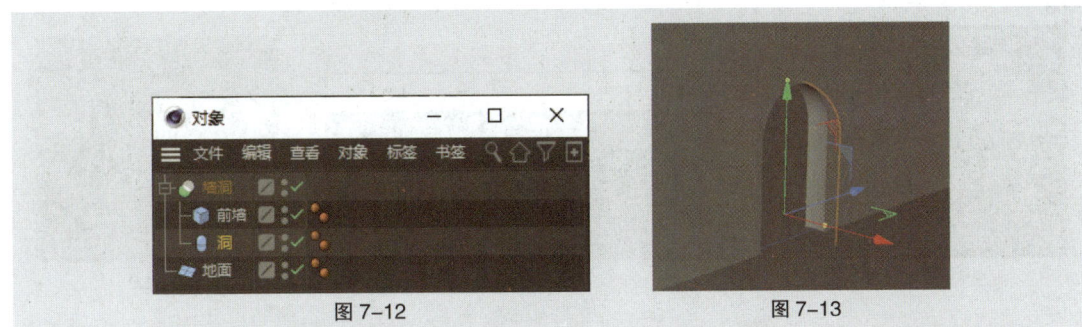

图 7-12　　　　　　　　　　　　　　　　　图 7-13

（6）选择"立方体"工具 ，在"对象"窗口中生成一个"立方体"对象，将其重命名为"后墙"。在"坐标"窗口的"位置"选项组中，设置"X"为-20cm，"Y"为116cm，如图7-14所示，单击"应用"按钮。在"属性"窗口的"对象"选项卡中，设置"尺寸.X"为19cm，"尺寸.Y"为500cm，"尺寸.Z"为1200cm，如图7-15所示。

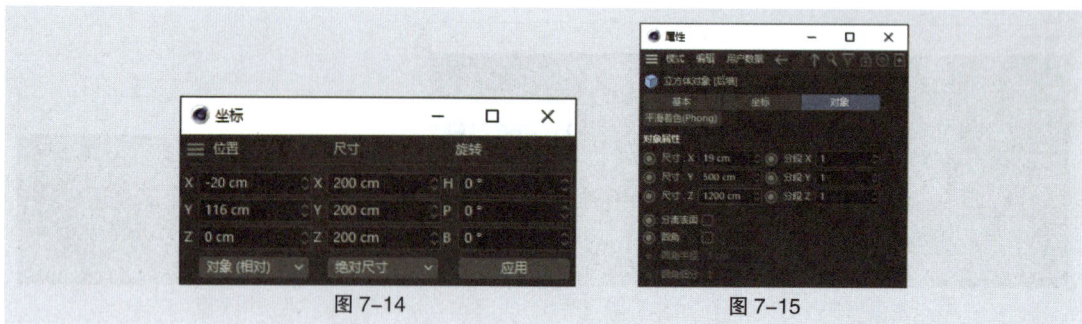
图 7-14

图 7-15

（7）选择"圆柱体"工具 ，在"对象"窗口中生成一个"圆柱体"对象，将其重命名为"平圆盘大"。在"属性"窗口的"对象"选项卡中，设置"半径"为40cm，"高度"为10cm，"高度分段"为4，"旋转分段"为32，如图7-16所示。在"坐标"窗口的"位置"选项组中，设置"X"为100cm，"Y"为2cm，"Z"为92cm，如图7-17所示，单击"应用"按钮。

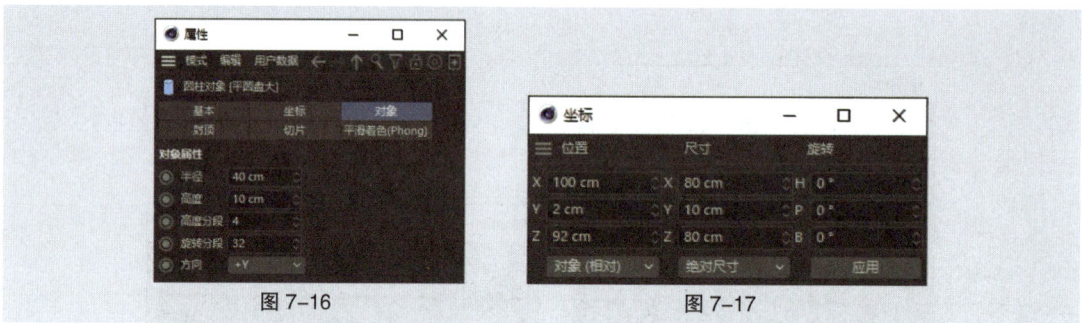
图 7-16

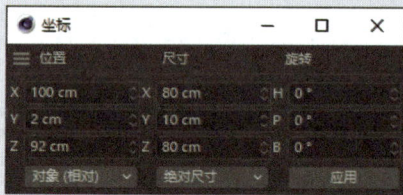
图 7-17

（8）选择"圆柱体"工具 ，在"对象"窗口中生成一个"圆柱体"对象，将其重命名为"平圆盘小"。在"属性"窗口的"对象"选项卡中，设置"半径"为32cm，"高度"为10cm，"高度分段"为4，"旋转分段"为32，如图7-18所示。在"坐标"窗口的"位置"选项组中，设置"X"为100cm，"Y"为7cm，"Z"为92cm，如图7-19所示，单击"应用"按钮。视图窗口中的效果如图7-20所示。

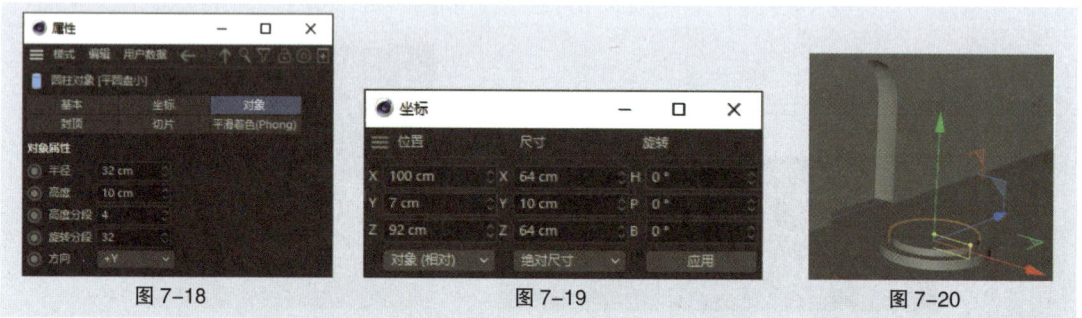
图 7-18

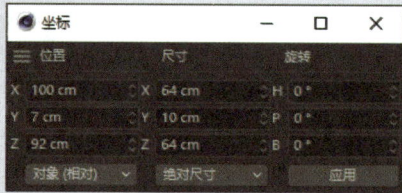
图 7-19

图 7-20

（9）选择"圆柱体"工具 ，在"对象"窗口中生成一个"圆柱体"对象，将其重命名为"竖圆盘大"。在"属性"窗口的"对象"选项卡中，设置"半径"为30cm，"高度"为10cm，"高度分段"为4，"旋转分段"为32，如图7-21所示。在"坐标"窗口的"位置"选项组中，设置"X"为40cm，"Y"为30cm，"Z"为50cm；在"旋转"选项组中，设置"B"为90°，如图7-22所示，单击"应用"按钮。

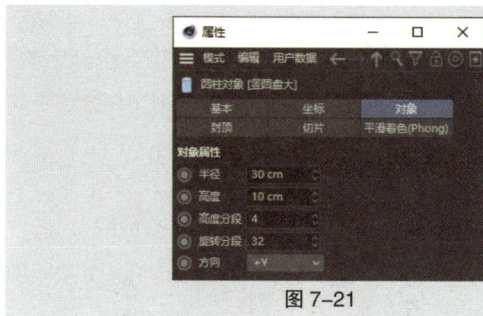

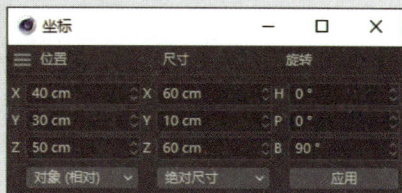

| 图 7-21 | 图 7-22 |

（10）选择"圆柱体"工具 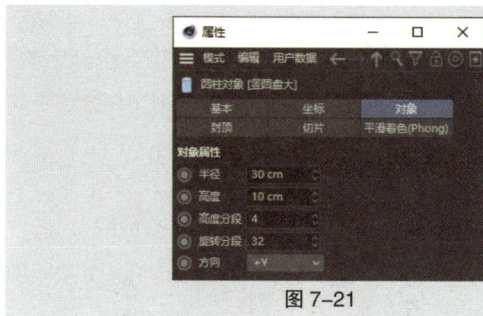，在"对象"窗口中生成一个"圆柱体"对象，将其重命名为"竖圆盘小"。在"属性"窗口的"对象"选项卡中，设置"半径"为20cm，"高度"为6cm，"高度分段"为4，"旋转分段"为32。在"坐标"窗口的"位置"选项组中，设置"X"为44cm，"Y"为30cm，"Z"为50cm；在"旋转"选项组中，设置"B"为90°，如图7-23所示，单击"应用"按钮。视图窗口中的效果如图7-24所示。

（11）选择"空白"工具 ，在"对象"窗口中生成一个"空白"对象，将其重命名为"圆盘"。在"对象"窗口中框选需要的对象，并将选中的对象拖曳到"圆盘"对象的下方，如图7-25所示。折叠"圆盘"对象组。

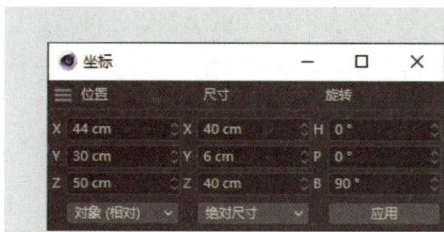

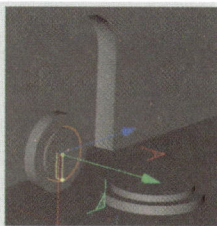

| 图 7-23 | 图 7-24 | 图 7-25 |

（12）选择"球体"工具 ，在"对象"窗口中生成一个"球体"对象，将其重命名为"左球"。在"属性"窗口的"对象"选项卡中，设置"半径"为6cm，如图7-26所示。在"坐标"窗口的"位置"选项组中，设置"X"为125cm，"Y"为40cm，"Z"为-90cm，如图7-27所示，单击"应用"按钮。

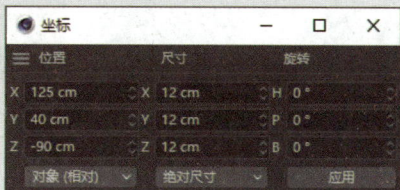

| 图 7-26 | 图 7-27 |

（13）选择"球体"工具 ，在"对象"窗口中生成一个"球体"对象，将其重命名为"中球"。在"属性"窗口的"对象"选项卡中，设置"半径"为5cm。在"坐标"窗口的"位置"选项组中，设置"X"为85cm，"Y"为74cm，"Z"为41cm，单击"应用"按钮。视图窗口中的效果如图7-28所示。

（14）选择"球体"工具 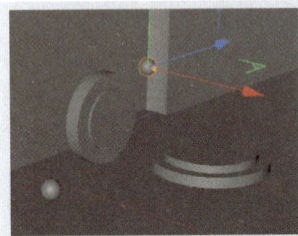，在"对象"窗口中生成一个"球体"对象，将其重命名为"下球"。在"属性"窗口的"对象"选项卡中，设置"半径"为2cm。在"坐标"窗口的"位置"选项组中，设置"X"为185cm，"Y"为40cm，"Z"为120cm，单击"应用"按钮。视图窗口中的效果如图7-29所示。

（15）选择"球体"工具 ，在"对象"窗口中生成一个"球体"对象，将其重命名为"右中球"。在"属性"窗口的"对象"选项卡中，设置"半径"为5cm。在"坐标"窗口的"位置"选项组中，设置"X"为88cm，"Y"为70cm，"Z"为150cm，单击"应用"按钮。视图窗口中的效果如图7-30所示。

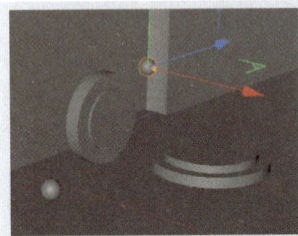
图7-28

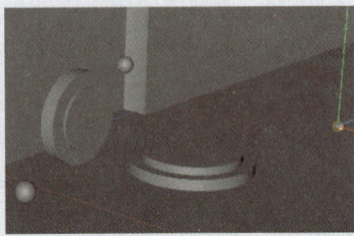
图7-29

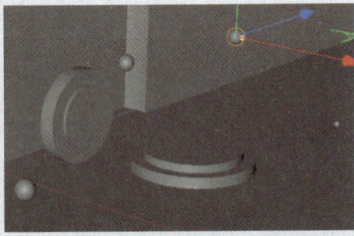
图7-30

（16）选择"球体"工具 ，在"对象"窗口中生成一个"球体"对象，将其重命名为"右球"。在"属性"窗口的"对象"选项卡中，设置"半径"为5cm。在"坐标"窗口的"位置"选项组中，设置"X"为144cm，"Y"为88cm，"Z"为158cm，单击"应用"按钮。视图窗口中的效果如图7-31所示。

（17）选择"空白"工具 ，在"对象"窗口中生成一个"空白"对象，将其重命名为"小球"。在"对象"窗口中框选需要的对象，将选中的对象拖曳到"小球"对象的下方，如图7-32所示。折叠"小球"对象组。

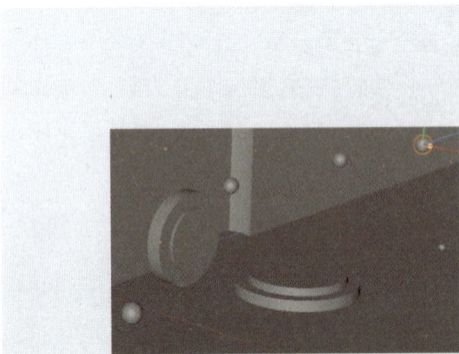
图7-31

图7-32

（18）选择"球体"工具 ，在"对象"窗口中生成一个"球体"对象。在"属性"窗口的"对象"选项卡中，设置"半径"为9cm。在"坐标"窗口的"位置"选项组中，设置"X"为100cm，"Y"为66cm，"Z"为-86cm，单击"应用"按钮。视图窗口中的效果如图7-33所示。选择"球体"工具 ，在"对象"窗口中生成一个"球体 .1"对象。在"属性"窗口的"对象"选项卡中，设置"半径"为6cm。在"坐标"窗口的"位置"选项组中，设置"X"为100cm，"Y"为65cm，"Z"为-78cm，单击"应用"按钮。视图窗口中的效果如图7-34所示。

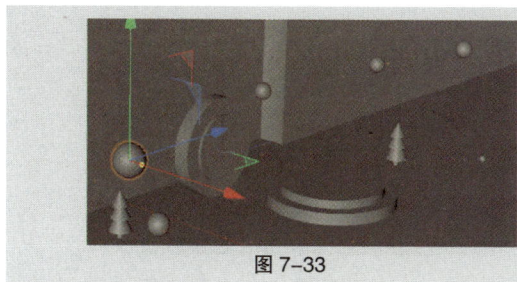

图 7-33

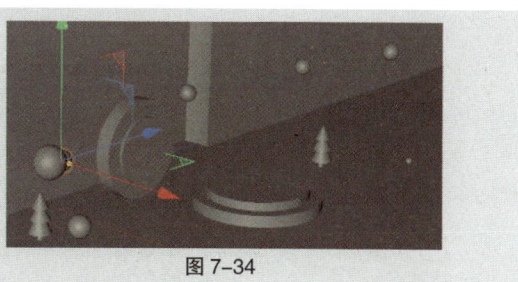

图 7-34

（19）选择"融球"工具 🦠，在"对象"窗口中生成一个"融球"对象。将"球体.1"对象和"球体"对象拖曳到"融球"对象的下方，如图 7-35 所示。选中"融球"对象组，在"属性"窗口的"对象"选项卡中，设置"外壳数值"为 200%，"编辑器细分"为 1cm，"渲染器细分"为 1cm，如图 7-36 所示。将"融球"对象组重命名为"左云朵"，并将其折叠，如图 7-37 所示。

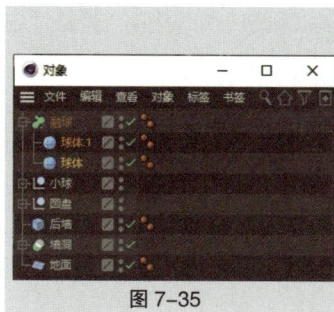

图 7-35

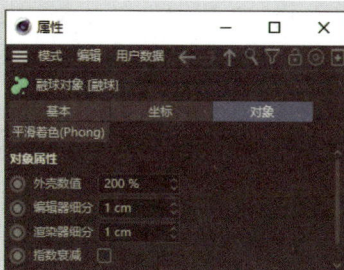

图 7-36

图 7-37

（20）复制"左云朵"对象组，生成"左云朵.1"对象组，将其重命名为"中云朵"。在"坐标"窗口的"位置"选项组中，设置"X"为 -33cm，"Y"为 48cm，"Z"为 88cm，单击"应用"按钮。视图窗口中的效果如图 7-38 所示。

（21）复制"左云朵"对象组，生成"左云朵.1"对象组，将其重命名为"右云朵"。在"坐标"窗口的"位置"选项组中，设置"X"为 -33cm，"Y"为 -10cm，"Z"为 288cm，单击"应用"按钮。视图窗口中的效果如图 7-39 所示。

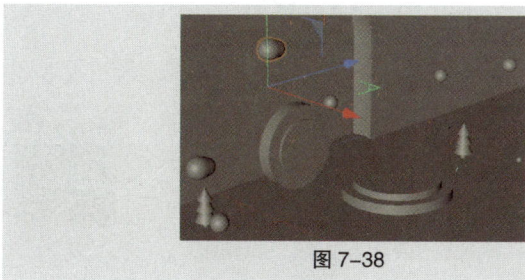

图 7-38

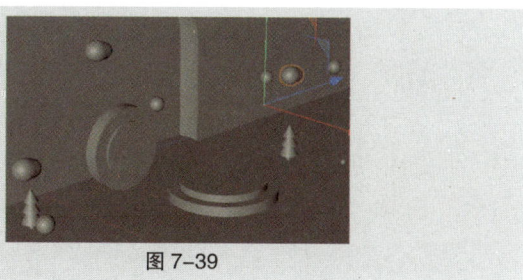

图 7-39

（22）选择"空白"工具 🔲，在"对象"窗口中生成一个"空白"对象，将其重命名为"云朵"。在"对象"窗口中框选需要的对象，并将选中的对象拖曳到"云朵"对象的下方，如图 7-40 所示。折叠"云朵"对象组。

（23）选择"空白"工具 🔲，在"对象"窗口中生成一个"空白"对象，将其重命名为"场景"。在"对象"窗口中框选所有其他对象及对象组，并将选中的对象及对象组拖曳到"场景"对象的下方，如图 7-41 所示。

图 7-40

图 7-41

（24）选择"文件 > 合并项目"命令，在弹出的"打开文件"对话框中，选择"Ch04 > 制作装饰树 > 工程文件"，单击"打开"按钮，打开文件。使用相同的方法合并"Ch04 > 制作吹风机 > 工程文件"。按住 Ctrl 键的同时，选中不需要的对象，如图 7-42 所示，按 Delete 键将其删除。

（25）在"对象"窗口中，将"左松树"和"右松树"对象组拖曳到"场景"对象组中，折叠"场景"对象组。选中"场景"对象组，按住 Ctrl 键的同时，单击"吹风机"对象组，按 Alt+G 组合键将其编组，并重命名为"家用电器首页轮播海报 1"。单击"摄像机"对象右侧的按钮，如图 7-43 所示，进入摄像机视图。视图窗口中的效果如图 7-44 所示。

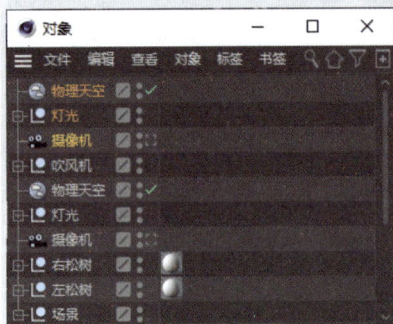

图 7-42

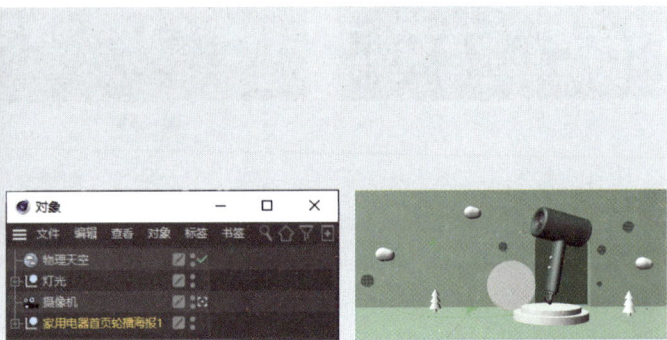

图 7-43

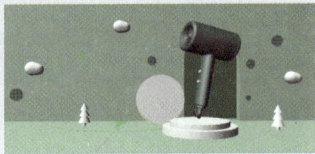

图 7-44

2. 灯光

与"4.1.2 课堂案例——制作装饰树"中"灯光"的步骤一致，这里不赘述。

3. 材质

（1）在"材质"窗口中双击，添加一个材质球，并将其命名为"背景地面"。在添加的材质球上双击，弹出"材质编辑器"窗口。在左侧列表中取消勾选"反射"复选框，选择"颜色"选项，切换到相应的选项卡，设置"H"为 121°，"S"为 17%，"V"为 79%，其他选项的设置如图 7-45 所示。单击"关闭"按钮，关闭窗口。

材质

（2）在"对象"窗口中展开"家用电器首页轮播海报 1 > 场景"对象组，将"材质"窗口中的"背景地面"材质球分别拖曳到"对象"窗口中的"墙洞"对象组和"地面"对象上。

（3）在"材质"窗口中双击，添加一个材质球，并将其命名为"后墙"。在添加的材质球上双击，弹出"材质编辑器"窗口。在左侧列表中取消勾选"反射"复选框，选择"颜色"选项，切换到相应的选项卡，设置"H"为 123°，"S"为 32%，"V"为 49%，其他选项的设置如图 7-46 所示。单击"关闭"按钮，关闭窗口。将"材质"窗口中的"后墙"材质球拖曳到"对象"窗口中的"后墙"对象上。

图 7-45

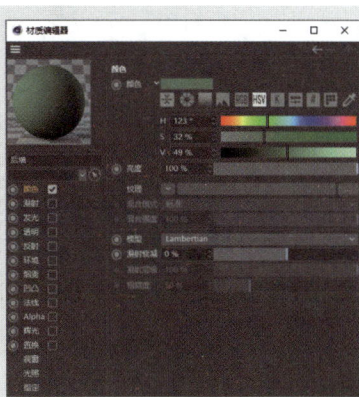

图 7-46

（4）在"材质"窗口中双击，添加一个材质球，并将其命名为"云朵"。在添加的材质球上双击，弹出"材质编辑器"窗口。在左侧列表中取消勾选"反射"复选框，选择"颜色"选项，切换到相应的选项卡，设置"H"为123°，"S"为0%，"V"为97%，其他选项的设置如图7-47所示。单击"关闭"按钮，关闭窗口。将"材质"窗口中的"云朵"材质球拖曳到"对象"窗口中的"云朵"对象组上。

（5）在"材质"窗口中双击，添加一个材质球，并将其命名为"圆盘"。在添加的材质球上双击，弹出"材质编辑器"窗口。在左侧列表中选择"颜色"选项，切换到相应的选项卡，设置"H"为123°，"S"为0%，"V"为92%，其他选项的设置如图7-48所示。单击"关闭"按钮，关闭窗口。将"材质"窗口中的"圆盘"材质球拖曳到"对象"窗口中的"圆盘"对象组上。

（6）在"材质"窗口中双击，添加一个材质球，并将其命名为"小球"。在添加的材质球上双击，弹出"材质编辑器"窗口。在左侧列表中取消勾选"颜色"和"反射"复选框，选择"透明"选项，切换到相应的选项卡，勾选"透明"复选框，设置"折射率"为1.45，其他选项的设置如图7-49所示，单击"关闭"按钮，关闭窗口。将"材质"窗口中的"小球"材质球拖曳到"对象"窗口中的"小球"对象组上。折叠"场景"对象组。

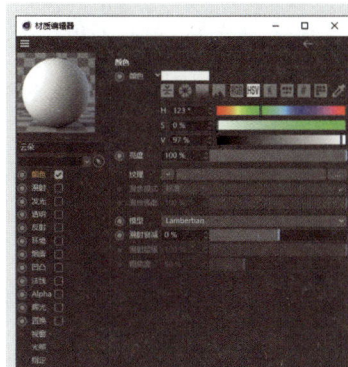

图 7-47

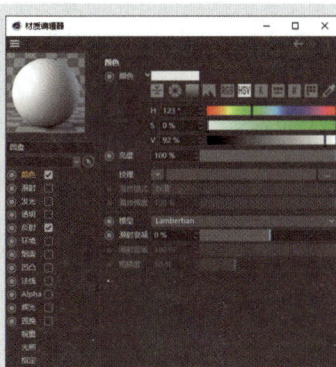

图 7-48

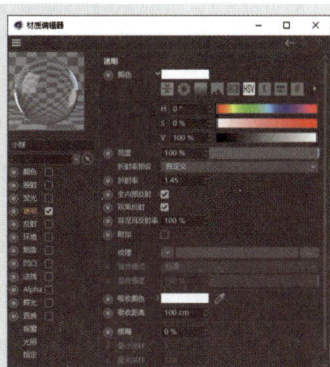

图 7-49

4．渲染

（1）前3个步骤与"4.1.2课堂案例——制作装饰树"中"渲染"的前3个步骤一致，这里不赘述。

渲染

（2）单击"渲染到图像查看器"按钮 ，弹出"图像查看器"窗口，如图 7-50 所示。渲染完成后，单击窗口中的"将图像另存为"按钮 ，弹出"保存"对话框，如图 7-51 所示。

图 7-50　　　　　　　图 7-51

（3）单击"保存"对话框中的"确定"按钮，弹出"保存对话"对话框，在对话框中选择要保存文件的位置，并在"文件名"文本框中输入名称，设置完成后，单击"保存"按钮，保存图像，效果如图 7-52 所示。

（4）在 Photoshop 中，根据需要添加文字与图标相结合的宣传信息，丰富画面内容，提升其商业价值，效果如图 7-53 所示。家用电器首页轮播海报 1 制作完成。

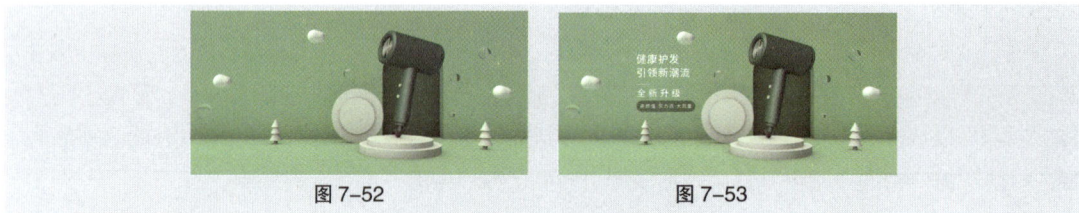

图 7-52　　　　　　　图 7-53

7.2.4　课堂案例——制作家用电器首页轮播海报 2

【案例学习目标】综合使用参数化工具、生成器工具、变形器工具、多边形建模工具、灯光工具、材质工具及渲染工具制作家用电器首页轮播海报 2。

【案例知识要点】使用"平面""倒角"和"立方体"工具、"循环 / 路径切割"命令制作场景；使用"圆柱体""细分曲面""管道""晶格""弯曲""布料曲面""克隆""立方体""圆环""样条约束"和"对称"工具、"倒角""多边形画笔""内部挤压"和"挤压"命令制作风扇；使用"合并项目"命令合并已制作完的模型；使用"材质"窗口创建材质并设置材质参数；使用"编辑渲染设置"按钮和"渲染到图像查看器"按钮渲染图像，最终效果如图 7-54 所示。

【效果文件所在位置】云盘 \Ch07\ 制作家用电器首页轮播海报 2\ 工程文件 .c4d。

图 7-54

1. 建模

（1）启动 Cinema 4D 软件。选择"渲染 > 编辑渲染设置"命令，弹出"渲染设置"窗口。在"输出"选项卡中设置"宽度"为 1920 像素，"高度"为 900 像素，单击"关闭"按钮，关闭窗口。

建模

（2）选择"平面"工具 ，在"对象"窗口中生成一个"平面"对象，将其重命名为"屋子"。在"属性"窗口的"对象"选项卡中，设置"宽度"为 778cm，"高度"为 860cm，"宽度分段"为 1，"高度分段"为 1，如图 7-55 所示。在"坐标"选项卡中，设置"P.X"为 -44cm，"P.Z"为 -250cm，如图 7-56 所示。在"对象"窗口中，在"屋子"对象上单击鼠标右键，在弹出的菜单中选择"转为可编辑对象"命令，将其转为可编辑对象。

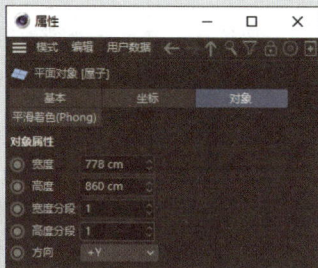
图 7-55

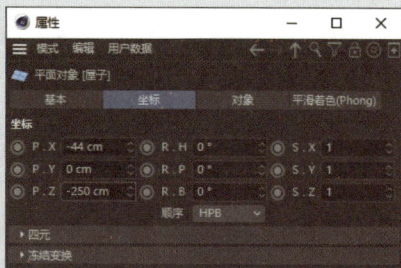
图 7-56

（3）单击"边"按钮 ，切换为边模式。选择"移动"工具 ，在视图窗口中选中需要的边，如图 7-57 所示。按住 Ctrl 键的同时，向上拖曳至 y 轴 250cm 的位置，效果如图 7-58 所示。

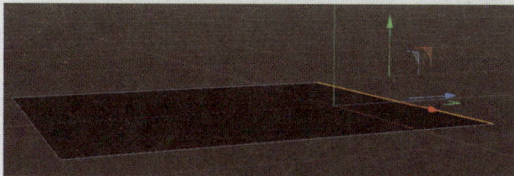
图 7-57

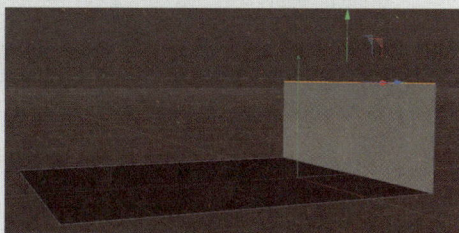
图 7-58

（4）在视图窗口中单击鼠标右键，在弹出的菜单中选择"循环 / 路径切割"命令，在视图窗口中选择要切割的面，设置"偏移"为 11.5%，效果如图 7-59 所示。再次选择要切割的面，设置"偏移"为 72%，效果如图 7-60 所示。

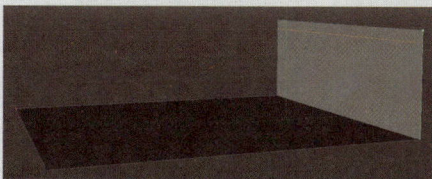
图 7-59

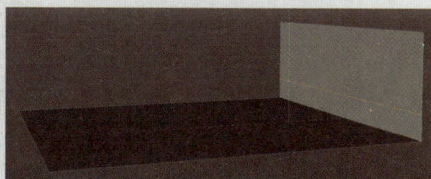
图 7-60

（5）使用相同的方法分别切割需要的面，制作出图 7-61 所示的效果。单击"多边形"按钮 ，切换为多边形模式。按住 Ctrl 键的同时，选中需要的面，如图 7-62 所示，按 Delete 键，将选中的面删除。

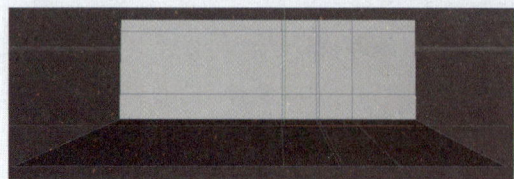

图 7-61

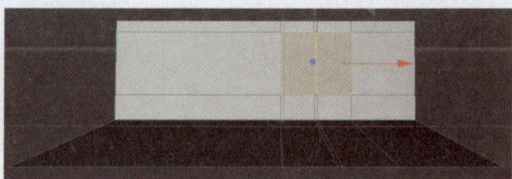

图 7-62

（6）按 Ctrl+A 组合键，选中所有的面，在视图窗口中单击鼠标右键，在弹出的菜单中选择"挤压"命令，在"属性"窗口中，设置"偏移"为 –11cm，勾选"创建封顶"复选框，视图窗口中的效果如图 7-63 所示。单击"点"按钮 ![点按钮]，切换为点模式。在视图窗口中单击鼠标右键，在弹出的菜单中选择"优化"命令。

（7）在"对象"窗口中，选中"屋子"对象。按住 Shift 键的同时，选择"倒角"工具 ![倒角工具]，在"屋子"对象的下方生成一个"倒角"子集对象。在"属性"窗口的"选项"选项卡中，设置"细分"为 4，如图 7-64 所示。

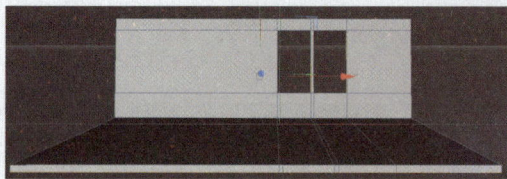

图 7-63

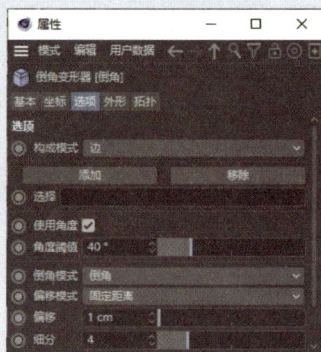

图 7-64

（8）选择"立方体"工具 ![立方体工具]，在"对象"窗口中生成一个"立方体"对象，将其重命名为"底座"。在"属性"窗口的"对象"选项卡中，设置"尺寸.X"为 306cm，"尺寸.Y"为 23cm，"尺寸.Z"为 305cm，勾选"圆角"复选框，设置"圆角半径"为 2cm，"圆角细分"为 3，如图 7-65 所示。在"坐标"选项卡中，设置"P.X"为 42cm，"P.Y"为 12cm，"P.Z"为 –41cm，如图 7-66 所示。

图 7-65

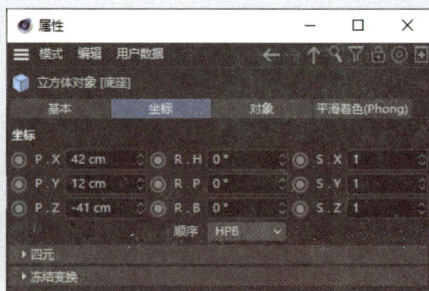

图 7-66

（9）选择"平面"工具 ![平面工具]，在"对象"窗口中生成一个"平面"对象，将其重命名为"反光板"。在"属性"窗口的"对象"选项卡中，设置"宽度"为 240cm，"高度"为 240cm，如图 7-67 所示。在"坐标"选项卡中，设置"P.X"为 80cm，"P.Y"为 114cm，"P.Z"为 368cm，"R.P"为

90°，如图 7-68 所示。

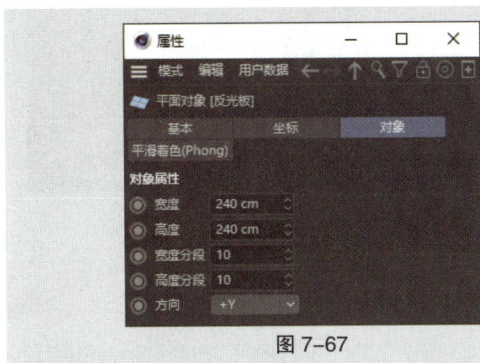

图 7-67

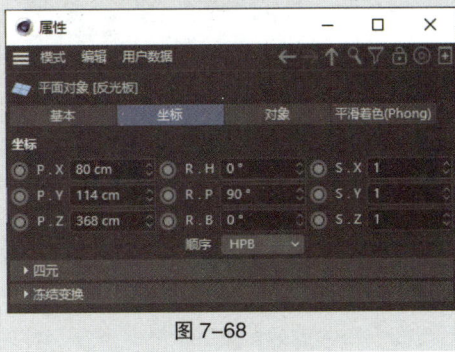

图 7-68

（10）选择"显示 > 光影着色（线条）"命令，视图窗口中的效果如图 7-69 所示。在"对象"窗口中框选所有的对象，按 Alt+G 组合键，将选中的对象编组，并将其重命名为"场景"，如图 7-70 所示。

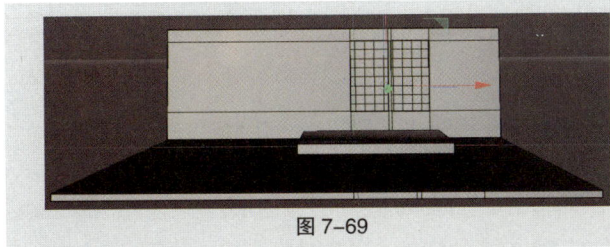

图 7-69

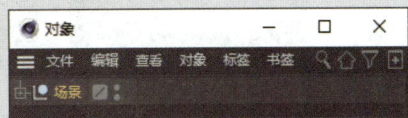

图 7-70

（11）选择"圆柱体"工具 ，在"对象"窗口中生成一个"圆柱体"对象。在"属性"窗口的"对象"选项卡中，设置"半径"为 29cm，"高度"为 40cm，如图 7-71 所示。在"坐标"选项卡中，设置"P.X"为 51cm，"P.Y"为 42.5cm，"P.Z"为 -98cm，如图 7-72 所示。在"对象"窗口中，在"圆柱体"对象上单击鼠标右键，在弹出的菜单中选择"转为可编辑对象"命令，将其转为可编辑对象。

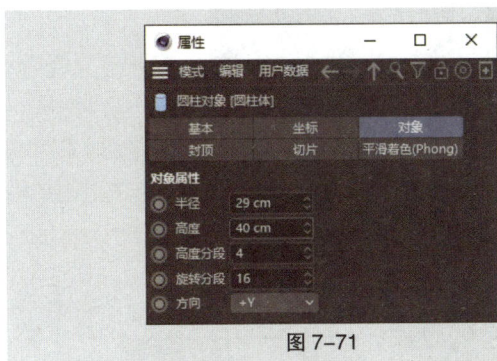

图 7-71

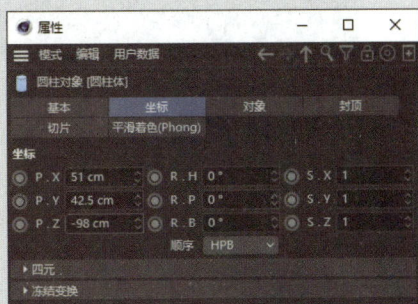

图 7-72

（12）单击"点"按钮 ，切换为点模式。在视图窗口中选中需要的点，如图 7-73 所示。单击鼠标右键，在弹出的菜单中选择"倒角"命令，在"属性"窗口中设置"偏移"为 9cm，"细分"为 1，"深度"为 -100%，如图 7-74 所示。视图窗口中的效果如图 7-75 所示。在视图窗口中单击鼠标右键，在弹出的菜单中选择"多边形画笔"命令，分别连接需要的边，效果如图 7-76 所示。

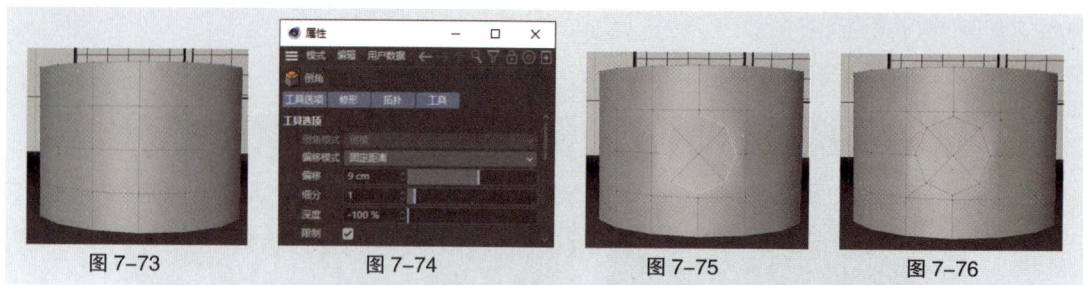

图 7-73　　　　　　图 7-74　　　　　　图 7-75　　　　　　图 7-76

（13）单击"多边形"按钮 ■，切换为多边形模式。选择"实时选择"工具 ■，选中需要的面。在视图窗口中单击鼠标右键，在弹出的菜单中选择"内部挤压"命令，在"属性"窗口中，设置"偏移"为1cm。视图窗口中的效果如图7-77所示。按住Ctrl键的同时，向后拖曳z轴到2cm的位置，效果如图7-78所示。使用相同的方法，再次向后拖曳z轴到1cm的位置，效果如图7-79所示。

图 7-77　　　　　　图 7-78　　　　　　图 7-79

（14）在视图窗口中单击鼠标右键，在弹出的菜单中选择"内部挤压"命令，在"属性"窗口中，设置"偏移"为0.2cm。按住Ctrl键的同时，向前拖曳z轴到7.5cm的位置。在"坐标"窗口的"尺寸"选项组中，设置"Z"为0cm，如图7-80所示，单击"应用"按钮，效果如图7-81所示。

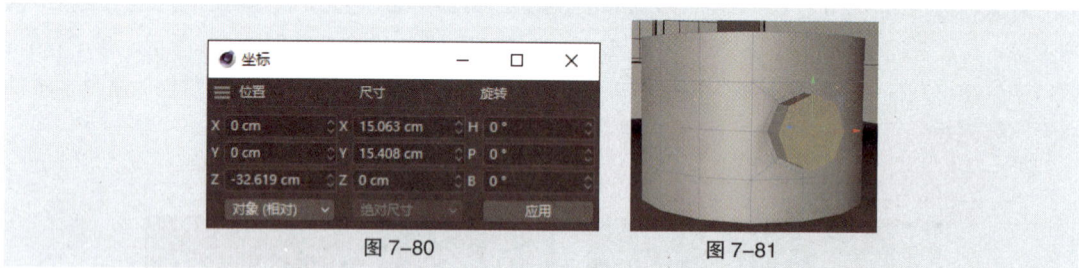

图 7-80　　　　　　　　　　图 7-81

（15）单击"边"按钮 ■，切换为边模式。在视图窗口中选中需要的边，如图7-82所示。在视图窗口中单击鼠标右键，在弹出的菜单中选择"倒角"命令，在"属性"窗口中，设置"倒角模式"为"实体"，"偏移"为0.5cm，如图7-83所示，效果如图7-84所示。

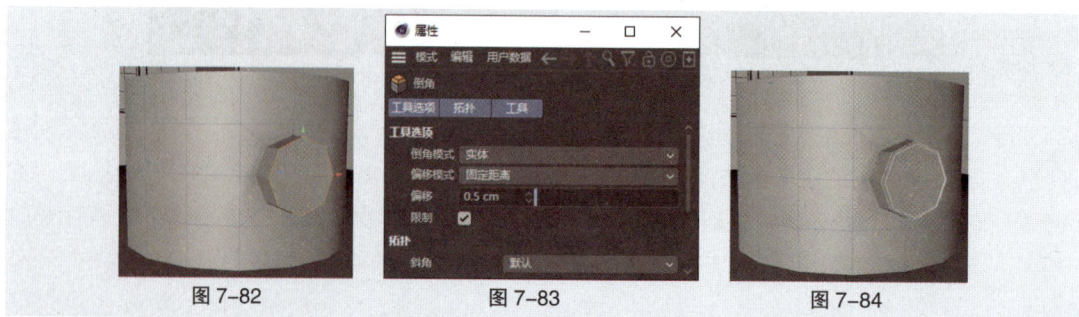

图 7-82　　　　　　图 7-83　　　　　　图 7-84

（16）在视图窗口中单击鼠标右键，在弹出的菜单中选择"循环 / 路径切割"命令，在视图窗口中选择要切割的面，设置"偏移"为42%，效果如图7-85所示。选择"移动"工具 ✚，选中切割的边，单击鼠标右键，在弹出的菜单中选择"倒角"命令，在"属性"窗口中，设置"倒角模式"为"实体"，"偏移"为0.3cm，如图7-86所示，效果如图7-87所示。

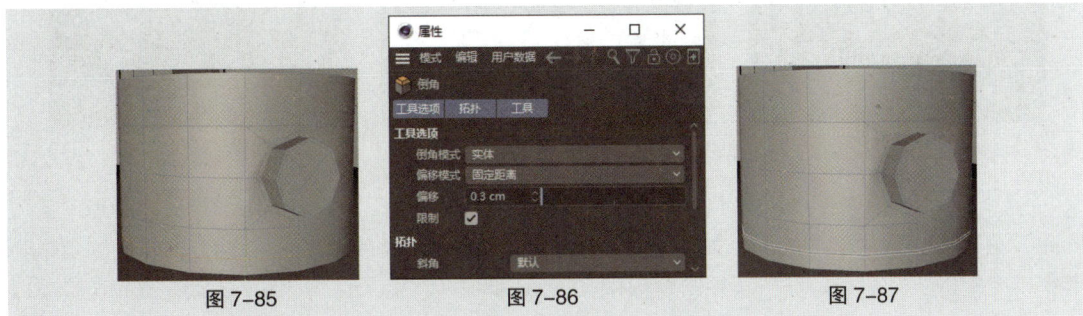

图 7-85　　　　　图 7-86　　　　　图 7-87

（17）选中切割的边，在视图窗口中单击鼠标右键，在弹出的菜单中选择"倒角"命令，在"属性"窗口中，设置"倒角模式"为"实体"，"偏移"为0.1cm，如图7-88所示，效果如图7-89所示。选择"移动"工具 ✚，选中切割的边，在空白处按住鼠标左键并拖曳，缩小边为90%，效果如图7-90所示。

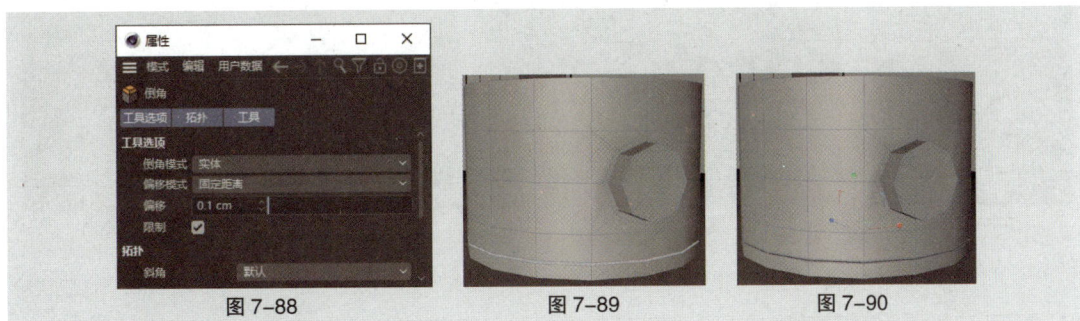

图 7-88　　　　　图 7-89　　　　　图 7-90

（18）按F3键，切换到右视图。选中需要的边，如图7-91所示。在视图窗口中单击鼠标右键，在弹出的菜单中选择"倒角"命令，在"属性"窗口中，设置"倒角模式"为"倒棱"，"偏移"为3.3cm，"细分"为1，"深度"为100%，如图7-92所示，效果如图7-93所示。

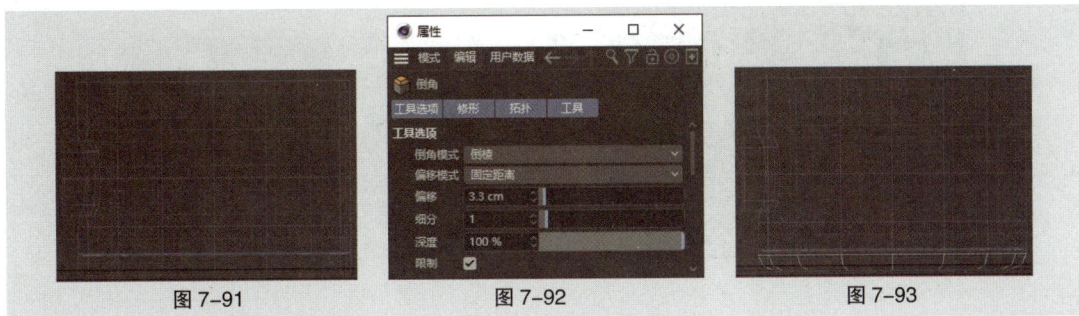

图 7-91　　　　　图 7-92　　　　　图 7-93

（19）选中需要的边，如图7-94所示。在视图窗口中单击鼠标右键，在弹出的菜单中选择"倒角"命令，在"属性"窗口中，设置"偏移"为9cm，"细分"为2，如图7-95所示，效果如图7-96所示。

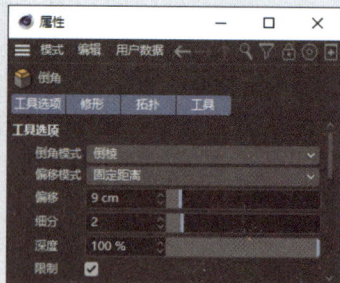
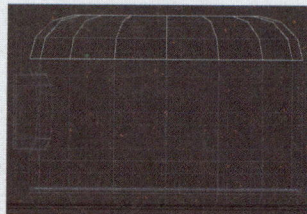

图 7-94　　　　　　　　　　　图 7-95　　　　　　　　　　　图 7-96

（20）按 F1 键，切换到透视视图。单击"多边形"按钮 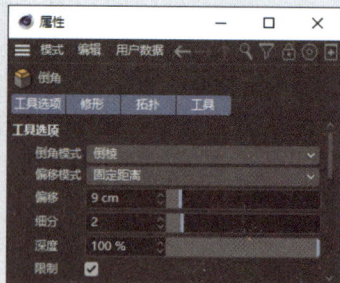，切换为多边形模式。选择"实时选择"工具 ，选中需要的面，如图 7-97 所示。在视图窗口中单击鼠标右键，在弹出的菜单中选择"内部挤压"命令，在"属性"窗口中，设置"偏移"为 8cm，如图 7-98 所示。视图窗口中的效果如图 7-99 所示。按住 Ctrl 键的同时，向上拖曳至 y 轴 7.5cm 的位置，效果如图 7-100 所示。

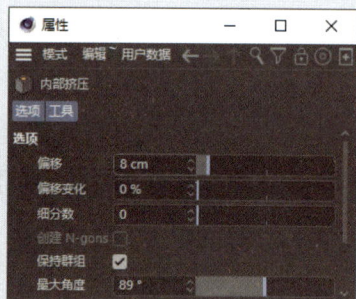

图 7-97　　　　　　　　　　　图 7-98　　　　　　　　　　　图 7-99　　　　　　　　　　　图 7-100

（21）选中需要的面，在"属性"窗口中，设置"偏移"为 4cm，如图 7-101 所示，单击"应用"按钮。视图窗口中的效果如图 7-102 所示。按住 Ctrl 键的同时，向上拖曳至 y 轴 4cm 的位置，效果如图 7-103 所示。

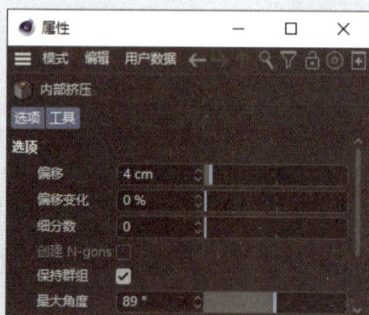
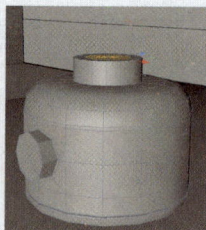

图 7-101　　　　　　　　　　　图 7-102　　　　　　　　　　　图 7-103

（22）单击"边"按钮 ，切换为边模式。选择"移动"工具 ，按住 Shift 键的同时，选中需要的边，如图 7-104 所示。在视图窗口中单击鼠标右键，在弹出的菜单中选择"倒角"命令，在"属性"窗口中，设置"倒角模式"为"实体"，"偏移"为 0.5cm，如图 7-105 所示，效果如图 7-106 所示。

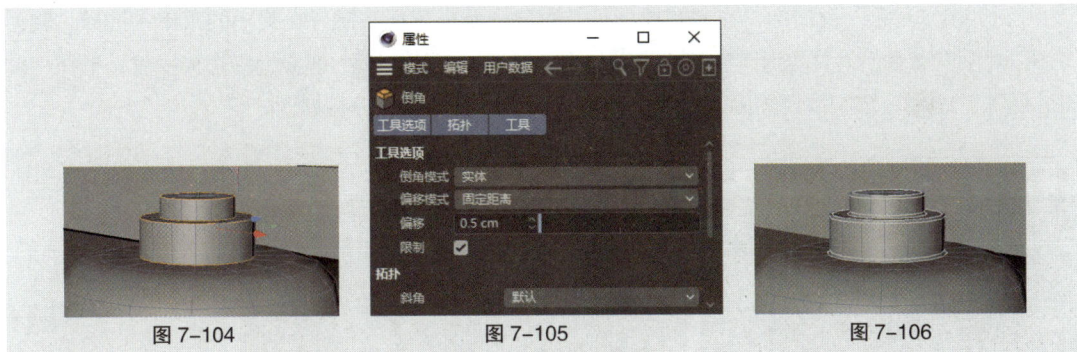

图 7-104　　　　　　　　　　图 7-105　　　　　　　　　　图 7-106

（23）按住 Alt 键的同时，选择"细分曲面"工具 ，在"圆柱体"对象的上方生成一个"细分曲面"父级对象，将其重命名为"底座"，如图 7-107 所示。视图窗口中的效果如图 7-108 所示。折叠"底座"对象组。

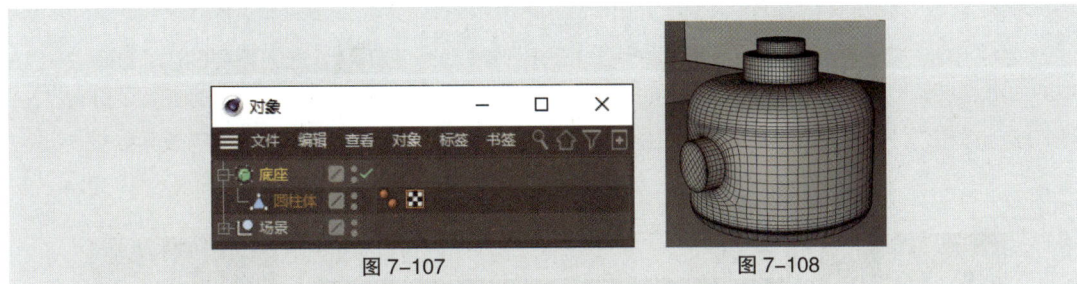

图 7-107　　　　　　　　　　图 7-108

（24）选择"管道"工具 ，在"对象"窗口中生成一个"管道"对象。在"属性"窗口的"对象"选项卡中，设置"内部半径"为 34.5cm，"外部半径"为 38cm，"旋转分段"为 100，"高度"为 11cm，勾选"圆角"复选框，设置"分段"为 2，半径为 0.5cm，如图 7-109 所示。在"坐标"选项卡中，设置"P.X"为 51cm，"P.Y"为 119cm，"P.Z"为 –98cm，"R.P"为 90°，如图 7-110 所示。视图窗口中的效果如图 7-111 所示。

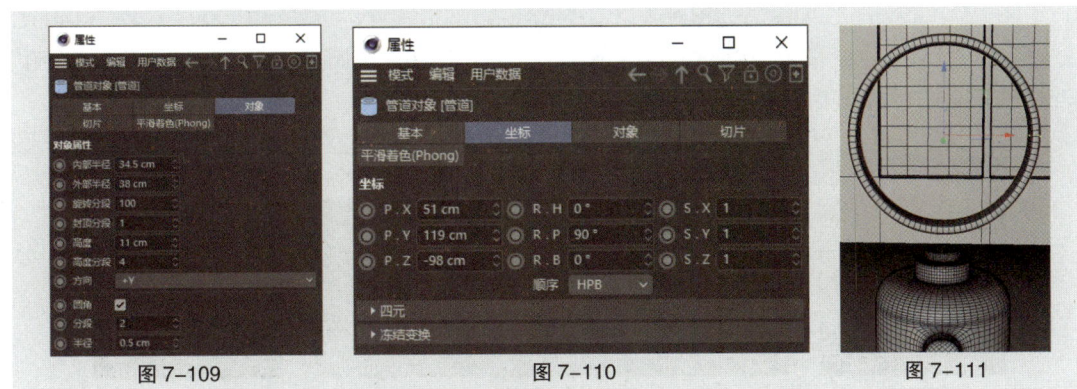

图 7-109　　　　　　　　　　图 7-110　　　　　　　　　　图 7-111

（25）选择"圆柱体"工具 ，在"对象"窗口中生成一个"圆柱体 .1"对象。在"属性"窗口的"对象"选项卡中，设置"半径"为 36cm，"高度"为 37.5cm，"高度分段"为 3，"旋转分段"为 40，如图 7-112 所示。在"坐标"选项卡中，设置"P.X"为 51cm，"P.Y"为 119cm，"P.Z"为 –76cm，"R.P"为 90°，如图 7-113 所示。

（26）在"对象"窗口中，在"圆柱体.1"对象上单击鼠标右键，在弹出的菜单中选择"转为可编辑对象"命令，将其转为可编辑对象。单击"多边形"按钮 ■，切换为多边形模式。选择"实时选择"工具 ◎，选中需要的面，如图 7-114 所示，按 Delete 键将其删除。

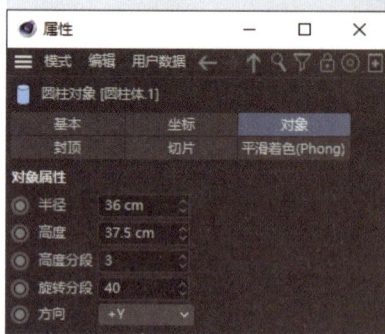
图 7-112

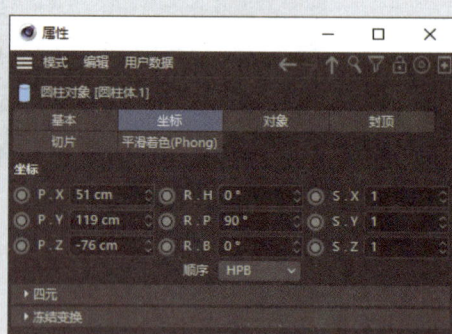
图 7-113

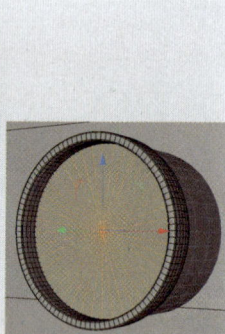
图 7-114

（27）单击"边"按钮 ■，切换为边模式。选择"移动"工具 ✛，选中需要的边，如图 7-115 所示。在"坐标"窗口的"位置"选项组中设置"Y"为 -1.5cm，在"尺寸"选项组中，设置"X"为 73.5cm，"Z"为 73.5cm，如图 7-116 所示，单击"应用"按钮。视图窗口中的效果如图 7-117 所示。

图 7-115

图 7-116

图 7-117

（28）选中需要的边，如图 7-118 所示。在"坐标"窗口的"位置"选项组中设置"Y"为 -14cm，在"尺寸"选项组中，设置"X"为 63.5cm，"Z"为 63.5cm，如图 7-119 所示，单击"应用"按钮。视图窗口中的效果如图 7-120 所示。

图 7-118

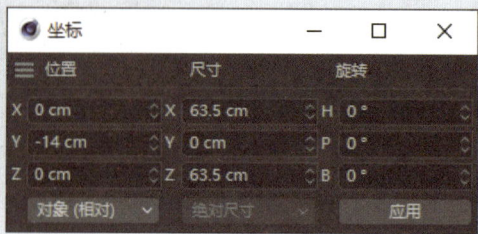
图 7-119

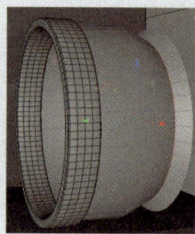
图 7-120

（29）选中需要的边，如图 7-121 所示。在"坐标"窗口的"位置"选项组中设置"Y"为 -19cm，在"尺寸"选项组中，设置"X"为 39cm，"Z"为 39cm，如图 7-122 所示，单击"应用"按钮。视图窗口中的效果如图 7-123 所示。

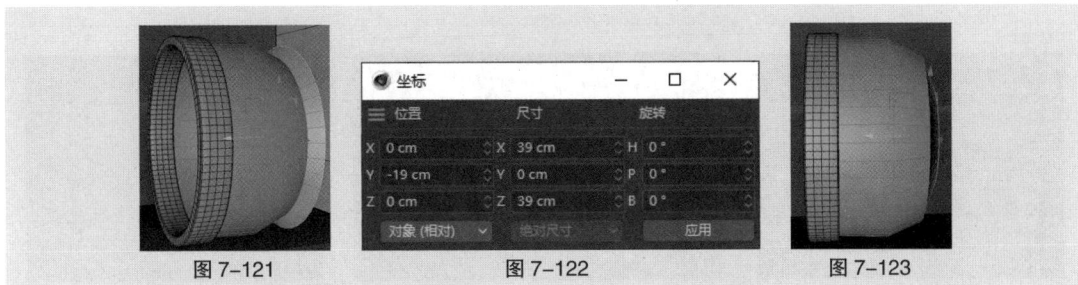

图 7-121　　　　　　　图 7-122　　　　　　　图 7-123

（30）按住 Alt 键的同时，选择"晶格"工具 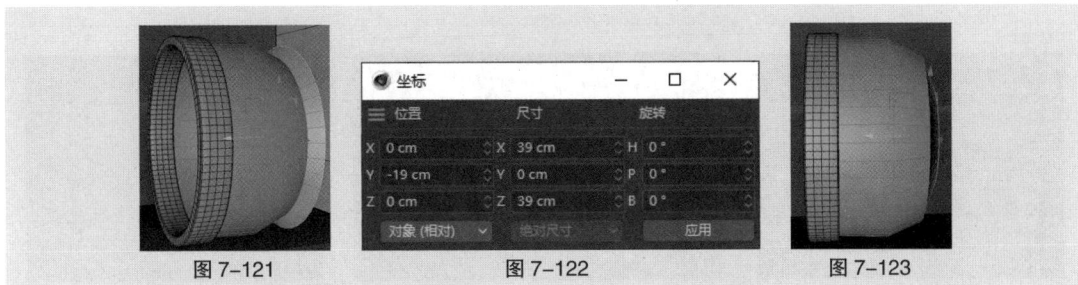，在"圆柱体 .1"对象的上方生成一个"晶格"父级对象，将其重命名为"后外壳"，如图 7-124 所示。在"属性"窗口的"对象"选项卡中，设置"球体半径"为 1cm，"圆柱半径"为 1cm，"细分数"为 8，如图 7-125 所示。视图窗口中的效果如图 7-126 所示。

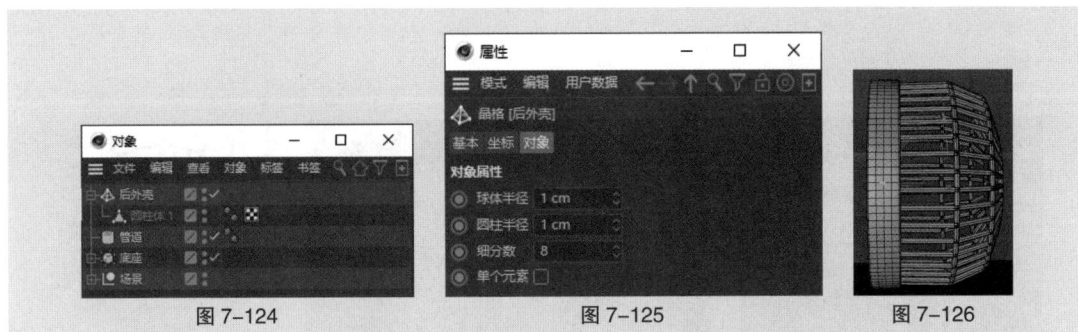

图 7-124　　　　　　　图 7-125　　　　　　　图 7-126

（31）选择"圆柱体"工具 ，在"对象"窗口中生成一个"圆柱体 .2"对象。在"属性"窗口的"对象"选项卡中，设置"半径"为 14cm，"高度"为 9cm，"高度分段"为 1，"旋转分段"为 60，如图 7-127 所示。在"坐标"选项卡中，设置"P.X"为 51cm，"P.Y"为 119cm，"P.Z"为 -58cm，"R.P"为 90°，如图 7-128 所示。在"封顶"选项卡中，勾选"圆角"复选框，设置"分段"为 5，"半径"为 1.3cm，如图 7-129 所示。

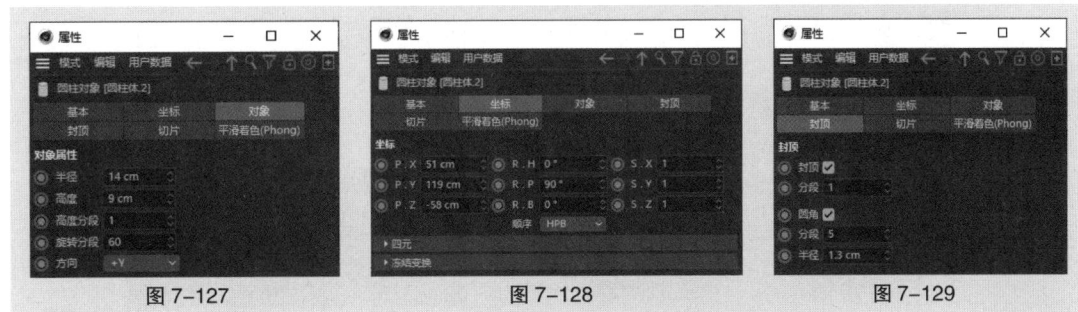

图 7-127　　　　　　　图 7-128　　　　　　　图 7-129

（32）选择"圆柱体"工具 ，在"对象"窗口中生成一个"圆柱体 .3"对象。在"属性"窗口的"对象"选项卡中，设置"半径"为 7cm，"高度"为 43cm，"高度分段"为 1，"旋转分段"为 60，如图 7-130 所示。在"坐标"选项卡中，设置"P.X"为 51cm，"P.Y"为 119cm，"P.Z"为 -76cm，"R.P"为 90°，如图 7-131所示。在"封顶"选项卡中，勾选"圆角"复选框，设置"分段"为 5，"半径"为 1cm，如图 7-132 所示。

建模2

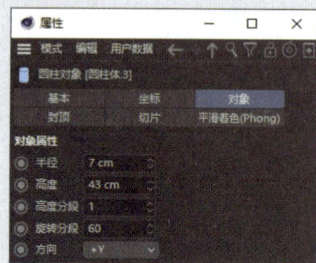

图 7-130

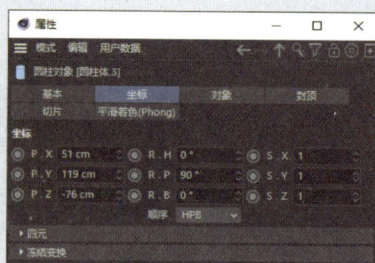

图 7-131

图 7-132

（33）选择"平面"工具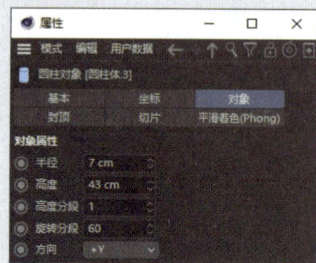，在"对象"窗口中生成一个"平面.1"对象。在"属性"窗口的"对象"选项卡中，设置"宽度"为29cm，"高度"为29cm，"宽度分段"为6，"高度分段"为4，如图7-133所示。在"坐标"选项卡中，设置"P.X"为52cm，"P.Y"为119cm，"P.Z"为-71cm，"R.H"为90°，"R.P"为80°，"R.B"为-90°，如图7-134所示。视图窗口中的效果如图7-135所示。

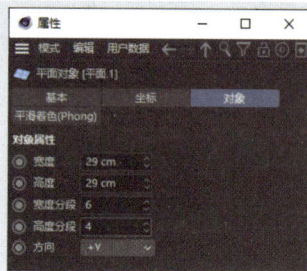

图 7-133

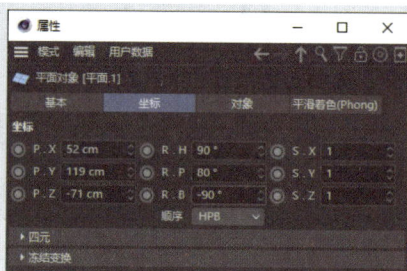

图 7-134

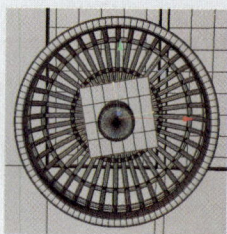

图 7-135

（34）在"对象"窗口中，在"平面.1"对象上单击鼠标右键，在弹出的菜单中选择"转为可编辑对象"命令，将其转为可编辑对象。单击"点"按钮，切换为点模式。在视图窗口中选中需要的点，将其拖曳到适当的位置，如图7-136所示。使用相同的方法调整其他点，制作出图7-137所示的效果。单击"模型"按钮，切换为模型模式。按住Shift键的同时，选择"弯曲"工具，在"平面.1"对象的下方生成一个"弯曲"子集对象，如图7-138所示。

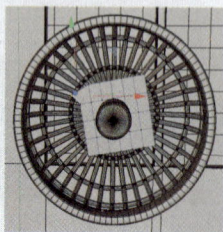

图 7-136

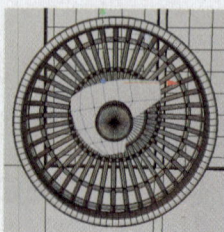

图 7-137

图 7-138

（35）在"属性"窗口的"对象"选项卡中，设置"尺寸"为0cm、46cm、32cm，"对齐"为"自动"，"强度"为-42°，勾选"保持长度"复选框，如图7-139所示。在"坐标"窗口的"旋转"选项组中，设置"B"为90°，如图7-140所示，单击"应用"按钮。

（36）在"对象"窗口中选中"平面.1"对象，按住Alt键的同时，选择"布料曲面"工具，在"平面.1"对象的上方生成一个"布料曲面"父级对象。在"属性"窗口的"对象"选项卡中，设置"细分数"为0，"厚度"为1cm，如图7-141所示。

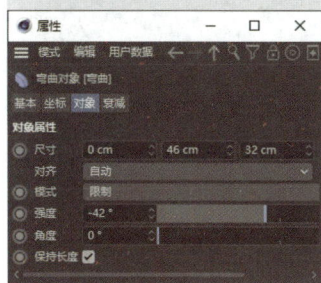
图 7-139

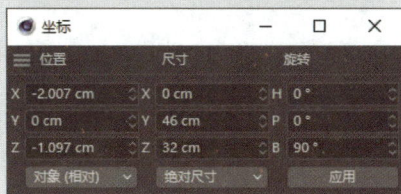
图 7-140

图 7-141

（37）按住 Alt 键的同时，选择"细分曲面"工具 ，在"布料曲面"对象的上方生成一个"细分曲面"父级对象。视图窗口中的效果如图7-142所示。按住 Alt 键的同时，选择"克隆"工具 ，在"细分曲面"对象的上方生成一个"克隆"父级对象，将其重命名为"扇叶"，如图7-143所示。折叠"扇叶"对象组。

图 7-142

图 7-143

（38）在"属性"窗口的"对象"选项卡中，设置"模式"为"放射"，"数量"为5，"半径"为17cm，如图7-144所示。在"变换"选项卡中，设置"旋转 .B"为-26°，如图7-145所示。视图窗口中的效果如图7-146所示。折叠"扇叶"对象组。

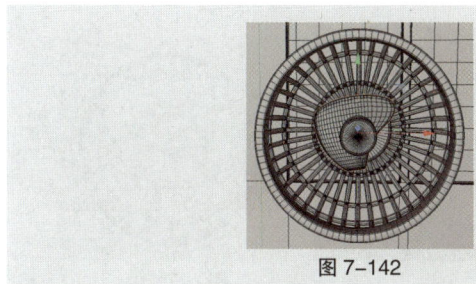
图 7-144

图 7-145

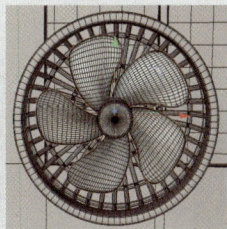
图 7-146

（39）选择"圆柱体"工具 ，在"对象"窗口中生成一个"圆柱体 .4"对象。在"属性"窗口的"对象"选项卡中，设置"半径"为14cm，"高度"为9cm，"高度分段"为1，"旋转分段"为60，如图7-147所示。在"坐标"选项卡中，设置"P.X"为51cm，"P.Y"为119cm，"P.Z"为-98cm，"R.P"为90°，如图7-148所示。在"封顶"选项卡中，勾选"圆角"复选框，设置"分段"为5，"半径"为1.3cm，如图7-149所示。

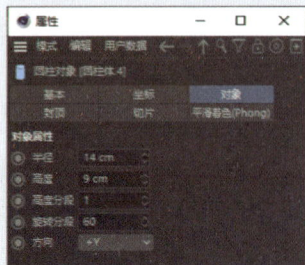

图 7-147

图 7-148

图 7-149

（40）选择"立方体"工具 █，在"对象"窗口中生成一个"立方体"对象。在"属性"窗口的"对象"选项卡中，设置"尺寸.X"为46cm，"尺寸.Y"为7cm，"尺寸.Z"为1cm，"分段X"为36，"分段Y"为2，如图7-150所示。在"坐标"选项卡中，设置"P.X"为51cm，"P.Y"为119cm，"P.Z"为-98cm，如图7-151所示。视图窗口中的效果如图7-152所示。按C键，将其转为可编辑对象。

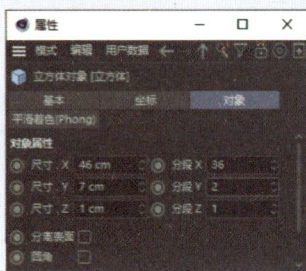

图 7-150

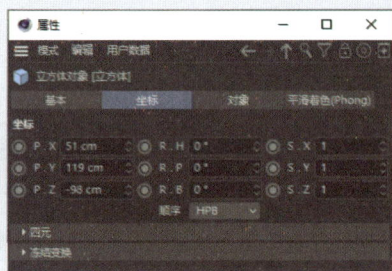

图 7-151

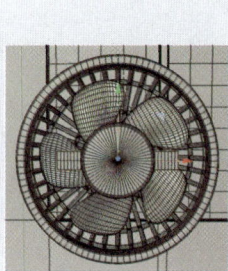

图 7-152

（41）单击"启用轴心"按钮 █ 和"启用捕捉"按钮 █，将轴心吸附到图7-153所示的顶点上，取消"启用轴心"按钮 █ 和"启用捕捉"按钮 █ 的激活状态。按住Shift键的同时，选择"弯曲"工具 █，在"立方体.1"对象的下方生成一个"弯曲"子集对象。在"属性"窗口的"对象"选项卡中，设置"尺寸"为1cm、46cm、7cm，"对齐"为"自动"，"强度"为-140°，勾选"保持长度"复选框，如图7-154所示。在"坐标"选项卡中，设置"R.P"为90°，"R.B"为90°，如图7-155所示。

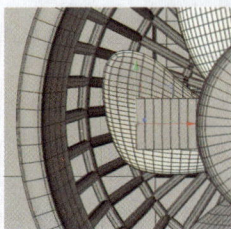

图 7-153

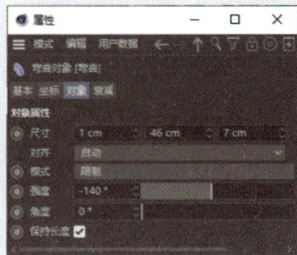

图 7-154

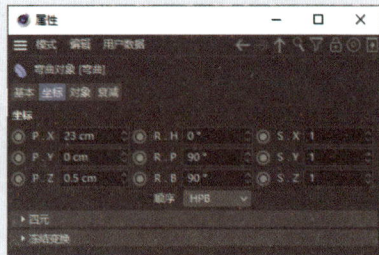

图 7-155

（42）在"对象"窗口中选中"立方体"对象，按住Alt键的同时，选择"克隆"工具 █，在"立方体.1"对象的上方生成一个"克隆"父级对象，将其重命名为"前外壳"。在"属性"窗口的"对象"选项卡中，设置"模式"为"放射"，"数量"为20，"半径"为0cm，如图7-156所示。在"坐

Cinema 4D 电商视觉设计案例教程（全彩慕课版）

标"选项卡中，设置"P.X"为 51cm，"R.P"为 90°，"R.B"为 −180°，如图 7−157 所示。视图窗口中的效果如图 7−158 所示。折叠"前外壳"对象组。

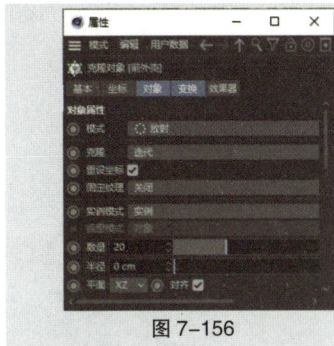
图 7−156

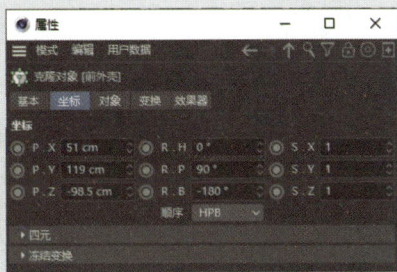
图 7−157

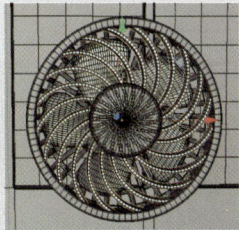
图 7−158

（43）按住 Shift 键的同时单击"管道"对象，将需要的对象同时选中，按 Alt+G 组合键，群组对象，并将其命名为"风扇"，如图 7−159 所示。

（44）选择"圆环"工具 ，在"对象"窗口中生成一个"圆环"对象。在"属性"窗口的"对象"选项卡中，设置"半径"为 48cm，"数量"为 45，如图 7−160 所示。在"坐标"选项卡中，设置"P.X"为 51cm，"P.Y"为 123cm，"P.Z"为 −98cm，如图 7−161 所示。

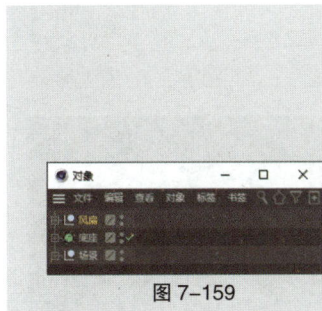
图 7−159

图 7−160

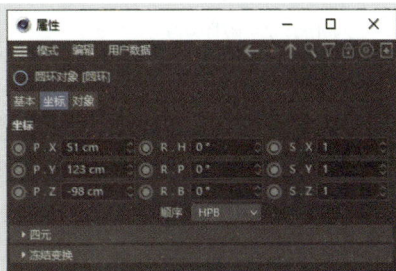
图 7−161

（45）按 C 键，将"圆环"对象转为可编辑对象。单击"点"按钮 ，切换为点模式。在视图窗口中选中需要的点，如图 7−162 所示。单击鼠标右键，在弹出的菜单中选择"断开连接"命令，删除不需要的点。框选需要的点，选择"缩放"工具 ，向 x 轴负方向拖曳到原图形大小 93% 的位置，效果如图 7−163 所示。

（46）选择"立方体"工具 ，在"对象"窗口中生成一个"立方体"对象。在"属性"窗口的"对象"选项卡中，设置"尺寸.X"为 154cm，"尺寸.Y"为 1cm，"尺寸.Z"为 7cm，"分段 X"为 100，如图 7−164 所示。

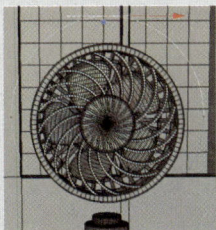
图 7−162

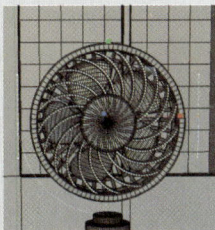
图 7−163

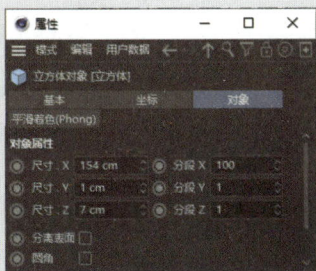
图 7−164

（47）按住 Shift 键的同时，选择"样条约束"工具 ，在"立方体"对象的下方生成一个"样条约束"子集对象。选择"对象"窗口中的"圆环"对象，将其拖曳到"属性"窗口的"对象"选项卡中的"样条"选项框中，如图 7-165 所示。在"坐标"选项卡中，设置"R.P"为 90°，如图 7-166 所示。视图窗口中的效果如图 7-167 所示。

图 7-165

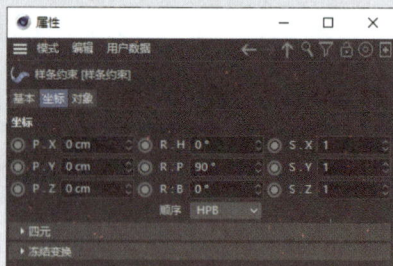
图 7-166

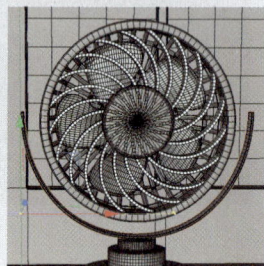
图 7-167

（48）选择"圆柱体"工具 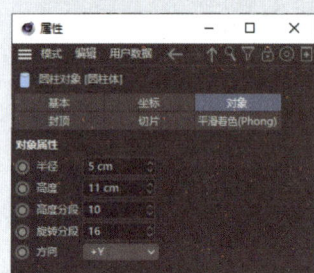，在"对象"窗口中生成一个"圆柱体"对象。在"属性"窗口的"对象"选项卡中，设置"半径"为 5cm，"高度"为 11cm，"高度分段"为 10，如图 7-168 所示。在"封顶"选项卡中，勾选"圆角"复选框，设置"分段"为 3，"半径"为 0.5cm，如图 7-169 所示。在"坐标"选项卡中，设置"P.X"为 10cm，"P.Y"为 120cm，"P.Z"为 -98cm，"R.B"为 90°，如图 7-170 所示。

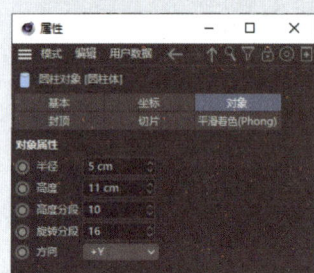
图 7-168

图 7-169

图 7-170

（49）按 C 键，将"圆柱体"对象转为可编辑对象。单击"多边形"按钮 ，切换为多边形模式，选中需要的面，如图 7-171 所示。在视图窗口中单击鼠标右键，在弹出的菜单中选择"挤压"命令，在"属性"窗口中，设置"偏移"为 0.3cm，效果如图 7-172 所示。

（50）单击"边"按钮 ，切换为边模式。在视图窗口中选中需要的边，如图 7-173 所示。在视图窗口中单击鼠标右键，在弹出的菜单中选择"倒角"命令，在"属性"窗口中，设置"倒角模式"为"实体"，"偏移"为 0.1cm。视图窗口中的效果如图 7-174 所示。

图 7-171

图 7-172

图 7-173

图 7-174

（51）按住 Alt 键的同时，选择"细分曲面"工具 ，在"圆柱体"对象的上方生成一个"细分曲面"父级对象。按住 Alt 键的同时，选择"对称"工具 ，在"细分曲面"对象的上方生成一个"对称"父级对象，将其重命名为"连接"，如图 7-175 所示。在"属性"窗口的"对象"选项卡中，设置"镜像平面"为 XZ，如图 7-176 所示。在"坐标"选项卡中，设置"P.X"为 51cm，"R.B"为 90°，如图 7-177 所示。

图 7-175

图 7-176

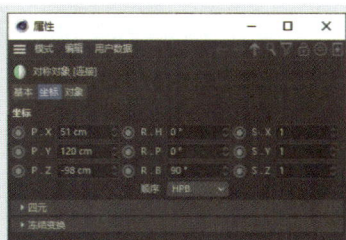
图 7-177

（52）选中"细分曲面"对象，在"属性"窗口的"坐标"选项卡中，设置"P.Y"为 42cm，如图 7-178 所示。视图窗口中的效果如图 7-179 所示。折叠"连接"对象组。按住 Shift 键的同时，单击"圆环"对象，按 Alt+G 组合键，群组对象，并将其重命名为"连接"，如图 7-180 所示。

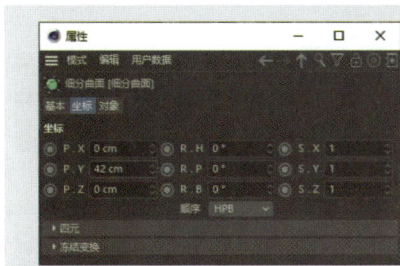
图 7-178

图 7-179

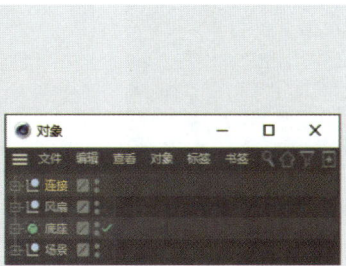
图 7-180

（53）按住 Shift 键的同时，单击"底座"对象组，按 Alt+G 组合键，群组对象组，并将其重命名为"中间风扇"，如图 7-181 所示。在"属性"窗口的"坐标"选项卡中，设置"P.X"为 45cm，"P.Y"为 86cm，"P.Z"为 -82cm，如图 7-182 所示。按住 Ctrl 键的同时，按住鼠标左键并向上拖曳，松开鼠标复制对象组，并将其重命名为"左侧风扇"，在"属性"窗口的"坐标"选项卡中，设置"P.X"为 -13cm，"P.Y"为 86cm，"P.Z"为 11cm，如图 7-183 所示。

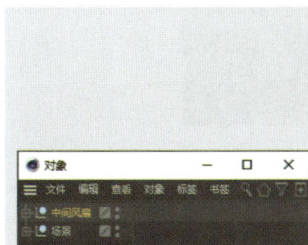
图 7-181

图 7-182

图 7-183

（54）按住 Ctrl 键的同时，按住鼠标左键并向上拖曳，松开鼠标复制对象组，并将其重命名为"右侧风扇"，如图 7-184 所示。在"属性"窗口的"坐标"选项卡中，设置"P.X"为 111cm，"P.Y"为 86cm，"P.Z"为 11cm，如图 7-185 所示。选择"显示 > 光影着色"命令，视图窗口中的效果如图 7-186 所示。

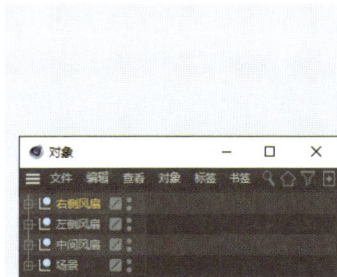

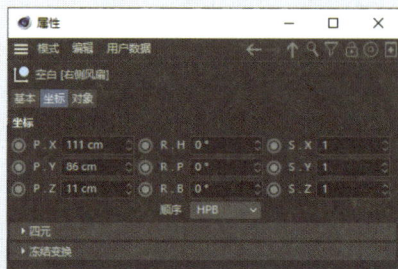

图 7-184   图 7-185   图 7-186

（55）选择"文件 > 合并项目"命令，在弹出的"打开文件"对话框中，选择"Ch04 > 制作灯管文字 > 工程文件"，单击"打开"按钮，打开文件，"对象"窗口如图 7-187 所示。单击"摄像机"对象右侧的按钮 ，进入摄像机视图。视图窗口中的效果如图 7-188 所示。在"对象"窗口中，框选需要的对象组，按 Alt+G 组合键，群组对象组，并将其重命名为"家用电器首页轮播海报 2"，如图 7-189 所示。

图 7-187   图 7-188   图 7-189

2. 灯光

在"对象"窗口中，展开"灯光"对象组，选中"灯光 1"对象，如图 7-190 所示。在"属性"窗口的"工程"选项卡中，拖曳"对象"窗口中的"右侧风扇""左侧风扇"和"中间风扇"对象组到"对象"选项框中，如图 7-191 所示。

灯光

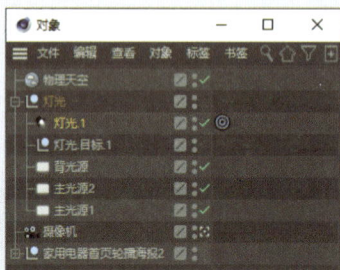

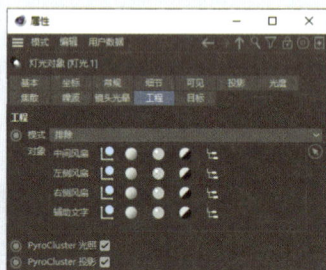

图 7-190   图 7-191

3. 材质

（1）在"材质"窗口中双击，添加一个材质球，并将其命名为"屋子"。在添加的材质球上双击，弹出"材质编辑器"窗口。在左侧列表中选择"颜色"选项，切换到相应的选项卡，设置"H"为 214°，"S"为 62%，"V"为 60%，其他选项的设置如图 7-192 所示。单击"关闭"按钮，关闭窗口。

材质

（2）在"对象"窗口中展开"家用电器首页轮播海报 2 > 场景"对象组，将"材质"窗口中的

"屋子"材质球拖曳到"对象"窗口中的"屋子"对象上。

（3）在"材质"窗口中双击，添加一个材质球，并将其命名为"底座"。在添加的材质球上双击，弹出"材质编辑器"窗口。在左侧列表中选择"颜色"选项，切换到相应的选项卡，设置"H"为214°，"S"为45%，"V"为80%，其他选项的设置如图7-193所示。单击"关闭"按钮，关闭窗口。将"材质"窗口中的"底座"材质球拖曳到"对象"窗口中的"底座"对象上。

图 7-192

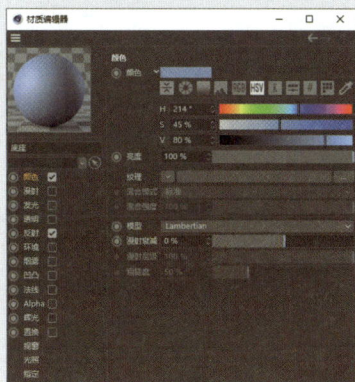

图 7-193

（4）在"材质"窗口中双击，添加一个材质球，并将其命名为"反光板"。在添加的材质球上双击，弹出"材质编辑器"窗口。在左侧列表中选择"颜色"选项，切换到相应的选项卡，设置"纹理"为"渐变"，单击"渐变预览框"按钮，切换到相应的选项卡，如图7-194所示。双击"渐变"下方左侧的"色标.1"按钮，弹出"渐变色标设置"对话框，设置"H"为214°，"S"为25%，"V"为100%，如图7-195所示，单击"确定"按钮，返回"材质编辑器"窗口。双击"渐变"下方右侧的"色标.2"按钮，弹出"渐变色标设置"对话框，设置"H"为214°，"S"为72%，"V"为80%，如图7-196所示，单击"确定"按钮，返回"材质编辑器"窗口。

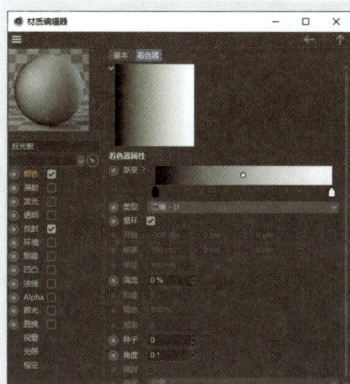

图 7-194

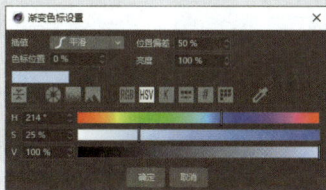

图 7-195

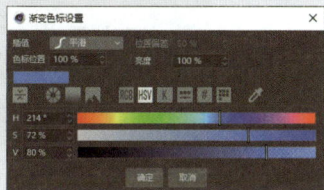

图 7-196

（5）设置"类型"为"二维-V"，其他选项的设置如图7-197所示。单击"关闭"按钮，关闭窗口。将"材质"窗口中的"反光板"材质球拖曳到"对象"窗口中的"反光板"对象上。折叠"场景"对象组。

（6）在"材质"窗口中双击，添加一个材质球，并将其命名为"左侧风扇"。在添加的材质球上双击，弹出"材质编辑器"窗口。在左侧列表中选择"颜色"选项，切换到相应的选项卡，设置"H"为111°,"S"为33%,"V"为100%,其他选项的设置如图7-198所示。

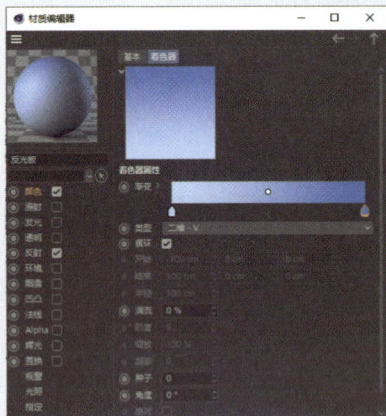

图 7-197

图 7-198

(7)在左侧列表中选择"反射"选项,切换到相应的选项卡,设置"类型"为"Lambertian(漫射)",其他选项的设置如图7-199所示。单击"关闭"按钮,关闭窗口。将"材质"窗口中的"左侧风扇"材质球拖曳到"对象"窗口中的"左侧风扇"对象上。

(8)在"材质"窗口中选中"左侧风扇"材质球,按住 Ctrl 键的同时,按住鼠标左键并向左拖曳,鼠标指针变为箭头时,松开鼠标复制材质球,并将其重命名为"中间风扇"。在材质球上双击,弹出"材质编辑器"窗口。在左侧列表中选择"颜色"选项,切换到相应的选项卡,设置"H"为0°,"S"为16%,"V"为100%,其他选项的设置如图7-200所示。单击"关闭"按钮,关闭窗口。将"材质"窗口中的"中间风扇"材质球拖曳到"对象"窗口中的"中间风扇"对象上。

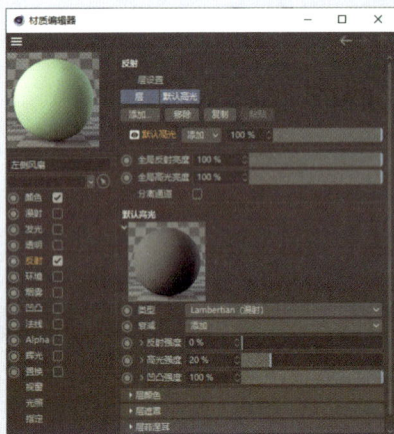

图 7-199

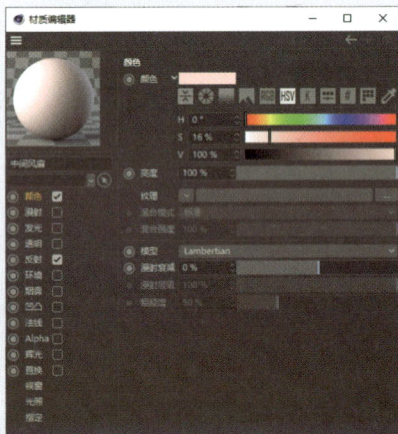

图 7-200

(9)在"材质"窗口中选中"中间风扇"材质球,按住 Ctrl 键的同时,按住鼠标左键并向左拖曳,鼠标指针变为箭头时,松开鼠标复制材质球,并将其重命名为"右侧风扇"。在材质球上双击,弹出"材质编辑器"窗口。在左侧列表中选择"颜色"选项,切换到相应的选项卡,设置"H"为43°,"S"为43%,"V"为100%,其他选项的设置如图7-201所示。单击"关闭"按钮,关闭窗口。将"材质"窗口中的"右侧风扇"材质球拖曳到"对象"窗口中的"右侧风扇"对象上。视图窗口中的效果如图7-202所示。

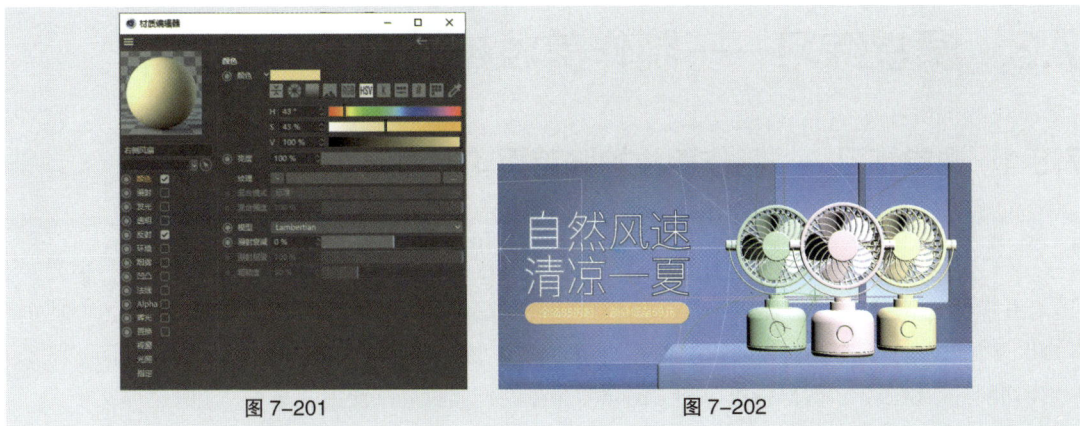

图 7-201

图 7-202

4. 渲染

（1）前3个步骤与"4.2.2 课堂案例——制作灯管文字"中"渲染"的前3个步骤一致，这里不赘述。

（2）单击"渲染到图像查看器"按钮 ▶，弹出"图像查看器"窗口，如图 7-203 所示。渲染完成后，单击窗口中的"将图像另存为"按钮 ▣，弹出"保存"对话框，如图 7-204 所示。

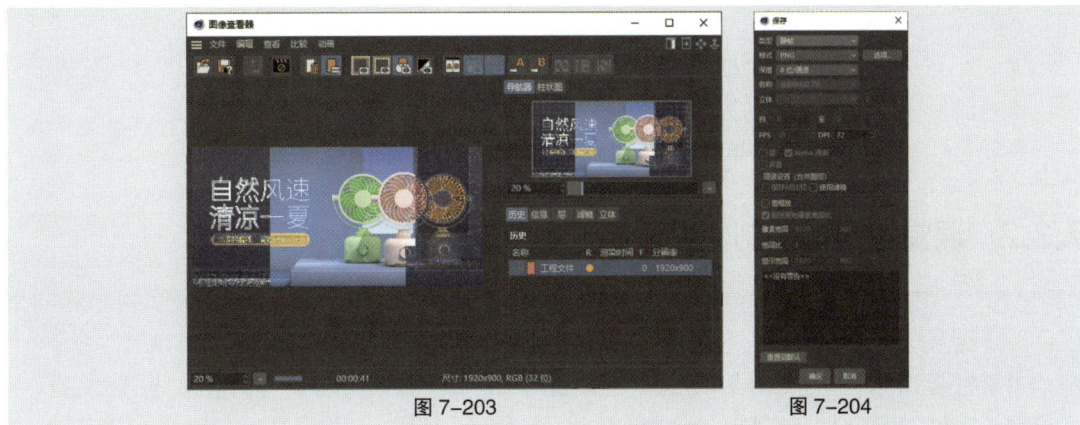

渲染

图 7-203

图 7-204

（3）单击"保存"对话框中的"确定"按钮，弹出"保存对话"对话框，在对话框中选择要保存文件的位置，并在"文件名"文本框中输入名称，设置完成后，单击"保存"按钮，保存图像，效果如图 7-205 所示。

（4）在 Photoshop 中，根据需要添加文字或图标等宣传信息，丰富画面内容，提升其商业价值，效果如图 7-206 所示。家用电器首页轮播海报 2 制作完成。

图 7-205

图 7-206

7.3　课堂练习——制作美妆护肤首页轮播海报

7.3.1　课堂练习——制作美妆护肤首页轮播海报 1

【练习知识要点】使用"打开项目"命令打开已制作完的模型；使用"合并项目"命令合并素材模型；使用"圆柱体""立方体""细分曲面"和"克隆"工具、"循环/路径切割"和"内部挤压"命令制作装饰花；使用"圆柱体""缩放"和"细分曲面"工具、"循环/路径切割""挤压""内部挤压"和"倒角"命令制作化妆品；使用"文本"工具制作文字；使用"材质"窗口创建材质并设置材质参数；使用"渲染到图像查看器"按钮渲染图像，最终效果如图 7-207 所示。

【效果文件所在位置】云盘 \Ch07\ 制作美妆护肤首页轮播海报 1\ 工程文件 .c4d。

图 7-207

 建模1　 建模2　 材质

7.3.2　课堂练习——制作美妆护肤首页轮播海报 2

【练习知识要点】使用"打开项目"命令打开已制作完的模型；使用"合并项目"命令合并素材模型；使用"立方体""管道""圆柱体"和"细分曲面"工具、"倒角""挤压""内部挤压"和"循环/路径切割"命令制作化妆品；使用"球体""螺旋线""连接""圆环"和"扫描"工具制作装饰；使用"材质"窗口创建材质并设置材质参数；使用"渲染到图像查看器"按钮渲染图像，最终效果如图 7-208 所示。

【效果文件所在位置】云盘 \Ch07\ 制作美妆护肤首页轮播海报 2\ 工程文件 .c4d。

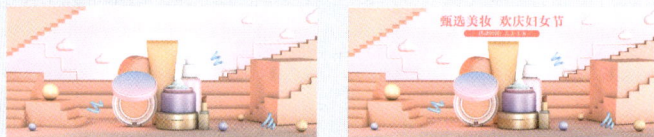

图 7-208

 建模1　 建模2　 材质

7.4 课后习题——制作美味食品首页轮播海报

7.4.1 课后习题——制作美味食品首页轮播海报 1

【习题知识要点】使用"打开项目"命令打开已制作完的模型；使用"合并项目"命令合并素材模型；使用"球体""锥化""圆环面""样条""圆环"和"扫描"工具制作装饰气球；使用"文本"和"细分曲面"工具制作数字气球；使用"螺旋线""圆环""星形""连接"和"圆环面"工具制作装饰；使用"文本""样条画笔""挤压"和"矩形"工具、"倒角""内部挤压"和"挤压"命令制作标题文字及边框；使用"材质"窗口创建材质并设置材质参数；使用"渲染到图像查看器"按钮渲染图像，最终效果如图 7-209 所示。

图 7-209

【效果文件所在位置】云盘 \Ch07\ 制作美味食品首页轮播海报 1\ 工程文件 .c4d。

建模

材质

7.4.2 课后习题——制作美味食品首页轮播海报 2

【习题知识要点】使用"合并项目"命令合并已制作完的模型和素材模型；使用"立方体""矩形""挤压"和"布尔"工具制作房间；使用"矩形""倒角""扫描"和"实例"工具制作窗框；使用"立方体"工具、"内部挤压"和"挤压"命令制作装饰画；使用"平面"工具制作反光板；使用"圆柱体"工具制作台子；使用"文本"和"样条约束"工具制作文字；使用"材质"窗口创建材质并设置材质参数；使用"渲染到图像查看器"按钮渲染图像，最终效果如图 7-210 所示。

图 7-210

【效果文件所在位置】云盘 \Ch07\ 制作美味食品首页轮播海报 2\ 工程文件 .c4d。

建模

材质

第8章

08

活动专题页海报设计

▶ 本章介绍

    活动专题页设计是电商视觉设计中具备一定难度的综合型工作任务，精心设计的活动专题页海报能够营造出活动的欢庆氛围，提升用户了解活动的兴趣。本章针对活动专题页的基本概念和表现形式、活动专题页海报的基本概念和设计规则等基础知识进行系统讲解，并针对流行风格与典型行业的活动专题页海报进行设计演练。通过对本章的学习，读者可以对活动专题页海报的设计有系统的认识，并快速掌握活动专题页海报的设计规则和制作方法，成功设计出精彩的活动专题页海报。

学习引导

	知识目标	能力目标	素质目标
学习目标	1. 了解活动专题页的基本概念。	1. 熟悉活动专题页海报的设计规则。	1. 培养读者良好的活动专题页海报设计习惯。
	2. 熟悉活动专题页的表现形式。	2. 熟悉活动专题页海报的设计思路。	2. 培养读者对活动专题页海报的鉴赏能力。
	3. 熟悉活动专题页海报的基本概念	3. 掌握活动专题页海报的制作方法	3. 培养读者对活动专题页海报的设计能力

8.1　活动专题页概述

活动专题页是指在各种节日活动主题下，用于进行商品促销的电商页面。根据服务对象，活动专题页的表现形式可以分为平台专题页和店铺专题页。

PC 端平台专题页通常涉及大量的类目、品牌以及商品，因此其整体布局更紧凑。其头部Banner 常设计为较短、小尺寸类型，以便能展示更多信息。而 PC 端店铺专题页只需要呈现单一类目或单一品牌的少量商品,因此其整体布局较为宽松。其头部 Banner 常设计为较高、大尺寸类型,以便能更好地体现主题和营造氛围，如图 8-1 所示。

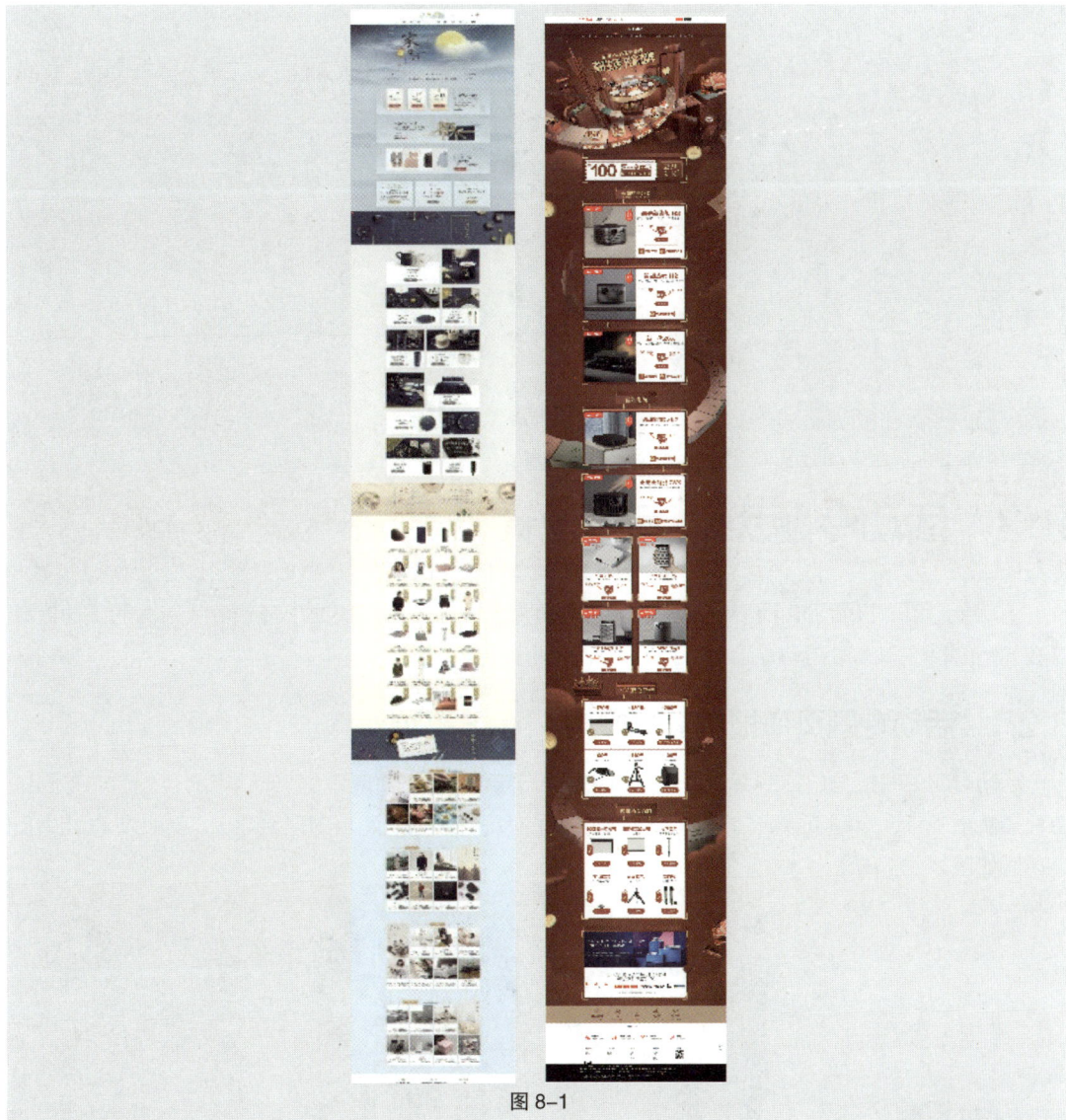

图 8-1

手机端平台专题页和手机端店铺专题页如图 8-2 所示。其中手机端平台专题页的 Banner 常设计为横屏、小尺寸类型，而手机端店铺专题页常设计为竖屏、大尺寸类型。

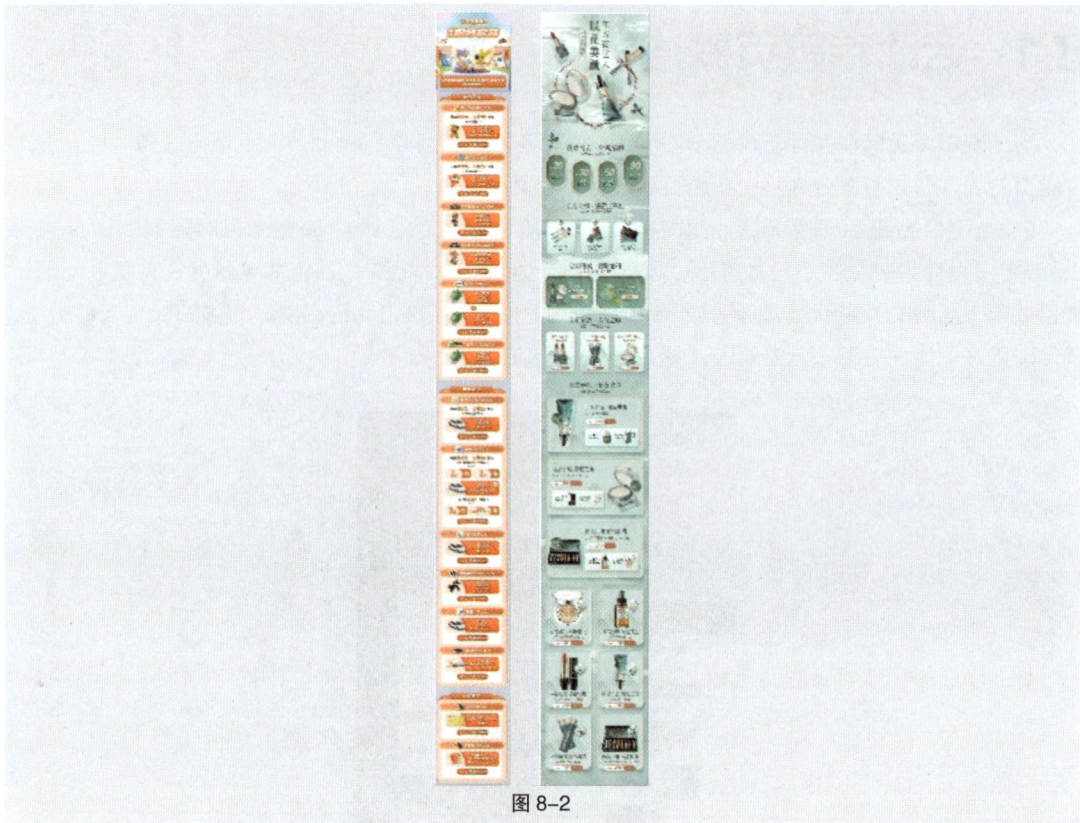
图 8-2

8.2 活动专题页的海报设计

活动专题页海报醒目，精心设计的活动专题页海报能够令用户快速了解平台或店铺的活动信息以及促销信息，下面对活动专题页海报的设计知识进行详细讲解。

8.2.1 活动专题页海报的基本概念

活动专题页海报与店铺首页海报一样，主要用于展示商品宣传和活动促销等内容。活动专题页海报通常位于平台专题页或店铺首页，作为出现在消费者眼前最醒目的区域之一，因此其设计举足轻重，如图 8-3 所示。

图 8-3

8.2.2　活动专题页海报的设计规则

　　活动专题页海报的设计规则可以参考"7.2.2 店铺首页海报的设计规则"。PC 端活动专题页海报通常将宽度设置为 1920 像素，重要的商品信息的宽度建议设计为 1200 像素以内。手机端平台专题页海报的宽度通常设置为 750 像素，手机端店铺专题页海报的宽度通常设置为 1200 像素。海报高度不限，可根据商家不同需要进行变化。

8.2.3　课堂案例——制作家用电器专题页海报

　　【案例学习目标】综合使用参数化工具、生成器工具、多边形建模工具、材质工具及渲染工具制作家用电器专题页海报。

　　【案例知识要点】使用"圆柱体"和"细分曲面"工具、"内部挤压""循环/路径切割"和"挤压"命令制作台子和上方的灯；使用"立方体""细分曲面""圆柱体""对称"和"挤压"工具、"倒角""内部挤压""分裂""挤压"和"循环/路径切割"命令制作产品；使用"合并项目"命令合并已制作完的模型和素材模型；使用"材质"窗口创建材质并设置材质参数；使用"渲染到图像查看器"按钮渲染图像，最终效果如图 8-4 所示。

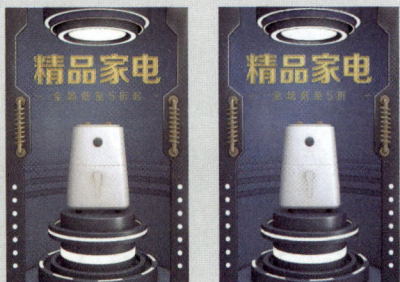

图 8-4

　　【效果文件所在位置】云盘 \Ch08\ 制作家用电器专题页海报 \ 工程文件 .c4d。

1.　建模

　　（1）选择"文件 > 打开项目"命令，在弹出的"打开文件"对话框中，选择"Ch08 > 制作家用电器专题页海报 > 素材 > 01"，单击"打开"按钮，打开文件，"对象"窗口如图 8-5 所示。视图窗口中的效果如图 8-6 所示。

建模

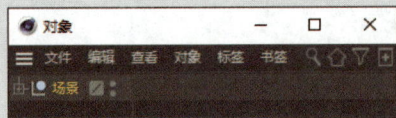
图 8-5

图 8-6

　　（2）选择"圆柱体"工具 ，在"对象"窗口中生成一个"圆柱体"对象，并将其重命名为"台子"。在"属性"窗口的"对象"选项卡中，设置"半径"为 314cm，"高度"为 75cm，如图 8-7 所示。在"坐标"选项卡中，设置"P.X"为 0cm，"P.Y"为 110cm，"P.Z"为 107cm，如图 8-8 所示。在"对象"窗口中，在"圆柱体"对象上单击鼠标右键，在弹出的菜单中选择"转为可编辑对象"命令，将其转为可编辑对象。

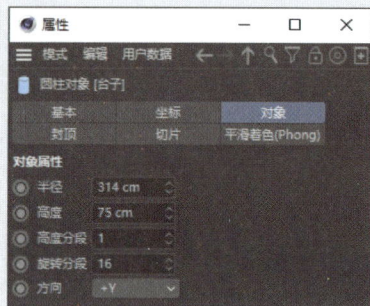
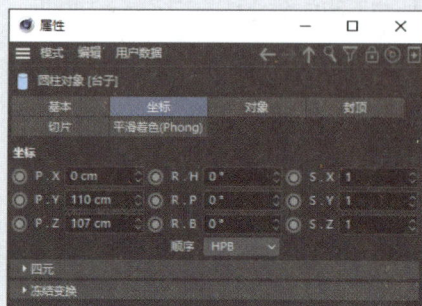

图 8-7   图 8-8

（3）单击"多边形"按钮 ⬢，切换为多边形模式。选择"实时选择"工具 ⬤，选中需要的面，如图 8-9 所示。在视图窗口中单击鼠标右键，在弹出的菜单中选择"内部挤压"命令，在"属性"窗口中，设置"偏移"为 27cm，如图 8-10 所示。按住 Ctrl 键的同时，向下拖曳 y 轴到 32cm 的位置，效果如图 8-11 所示。

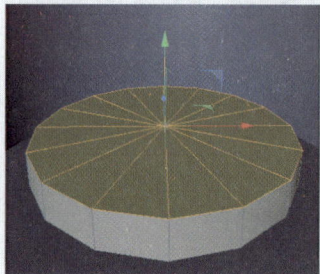
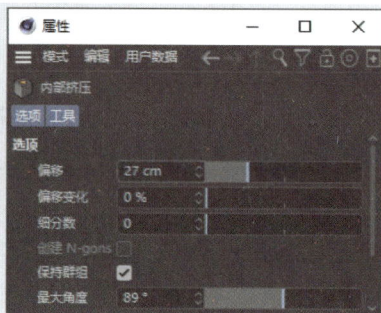
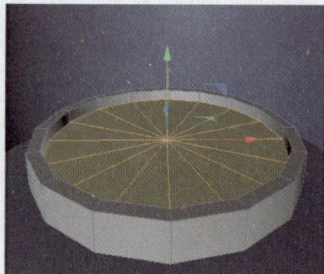

图 8-9   图 8-10   图 8-11

（4）在"属性"窗口中，设置"偏移"为 36cm，如图 8-12 所示，单击"工具"选项中的"应用"按钮。视图窗口中的效果如图 8-13 所示。按住 Ctrl 键的同时，向上拖曳 y 轴到 45cm 的位置，效果如图 8-14 所示。

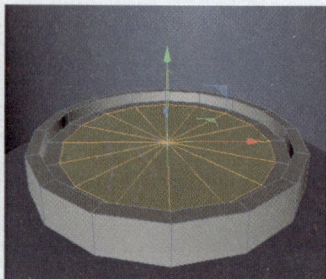
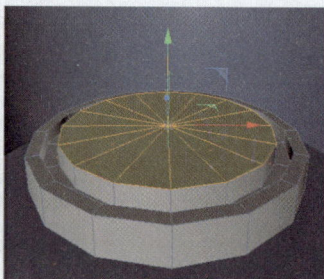

图 8-12   图 8-13   图 8-14

（5）在"属性"窗口中，设置"偏移"为 25cm，单击"应用"按钮。视图窗口中的效果如图 8-15 所示。按住 Ctrl 键的同时，向下拖曳 y 轴到 45cm 的位置，效果如图 8-16 所示。在"属性"窗口中，设置"偏移"为 25cm，单击"工具"选项中的"应用"按钮。视图窗口中的效果如图 8-17 所示。向上拖曳 y 轴到 232cm 的位置，效果如图 8-18 所示。

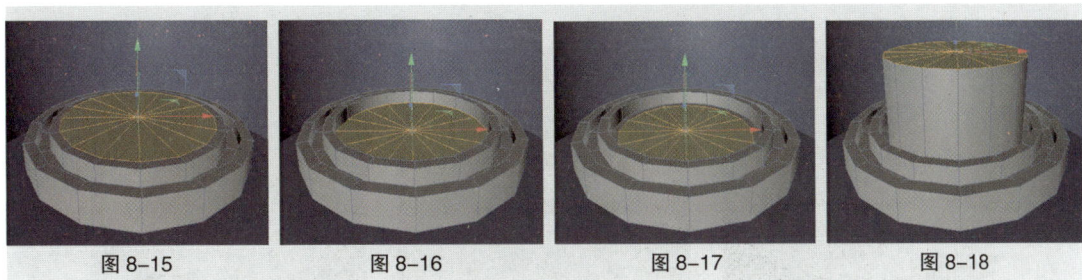

图 8-15　　　　　　图 8-16　　　　　　图 8-17　　　　　　图 8-18

（6）在视图窗口中单击鼠标右键，在弹出的菜单中选择"循环 / 路径切割"命令，在视图窗口中选择要切割的面，设置"偏移"为 25%，效果如图 8-19 所示。选择"选择 > 循环选择"命令，选中需要的面，如图 8-20 所示。在视图窗口中单击鼠标右键，在弹出的菜单中选择"挤压"命令，在"属性"窗口中，设置"偏移"为 61cm，视图窗口中的效果如图 8-21 所示。

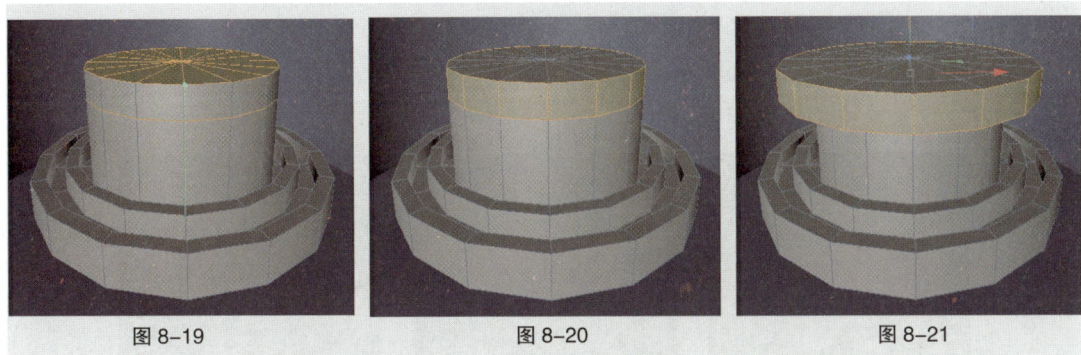

图 8-19　　　　　　　　　　图 8-20　　　　　　　　　　图 8-21

（7）在视图窗口中单击鼠标右键，在弹出的菜单中选择"循环 / 路径切割"命令，在视图窗口中选择要切割的面，设置"偏移"为 42%，效果如图 8-22 所示。选择"实时选择"工具 ◎，选中需要的面，按住 Ctrl 键的同时，向下拖曳 y 轴到 26cm 的位置，效果如图 8-23 所示。选中需要的面，按住 Ctrl 键的同时，向上拖曳 y 轴到 83cm 的位置，效果如图 8-24 所示。

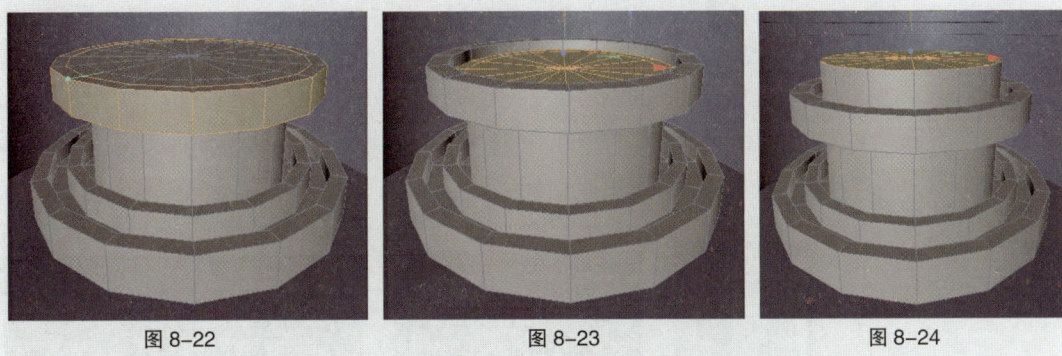

图 8-22　　　　　　　　　　图 8-23　　　　　　　　　　图 8-24

（8）单击"边"按钮 ▣，切换为边模式。按住 Shift 键的同时，在视图窗口中选中需要的边，如图 8-25 所示。在视图窗口中单击鼠标右键，在弹出的菜单中选择"倒角"命令，在"属性"窗口中，设置"倒角模式"为"实体"，"偏移"为 3.8cm，如图 8-26 所示。视图窗口中的效果如图 8-27 所示。

图 8-25   图 8-26   图 8-27

（9）在视图窗口中单击鼠标右键，在弹出的菜单中选择"循环 / 路径切割"命令，在视图窗口中选择要切割的面，在"属性"窗口中，勾选"镜像切割"复选框，设置"偏移"为40%，效果如图 8-28 所示。再次切割需要的面，在"属性"窗口中，设置"偏移"为64%，效果如图 8-29 所示。

（10）按住 Alt 键的同时，选择"细分曲面"工具 ，在"台子"对象的上方生成一个"细分曲面"父级对象，并将其重命名为"台子"。视图窗口中的效果如图 8-30 所示。折叠"台子"对象组。

图 8-28   图 8-29   图 8-30

（11）使用相同的方法制作"上方灯"对象组，在"对象"窗口中生成新的对象组，如图 8-31 所示。视图窗口中的效果如图 8-32 所示。

（12）选择"立方体"工具 ，在"对象"窗口中生成一个"立方体"对象。在"属性"窗口的"对象"选项卡中，设置"尺寸.X"为 334cm，"尺寸.Y"为 404cm，"尺寸.Z"为 241cm，如图 8-33 所示。在"坐标"选项卡中，设置"P.X"为 0cm，"P.Y"为 620cm，"P.Z"为 107cm，如图 8-34 所示。在"对象"窗口中，在"立方体"对象上单击鼠标右键，在弹出的菜单中选择"转为可编辑对象"命令，将其转为可编辑对象。

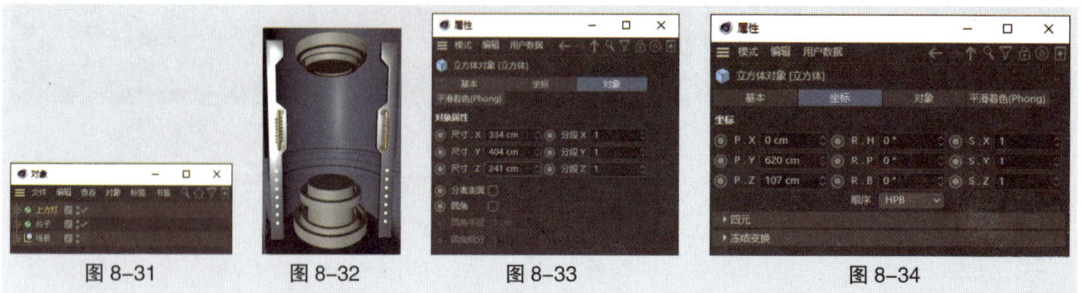

图 8-31   图 8-32   图 8-33   图 8-34

（13）选中需要的面，如图 8-35 所示，选择"缩放"工具 ，在空白处按住鼠标左键并拖曳，缩小面为78%，效果如图 8-36 所示。单击"边"按钮 ，切换为边模式。选中需要的边，如

图 8-37 所示。在视图窗口中单击鼠标右键，在弹出的菜单中选择"倒角"命令，在"属性"窗口中，设置"倒角模式"为"倒棱"，"偏移"为33cm。视图窗口中的效果如图 8-38 所示。选中需要的边，在视图窗口中单击鼠标右键，在弹出的菜单中选择"倒角"命令，在"属性"窗口中，设置"偏移"为64cm。视图窗口中的效果如图 8-39 所示。

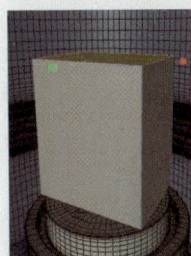 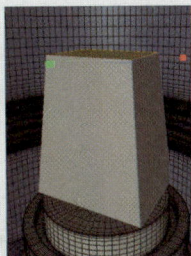 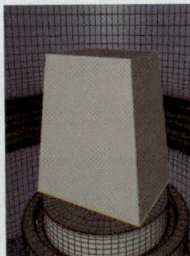  

图 8-35　　　　　图 8-36　　　　　图 8-37　　　　　图 8-38　　　　　图 8-39

（14）单击"多边形"按钮，切换为多边形模式。选中需要的面，在视图窗口中单击鼠标右键，在弹出的菜单中选择"内部挤压"命令，在"属性"窗口中，设置"偏移"为13cm，效果如图 8-40 所示。按住 Ctrl 键的同时，向下拖曳 y 轴到7cm的位置，效果如图 8-41 所示。在视图窗口中单击鼠标右键，在弹出的菜单中选择"内部挤压"命令，在"属性"窗口中，设置"偏移"为3cm，效果如图 8-42 所示。按住 Ctrl 键的同时，向上拖曳 y 轴到18cm的位置，效果如图 8-43 所示。

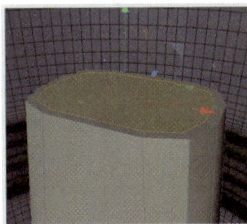 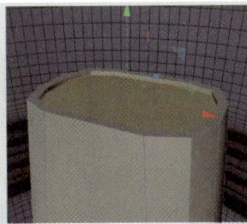 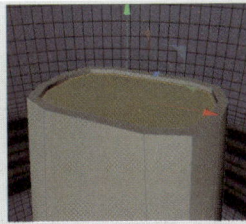 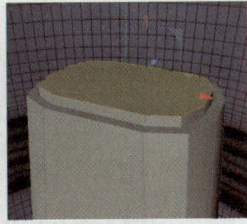

图 8-40　　　　　图 8-41　　　　　图 8-42　　　　　图 8-43

（15）单击"边"按钮，切换为边模式。选择"选择 > 循环选择"命令，按住 Shift 键的同时，选中需要的边，如图 8-44 所示。在视图窗口中单击鼠标右键，在弹出的菜单中选择"倒角"命令，在"属性"窗口中，设置"倒角模式"为"实体"，"偏移"为2cm，视图窗口中的效果如图 8-45 所示。按住 Alt 键的同时，选择"细分曲面"工具，在"立方体"对象的上方生成一个"细分曲面"父级对象，并将其重命名为"机身"，如图 8-46 所示。在"属性"窗口的"对象"选项卡中，设置"编辑器细分"为1，"渲染器细分"为1，如图 8-47 所示。

  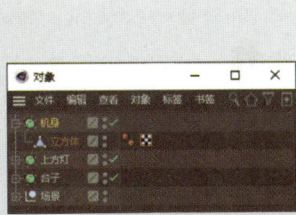 

图 8-44　　　　　图 8-45　　　　　图 8-46　　　　　图 8-47

（16）在"对象"窗口中，在"机身"对象组上单击鼠标右键，在弹出的菜单中选择"连接对象＋删除"命令,将"机身"对象组进行连接。单击"多边形"按钮 ,切换为多边形模式。选择"实时选择"工具 ,选中需要的面,如图8-48所示。在视图窗口中单击鼠标右键,在弹出的菜单中选择"分裂"命令,将选中的面分裂,在"对象"窗口中,生成新的"机身.1"对象,按住Alt键的同时,双击对象右侧的按钮 ,隐藏对象,如图8-49所示。选中"机身"对象,按Delete键,将选中的面删除,效果如图8-50所示。

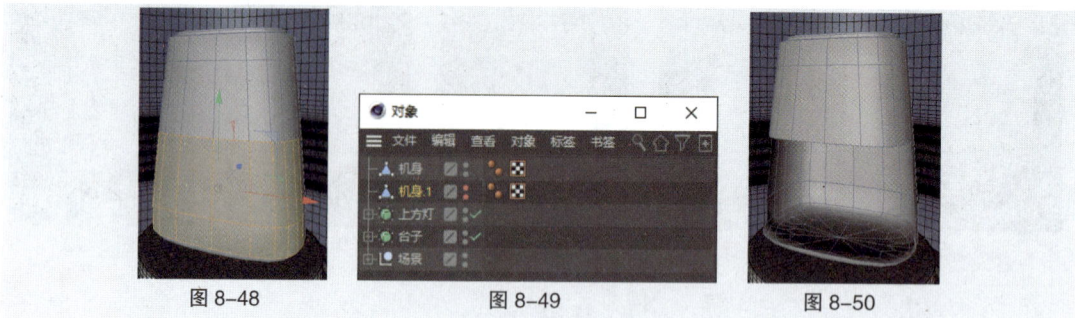

Cinema 4D 电商视觉设计案例教程(全彩慕课版)

232

图8-48　　　　　　图8-49　　　　　　图8-50

(17)在视图窗口中单击鼠标右键,在弹出的菜单中选择"挤压"命令,在"属性"窗口中,勾选"创建封顶"复选框,设置"偏移"为-3cm,效果如图8-51所示。单击"边"按钮 ,切换为边模式。在视图窗口中单击鼠标右键,在弹出的菜单中选择"循环/路径切割"命令,在视图窗口中选择要切割的面,设置"偏移"为50%,效果如图8-52所示。在视图窗口中选择要切割的面,设置"偏移"为98%,效果如图8-53所示。在视图窗口中选择要切割的面,设置"偏移"为94%,效果如图8-54所示。

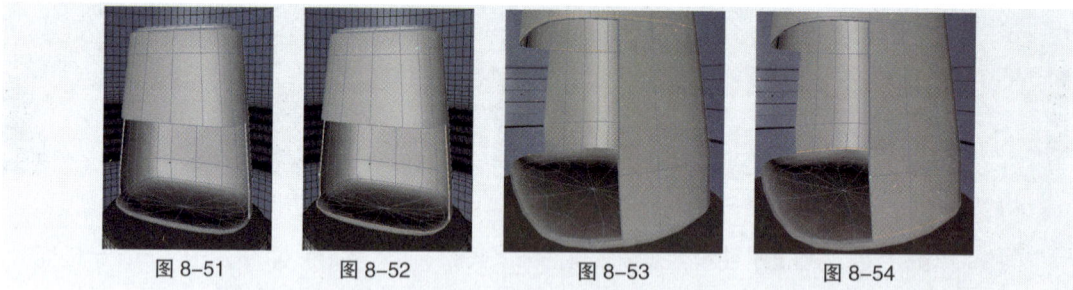

图8-51　　　　图8-52　　　　图8-53　　　　图8-54

(18)按住Alt键的同时,选择"细分曲面"工具 ,在"机身"对象的上方生成一个"细分曲面"父级对象,并将其重命名为"机身"。在"对象"窗口中,选中"机身.1"对象,按住Alt键的同时,双击对象右侧的按钮 ,显示对象,如图8-55所示。

(19)单击"视窗独显"按钮 ,独显"机身.1"对象。单击"多边形"按钮 ,切换为多边形模式。在视图窗口中单击鼠标右键,在弹出的菜单中选择"挤压"命令,在"属性"窗口中,勾选"创建封顶"复选框,设置"偏移"为-3cm,效果如图8-56所示。

(20)单击"边"按钮 ,切换为边模式。在视图窗口中单击鼠标右键,在弹出的菜单中选择"循环/路径切割"命令,在视图窗口中选择要切割的面,设置"偏移"为50%,效果如图8-57所示。在视图窗口中选择要切割的面,设置"偏移"为98%,效果如图8-58所示。在视图窗口中选择要切割的面,设置"偏移"为95%,效果如图8-59所示。按住Alt键的同时,选择"细分曲面"工具 ,在"机身.1"对象的上方生成一个"细分曲面"父级对象,并将其重命名为"抽盒",如图8-60所示。单击"视窗独显"按钮 ,取消独显"机身.1"对象。

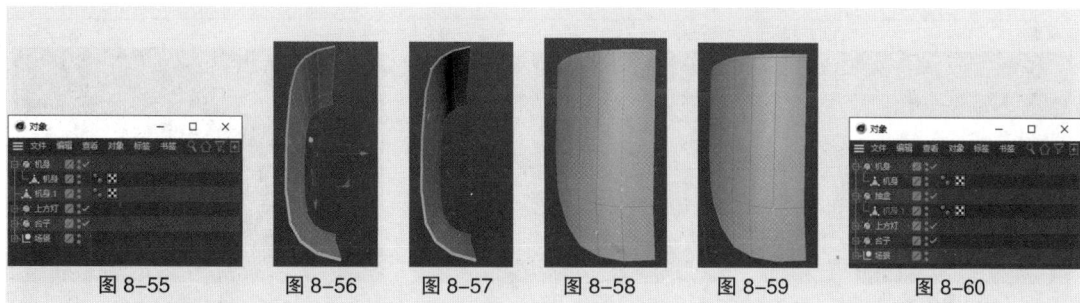

图 8-55　　　　图 8-56　　　　图 8-57　　　　图 8-58　　　　图 8-59　　　　图 8-60

（21）选择"圆柱体"工具 ▌，在"对象"窗口中生成一个"圆柱体"对象。在"属性"窗口的"对象"选项卡中，设置"半径"为15cm，"高度"为17cm，如图 8-61 所示。在"坐标"选项卡中，设置"P.X"为 -99cm，"P.Y"为 414cm，"P.Z"为 53cm，如图 8-62 所示。

（22）选择"对称"工具 ◐，在"对象"窗口中生成一个"对称"对象。将"圆柱体"对象拖曳到"对称"对象的下方。选择"对称"工具 ◐，在"对象"窗口中生成一个"对称.1"对象，并将其重命名为"腿"，将"对称"对象拖曳到"腿"对象的下方，如图 8-63 所示。

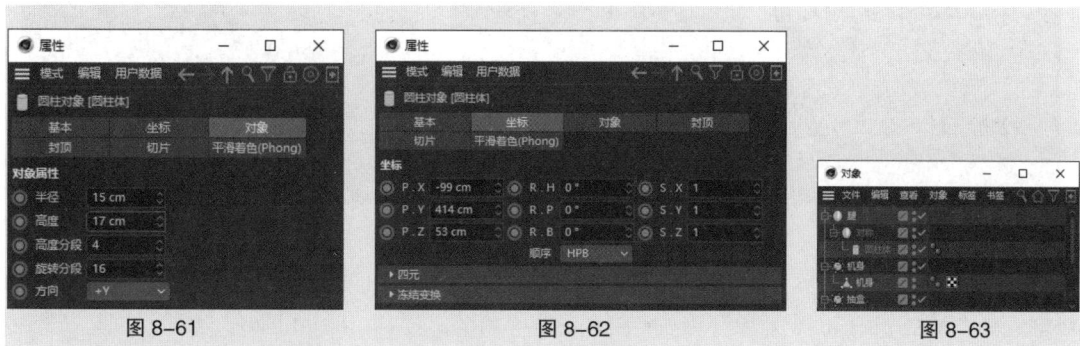

图 8-61　　　　　　　　图 8-62　　　　　　　　图 8-63

（23）选中"腿"对象组，在"属性"窗口的"对象"选项卡中，设置"镜像平面"为 XY，如图 8-64 所示。在"坐标"选项卡中，设置"P.Z"为 106cm，如图 8-65 所示。视图中的效果如图 8-66所示。折叠"腿""机身""抽盒"对象组。

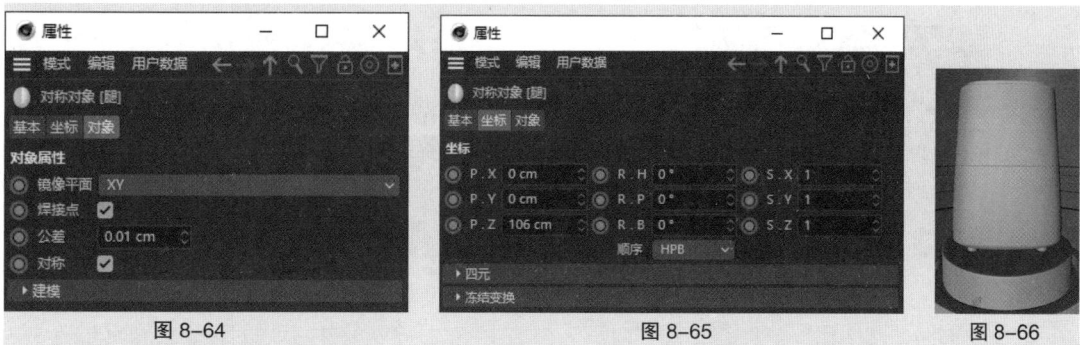

图 8-64　　　　　　　　图 8-65　　　　　　　　图 8-66

（24）选择"圆柱体"工具 ▌，在"对象"窗口中生成一个"圆柱体"对象。在"属性"窗口的"对象"选项卡中，设置"半径"为11cm，"高度"为15cm，"旋转分段"为 40，如图 8-67 所示。在"封顶"选项卡中，勾选"圆角"复选框，设置"半径"为1cm，如图 8-68 所示。在"坐标"选项卡中，设置"P.X"为 -53cm，"P.Y"为 839cm，"P.Z"为 67cm，如图 8-69 所示。

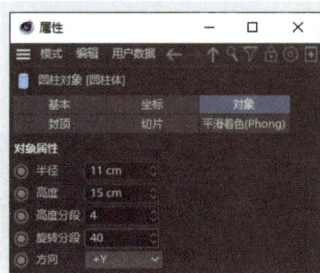
图 8-67

图 8-68

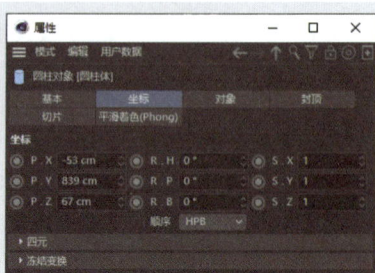
图 8-69

（25）选择"齿轮"工具 ◯，在"对象"窗口中生成一个"齿轮"对象。在"属性"窗口的"齿"选项卡中，设置"附加半径"为 15cm，如图 8-70 所示。在"嵌体"选项卡中，设置"半径"为 1cm，如图 8-71 所示。在"坐标"选项卡中，设置"P.X"为 –53cm，"P.Y"为 846cm，"P.Z"为 67cm，"R.P"为 –90°，如图 8-72 所示。

图 8-70

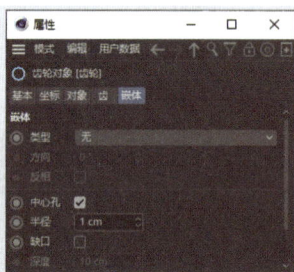
图 8-71

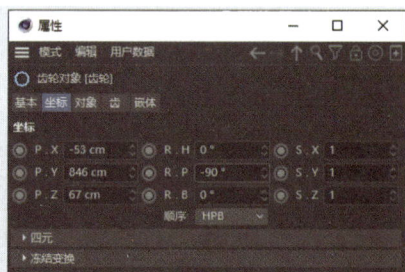
图 8-72

（26）按住 Alt 键的同时，选择"挤压"工具 ，在"齿轮"对象的上方生成一个"挤压"父级对象。在"属性"窗口的"对象"选项卡中，设置"偏移"为 14cm，如图 8-73 所示。按住 Shift 键的同时，单击"圆柱体"对象，按 Alt+G 组合键，将选中的对象编组并命名为"空白"。选择"对称"工具 ，在"对象"窗口中生成一个"对称"对象，并将其重命名为"转钮"。将"空白"对象组拖曳到"转钮"对象的下方，如图 8-74 所示，效果如图 8-75 所示。

图 8-73

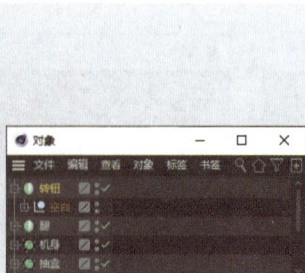
图 8-74

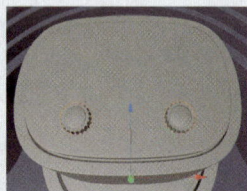
图 8-75

（27）选择"圆柱体"工具 ，在"对象"窗口中生成一个"圆柱体"对象，并将其重命名为"装饰"。在"属性"窗口的"对象"选项卡中，设置"半径"为 22cm，"高度"为 2cm，"旋转分段"为 40，如图 8-76 所示。在"封顶"选项卡中，勾选"圆角"复选框，设置"半径"为 1cm，如图 8-77 所示。在"坐标"选项卡中，设置"P.X"为 0cm，"P.Y"为 747cm，"P.Z"为 7cm，"R.P"为 86°，如图 8-78 所示。

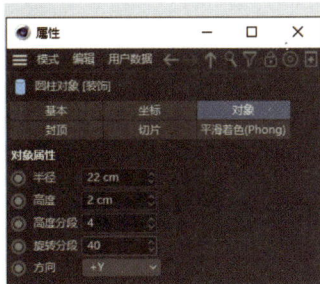

图 8-76

图 8-77

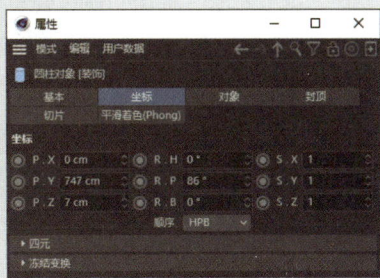

图 8-78

（28）选择"文件 > 合并项目"命令，在弹出的"打开文件"对话框中，选择"Ch08 > 制作家用电器专题页海报 > 素材 > 02"，单击"打开"按钮，打开文件。视图窗口中的效果如图 8-79 所示。在"对象"窗口中，框选需要的对象和对象组，如图 8-80 所示。按 Alt+G 组合键，群组对象组，并将其重命名为"产品"。

图 8-79

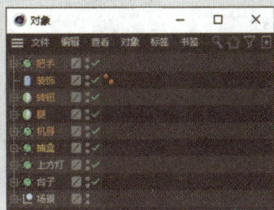

图 8-80

（29）选择"文件 > 合并项目"命令，在弹出的"打开文件"对话框中，选择"Ch04 > 制作金属立体字 > 工程文件"，单击"打开"按钮，打开文件，"对象"窗口如图 8-81 所示。单击"摄像机"对象右侧的按钮，进入摄像机视图，视图窗口中的效果如图 8-82 所示。在"对象"窗口中，框选需要的对象组，按 Alt+G 组合键，群组对象组，并将其重命名为"家用电器专题页海报"，如图 8-83 所示。

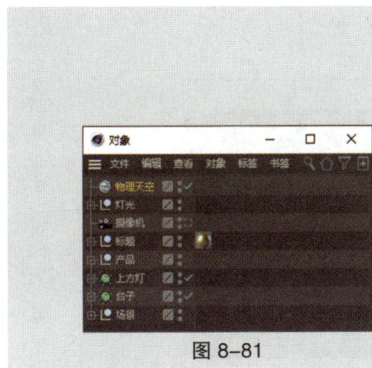

图 8-81

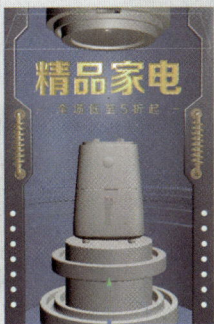

图 8-82

图 8-83

2. 灯光

与"4.2.4 课堂案例——制作金属立体字"中"灯光"的步骤一致，这里不赘述。

3. 材质

（1）在"材质"窗口中双击，添加一个材质球，并将其命名为"台子"。在添加

材质

的材质球上双击，弹出"材质编辑器"窗口。在左侧列表中选择"颜色"选项，切换到相应的选项卡，设置"H"为214°，"S"为51%，"V"为44%，其他选项的设置如图8-84所示。

（2）在左侧列表中选择"反射"选项，切换到相应的选项卡，设置"类型"为"GGX"，"粗糙度"为35%，其他选项的设置如图8-85所示。单击"关闭"按钮，关闭窗口。在"对象"窗口中展开"家用电器专题页海报 > 台子"和"家用电器专题页海报 > 上方灯"对象组，将"材质"窗口中的"台子"材质球分别拖曳到"对象"窗口中的"台子"和"上方灯"对象上，如图8-86所示。

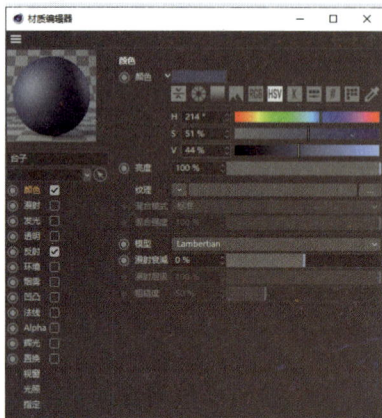
图 8-84

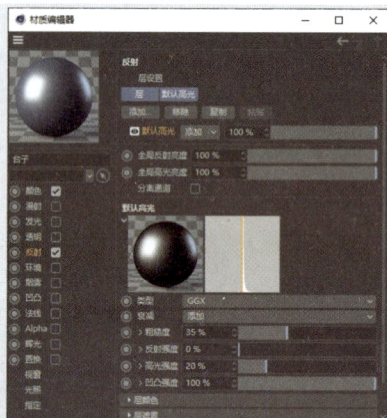
图 8-85

图 8-86

（3）在"材质"窗口中选中"蓝色灯"材质球，按住Ctrl键的同时，按住鼠标左键并向左拖曳，鼠标指针变为箭头时，松开鼠标复制材质球，并将其重命名为"黄色灯"。在材质球上双击，弹出"材质编辑器"窗口。在左侧列表中选择"颜色"选项，切换到相应的选项组，设置"H"为53°，"S"为7%，"V"为100%，其他选项的设置如图8-87所示。单击"关闭"按钮，关闭窗口。在"对象"窗口中，取消"台子"和"上方灯"对象的"细分曲面"状态，如图8-88所示。

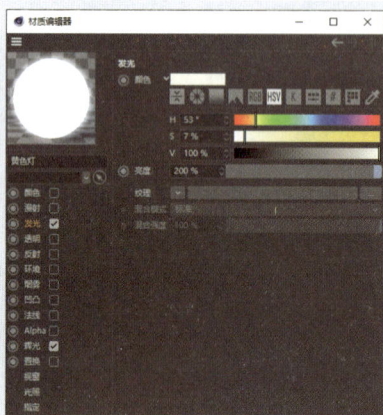
图 8-87

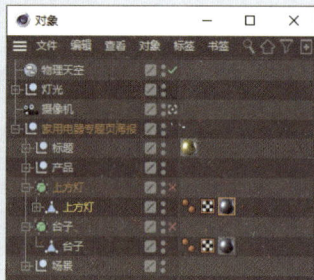
图 8-88

（4）选中"台子"对象，单击"多边形"按钮 ⬡，切换为多边形模式。选择"选择 > 循环选择"命令，按住Ctrl键的同时，选中需要的面，如图8-89所示。在"材质"窗口的"黄色灯"上单击鼠标右键，在弹出的菜单中选择"应用"命令，应用所选材质球，效果如图8-90所示。

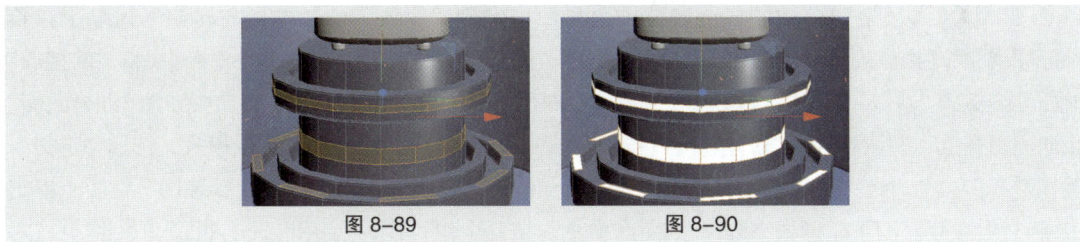

图 8-89   图 8-90

（5）在"对象"窗口中，选中"上方灯"对象。选择"选择 > 循环选择"命令，按住 Ctrl 键的同时，选中需要的面，如图 8-91 所示。在"材质"窗口的"黄色灯"上单击鼠标右键，在弹出的菜单中选择"应用"命令，应用所选材质球。按住 Ctrl 键的同时，选中需要的面，如图 8-92 所示。在"材质"窗口的"蓝色灯"上单击鼠标右键，在弹出的菜单中选择"应用"命令，应用所选材质球。恢复"台子"和"上方灯"对象的"细分曲面"状态。视图窗口中的效果如图 8-93 所示。

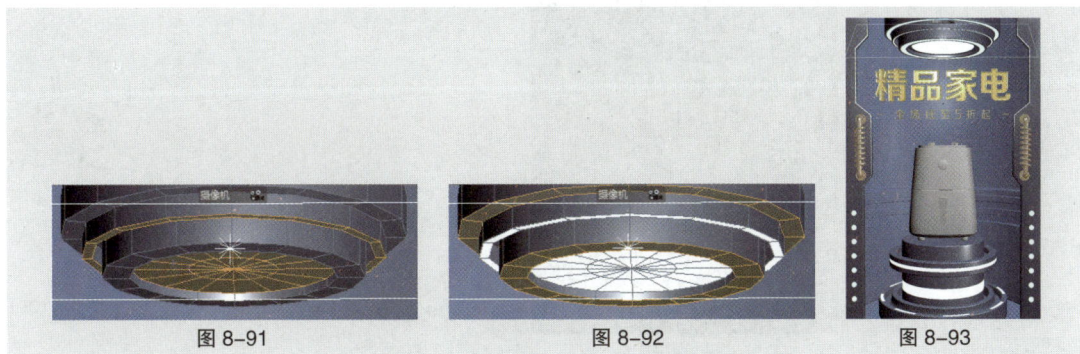

图 8-91   图 8-92   图 8-93

（6）在"材质"窗口中双击，添加一个材质球，并将其命名为"腿"。在添加的材质球上双击，弹出"材质编辑器"窗口。在左侧列表中选择"颜色"选项，切换到相应的选项卡，设置"H"为 214°，"S"为 0%，"V"为 25%，其他选项的设置如图 8-94 所示。

（7）在左侧列表中选择"反射"选项，切换到相应的选项卡，设置"宽度"为 24%，"高光强度"为 67%，其他选项的设置如图 8-95 所示。单击"关闭"按钮，关闭窗口。在"对象"窗口中展开"家用电器专题页海报 > 产品"对象组，将"材质"窗口中的"腿"材质球拖曳到"对象"窗口中的"腿"对象上。

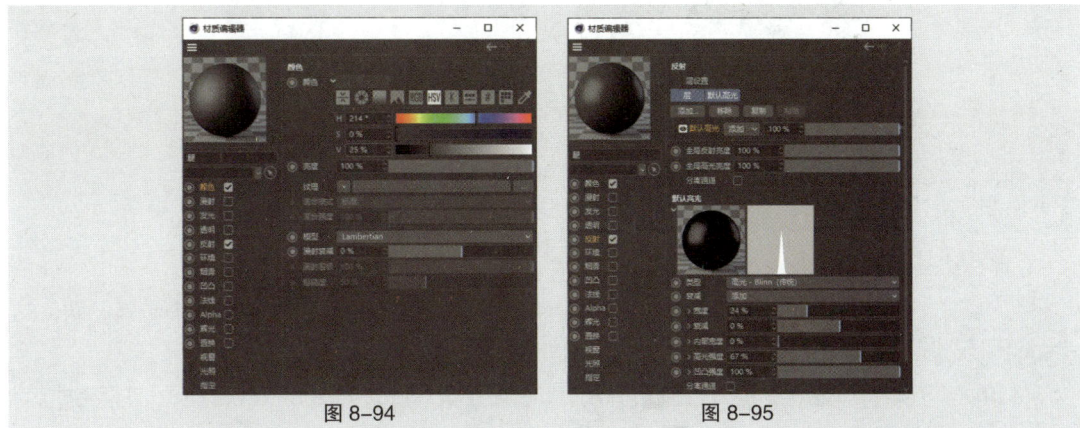

图 8-94   图 8-95

（8）将"材质"窗口中的"金属装饰"材质拖曳到"对象"窗口中的"转钮"对象上，将"产品"材质球拖曳到"对象"窗口中的"抽盒""机身"和"把手＞立方体"对象上，将"前挡板"材质球拖曳到"对象"窗口中的"装饰"对象上，如图8-96所示。在"对象"窗口中取消"细分曲面"和退出摄像机，并调整到合适的角度。单击"多边形"按钮👆，切换为多边形模式，选择"选择＞循环选择"命令，选中需要的面，如图8-97所示。在"材质"窗口中的"金属装饰"材质上单击鼠标右键，在弹出的下拉列表中选择"应用"命令。在"对象"窗口中启用"细分曲面"和摄像机，"对象"窗口如图8-98所示。视图窗口中的效果如图8-99所示。折叠"家用电器专题页海报"对象组。

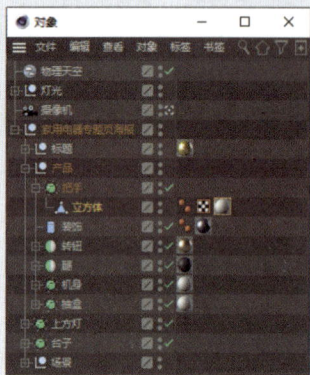

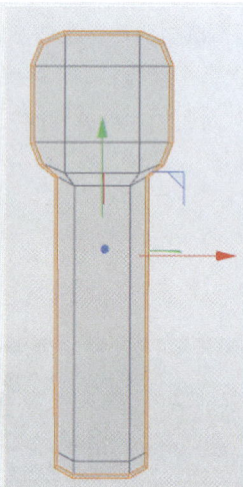

图 8-96　　　　　　图 8-97

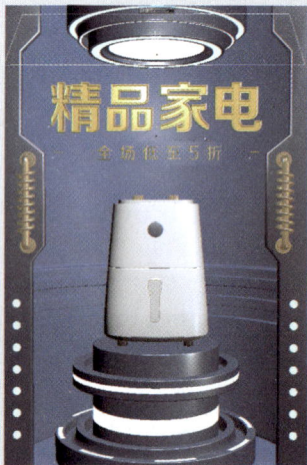

图 8-98　　　　　　图 8-99

4. 渲染

（1）前3个步骤与"4.2.4课堂案例——制作金属立体字"中"渲染"的前3个步骤一致，这里不赘述。

（2）单击"渲染到图像查看器"按钮🖼，弹出"图像查看器"窗口，如图8-100所示。渲染完成后，单击窗口中的"将图像另存为"按钮🖫，弹出"保存"对话框，如图8-101所示。

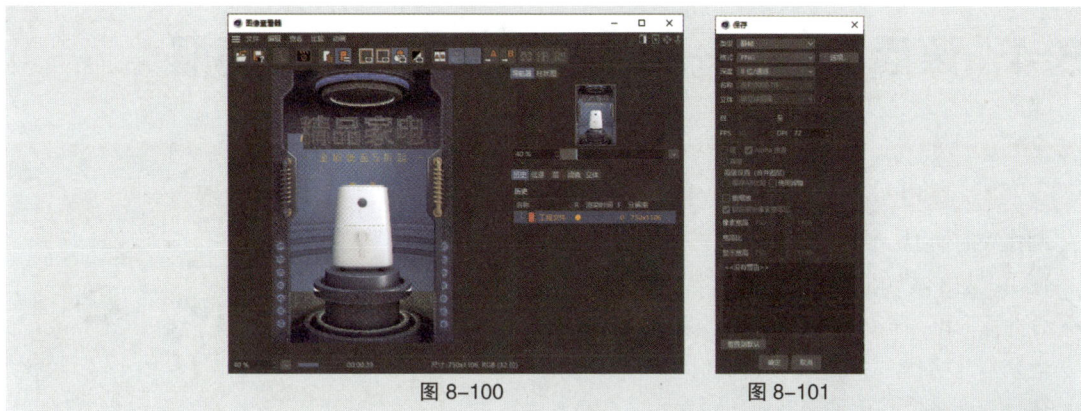

图 8-100   图 8-101

（3）单击"保存"对话框中的"确定"按钮,弹出"保存对话"对话框,在对话框中选择要保存文件的位置,并在"文件名"文本框中输入名称,设置完成后,单击"保存"按钮,保存图像,效果如图 8-102 所示。

（4）在 Photoshop 中,根据需要添加文字或图标等宣传信息,丰富画面内容,提升其商业价值,效果如图 8-103 所示。家用电器专题页海报制作完成。

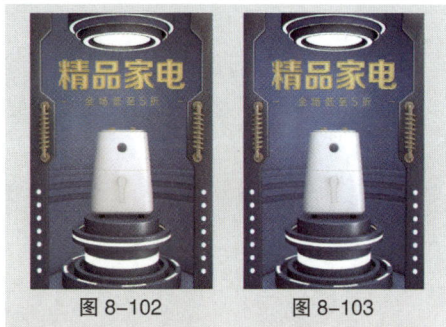

图 8-102   图 8-103

8.3　课堂练习——制作美妆护肤专题页海报

【练习知识要点】使用"平面"工具制作天空;使用"立方体""胶囊"和"布尔"工具制作房间;使用"矩形""圆环""样条布尔""挤压"和"倒角"制作边框;使用"圆柱体""立方体"和"晶格"工具制作展台;使用"球体"制作装饰球;使用"圆柱体"和"细分曲面"工具、"挤压""内部挤压""循环 /路径切割"和"倒角"命令制作化妆品;使用"合并项目"命令合并素材模型;使用"摄像机"工具控制视图的

图 8-104

显示效果;使用"区域光"工具制作灯光效果;使用"材质"窗口创建材质并设置材质参数;使用"物理天空"工具创建环境效果;使用"编辑渲染设置"按钮和"渲染到图像查看器"按钮渲染图像,最终效果如图 8-104 所示。

【效果文件所在位置】云盘 \Ch08\ 制作美妆护肤专题页海报 \ 工程文件 .c4d。

建模

灯光

材质

渲染

8.4 课后习题——制作美食满减专题页海报

【习题知识要点】使用"打开项目"命令打开已制作完的模型；使用"合并项目"命令合并素材模型；使用"立方体""圆柱体""胶囊""布尔""对称""细分曲面"和"样条画笔"工具、"循环/路径切割""线性切割""倒角""挤压"和"内部挤压"命令制作卡通；使用"球体"制作云彩；使用"文本"和"立方体"工具、"倒角""挤压"和"内部挤压"命令制作标题；使用"材质"窗口创建材质并设置材质参数；使用"渲染到图像查看器"按钮渲染图像，最终效果如图 8-105 所示。

图 8-105

【效果文件所在位置】云盘 \Ch08\ 制作美食满减专题页海报 \ 工程文件 .c4d。

| 建模1 | 建模2 | 建模3 | 建模4 | 建模5 | 建模6 |
| 建模7 | 灯光 | 材质1 | 材质2 | 反光板与天空建模 | 调整及渲染 |